姑苏区地方志编纂委员会组成人员

《姑苏年鉴（2023）》编纂人员

《姑苏年鉴（2023）》

分目审稿人员（按姓氏笔画排序）

丁　宇　万立涛　王　弢　王　洁　王　静
王沁诚　王玠桦　王洪斌　王晓刚　叶华艳
叶映红　申心怡　田言笑　刘晓骊　孙步霖
孙建雄　李　静　李　鑫　杨　拓　杨晓春
肖东昌　张　杰　张卫新　张红兰　张丽娜
张海州　陈　诚　金　云　金裕民　周　泳
周马林　周宇琦　周慧婷　郑　云　胡月玲
莫佳娴　倪　黎　翁欢欢　黄　河　曹　黎
崔少婧　韩晓庆　程晓峰　阙建良　颜　晓
潘　文　潘恬甜　潘家栋

2023

姑蘇年鑑

苏州市姑苏区地方志编纂委员会 编

苏州新闻出版集团
古吴轩出版社

图书在版编目（CIP）数据

姑苏年鉴. 2023 / 苏州市姑苏区地方志编纂委员会编. -- 苏州：古吴轩出版社，2023.12
ISBN 978-7-5546-2265-0

Ⅰ. ①姑… Ⅱ. ①苏… Ⅲ. ①区（城市）－苏州－2023－年鉴 Ⅳ. ①Z525.34

中国国家版本馆 CIP 数据核字（2024）第 002936 号

责任编辑：周　娇
装帧设计：韩桂丽
责任校对：李爱华
责任照排：吴　静

书　　名：姑苏年鉴（2023）
编　　者：苏州市姑苏区地方志编纂委员会
出版发行：苏州新闻出版集团
古吴轩出版社
地址：苏州市八达街118号苏州新闻大厦30F
电话：0512-65233679　　邮编：215123
出 版 人：王乐飞
印　　刷：苏州市越洋印刷有限公司
开　　本：889mm×1194mm　1/16
印　　张：18.75　　插页：40
字　　数：537千字
版　　次：2023年12月第1版
印　　次：2023年12月第1次印刷
书　　号：ISBN 978-7-5546-2265-0
定　　价：180.00元

编辑说明

一、《姑苏年鉴》是苏州市姑苏区地方志编纂委员会编纂的年度综合性资料工具书，旨在全面、系统、翔实地记载全区自然、政治、经济、文化、社会等方面的基本面貌和发展情况，为社会各界了解姑苏、研究姑苏、建设姑苏提供服务。

二、《姑苏年鉴》以马克思列宁主义、毛泽东思想、邓小平理论、"三个代表"重要思想、科学发展观、习近平新时代中国特色社会主义思想为指导，坚持辩证唯物主义和历史唯物主义的立场、观点、方法，坚持正确方向，坚持存真求实，围绕中心，服务大局，充分发挥存史、宣教、资政作用。

三、《姑苏年鉴（2023）》采用分类编辑法，主体内容分为类目、分目、条目3个层次。条目为记载的基本层次，其标题用黑体字加【 】表示。全书设有姑苏概况、2022年大事记等25个类目。

四、《姑苏年鉴（2023）》的条目内容原则上按《关于做好〈姑苏年鉴（2023）〉组稿工作的通知》要求，根据其框架设置，由全区各有关部门（单位）和各街道指定专人负责撰写并经主管领导审核。

五、《姑苏年鉴（2023）》记述起讫时间原则上为2022年1月1日至2022年12月31日，部分资料适当上溯或下延。编辑内容遵循来稿单位稿件的原始性和真实性，客观、公正地记载。

六、《姑苏年鉴（2023）》配备双重检索系统，书后备有内容分析索引。

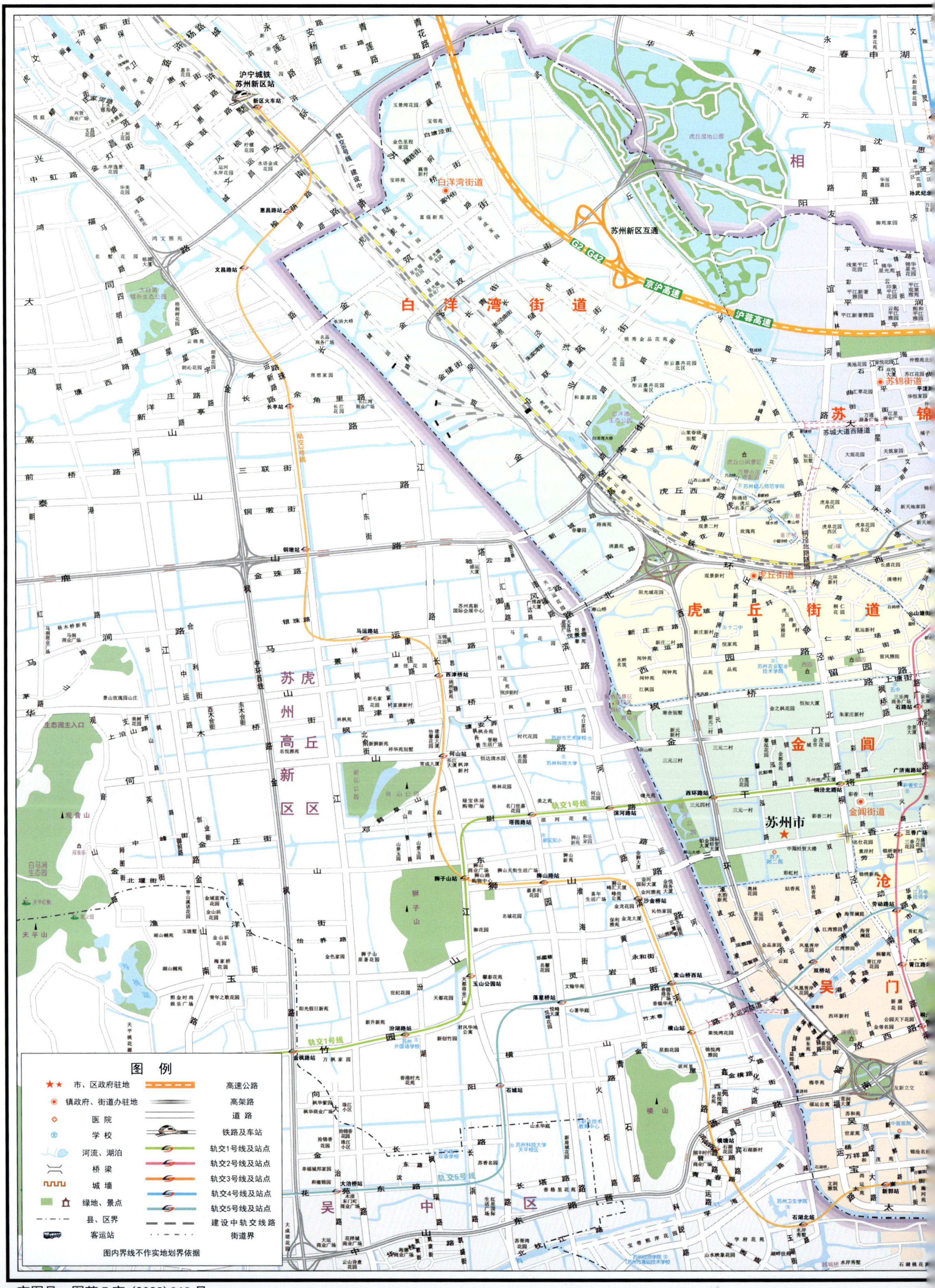

审图号：图苏E审（2023）063号

2022年姑苏区行政区划图

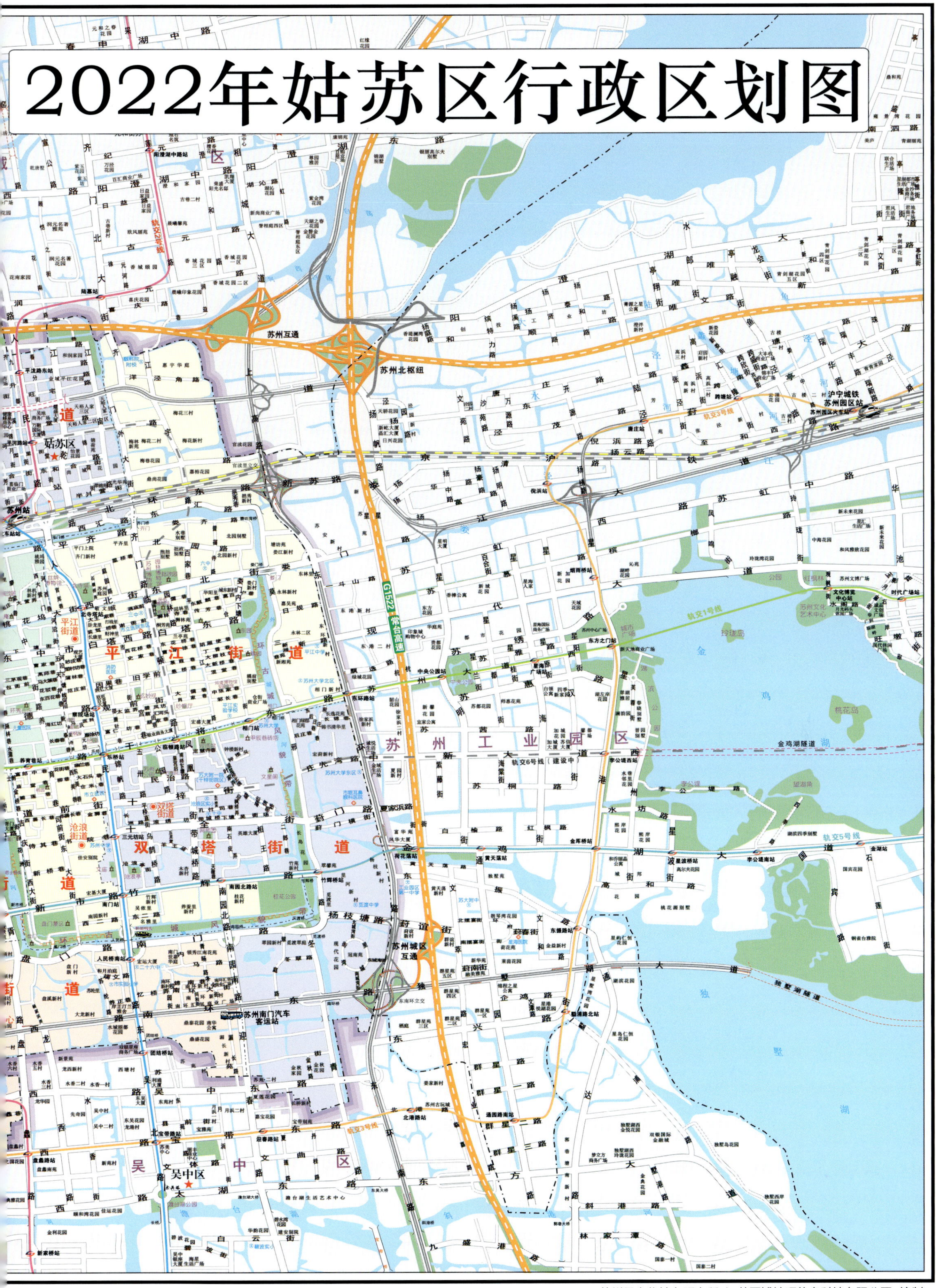

苏州吴文化地名研究所 江苏图博地理信息科技有限公司 编制

2022年10月26日，苏州国家历史文化名城保护区高质量发展动员大会召开

2022年10月26日，保护区、姑苏区举行“砥砺奋进十年路　扬帆起航新征程”活动

区融媒体中心　供稿

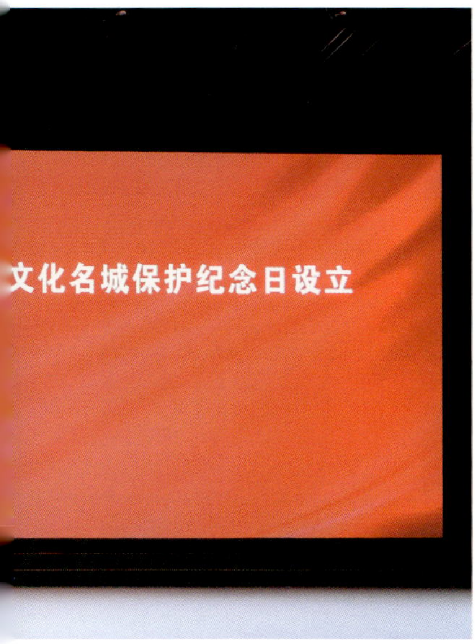

2022年10月26日，保护区、姑苏区举办成立十周年工作成效展

区融媒体中心　供稿

2022年1月4日，苏州国家历史文化名城保护区与苏州工业园区国企战略合作签约仪式举行

2022年8月19日，姑苏区与相城区协同发展战略合作备忘录签约仪式举行

2022年8月26日，保护区、姑苏区与高新区、虎丘区协同发展战略合作备忘录签约仪式举行

2022年8月30日，姑苏区与常熟市历史文化名城“双城联袂”协作框架协议签约仪式举行

2022年9月15日，姑苏区与吴中区协同发展战略合作备忘录签约仪式举行

2022年9月27日，吴江区与姑苏区协同发展战略合作备忘录签约仪式举行

区融媒体中心　供稿

航拍姑苏

区融媒体中心　供稿

2022年2月9日，苏州国家历史文化名城保护专家咨询会议召开　　　　区融媒体中心　供稿

2022年1月30日，苏州文化保护传承与创新研究中心揭牌仪式举行

2022年6月13日，苏州国家历史文化名城保护区和中国建设银行股份有限公司苏州分行、建信住房服务（苏州）有限公司全面深化名城保护与住房租赁合作签约仪式举行

2022年6月24日，古建老宅重点招商项目推进情况专题会议召开

区融媒体中心　供稿

2022年10月21日,《平江图》砖雕落成仪式举行

区融媒体中心　供稿

2022年6月18日，苏州名城保护集团挂牌仪式举行　　　区融媒体中心　供稿

2022年6月18日，苏州名城保护集团与国家开发银行苏州分行战略合作签约仪式举行　　　区融媒体中心　供稿

2022年6月15日，保护区、姑苏区科技创新投资说明会暨联东U谷数字科技产业园开工仪式举行

区融媒体中心　供稿

2022年7月3日，姑苏·金城颐和精品酒店项目合作签约仪式举行

2022年12月14日，姑苏智谷数字经济产业园一期项目签约启动仪式举行

区融媒体中心　供稿

2022年7月10日，第十四届苏州国际精英创业周姑苏区分会场开幕式暨保护区、姑苏区双招双引推介会举办

区融媒体中心　供稿

2022年6月18日，姑苏区夏季购物节暨大宗商品暑期购物季正式启动

2022年7月16日，“欢购在古城　繁华姑苏Yeah”姑苏区夜经济系列活动正式启动

2022年8月27日，保护区、姑苏区苏式生活文旅消费季启动暨苏州金普顿竹辉酒店及中海环宇荟开业仪式举行

区融媒体中心　供稿

盘门三景

范志明　摄

2022年9月9日，保护区、姑苏区庆祝第38个教师节系列活动举办　　区融媒体中心　供稿

2022年1月13日，苏州市平江实验学校与南京市夫子庙小学签约仪式举行

区融媒体中心　供稿

2022年6月1日，姑苏区“六一”国际儿童节庆祝活动举办

区融媒体中心　供稿

2022年9月14日，姑苏区百晟幼儿园、姑苏区阳光城幼儿园迎接省优质园复审现场评估

区教体文旅委　供稿

2022年6月20日，“繁华姑苏·美好生活”2022姑苏非遗宣传周系列活动启动仪式举行

2022年9月26日，“融古慧今　书香平江”第十四届“平江晒书节”活动启动

2022年9月28日，姑苏孔子文化节暨祭孔大典举办

区融媒体中心　供稿

2022年8月10日，“中国银行常青树”杯第十二届广场健身舞大赛暨姑苏区广场舞比赛举行

2022年，“姑苏杯”篮球比赛举行

区教体文旅委　供稿

2022年8月18日，姑苏区庆祝第五个“中国医师节”活动举办　　区融媒体中心　供稿

2022年10月13日，“劳模育人　匠心筑梦”劳模工匠进校园首场报告会举行　　区总工会　供稿

2022年6月，姑苏区对新业态新就业群体开展互联网营销人才培训

区人社局　供稿

2022年9月28日，江苏省第四届百城联动退役军人（军属）专场招聘会暨2022年保护区、姑苏区退役士兵光荣返乡欢迎会举办

区退役军人事务局　供稿

2022年9月3日，姑苏区第三批为民药事服务站授牌仪式暨重阳节敬老系列活动启动仪式举行

刘光照　摄

2022年7月14日，姑苏区青少年暑托班集中开班仪式暨白洋湾街道关爱货车司机群体“先锋行动月”启动仪式举行

团区委　供稿

2022年，姑苏区残疾人职业技能培训暨比赛举行

区残联　供稿

2022年，救护培训进中学活动举办

区红十字会　供稿

2022年6月16日，姑苏区在石路银河广场举办安全生产月“6·16”宣传咨询日活动　　尹慢慢　摄

2022年6月，姑苏区家庭教育宣传服务月圆桌论坛举办　　区妇联　供稿

2022年9月29日，“2022苏式颐养·幸福乐享”系列活动启动　　陈相宾　摄

觅渡桥畔

范志明　摄

2022年，保护区、姑苏区持续推进“净美街巷”行动，通过环境整治、强化执法、项目“微更新”等方式，疏通城市“毛细血管”，将街巷空间、生活场景、城市记忆、文化片段等融为一体。全年创建150条“净美街巷”、10条“净美街巷”典范。

区城管委　供稿

丁香巷

胡厢使巷

体育场路

德寿坊

大儒巷

①	②	③
④	⑤	

①官宰弄
②悬桥巷
③东杨安浜
④塔影弄
⑤官太尉桥

阊门吊桥

区城管委　供稿

要　目

目录

姑苏概况

2022年大事记

中共苏州国家历史文化名城保护区工作委员会、中共姑苏区委员会

姑苏区人民代表大会

苏州国家历史文化名城保护区管委会、姑苏区人民政府

政协姑苏区委员会

苏州国家历史文化名城保护区纪工委、姑苏区纪委、姑苏区监察委员会

群众团体

法治·军事

古城保护

城市规划与建设管理

城市管理

经济监督管理

财税审计

教　育

文　化

体　育

旅　游

科学技术

人力资源·社会保障

社会事务

卫生健康

街 道

荣誉和人物

附　录

索　引

姑苏概况

地情概要

【位置和面积】 保护区、姑苏区位于北纬31° 15′ 25"~31° 22′ 51"，东经120° 31′ 29"~120° 39′ 03"。地处苏州市中部，东与苏州工业园区相接，南与吴中区为邻，西与虎丘区隔京杭大运河相望，北与相城区相连。辖区东西最长距离11.5千米，南北最长距离13千米，面积83.42平方千米。

姑苏区地处长江三角洲太湖水网化平原，地势平坦，微向东倾，地面标高海拔2~4米，河网密布。境内最高点虎丘山（位于虎丘街道）海拔34.3米。

【气候】 辖区属亚热带湿润季风气候，四季分明，冬夏季长，春秋季短。夏季温暖潮湿多雨，冬季干燥寒冷。无霜期年平均220~240天。境内常年平均日照时数为1965小时，日照时数的季节分布是：春季（3—5月）454.9小时，夏季（6—8月）624.8小时，秋季（9—11月）486.7小时，冬季（12月至次年2月）398.6小时。平均年降水量1000~1100毫米，平均年降水日数122~133天。降雨集中在每年4—10月。

苏州季风更替明显，冬季受蒙古冷高压控制，西北风及东北风频率占一半以上；春季盛行风向为东南风，频率约占三分之一；夏季受副热带高压和印度热低压的共同作用，东南风的频率占五分之二以上；秋季盛行风向接近冬季的风向。

【自然灾害】 姑苏区地处长江三角洲地区，气候资源丰富，由于所处的地理位置和季风的不稳定性，气候变化剧烈，四季中常有多种类型的灾害性天气出现。既有时间较长的旱、涝、连阴雨，也有时间稍短的强烈天气现象，如热带风暴（台风）、暴雨、寒潮，还有一些破坏性很大的剧烈天气现象，如冰雹、龙卷风、雷雨、强风等。

【水系水文】 姑苏城自古就是一座著名的水城，有“东方水城”之称。春秋时期，伍子胥建城之初就把水作为城市规划的一个重要主题，利用自然河道，开挖城内纵横交错的河道和城外胥浦、胥溪等水道，贯通江湖河海，形成十分合理的太湖水网体系。楚国春申君黄歇治吴，又在原有基础上进一步疏浚开挖，形成以“四纵五横”为主的城内河道网络。城内河道经历了从南宋绍定时以“七纵十四横”为主干的82千米，到明末的90千米左右，到清嘉庆时以“三横四直”为主干的57千米；后经清代、民国和20世纪50年代后期的填河，80年代以来的开挖，如今城内河道尚存35千米。现有河道全面疏浚，水环境治理初见成效。

境内河道主要有京杭大运河苏州段、胥江、十字洋河、上塘河、山塘河、葑门塘、相门塘、娄江、外城河等。境内地势由西向东南微微倾斜，河流、湖泊受上游来水、下游江海潮汐和人类活动的影响，水文情势比较复杂。梅雨和台风是造成洪涝灾害的主要原因。

历史沿革

【中华人民共和国成立前沿革】 秦王政二十五年（公元前222），置会稽郡，并置吴县，属会稽郡吴县。东汉永建四年（129），属吴郡吴县。隋开皇九年（589），属苏州吴县。唐武周万岁通天元年（696），析吴县地置长洲县，分属吴县、长洲县。北宋政和三年（1113），以苏州为帝节镇，升为平江府，分属平江府吴县、长洲县。元属平江路，境域属县不变。明属苏州府，境域属县不变。清雍正二年（1724），析长洲县置元和县，分属苏州府元和、长洲、吴县三县。宣统三年（1911），裁撤苏州府和元和、长洲、吴县三县，设苏州，属苏州。1912年，改苏州为吴县，属吴县。1928年，析吴县城厢设苏州市，属苏州市。1930年，撤苏州市，其辖区并入吴县，复属吴县。

【中华人民共和国成立后沿革】 1951年10月，苏州城区建立东、南、西、北、中5个区人民政府。1955年10月，东区改称平江区，南区改称沧浪区，西区改称金阊区，北区改称北塔区，中区改称观前区。1956年7月，撤销观前区。1958年7月，撤销北塔区。1958年11月，平江区、沧浪区、金阊区分别成立人民公社。1960年7—8月，析平江区人民公社设北塔区人民公社，析沧浪区人民公社设胥江区人民公社，析金阊区人民公社设桃坞区人民公社。1962年6月，城区撤销人民公社，恢复区的建置。1963年3月，北塔区并入平江区，胥江区并入沧浪区，桃坞区并入金阊区。1966年11月，平江区更名为东风区，沧浪区更名为红旗区，金阊区更名为延安区。1979年6月，三区复名为平江区、沧浪区、金阊区。2012年8月29日，经国务院批准，江苏省人民政府同意撤销平江区、沧浪区、金阊区，设立姑苏区，以原平江区、沧浪区、金阊区的行政区域为姑苏区的行政区域。2012年10月26日，苏州国家历史文化名城保护区、姑苏区挂牌成立。

行政区划

【概况】 姑苏区人民政府驻苏锦街道平川路510号，邮政编码215031。2022年，下辖平江、金阊、沧浪、双塔、虎丘、苏锦、吴门桥、白洋湾等8个街道，设有169个社区居委会。

【社区调整】 2022年，姑苏区有社区拆分，增加2个社区居委会；有社区合并，减少2个社区居委会；有2个社区居委会名称进行更名。

拆分增加2个社区居委会：12月30日，原新庄社区拆分为新庄社区和景新社区，原来运社区拆分为来运社区和来凤社区。

合并减少2个社区居委会：12月30日，原西园社区撤销并入留园社区，原山塘社区撤销并入虎丘社区。

更名2个社区居委会：12月30日，将嘉业阳光城社区更名为阳光城花园社区，将曹杨社区更名为山塘社区。

表1-1　姑苏区社区分布情况（2022）

序号	街道	社区
1	平江街道（23个社区）	历史街区社区、大儒巷社区、拙政园社区、北园社区、东园社区、钮家巷社区、察院场社区、观前社区、旧学前社区、装驾桥社区、香花桥社区、北寺塔社区、西北街社区、齐门社区、娄江社区、永林社区、鼎尚社区、东环社区、相门社区、官渎社区、新湘苑社区、梅巷社区、惠宇华庭社区
2	金阊街道（29个社区）	彩香二村南社区、彩香二村北社区、双虹社区、彩虹社区、虹桥社区、毛家桥社区、金夏社区、滨河社区、运河社区、三元四村社区、白莲社区、三元一村社区、金茂社区、西街社区、阊门社区、石幢社区、桃花坞社区、环秀社区、金门社区、中街路社区、养育巷社区、学士社区、三乐湾社区、信记社区、朱家庄社区、彩香一村南区社区、彩香一村三区社区、彩香一村四区社区、佳菱社区
3	沧浪街道（21个社区）	玉兰社区、养蚕里第一社区、养蚕里第二社区、竹辉社区、瑞光社区、西大街社区、东大街社区、西美社区、道前社区、金狮社区、佳安社区、吉庆社区、桂花社区、万年社区、三香社区、泰南社区、胥江社区、滄泾一社区、滄泾二社区、胥虹社区、新沧社区
4	双塔街道（21个社区）	二郎巷社区、百步街社区、定慧寺巷社区、钟楼社区、网师巷社区、唐家巷社区、锦帆路社区、滚绣坊社区、沧浪亭社区、大公园社区、葑溪社区、宏葑社区、横街社区、长岛社区、里河社区、觅渡社区、杨枝社区、杏秀社区、城湾社区、翠园社区、联青社区
5	虎丘街道（19个社区）	山塘社区、桐星社区、清塘社区、红星社区、茶花社区、虎丘社区、虎阜社区、新庄社区、景新社区、留园社区、湖田社区、仁安社区、玻纤路社区、虎丘路社区、硕房庄社区、观景社区、来运社区、来凤社区、阳光城花园社区
6	苏锦街道（13个社区）	新天地家园南社区、新天地家园北社区、火车站社区、苏锦一社区、苏锦二社区、光华社区、万达社区、锦华社区、金光社区、金星社区、汇翠社区、大观名园社区、万达二社区
7	吴门桥街道（29个社区）	南环第一社区、南环第二社区、南环第三社区、金塘社区、解放社区、盘溪第一社区、盘溪第二社区、内马路社区、润达社区、南华社区、湄长社区、兴隆桥社区、何家塔社区、大龙社区、龙港苑社区、梅亭社区、四季晶华社区、双桥社区、友联社区、新郭社区、友联一社区、友联三社区、友联二社区、福星社区、新康社区、姑香社区、象牙社区、新城社区、福运社区
8	白洋湾街道（14个社区）	路南社区、富强社区、宝邻社区、南山社区、金筑社区、宝祥社区、金色里程社区、和美社区、玉景湾社区、长青社区、和泰社区、虎池苑社区、领秀金品社区、清嘉苑社区

（王　玲）

人口·语言

【人口】 2022年，姑苏区年末户籍人口75.11万人，出生总数3179人，死亡总数6488人，出生率4.14‰，死亡率8.45‰，自然增长率-4.31‰。

【方言】 苏州方言属吴语。吴语是我国最重要的汉语方言之一，主要分布在苏南丹阳以东地区和上海全市、浙江全省。苏州方言历来在江南地区有重大影响，“吴”就是苏州的简称，苏州话被认为是吴语的代表。一般说的“苏州话”，指的是姑苏区的方言，姑苏区方言内部基本一致，其他各市、区方言跟姑苏区方言都有一定程度的差别，但跟外地方言相比，差别还是比较小的，他们都属于吴语太湖片苏嘉湖小片。

苏州方言的形成，最早在周泰伯、仲雍奔吴之时。此前的吴地居民说的是古百越民族的语言，泰伯等带来中原的华夏语，在百越语的影响下，经过3000多年的逐渐演变，形成现代苏州话。苏州话有一些重要特点：没有卷舌音声母，全部都是舌尖前音，“中”音同“宗”；前后鼻音不分，“程”音同“陈”；分尖团，“箭”发音与“剑”不同；“八”的读音特殊，跟“北”同音，这是全国各地都没有的；用“阿V”（V代表动词）表示是否问，“阿吃”意为“吃吗”。

改革开放以来，受普通话的影响，年轻人说的苏州话发生变化，比如分尖团的特点消失了，变成“箭”音同“剑”，一些变化使老年人觉得年轻人说苏州话不像苏州话了。同时，年轻人说苏州话的范围越来越窄。这种现象引起各方面的关注，正在采取适当措施。保护苏州话，也是保护苏州的传统文化。

（姑 鉴）

民族与宗教

【民族】 2022年，姑苏区人口民族以汉族为主，少数民族散杂居。区内有回族、满族、土家族、蒙古族、壮族等48个族别的少数民族人口1.21万余人，其中户籍人口7100余人、流动人口5000余人。区内有少数民族经商集聚点1个。

【宗教】 2022年，姑苏区内有寒山寺、西园寺、玄妙观、神仙庙、太平坊清真寺、杨家桥天主堂、使徒堂等各类宗教场所22个，其中佛教场所9个、道教场所6个、基督教场所4个、天主教场所2个、伊斯兰教场所1个。各场所常驻宗教教职人员170余人，有宗教信众3.3万余人，全年各重要宗教节庆活动约8项。

（钱 蓓）

经济建设和社会发展

【古城保护】 2022年，保护区、姑苏区纵深推进古城保护更新。编制完成《保护区、姑苏区历史文化名城保护“十四五”规划》，制定出台《苏州历史城区城市更新试点工作实施方案》《保护区、姑苏区古城墙保护实施意见（试行）》。成立区城市更新中心（土地储备中心）、文物保护管理中心。苏州国家历史文化名城保护专家咨询会成功举办，《苏州国家历史文化名城保护区古建老宅活化利用蓝皮书（第二期）》《苏州国家历史文化名城保护区古桥资源绿皮书》对外发布。“古城细胞解剖工程”深入实施，“数字孪生古城”基本成型，完成平江历史街区历史文化遗存信息展示工程，5个街坊传统民居信息完成全要素普查，8处文物建筑完成三维建模数字化保护，苏周到“数字古城”栏目正式上线。推进32号街坊、桃花坞等重点工程，初步完成五卅路子城片区、过云楼—怡园片区总体规划方案，唐寅故居

中张家巷河　　区融媒体中心　供稿

遗址、文昌阁对外开放。完成全域旅游发展规划编制。城建博物馆正式开馆，紫芝园复刻落成，大型《平江图》砖雕亮相古城，海市山塘开业运营，第五届苏州国际设计周成功举办。报告文学《家在古城》出版，《姑苏繁华图》特种邮票发行，《戤壁听书》首登国家“群星奖”舞台。确定每年10月26日为苏州国家历史文化名城保护纪念日。

【经济发展】 2022年，保护区、姑苏区经济运行态势企稳向好。落实国家、省、市惠企纾困政策，发布40条区级纾困措施，累计发放各类助企纾困资金3.3亿元，创新推出“金融应急包”纾解中小微企业融资难题。深度融入长三角一体化、市域一体化发展，举办C9联盟第二次大会，与苏州6个兄弟板块签署战略合作协议。苏创投、苏文投等6个新成立市属国企以及国科质检等一批龙头企业落地落户，新增注册资本亿元以上企业37家、市级总部企业5家。金普顿酒店、竹辉环宇荟盛大开业，M+金狮“校园里”等12个载体成功打造，中张家巷29号、秦宅等8个古建老宅活化利用，全口径税收5000万元以上载体达到22个，闲置载体盘活率超90%。区属国资完成战略重组，实现错位、有序、系统发展。聚焦数字经济时代产业创新集群发展，实施“百强千企”培育等“六大行动”。联东U谷·姑苏数字科技产业园开工，金阊新城地块及燃气大厦部分地块顺利挂牌。新认定高新技术企业53家，科技型中小企业总量突破400家，4家企业入选省“专精特新”中小企业。省重大科技成果转化项目实现“零”的突破，热工研究院获得中国专利银奖，拉瓦锡谷获评国家级众创空间。

【城市建设】 2022年，保护区、姑苏区城市体检全域推开，完成古城内外65个体检单元数据收集。有序实施苏锦一村四合苑等12个老旧小区改造，有717个居民小区、零星楼宇完成环境微更新，推进既有多层住宅加装电梯。完成16个征收搬迁项目清零。苏城大道等一批“断头路”打通。拆违治乱行动拆违2988处，面积65.8万平方米；打造50个无违建示范区、80条无违建示范路。全区累计打造300条“净美街巷”、10个“净美街区”，环古城河健身步道按景区标准扎口管理。停车资源深度挖潜，新增泊位1.6万个，开放共享停车场11处。完成中央、省第二轮生态环保督察反馈问题整改。$PM_{2.5}$平均浓度为27.9微克/立方米，空气质量优良天数比例为81.9%。开展河道高质量管护，新增18条幸福河湖，省考断面水质优Ⅲ比例保持100%，29条区管重点河道、13个重点关联断面水质全面达标。开展“公园城市”建设，绿馨园等10个口袋公园打造完成，地块覆绿、见缝插绿面积超300万平方米。

【社会事业】 2022年，保护区、姑苏区在全市首创“家门口的人社服务站”工作模式，开展全链式就业帮扶，全年新增就业岗位6.5万个，其中大学生就业岗位1.3万个。累计发放失业保险稳岗返还补贴5117.8万元，惠及企业2.2万家、员工12万人。社保扩面新增7.2万人，社会救助、社会福利、慈善事业等各类兜底民生服务向好向实。20项民生实事全部兑现。大儒实验小学及胥台、平齐、虎泉3所实验幼儿园正式启用，6所新校建设和3所百年老校改造项目完工。6家社区卫生服务机构新建、改扩建工作全面完成，40家“为民药事服务站”设置到位。8个街道综合为老服务中心和16个日间照料中心建设完成，全市首家“养老+托育+卫生”一站式便民服务综合体建成投用，“虚拟养老”服务实现80周岁以上老年人全覆盖，大公园社区获评全国示范性老年友好型社区。姑苏区实现省双拥模范区“八连冠”。加快打造“一刻钟便民生活圈”。新康等4个农贸市场改造、扩建项目完工。数字社区建设试点推进，新建群众“家门口”共享服务空间6个。推出“姑苏夜书房”10家，更新、新建全民健身路径93套，推动学校体育场地等各类设施向公众开放。（区方志办）

2022年大事记

1月

3日

△省委常委、市委书记曹路宝调研大运河文化带建设工作，实地察看区大运河畔江苏（苏州）国际铁路物流中心等地。

4日

△苏州国家历史文化名城保护区和苏州工业园区国企战略合作签约仪式举行。名城建设集团、名城发展集团、名城保护集团与新建元城发公司签订战略合作意向书。

5日

△苏州市数字经济时代产业创新集群发展大会（姑苏区分会场）召开。

6—9日

△中国人民政治协商会议苏州市姑苏区第三届委员会第一次会议举行。会议选举政协姑苏区第三届委员会主席、副主席、秘书长等，通过《中国人民政治协商会议苏州市姑苏区第三届委员会第一次会议决议》。

7—10日

△苏州市姑苏区第三届人民代表大会第一次会议举行。大会听取政府工作报告；通过区三届人大法制委员会、监察和司法委员会、财政经济委员会、社会建设委员会组成人员名单；票决产生2022年姑苏区民生实事项目；选举产生姑苏区第三届人大常务委员会主任、副主任，姑苏区人民政府区长、副区长等。

△《苏州市姑苏区街道相对集中行政处罚权工作管理规定（试行）》印发。

13日

△苏州市平江实验学校与南京市夫子庙小学合作签约。

15日

△姑苏区依法治区委员会办公室会议暨区政府第五届法律顾问聘任仪式举行。

18日

△保护区党工委、姑苏区委常委会党史学习教育专题民主生活会召开。市委党史学习教育第一巡回指导组组长黄正栋做点评讲话。

19日

△全区党史学习教育总结会议召开。会议传达中央和全省、全市党史学习教育总结会议精神，相关部门交流发言，市委常委、保护区党工委书记、姑苏区委书记方文浜做总结讲话。

21日

△姑苏区口袋公园建设获“2021苏州十大民

心工程”入围奖。

24日

△保护区、姑苏区开展春节前安全生产检查，市委常委、保护区党工委书记、姑苏区委书记方文浜先后赴苏州农业职业技术学院、红蚂蚁文创园，实地查看学校、企业的安全生产责任落实情况。

25日

△区新冠疫情防控工作领导小组会议召开。

29日

△中国共产党苏州市姑苏区第三届纪律检查委员会第二次全体会议召开。会上集中观看警示教育片，审议通过三届区纪委二次全会工作报告和全会决议。区四套班子全体领导参加会议。

△江苏省苏州市姑苏区平江历史街区被文化和旅游部、国家发展改革委评为首批国家级旅游休闲街区。

30日

△“姑苏·大家说”苏州历史文化讲座学习会举办。区四套班子全体领导出席活动。

是月

△《保护区、姑苏区名人故（旧）居认定实施意见（试行）》出台。

△2021“中国非遗年度人物”100名候选人名单公布，姑苏区国家级非遗代表性项目苏州缂丝织造技艺市级代表性传承人、姑苏区非遗保护联合会会长陈文入选。

△姑苏法院获评全国“优秀直播法院”。

2月

9日

△苏州国家历史文化名城保护专家咨询会议召开。会上，中国城市规划设计研究院苏州中心揭牌成立。

10日

△中国城市规划学会副理事长、住建部总经济师杨保军一行调研山塘历史文化街区、苏州大学天赐庄校区、长洲县学大成殿、怡园、蓝·芳华文化创意产业园等地古城保护工作。

△姑苏区青年工作联席会议第三次全体会议召开，传达省、市青年工作联席会议第三次全体会议精神，总结“姑苏区2021年度青年发展工作重点内容”完成情况，审议并通过《姑苏区贯彻落实〈苏州市“十四五”青年发展规划〉实施方案》。

13日

△区安委办牵头组织开展“月月亮剑”安全检查行动，重点聚焦检查城镇燃气领域。

24日

△市委副书记、代市长吴庆文到姑苏区检查督导疫情防控工作，看望慰问抗疫一线人员。

是月

△《保护区、姑苏区古城墙保护实施意见（试行）》正式出台，分六章33条。

3月

11日

△保护区、姑苏区2022年义务植树和区级总林长巡林活动开展。

16日

△保护区、姑苏区事业单位2022年公开招聘工作人员考试报名工作正式启动。

31日

△省住房城乡建设厅公布2021年度江苏省“扬子杯”优质工程奖获奖项目名单。西园养老护理院项目、金阊体育场馆总包工程、虎丘湿地公园姑

苏片区次入口周边景观绿化工程入选。

4月

7日

△姑苏公安基础管控中心实体化运行启动仪式举行。

△江苏省卫生健康发展研究中心主任羊海涛率省督导组赴姑苏区调研疫情防控流调溯源工作。

8日

△苏州金阊新城文体中心方舱医院开舱。这是江苏省首个服务上海的方舱医院，建设仅用时48小时，可提供800张床位及配套的淋浴间、卫生间、盥洗池。5月7日关舱，其间，苏州方舱医院总计收治602人，其中，年龄最小的4岁，年龄最大的89岁。

26日

△省委常委、市委书记曹路宝调研保护区、姑苏区，强调要坚持保护优先、以人为本，传承历史文化记忆，不断提升功能品质，努力让古城焕发更大生机与活力。

27日

△市委常委、保护区党工委书记、姑苏区委书记方文浜一行看望慰问盐城支援医疗队。

29日

△十三届市委第26次常委会会议暨市委常委会专题调研姑苏区工作会议召开。省委常委、市委书记曹路宝指出要进一步理顺体制机制，站在全局的高度系统谋划、纵深推进苏州历史文化名城保护工作。

△2022年姑苏区法治政府建设工作要点印发。

30日

△苏州火车站地区疫情防控旅客分流转运中心正式启用。

是月

△姑苏法院获2020年度全省法院“百篇优秀裁判文书”“百场优秀庭审”两项荣誉：服务合同纠纷案件裁判文书获“百篇优秀裁判文书”三等奖，非法捕捞水产品案件庭审获“百场优秀庭审”三等奖。

5月

2日

△姑苏区举行仪式欢送盐城、南京援苏医疗队返程。

3日

△市委副书记、代市长吴庆文到姑苏区检查调研部分核酸采样点、封管控区、疫苗接种点和苏州火车站疫情防控工作。

11日

△保护区管委会、姑苏区政府廉政工作会议召开。

13日

△姑苏区宣传思想文化工作推进会召开。

15日

△姑苏区启动家庭教育宣传月活动，组织“一个幸福瞬间”家庭摄影作品征集等主题活动。

17日

△市委常委、保护区党工委书记、姑苏区委书记方文浜带队调研桃花坞历史文化片区，实地走访泰伯庙、阊门西街工地、廖家巷南扩项目、桃花坞创意产业园、唐寅祠、文昌阁等点位。

18日

△《姑苏繁华图》特种邮票首发式在山塘街方基上寻根广场举办。

20日

△姑苏区学习贯彻习近平总书记在庆祝中国共产主义青年团成立100周年大会上的重要讲话精神座谈会召开。

25日

△全国公安系统英雄模范立功集体表彰大会在北京召开。观前派出所王君获评“全国公安机关爱民模范”。

31日

△区委人才工作会议召开。

6月

1日

△“古城保护　姑苏有我——姑苏区‘六一’国际儿童节庆祝活动”举办。

△三届区委第二轮巡察工作动员部署会召开。

△姑苏区2022年“安全生产月”活动在姑苏云谷正式启动，围绕“遵守安全生产法　当好第一责任人”活动主题，组织开展好“安全生产月”各项活动。

6日

△2022年上半年保护区、姑苏区干部教育培训主体班次集中开班式举办。

10日

△省住建厅“青年学堂”走进姑苏暨青年联学共建活动举办，“青年学堂　寻访姑苏”系列活动正式启动。

△保护区、姑苏区“2022蓝盾i姑苏”网络安全实战攻防演练总结通报会召开。

13日

△苏州国家历史文化名城保护区和中国建设银行股份有限公司苏州分行、建信住房服务（苏州）有限公司全面深化名城保护与住房租赁合作签约仪式举行。

14日

△全国妇联副主席、书记处书记吴海鹰一行调研中街路社区。

15日

△保护区、姑苏区科技创新投资说明会暨联东U谷·姑苏数字科技产业园开工仪式举行。

16日

△由区安委办主办、金阊街道承办的“6·16”安全宣传咨询日活动在石路银河广场举行。

18日

△苏州名城保护集团和苏州创新投资集团正式成立。

△姑苏区夏季购物节暨大宗商品暑假消费季启幕式举行。

22日

△2021年黄浦·姑苏创业创新大赛决赛在上海市黄浦区星光会场和苏州市姑苏区长三角数字双创中心两地同步举办。

24日

△“政务服务一体化·政银惠通同城办”项目启动仪式在中国银行姑苏支行举办。

25日

△中国质量奖提名奖获奖企业对话会举办。市委常委、保护区党工委书记、姑苏区委书记方文浜与东吴服务产业集团（江苏）有限公司董事长韦曙和共话企业品牌发展，共商质量强区建设，为企业颁发300万元奖金。

26日

△苏州古城历史研究课题立项专家咨询会召开。

28日

△市委常委、保护区党工委书记、姑苏区委书记方文浜带队赴曹杨社区、虎丘路社区、观景社区、嘉业阳光城社区、来运社区等地，开展“七一”基层

党建调研活动。

29日

△万丰里地块综合改造项目专班工作会议召开。该项目是姑苏区第一个大体量货币化安置的协议搬迁项目。

30日

△苏州市人大常委会“全过程人民民主基层实践基地”授牌暨姑苏区人大常委会顾问聘任仪式举办。

是月

△苏锦街道金域平江花园和城市生活广场获“2021年度党建引领物业管理服务工作省级示范点”。

7月

3日

△姑苏·金城颐和精品酒店项目合作签约仪式举行。

4—6日

△省人大常委会副主任、省总工会主席魏国强，省总工会党组书记、副主席徐大勇一行赴苏州传化公路港物流有限公司、苏州历史建筑遗产保护劳模创新工作室、历史街区社区联合工会温馨驿站等地调研工会重点工作并召开座谈会。

6日

△市委常委、保护区党工委书记、姑苏区委书记方文浜带队调研新庄西路谈埂上片区及新庄公交首末站更新改造工作。

10日

△第十四届苏州国际精英创业周姑苏区分会场开幕式暨保护区、姑苏区双招双引推介会在华贸中心举办。

12日

△市委常委、保护区党工委书记、姑苏区委书记方文浜带队赴保护区、姑苏区部分宗教活动场所开展走访调研活动。

15日

△市委常委、保护区党工委书记、姑苏区委书记方文浜率保护区、姑苏区党政代表团赴相城区考察，先后考察苏州御窑金砖博物馆、元和塘古窑遗址、冯梦龙村等地。

16日

△“欢购在古城　繁华姑苏Yeah”2022年夜经济活动暨吴门桥街道买房购车节在苏纶场正式启幕。

18日

△“强国复兴有我　文明古城有我”主题活动暨“网遇姑苏　非凡十年”保护区、姑苏区网络文化季开幕式举办。

△姑苏区启动“我与古城共成长”青年献礼十周年系列活动，寻访党的青年运动史、发布青年学习社线路、举办青年说主题活动、开展好青年寻访评选。

21日

△姑苏区“人民调解员实训基地”揭牌。

25日

△M+金狮“校园里”开园活动举办。

△姑苏区首个法治健康体检站在双塔街道成立。

28日

△全区宗教工作会议召开。

△姑苏区举办“稳经济海棠聚力　促发展巾帼担当　姑苏女性助力高效统筹疫情防控和经济社会发展推进会暨‘大城小爱 live for women’市集”开市活动。

30日

△全新升级的昆曲《浮生六记》园林版5.0在

沧浪亭开演。

是月

△姑苏区获评2021年度全省基层党员冬训工作示范县（市、区）。

△姑苏区优秀创业品牌“SOOCHOW CO.蘇潮製作Ⓡ”产品宣传片登陆纽约时代广场纳斯达克大屏。宣传片以苏式文化与潮流服饰跨界融合的形式，向世界展现苏州传统文化和创新姿态。

△群舞《戤壁听书》入围全国“群星奖”，是江苏省唯一入围的舞蹈作品。

△金阊街道退役军人服务站入选全省延伸建强红色退役军人服务站，是苏州市唯一入选的退役军人服务站。

8月

1日

△江苏省第十二届双拥模范城（县、区）命名暨双拥模范单位和先进个人表彰大会召开，姑苏区连续第八次获江苏省双拥模范区荣誉称号。

3日

△首届苏州园林婚博会开幕暨姑苏区婚姻登记服务中心揭牌活动在耦园举行。

△省法院党组副书记、副院长郑立新一行赴区人民法院金阊法庭督导检查特殊困难群体救助帮扶、妇女儿童权益保障问题专项排查整治行动。

4日

△姑苏区与相城区相邻行政区域整合规划研究调研会召开。

5日

△“漫步十全　悦享古城”活动在十全街开幕。

△省检察院党组副书记、副检察长王方林带队至区检察院调研指导侦查监督与协作配合工作。

6日

△公安部第一督察组组长张平率队至姑苏区开展夏季治安打击整治“百日行动”专项督察，检查平江景区警务工作站运行情况，听取“百日行动”以来景区专项工作开展情况的汇报，实地查看苏州博物馆等重点单位。

9日

△市委常委、保护区党工委书记、姑苏区委书记方文浜带队调研保护区、姑苏区古建老宅活化利用情况，实地走访平江历史文化街区及桃花坞历史文化片区。

12日

△姑苏区法律援助中心老年人法律援助工作站挂牌成立。这是苏州首家实体化运作的老年人法律援助工作站。

18日

△保护区、姑苏区庆祝第五个“中国医师节”活动在可园、沧浪亭举行。

19日

△保护区、姑苏区与相城区协同发展签约仪式举行。

22日

△省委常委、市委书记曹路宝率队调研金阊新城。

24日

△市委常委、保护区党工委书记、姑苏区委书记方文浜率队赴平江街道德必姑苏WE国际文化艺术中心调研。

△保护区、姑苏区召开苏化厂项目专题协调会。

26日

△保护区、姑苏区与高新区、虎丘区协同发展签约仪式举行。

27日

△苏州金普顿竹辉酒店开业。

△姑苏区虎丘地区综改和金阊新城道路交通

工作会议召开。

30日

△保护区、姑苏区历史城区外地块开发建设融资和燃气大厦南部地块上市工作专题会议召开。

△保护区、姑苏区与常熟市举行“双城联袂”签约仪式。

31日

△省委常委、市委书记曹路宝专题调研“一刻钟便民生活圈”建设工作。

9月

1日

△姑苏区召开社会资本参与传统民居活化利用专题会议，探索研究社会力量参与古城保护与更新路径。

2日

△省委常委、市委书记曹路宝专题调研古城保护有关工作，强调要深入学习贯彻习近平总书记关于加强历史文化遗产保护的重要论述，敬畏历史、敬畏文化、敬畏生态，深化苏州地域历史文化研究，全面保护历史文化遗产，大力推动文化创意产业发展，不断激发古城生机活力，切实把古城独特资源优势转化为发展优势。

△姑苏区应急管理队伍授牌暨统一着装仪式举行。姑苏区应急管理综合行政执法大队正式揭牌，与区应急管理局实行“局队合一”体制，以区应急管理局名义统一执法。同日，全区8个街道应急管理局授牌。

5日

△保护区、姑苏区“同在蓝天下——慈善一日捐”集中募捐仪式举行。

9日

△保护区、姑苏区召开庆祝第38个教师节活动，启动“百年传承　十年跃升”姑苏教育成果展，牵手苏州大学教育学院共同推动姑苏教育人才培养，表彰一批优秀教师集体和个人。

14日

△市委常委、保护区党工委书记、姑苏区委书记方文浜主持召开全区防御台风“梅花”视频调度会议，传达贯彻落实省委、省政府和市委、市政府关于台风防御工作的指示精神和部署要求，听取各相关部门、街道工作情况汇报，部署全区防汛工作。

15日

△保护区、姑苏区与吴中区协同发展合作签约仪式举行。

△保护区、姑苏区重点商贸企业座谈会召开。会上，深入了解企业项目定位、目前进展和迫切需要解决的问题，听取企业对区域经济发展的意见建议，切实为企业排忧解难，凝聚打造全市商贸中心的强大合力。

16日

△市委常委、保护区党工委书记、姑苏区委书记方文浜率队拜访苏州创元投资发展集团，并召开对接座谈会，深入探讨古建老宅修缮利用、产业载体提档升级、市区两级国资合作、服务保障企业发展、历史城区内资产归集等事项。

21日

△市四套班子老领导一行实地考察古城保护与发展情况，听取意见建议，共谋古城保护与发展大计。

22日

△全区稳定工作会议召开。会上，研究分析全区重点领域、重点群体突出矛盾和利益诉求，部署推进解决信访和社会稳定领域一批重难点问题。

23日

△市委常委、保护区党工委书记、姑苏区委书

记方文浜在《群众》（决策资讯版）杂志2022年第18期上发表《突出有机更新，擦亮名城“金字招牌”》。该文章收录于以城市更新推进美好生活特别策划。

△三届区委第三轮巡察工作动员部署会召开。会议深入学习贯彻习近平新时代中国特色社会主义思想，贯彻落实中央纪委六次全会、全国巡视工作会议精神，全面落实省市区党代会、区委誓师大会、三届区委二次全会、区委工作会议的部署要求，部署开展三届区委第三轮巡察工作。

24日

△美罗百货32周年庆典暨向姑苏区慈善总会第十九次爱心捐赠活动举办。市委常委、保护区党工委书记、姑苏区委书记方文浜向苏州函数集团有限责任公司董事长章晨颁发“姑苏慈善之星”奖牌。

△市委常委、保护区党工委书记、姑苏区委书记方文浜率队赴轧钢厂和彩香一村实地开展生态环境保护检查工作，推动大气污染防治精准科学施策，持续改善全区空气环境质量。

△“强国复兴有我　文明古城有我”新时代文明实践暨“稚爱古城　童行姑苏”亲子捡跑活动在环古城河健身步道举行。

26日

△保护区、姑苏区召开优化营商环境工作推进会，全面贯彻落实全国深化“放管服”改革持续优化营商环境电视电话会议和省、市优化营商环境工作推进会议精神，总结工作，部署下一阶段工作任务，加快打造稳定公平透明可预期的最优营商环境。

△市委常委、保护区党工委书记、姑苏区委书记方文浜率队开展国庆安全生产、节日工作检查，深入农贸市场、社区、油库等重点场所，检查节日保供、安全生产、维护社会稳定、疫情防控责任落实情况，进一步筑牢安全防线，确保群众过一个安全祥和欢乐的节日。

△“融古慧今　书香平江”——2022第十四届“平江晒书节”活动在苏州金谷里艺术馆启幕。活动现场发布20本姑苏好书，并为“姑苏阅读推广人”及“姑苏夜书房”授牌，推出“名城姑苏文化专架”项目。

27日

△保护区、姑苏区与吴江区举行协同发展签约仪式。

28日

△以“崇文重教・千年府学”为主题的“2022姑苏孔子文化节”在苏州文庙启幕。

29日

△“喜迎二十大　颐养好生活”苏州市九九重阳节系列活动举办，活动现场发布苏州市“苏式颐养”养老服务品牌，启动“邻里‘医’家——社区医养床位”项目、“银龄安享工程”项目，发布《幸福养老在姑苏》口袋书等。

△苏州国家历史文化名城保护区管委会与中国银行苏州分行、建设银行苏州分行、太平洋人保苏州分公司、东吴人寿，就“养老+金融”签订合作协议，提升金融助老服务水平。

△姑苏区入选青年发展型城市（县域）省级试点。

是月

△由保护区、姑苏区文创IP“繁华姑苏”携手北京颐和园、苏州非遗品牌炉缘阁打造的颐和姑苏香插获2021年度第八届紫金奖优秀奖。

10月

1日

△保护区、姑苏区在区行政中心举行庄严的升国旗仪式，热烈庆祝中华人民共和国成立73周年，喜迎党的二十大胜利召开。

△省委常委、市委书记曹路宝带队赴姑苏区检查疫情防控、安全生产、市场供应等工作，看望慰问一线工作人员。

9日

△保护区管委会、姑苏区政府主要领导调整。陈羔同志任姑苏区委副书记、苏州国家历史文化名城保护区党工委副书记。提名陈羔同志为姑苏区区长候选人，任苏州国家历史文化名城保护区管委会副主任。

△姑苏区第三届人大常委会举行第八次会议。任命陈羔为姑苏区人民政府副区长，决定陈羔代理姑苏区人民政府区长职务。

16日

△姑苏区委、区政府主要领导，部分党政班子成员在区行政中心集中收看党的二十大开幕会直播。

18日

△市委副书记、市长吴庆文赴三香路警务工作站检查指导党的二十大安保维稳工作。

19日

△国家卫生健康委和全国老龄办联合发布《关于命名2022年全国示范性老年友好型社区的通知》。姑苏区双塔街道大公园社区入选。

20日

△区委统战工作会议召开，深入学习领会党的二十大报告精神，贯彻落实习近平总书记关于做好新时代党的统一战线工作的重要思想，全面落实中央和省委、市委统战工作会议精神，总结经验，部署任务，不断推动新时代新征程全区统战工作高质量发展。

21日

△《平江图》砖雕落成仪式举行。

△保护区、姑苏区全面推进数字姑苏建设工作领导小组和姑苏区CIM平台及应用建设工作领导小组会议召开。

25日

△保护区、姑苏区召开传达学习贯彻党的二十大精神会议，要求全区上下把学习宣传贯彻党的二十大精神作为当前和今后一个时期的首要政治任务，深刻领悟“两个确立”的决定性意义，迅速兴起学习宣传贯彻热潮，确保二十大精神在全区不折不扣落地落细落到位。

26日

△市委常委、保护区党工委书记、姑苏区委书记方文浜在“北京西路瞭望”微信公众号发表《绘就现代化建设“姑苏繁华图”》。

△保护区、姑苏区举行“砥砺奋进十年路　扬帆起航新征程”活动，第一时间贯彻落实党的二十大精神，贯彻落实苏州国家历史文化名城保护区高质量发展动员大会精神，奋力开创保护区、姑苏区下一个十年新篇章，为全面建设社会主义现代化国家贡献姑苏力量。

28日

△第二届“锦绣江南”丝绸服装服饰设计大赛决赛在苏州桃花坞·第四届中国苏州江南文化艺术·国际旅游节闭幕式上拉开帷幕。经过现场竞演，最终上久楷的“大美吾言”系列获金奖，绣娘丝绸“玉兰霓裳”系列、娇古“繁花似锦”系列获银奖，李金朋“影·无踪”系列、丝语长艺“甲骨呈福　丝香髻影”系列、王田“涟漪沙丘”系列获铜奖。

29日

△保护区、姑苏区召开中央、省生态环境保护督察反馈问题整改暨大气、水环境质量“提质增优”攻坚冲刺会。

11月

2日

△保护区、姑苏区举办数字赋能　智“惠”服务——姑苏区“15分钟政务服务圈”推进会，展现

政务服务网上办、就近办、延伸办应用场景，推动“一网通办”向纵深发展。

△姑苏区残疾人联合会第三次代表大会召开。

△保护区、姑苏区召开四季度区安委会全体成员扩大会议，深入学习党的二十大精神，贯彻落实习近平总书记关于安全生产的重要论述和指示，分析当前全区安全生产形势，部署岁末年初安全防范工作。

3日

△“清华与长三角名城的四十年”学术会议在苏州举行，回顾与总结长三角名城保护工作40年的实践与经验，就名城保护的制度、理论、实践、管理、新技术应用等方面展开研讨。

9日

△保护区、姑苏区召开党工委、区委理论学习中心组专题学习会，邀请党的二十大代表、苏州大学党委书记江涌分享交流聆听二十大报告的感受，并围绕二十大报告进行研讨交流。

10日

△市委常委、保护区党工委书记、姑苏区委书记方文浜带领区四套班子全体领导赴中共苏州独立支部旧址，接受党的历史和革命传统教育，重温入党誓词，号召全区广大党员干部坚定理想信念，增强“四个意识”，坚定“四个自信”，做到“两个维护”，为实现党的二十大提出的目标任务凝心聚力、团结奋斗。

13日

△保护区、姑苏区“理悦姑苏宣讲日”党的二十大精神基层互动宣讲活动正式启动。全体党政领导和全体部门班子成员分赴全区169个社区新时代文明实践理论宣讲平台带头进行党的二十大精神理论宣讲，实现党的二十大精神宣讲在全区169个社区全覆盖。

14日

△省委常委、市委书记曹路宝深入姑苏区专题调研古城保护有关工作，强调要深入学习贯彻党的二十大精神和习近平总书记关于加强历史文化遗产保护重要论述，自觉践行以人民为中心的发展思想，大力传承弘扬历史文化，积极推进有机更新，不断提升古城品质，努力让千年古城焕发更大生机与活力，面向世界贡献古城保护的苏州方案、提供展现中国文化自信自强的苏州样本。

△姑苏区行政复议立案登记中心启用，行政复议一站式便民服务窗口正式对外开放。该窗口提供复议相关事项咨询、申请、调解等服务。姑苏区行政复议立案登记中心还为需要申请行政复议的群众提供法律咨询、复议案件材料接收、案件审理情况查询、案件听证、复议答复和证据材料查阅等服务，以实现咨询受理与案件审理的及时有效衔接。

15日

△保护区党工委副书记、管委会主任，姑苏区委副书记、区政府代区长陈羔率队调研虎丘湿地公园，开展巡林、巡河工作。

△苏州市人大常委会主任李亚平率队至市人民检察院视察工作并实地查看姑苏区人民检察院相关工作开展情况。

△江苏省文化和旅游厅公示首批江苏省文化和旅游产业融合发展示范区名单，姑苏区入选。全省共16个示范区，苏州市共2个。

16日

△2022世界智慧城市大奖·中国区颁奖典礼举办，姑苏区获“安平大奖”。2022年世界智慧城市大奖·中国区共设立城市大奖、经济大奖、宜居和包容大奖、使能技术大奖、能源与环境大奖、治理大奖、安平大奖、出行大奖、基础设施和建筑大奖、复苏创新大奖等十个城市类别大奖，每个奖项仅授予一个城市。姑苏区已连续两年入围世界智慧城市大奖。

18日

△苏州市开展人大代表“统一接待日”活动，

全市各级人大代表走进各个街道社区，与选民零距离沟通交流。省委常委、市委书记曹路宝以市人大代表身份走进姑苏区双塔街道参加活动，与选民进行座谈，面对面听取意见和建议，了解基层群众的心声和诉求。

19日

△2022苏州国际设计周“新非遗 新美学”在仁恒仓街故居花园启幕。

22日

△保护区、姑苏区举行学习贯彻党的二十大精神区委宣讲团宣讲报告会，保护区党工委副书记、管委会主任，姑苏区委副书记、区政府代区长陈羔做宣讲报告。

23日

△《苏州日报》刊登采访市委常委、保护区党工委书记、姑苏区委书记方文浜文章《坚持人民至上，开创高质量发展新局面》。

25日

△全区农贸市场规划和改造进展专题会议召开。

26日

△学习贯彻党的二十大精神市委宣讲团宣讲报告会在区行政中心举行，方文浜做宣讲报告。

29日

△苏州市政协主席朱民率队视察检察工作并实地查看姑苏区人民检察院相关工作建设情况。

12月

1日

△姑苏区与上海市黄浦区、南京市鼓楼区、杭州市上城区、宁波市鄞州区、合肥市庐阳区、合肥市蜀山区、无锡市梁溪区、南通市崇川区召开线上长三角主要城市中心城区高质量发展联盟第二届联盟大会。大会以“古城保护与城市更新”为主题，展现联盟成立一年多来丰硕成果，进一步凝聚联盟九区合力，共同推动实现“质·领长三角，区·动一体化”的美好愿景。

△姑苏区建立区法学会（首席）法律咨询专家库，遴选5名首届首席法律咨询专家。

9日

△市委常委、保护区党工委书记、姑苏区委书记方文浜，保护区党工委副书记、姑苏区委副书记、保护区管委会主任、姑苏区代区长陈羔分别带队走访辖区部分重点企业，强调要深入学习宣传贯彻党的二十大精神，全面落实12月6日中央政治局会议精神，坚持稳字当头、稳中求进，把发展经济的着力点放在实体经济上，以高质高效服务精准助企纾困解难，坚定企业发展信心，全力保障全区经济平稳健康发展。

9—11日

△姑苏区11名团代表出席共青团苏州市第二十次代表大会，选举产生共青团苏州市第二十届委员会委员、候补委员和出席共青团江苏省第十六次代表大会代表，姑苏区2人当选省团代会代表。

12日

△中共苏州市姑苏区委三届四次全体会议暨中共苏州国家历史文化名城保护区工委（扩大）会议召开。全会由区委常委会（党工委）主持，方文浜代表区委常委会（党工委）做工作报告并讲话。全会审议通过《中共苏州市姑苏区委 中共苏州国家历史文化名城保护区工委关于深入学习贯彻党的二十大精神在新征程上全面推进中国式现代化姑苏新实践的决定》和全会《决议》。全会书面审议《中共苏州市姑苏区委常委会 中共苏州国家历史文化名城保护区工委2022年度落实全面从严治党主体责任情况的报告》。

14日

△姑苏智谷数字经济产业园一期项目签约启

动，"深创投数字经济产业创新中心" 正式揭牌。

15日

△保护区、姑苏区召开社会资本参与传统民居活化利用专题会议，分析当前传统民居活化利用经验做法、困难问题，研究推进传统民居活化利用政策措施，加速推动古城保护更新。

16日

△保护区、姑苏区与国开行苏州分行对接会召开，就古城保护更新融资合作项目推进情况进行讨论交流，部署推进相关重点工作。

20日

△"大运河姑苏民俗文化旅游节·冬至大如年"暨"欢购在姑苏"冬季消费节在苏州观前街新艺广场启幕。

20—21日

△区委、区政府主要领导赴部分社区卫生服务中心，检查调研医疗救治工作，看望慰问一线医务人员。

23日

△全区2022年度履行全面从严治党主体责任述职会召开。

29日

△区委经济工作会议举行，分析当前经济形势，研究部署明年任务。

30日

△全市首家"养老+托育+卫生"一站式便民服务综合体——姑苏区悦龄健康综合服务中心启用。

（区各单位）

中共苏州国家历史文化名城保护区工作委员会、中共姑苏区委员会

综　述

【概况】 2022年，中共苏州国家历史文化名城保护区工作委员会、中共姑苏区委员会（简称“保护区党工委、姑苏区委”）坚持以习近平新时代中国特色社会主义思想为指导，以迎接党的二十大、学习宣传贯彻党的二十大精神为主线，全面落实“疫情要防住、经济要稳住、发展要安全”的重大要求，完整、准确、全面贯彻新发展理念，着力推动高质量发展，大力弘扬“主动担当、奋勇争先、高效务实”的精神内核，圆满完成一年冲刺行动计划各项任务，推动姑苏改革发展稳定和党的建设各项工作取得来之不易的成绩，展现出保护区、姑苏区成立十周年的崭新面貌和昂扬干劲。

【全年工作主要成果】 2022年，区委常委会（党工委）在以习近平同志为核心的党中央坚强领导下，认真落实省委、市委的决策部署，紧紧围绕历史文化名城保护这一核心任务，以系统思维、前瞻眼光办好一批具有全局性、引领性、基础性的大事要事，全区经济社会发展呈现良好态势。

将迎接党的二十大、学习宣传贯彻二十大精神主线贯穿始终。创新开展“习近平新时代中国特色社会主义思想指引下的姑苏实践”系列课题研究，引导全区上下更加全面学习、研究、领会新思想的丰富内涵，以实际行动迎接党的二十大胜利召开。党的二十大胜利闭幕后，多次召开区委理论中心组专题学习会，组织收看学习贯彻党的二十大精神中央、省委、市委宣讲团报告会，邀请二十大代表分享聆听二十大报告的感受，制定印发关于认真学习宣传贯彻党的二十大精神的《通知》和《决定》。苏州国家历史文化名城保护区高质量发展动员大会顺利召开，制定完善全区9个三年系列行动计划（2023—2025年）。学习市委常委会专题调研县（市、区）工作制度，创新实施区委常委会（党工委）专题调研各街道工作，用1个月时间实地调研8个街道，议定街道提请事项共22个。

强化古城保护更新发展。2月9日，苏州国家历史文化名城保护专家咨询会顺利召开，明确下一个40年乃至更长时期的苏州历史文化名城保护工作方向，即面向世界贡献古城保护的苏州方案。4月29日，市委常委会专题调研板块工作第一站就到姑苏区、保护区，苏州国家历史文化名城保护工作领导小组和办公室正式成立，体制机制进一步优化完善。6月18日，苏州名城保护集团揭牌挂牌，19.2平方千米历史城区内资产加快归集。10月26日，在首个苏州国家历史文化名城保护纪念日，举办“砥砺奋进十年路　扬帆起航新征程”活动，名城保护示范等55个项目现场签约，CIM+“数字孪生古城”阶段性成果现场展示。领导小组办公室按照“提出议题、制定方案、推进落实”的工作模式，保护专项评估工作和古城容量研究成果基本形成，古城绿色交通体系不断优化，会馆、小微型古建筑等保护利用系统加强。古城保护更新项目服务专班组建，苏州名城保护集团与国开行的战略合作不断深化，208亿元融资方案有力执行。钱伯煊故居、孝友堂张宅、唐寅祠等一批文物建筑保护修缮，“古城细胞解剖工程”深入实施，古城墙保护实施意见正式出台。32号街坊江苏按察使署旧址资产移交，五卅路子城、过云楼怡园片区项目方案持续优化，桃花坞片区19亩土地挂牌上市，虎丘综改、平江片区重点功能区等项目稳步实施。直管公房有序下放，67处文控保建筑、近2000户前期调查完成。市级职权下放有序承接，古城保护更新发展相关职能体系健全完善。区城市更新中心（区土地储备中心）正式成立，辖区65个单元城市更新体检全覆盖，城市更新试点范围扩大至历史城区全域。放大历史文化资源丰富的独特优势，《戳壁听书》首登国家“群星奖”舞台，评弹剧《人桥》、舞蹈《泊》获省“五星工程奖”。《浮生六记》园林版5.0开演，《家在古城》等文艺精品力作频出，《姑苏繁华图》特种邮票首发。大型《平江图》砖雕亮相古城，城建博物馆正式开馆。

推动经济平稳健康运行。联东U谷·姑苏数字科技产业园培土动工，苏大附一院二期主体完工，金阊新城A、B地块及燃气大厦南侧部分地块成功出让，苏化厂北侧地块加速推进。中建国际、苏创投集团、苏文投集团、国科质检等一批龙头企业落户，累计招引落地项目408个，新增企业6733家。中张家巷29号、秦宅等8个古建老宅活化利用，胥江PARK等12个产业园提档升级，32.4万平方米闲置载体盘活利用。重点打造数字创意和高技术服务两大产业创新集群，有高新技术企业128家，科技型中小企业入库数突破400家大关（417家）。国际精英创业周姑苏区分会场开幕式暨保护区、姑苏区双招双引推介会成功举办，“雁归姑苏”项目现场签约。在全市率先恢复餐饮堂食、商场营业，竹辉金普顿酒店、竹辉环宇荟、海市山塘盛大开业，举办“欢购在古城　繁华姑苏Yeah”等各类消费促进活动。积极主动落实长三角一体化国家战略，第二届长三角主要城市中心城区高质量发展联盟大会顺利举办。大力推进市内全域一体化发展，与苏州工业园区、相城区、苏州高新区、常熟市、吴江区、吴中区等6个板块先后达成战略合作。平江文创人才街区建设全力推进，1338套人才公寓投用，人才管家团和顾问团成立。在全市率先开通24小时助企纾困政策服务热线，创新推出“金融应急包”，率先兑现民营服务业载体租金减免补助资金，累计发放各类纾困资金3.3亿元。

全面提升城市建管水平。建立每日点调会制度，推进全国文明典范城市创建工作。“靓丽姑苏”行动压茬推进，拆除违法建设65.8万平方米，累计创成无违建治理示范区50个、无违建治理示范路80条。150条“净美街巷”成功打造，700余个居民小区微更新启动，61台增梯项目实施。双亭园等10个口袋公园建成开放，辖区84个约320万平方米空闲地块覆绿及零星地块见缝插绿完成，实现“推窗见绿、出门进园”。加压推进征收搬迁，研究试点货币化安置政策，万丰里项目入户调查基本完成，钟楼新村、城湾村前期准备工作加快，里双河北地块等16个项目实现清零。苏城大道、永方路等一批断头路成功打通。虎丘路、临顿路、竹辉路—新市路等综合改造项目研究启动，东环、西环高架沿线公共空间加快提升，100条街巷架空线整治入地滚动实施。《姑苏区城市家具建设指引》制定出台，完成平川路绿地公厕、积谷仓等8座公共卫生间翻改建，新增各类停车泊位1.8万个。

牢牢守住安全稳定底线。连夜做好永林新村二区、火车站周边等近10万人的稳控保供和特殊群体服务保障工作。严格落实“同责同查”工作机制，累计发动党员干部17.8万人次下沉一线，在管控区、隔离点等组建92个专项服务行动支部。不折不扣落实第九版防控方案、二十条优化措施和“新十条”，不断优化疫情防控政策措施。全年共成功举办“社情民意联系日”活动12期，领导干部、党员、人大代表、政协委员累计赴社区4296人次，累计接待居民群众超5000人，收集问题诉求2801条、意见建议2737条，已处理与答复5000余件。民生小事专项经费用足用好，9009路社区巴士等一批惠民项目落地。新增就业岗位6.4万个，其中大学生就业岗位1.3万个，创业带动就业5608人，社保扩面新增7.5万人。全市首家园林婚姻登记服务中心在耦园成立。采香花园等12个老旧小区改造实施，惠及居民1万余户。南环等4家农贸市场改造提升。敬文实验小学校等3所百年老校提档升级，虎泉实验等3所幼儿园和大儒实验小学校新校建成启用。区人民医院积极筹备推进，6家社区卫生服务机构新、改扩建。全市首家“养老+托育+卫生”一站式便民服务综合体建成，8家日间照料中心完成建设。建立健全社会稳定风险合成处置机制，实现无越级上访、维持“零京访”。社会矛盾纠纷调处化解中心建成。严格查处各类交通违法行为，全区交通亡人事故数、死亡人数分别比上年下降33.3%和35.1%。“月月亮剑”、“331”夜查等八大攻坚行动创新开展，“三管三必须”要求落实到位，实现全区安全生产事故“零发生”。“一楼一策”保交楼有力实施，沧浪城等烂尾楼相关法拍工作稳步推进。举一反三抓好中央环保督察问题整改，12项交办信访问题全部整改落实。全区$PM_{2.5}$平均浓度27.8微克/立方米，优良天数比率为81.9%，全区省考断面水质优Ⅲ比例和重点关联断面水质达标率均为100%。

纵深推进全面从严治党。圆满完成人大、政府、政协换届，领导班子和干部队伍进一步调优配强。干部能力建设“一号工程”深入实施，区领导和部门主要负责人“上讲台”实现全覆盖。区委常委会研究干部工作16次，涉及干部405名，平级重用9名，提拔100名，职级晋升149名，推动125名区管干部岗位交流。修订完善“市考”争先进位工作成效奖惩办法，全区高质量发展综合考核体系持续优化。高质量党建引领基层治理现代化“根系工程”全面推进，“千朵海棠·花开姑苏”党建服务体系不断健全，37个“邻里红韵”党群服务驿站、1062个“小巷红韵”微阵地建成，“家门口”党群服务阵地矩阵初具规模。加强新业态新就业群体党建工作，3个行业党委、10个新业态党组织正式建立。社区党组织书记“雁阵工程”全面实施，4名“头雁”社区党组织书记被提拔为事业副科，22名“领雁”社区党组织书记享受事业单位管理9级岗位指定待遇，2名正科职干部担任社区党组织书记。强化党风廉政建设，研究制定区委（党工委）关于贯彻落实《中共中央政治局贯彻落实中央八项规定实施细则》的实施办法。三届区委第二轮、第三轮巡察工作完成，持续放大巡察成果效用。实施容错纠错16起、澄清正名17起、风险报备18起，查处诬告陷害1起。持续开展“清风行动”专项督查，查处违反中央八项规定精神问题13起14人，查处群众身边不正之风和腐败问题5起6人，通报曝光典型问题17起18人。运用“四种形态”批评教育帮助和处理238人次，立案138件138人，挽回经济损失1130.16万元。

【中共苏州国家历史文化名城保护区工委、中共姑苏区委工作会议】 于2022年8月8日召开。市委常委、保护区党工委书记、姑苏区委书记方文浜做题为“紧盯目标不放松　全力以赴抓落实　以实际行动迎接党的二十大胜利召开”的讲话。这次会议的主要任务是，坚持以习近平新时代中国特色社会主义思想为指导，深入学习贯彻习近平总书记在省部级主要领导干部“学习习近平总书记重要讲话精神，迎接党的二十大”专题研讨班上的重要讲话精神和党中央决策部署，全面落实“疫情要防住、经济要稳住、发展要安全”的重大要求，认真贯彻省委、市委工作会议精神，总结今年以来工作，部署下一阶段工作，进一步动员全区上下大力弘扬“主动担当、奋勇争先、高效务实”的精神内核，紧盯目标不放松，全力以赴抓落实，持续擦亮国家历史文化名城保护区金字招牌，奋力交出保护区、姑苏区成立十周年合格答卷，以实际行动迎接党的二十大胜利召开。

【中共苏州市姑苏区委三届四次全体会议暨中共苏州国家历史文化名城保护区工委（扩大）会议】 于2022年12月12日召开。市委常委、保护区党工委书记、姑苏区委书记方文浜代表区委常委会（党工委）做工作报告并讲话。会议审议通过《中共苏州市姑苏区委　中共苏州国家历史文化名城保护区工委关于深入学习贯彻党的二十大精神在新征程上全面推进中国式现代化姑苏新实践的决定》和全会《决议》。会议号召全区上下更加紧密地团结在以习近平同志为核心的党中央周围，坚持以习近平新时代中国特色社会主义思想为指导，全面贯彻落实党的二十大精神，坚定拥护“两个确立”，坚决做到“两个维护”，牢记“三个务必”，按照省第十四次党代会、市第十三次党代会精神和省委、市委工作部署，团结带领全区广大人民群众撸起袖子加油干、甩开膀子拼命干，奋进新征程、建功新时代，持续擦亮国家历史文化名城保护区金字招牌，为全面建设社会主义现代化国家、全面推进中华民族伟大复兴做出新的更大贡献！（高子璇）

2022年12月12日，中共苏州市姑苏区委三届四次全体会议暨中共苏州国家历史文化名城保护区工委（扩大）会议召开

区融媒体中心　供稿

保护区·姑苏区成立十周年

【成果概述】 2012年10月26日，在国务院、住建部和省委、省政府的批准下设立全国首个也是目前唯一的国家历史文化名城保护区，同时将原平江、沧浪、金阊三城区合并为姑苏区。这十年是党的十八大以来进入新时代伟大变革的十年，是保护区、姑苏区深入贯彻落实习近平新时代中国特色社会主义思想，特别是习近平总书记关于加强历史文化遗产保护和传承的重要论述，砥砺奋进的十年。这十年，全区的文化特色更浓，人们深刻感受到“在姑苏，蛮灵格”；城市底色更靓，人们深刻感受到“在姑苏，真适意”；幸福成色更足，人们深刻感受到“在姑苏，都挺好”。这些幸福感、获得感、归属感的背后是一砖一瓦、一草一木的守护，是一河一巷、一街一坊的变化，全都是保护区十年高质量发展的亮丽注脚。这十年，保护区取得“国家古城旅游示范区”“全国社区教育示范区”“中国商旅文产业发展示范区”“全国社区治理和服务创新实验区”等多项国家级荣誉。主要体现在三个方面：

注重整体性保护。深入贯彻落实习近平总书记“敬畏历史、敬畏文化、敬畏生态，全面保护好历史文化遗产”的指示精神，始终将古城作为一个整体，不断加强顶层设计和系统谋划。在资源整合上，加快建立对古城内各类资源统一规划、保护、管理和利用的运作体系，第一个聚焦19.2平方千米历史城区的项目主体——苏州名城保护集团挂牌。第一次全要素采集古城保护对象信息，“古城细胞解剖工程”深入实施。成立苏州国家历史文化名城保护工作领导小组和办公室，召开11次会议，研究推动106项议题。在立法规划上，第一次专门出台地方性法规《苏州国家历史文化名城保护条例》。5个历史街区保护规划、古城54个街坊控规修编和40个街坊城市设计编制完成。在连片改造上，历史城区全域纳入城市更新试点范围。平江片区等重点工程成效显著，潘宅等42个古建老宅蝶变新生，中张家巷河成为新中国成立以来古城内第一条恢复的河道，大成殿古城保护展示馆对外开放，为古城整体保护积累经验。

注重活态性保护。深入贯彻落实习近平总书记“要处理好城市改造开发和历史文化遗产保护利用的关系，切实做到在保护中发展、在发展中保护”的指示精神，始终在提升产业能级和完善城市功能上下功夫，不断激发经济社会发展活力。在产业更新上，建成蓝园、安和锦、国资M+等一批特色产业园，苏州市区第一块M0用地出让。加快古城商圈改造步伐，引进华贸中心等旗舰型项目，美罗等重奢商业增长势头强劲。经济密度（地均地区生产总值）、服务业增加值占比位于全市前列。在文旅融合上，老字号和博物馆数量均居全市第一，苏州成为大运河沿线唯一以古城概念申遗的城市。第一个浸入式昆曲《浮生六记》深受青睐，群舞《戤壁听书》首登国家“群星奖”舞台，对外文化传播力持续提升。旅游总收入以年均10%的速度快速增长，平江路、山塘街、观前街跻身国家级街区之列。在空间挖掘上，苏城大道等一批道路全线贯通，5条轨道交通线路贯穿全区，已运营里程达37.19千米，位居全市前列。加压开展征收搬迁扫尾清零，征收搬迁交地超1.4万亩。南环新村、梅巷片区、解放新村等危旧房实施解危，涉及2万多户的改厕工程让古城彻底告别“马桶”，为城市更新利用拓展空间。

注重宜居性保护。深入贯彻落实习近平总书记“要突出地方特色，注重人居环境改善，更多采用微改造这种‘绣花’功夫”的指示精神，始终坚持以人民为中心，推动古城环境品质和居民生活幸福指数不断攀升。在环境提升上，打造300条“净美街巷”，实施153个老旧小区、93个城中村环境提优，惠及居民近11.5万户。生态环境保护成效明显，省考断面优Ⅲ比例达100%，黑臭水体基本消除。在配套完善上，新增和改造绿地近500万平方米，建成69个口袋公园。第一条环古城河健身步道全线贯通。31家农贸市场先后实施两轮改造提升，平价菜摊实现全覆盖，“双塔市集”成为“网红打卡地”。停车泊位相比2012年翻了一番。在服务供给上，拿出85%以上一般公共预算支出投入民生领域，有序实施223个实事项目，人均可支配收入接近翻番。新建并投入使用幼儿园、小学19所，新增学位2.1万个。每万人拥有医生数增加到82.2人，是全市平均水平的2.6倍。就联系群众工作进行制度化安排，创新设立“社情民意联系日”，为居民排忧解难搭建有力平台。

【“十件大事”评选】 保护区、姑苏区在成立十周年之际，广泛征集成立十周年“十件大事”候选事件，共收集到130件代表性事件。经推荐申报、专家评审、群众投票、会议研究，最后评选出保护区、姑苏区成立十周年“十件大事”，涉及古城保护、经济运行、城市面貌、民生福祉等方方面面，汇聚成十年成就精彩集锦。

大事1：全国首个也是目前唯一的国家历史文化名城保护区正式成立。2012年9月，经国务院、江苏省政府批复同意，设立苏州市姑苏区。2012年10月26日，保护区、姑苏区正式揭牌成立，开启古城保护崭新篇章。

大事2：苏州国家历史文化名城保护纪念日批准设立。2022年8月25日，市十七届人大常委会会议批准设立苏州国家历史文化名城保护纪念日，时间为每年10月26日，在全社会进一步营造热爱苏州、尊重历史的良好氛围。

大事3：苏州市第十三次党代会擘画保护区、姑苏区"一中心、两高地、一典范"的发展新蓝图。2021年9月，市第十三次党代会明确保护区、姑苏区"做优行政和文商旅中心，做强教育医疗高地、科技创意高地，做精苏式生活典范，持续擦亮国家历史文化名城保护区金字招牌"的总体定位，为今后五年的发展指明方向。

大事4：苏州国家历史文化名城保护工作领导小组和办公室正式成立。2022年4月29日，市委常委会专题研究保护区、姑苏区工作，成立苏州国家历史文化名城保护工作领导小组和办公室，由市委、市政府主要领导担任组长，通过扁平化的组织体系，及时高效研究破解城市更新保护中遇到的问题。

大事5：《苏州国家历史文化名城保护条例》《苏州市古城墙保护条例》等法规出台施行。自2018年3月1日条例施行以来，制度体系日益健全，助力古城墙规范化保护，为历史文化名城提供有力法治保障。

大事6：姑苏区人大常委会会议表决通过《关于践行全过程人民民主开展好姑苏区"社情民意联系日"活动的决议》。自2021年9月起，保护区、姑苏区决定在每月的第二个星期日开展"社情民意联系日"活动，有力地将矛盾纠纷解决在基层。

大事7：苏州入选全国首批城市更新试点名单。保护区、姑苏区统筹古城有机更新和历史风貌保护，纵深推进古城整体保护示范，做优做实满足人民美好生活需要的城市更新。

大事8：苏州名城保护集团在言子书院揭牌挂牌。2022年6月18日，苏州名城保护集团揭牌挂牌，着力推进一批影响力大、带动性强的示范项目，将古城独特资源优势转化为产业发展优势。

大事9：保护区、姑苏区被国家旅游局授予"国家古城旅游示范区"称号。保护区、姑苏区坚持"城区即景区、旅游即生活"理念，系统推进全域旅游建设，以其在古城保护和旅游发展中所做出的积极实践，为国内其他古城提供宝贵经验。

大事10：中张家巷河成为新中国成立以来古城内第一条恢复的河道。中张家巷河于2020年6月顺利贯通，不仅联通平江片区的水系，更对盘活旅游资源，繁荣夜间经济起到积极带动作用。

【工作成效展】 2022年10月26日下午，保护区、姑苏区成立十周年工作成效展在苏州市公共文化中心启幕。展览以图文、视频形式，生动回顾十年来保护区、姑苏区"主动担当、奋勇争先、高效务实"的奋斗足迹，展示全区在党建引领、古城保护、经济发展、江南文化、城市更新、民生福祉、社会治理等方面的工作成效。该展览向社会公众免费开放。 （区方志办）

组织工作

【概况】 2022年，保护区、姑苏区组织工作坚持以习近平新时代中国特色社会主义思想为指导，深入贯彻党的十九大和十九届历次全会精神，突出迎接学习贯彻党的二十大精神主线，建强高素质专业化干部队伍，推动基层党建提质增效，全方位培养、引进、用好人才，持续推进重点难点问题攻坚，全力推动组织工作高质量发展，为持续擦亮国家历史文化名城保护区"金字招牌"提供坚强组织保证。年末，全区共有基层党组织2163个，中共党员45395人，全年新发展党员297人。

【党的建设】 2022年，保护区、姑苏区把学习贯彻习近平新时代中国特色社会主义思想作为首要政治任务列入全区党员干部教育培训的必修课，分层分类组织开展新思想学习。以区管干部为重点，扎实开展党的十九届六中全会学习，依托干部在线学习平台全覆盖做好科职干部专题轮训。重点聚焦“关键少数”，实现全体区领导及部门单位一把手“上讲台”全覆盖。线上举办干部能力提升大讲堂讲座7期，参训干部超1.5万人次。全方位做好疫情防控组织保障，建立健全重大任务“区委全面领导、机关部门对口支援街道、特别行动队挂钩区域党委、机关支部结对社区、志愿先锋队下沉网格”五级组织体系，深化机关与街道“命运共同体”意识，系统梳理“7类10岗”机关下沉干部工作职责和纪律要求，持续强化“同责同查”，层层压实防控责任。常态化做好应急储备，建立闭环人员应急保障储备队伍，会同区民卫部门组织培训2038名防疫人员，补充基层疫情防控力量缺口。建强一线战斗堡垒，在管控区、隔离点等组建92个专项服务行动支部，建立“两新”志愿者服务团队41个，组建600余人“齐心（骑行）抗疫先锋队”，做到关键时刻有党组织、关键岗位有党员。强化一线党员干部激励，优先吸收69名表现优异的积极分子为发展对象，对成绩突出、表现优异的105名干部晋升职级，以鲜明导向激励广大党员干部在抗疫一线挺身而出、奋发有为。超额完成“千朵海棠·花开姑苏”一年冲刺行动计划目标，累计建成37个“邻里红韵”党群服务驿站和1062个“小巷红韵”微阵地，分类制定《姑苏区“海棠红韵”微阵地工作指引》，结合“海棠红韵”微阵地布设172个“海棠民情站”，常态化倾听处办社情民意，推动形成“红韵系列”阵地建设长效机制，“家门口”党群服务阵地矩阵初具规模。完成专家智库建设一年冲刺行动计划，聚焦古城保护、文化传承、产业发展等领域，在全区建设专项智库20个，合作专家312人，其中特聘专家4人、区级智库专家48人，举办“智聚姑苏·古城新生”智库季系列活动10场，指导相关单位形成《苏州国家历史文化名城保护专家咨询会议成果汇编》《智论姑苏》专刊等成果。

【干部队伍建设】 2022年，保护区、姑苏区出台《关于新形势下进一步做好保护区、姑苏区干部日常考察工作的实施办法》，在全区各单位组建超100人规模的考察员队伍，通过“四不两直”方式开展干部日常考察，组织召开干部座谈会12期。打造姑苏区干部智慧系统3.0版本，分类建立干部动态储备库，以信息化手段提升识人精度。配合做好市管干部选用工作，进一步使用正处职干部2名，提拔副处职干部7名，晋升二级调研员5名，晋升三级调研员4名。做好区管干部调整，进一步使用正科职干部9名，提拔行政正科级干部28名、事业正科级干部9名，提拔行政副科级干部48名、事业副科级干部15名，推动120余名区管干部岗位交流，晋升职级148名，4名社区党组织书记经定向招录进入公务员队伍。出台公职人员兼职管理办法，制定领导干部离任交接办法，规范离任交接工作流程，从严强化干部监督管理。加强优秀年轻干部培养，制定《保护区、姑苏区培养选拔优秀年轻干部行动计划（2022—2026年）》，聚焦未来5年及更长时期发展需要，明确配备量化目标和“育选管用”路径。探索建立“90后”“95后”年轻干部双库，为选好种、育好苗夯实基础。深化办班培养，构建“7+X”特色干部教育培训体系，打造“初任培训—青苗班—青干班—中青班”链式培养路径，实施新录用公务员“新舸奋楫”三年培养工程，与首批4家市直单位创新开展合作培养。拓宽实践平台，选派10人赴南京市秦淮区、苏州工业园区对标借鉴、实践锻炼，集中选派100名机关年轻干部下沉社区锻炼。强化考核“指挥棒”作用，立足姑苏实际，构建“1+2”年度综合考核体系，全面承接“市考”指标和要求，对片区改造、产业焕新、文化创意、民生服务等重点指标提升分值权重。围绕“古城、老城、新城”分区定位，差异化设置街道个性指标，切实考出差距、考出特色。强化平时与年终考核相衔接，通过专题调度、发布“红黑榜”、预警反馈等措施，加大重点指标、重点任务和批示交办事项的跟踪问效力度，探索完善项目化推进、清单化落实的全过程落实机制。修订“市考”争先进位工作成效奖惩办法，将考核结果、指标数据作为衡量干部担当作为成效、识别评价干部的重要依据，放大鞭策激励效应。

【基层党组织建设】 2022年，保护区、姑苏区服务中心提升党建质效，以“党建引领古城保护　海棠赋能提质增效”区委书记项目为统领，压茬推进提升社会治理能级、经济发展能级、活力质态能级、民生幸福能级的12项重点任务。发挥牵引性、带动性作用，推动实施8个街道书记项目，开展“四类”社区党组织为民服务项目备案，构建“书记带动、上下联动、同向发力”党建工作格局。开展党建引领产业创新集群建设“优+”行动，组建9个产业创新集群党委，实施金融扶持、清费减负等“同心·同行”“党建惠企”专项服务政策，以高质量党建为企业发展提供强劲动能。强基固本夯实基层基础，实施30个“三聚力三提升”基层党建提质增效重点项目，全面推进高质量党建引领基层治理现代化“根系工程”，建成346个小区（街巷、院落）共治党组织，引领“治理圈”内各类组织合力解决突出问题。开展城乡党组织建设专项整顿和事业单位、国有企业基层党建专项提升行动，抓好“村村到、户户进、人人访”集中走访，建立3991人的“海棠先锋”队伍和4级联系微信群，开展“四类”社区党组织为民服务项目备案，用心用情用力解决好居民“急难愁盼”问题。聚能提优建强基层队伍，实施社区党组织书记“雁阵工程”，开展分档评定、分级培育、分类管理、分层激励，构建“头雁—领雁—群雁—雏雁”四级梯队建设体系，着力培育选树一批新时代新典型，在“领雁”“头雁”队伍中遴选培育对象16名，成立9个薪火头雁书记工作室，进一步发挥先进典型选树的示范效应。全面加强党员教育管理，发展党员297名，举办发展对象、新党员培训班各2期，会同相关部门对近5年新发展的2114名党员进行“拉网式”排查，确保无违规发展党员问题。加强新业态新就业群体党建，在“百人万里行”体验式调研基础上，实施“海棠聚力·融‘新’共治”工程，成立3个行业党委，建立10个新业态党组织，开展“六联六促”结对共建，构建起条块结合、左右衔接、上下联动、齐抓共管的工作体系。实施30个暖“新”关爱项目，打造姑苏区货车司机党群服务中心、吴门齐心驿站等“一十百千万”暖“新”服务驿站，全方位加强新业态新就业群体服务保障。激励引导新业态新就业群体参与基层治理，齐心（骑行）抗疫先锋队持续扩容，近千名新业态新就业人员主动到社区报到，参加疫情防控、文明“随手拍”等志愿服务，6名新就业群体党员成为市级先锋培育对象。全面提升机关党建水平，推动党建业务深度融合，创新实施机关党建和业务“四聚焦四融合工作法”，聚力推进41个机关党建书记项目，深化41个机关党建品牌，开展事业单位党建专项提升行动，指导11家事业单位党组织开展自查和分析研判，提升党建工作规范化水平。推动机关资源力量下沉，优化调整全区149个机关党支部精准结对169个社区机制，参与疫情防控、文明典范城市创建等工作，实施185个“同心同力”基层治理党建项目，形成服务合力。

2022年7月29日，姑苏区落实“五聚焦五落实”深入实施“三聚力三提升”基层党建提质增效重点任务推进会召开

区委组织部　供稿

【人才工作】 2022年，保护区、姑苏区坚持党对人才工作的全面领导，召开区委人才工作会议，成立区委人才工作领导小组，进一步完善党委统一领导、组织部门牵头抓总、职能部门密切配合、社会力量共同参与的人才工作格局。完善人才计划顶层设计，结合姑苏实际，研究制定《关于进一步集聚姑苏特色文化人才的实施意见》《姑苏区支持青年人才发展实施细则》，主动融入苏州人才发展现代化强市建设。织密横向到边、纵向到底的人才工作网络，建立部门、街道协同机制，拓展社会化引才阵地，提升人才工作整体合力。建设适应姑苏发展的人才队伍，在市级领军人才计划中设立数字创意技术应用专项，对科技领军人才工作进行专题研究和部署，获评省双创人才1人、省双创博士4人、市领军人才6人、区领军人才18人。壮大特色文化人才队伍，做好人才创新创业和服务工作，新增老字号技能名师工作室4家、苏工苏作人才32人、"网红"创业人才20人、数字文化人才项目109个、创意设计人才84人、区级非遗传承人42人、苏式品质生活服务人才2000人。突出教育、卫生、法律、社会组织等领域人才队伍建设，入选江苏省第六期"333工程"第三层次培养对象16人，新增江苏省"苏教名家"培养工程培养对象1人、江苏省特级教师1人，入选市级教育名家等人才计划14人，入选市级宣传文化人才计划青年拔尖人才2人，入选市级卫生人才计划青年拔尖人才2人。做优高水平人才招引平台，持续加强与"双一流"重点高校的深度对接，联动苏州科技大学、江苏师范大学等高校举办"云直聘"专场招聘会，提供岗位2356个，吸引27.68万名青年人才关注。通过"校园苏州日"走进东南大学、山东大学，线上"带岗"直播间洽谈人数1153人，达成就业意向692人。开展"智汇姑苏"、紧缺高层次人才猎聘会、高层次人才投融资对接会、第二届"繁华姑苏杯"文创精英挑战赛等系列活动，促进人才、项目、资本等要素有机融合。举办国际精英创业周姑苏区分会场开幕式暨保护区、姑苏区双招双引推介会，邀请91名人才嘉宾和同程旅游等51家"雁归"企业家参会，古建老宅活化、领军人才项目等30个合作项目发布签约。打造"才聚姑苏更舒心"服务品牌。全力推进高品质人才社区建设，完成平江文创人才街区基本功能设计和布局规划，文创人才会客厅、人才咖啡馆等首期项目投入使用，文艺人才创新基地、数字创意人才集聚区等重点项目有序启动。优化提升人才服务工作水平，启用人才服务热线，提供人才乐居、人才落户、紧缺人才申报等32项服务内容，开展"人才服务直通车"品牌活动9场，线上线下服务人才26875人次，实现人才服务"一呼即应"。打造姑苏首个人才公寓，推出1338套房源。推出姑苏特色人才服务项目，举办"百名人才看姑苏"活动10场，吸引180余名高层次人才沉浸式体验苏式生活，依托历史街区、古建老宅空间资源布局花里巷、右见等7家"人才会客厅"。（凌　娜）

宣传工作

【概况】 2022年，保护区、姑苏区宣传思想文化工作战线坚持以习近平新时代中国特色社会主义思想为指导，牢牢把握学习宣传贯彻党的二十大精神的工作主线，紧紧围绕苏州获批国家历史文化名城40周年，保护区、姑苏区成立十周年的宣传主题，切实担当"举旗帜、聚民心、育新人、兴文化、展形象"的使命任务，为保护区各项工作的顺利开展、姑苏古城的全面振兴提供强大的精神力量、舆论保障和文化支撑。

【理论教育】 2022年，保护区、姑苏区扎实推进区委理论学习中心组学习制度化规范化，举办8次专题辅导报告会、6次专题学习交流会，实现全区党委（党组）巡学旁听全覆盖。第一时间召开学习贯彻党的二十大精神宣讲工作动员会议，组织召开4次区委党的二十大精神专题学习会。成立“苏州文化保护传承与创新研究中心”，发布系列课程二十讲，组织5次集中学习。组建学习贯彻党的二十大精神区委宣讲团，结合“社情民意联系日”活动，组织全体党政领导和部门班子成员赴169个社区开展党的二十大精神专题宣讲，累计开展700余场，参与人次超10万。着力培养新时代理论宣讲骨干，举办“百姓名嘴”风采展示活动，广泛开展“理悦姑苏·理论宣讲进基层”活动3000余场。转变党员冬训方式、聚焦抗疫需求，开展对象化分众化分层化学习，完成优质“冬训主讲人”视频106个，获2021年度全省基层党员冬训工作示范县（市、区）。

【新闻宣传】 2022年，保护区、姑苏区围绕学习宣传贯彻党的二十大精神，保护区、姑苏区成立十周年，古城保护与更新等中心工作，策划“全面贯彻落实党的二十大精神”“砥砺奋进十年路　扬帆起航新征程”“‘潮’姑苏出发”等专栏，在各类媒体平台刊发报道1.4万余篇，含报刊类2000余篇、视频类970余篇、新媒体类近1.1万篇。在央媒层面显示度较往年有明显提升，《新闻联播》《焦点访谈》《人民日报》《光明日报》等国家级全媒体报道100余篇。建强用好姑苏区融媒体中心，“姑苏发布”微信公众号迈入苏州市政务类（县区）微信第一方阵，视频号、抖音号累计阅读量超千万次，政务宣传矩阵效应进一步彰显。印发《保护区、姑苏区对外新闻宣传工作实施意见》，海外社交媒体账号运营良好，总阅读量超800万次。实施短视频+战略，推出《外傅年华好　姑苏正青春》《十年姑苏：一座姑苏城　半部江南诗》等精品短视频，成功孵化《面若桃花》《巷有新生》等特色影视IP，《原味姑苏》系列图书迭代升级。

【文化建设】 2022年，保护区、姑苏区圆满完成“奋进十周年　喜迎二十大”系列活动，重磅发布保护区、姑苏区成立十周年“十件大事”。精心组织5场“姑苏·大家说”苏州历史文化系列讲座，举办“走姑苏街巷，看名城变化，品古城魅力”沉浸式主题实践活动，对外发布“家在古城”保护传承更新等10条线路。精心做好文化服务，剧游宇宙获评姑苏宣传文化创新团队。2名文化人才入选“姑苏宣传文化青年拔尖人才”，1家企业获评“2022年度苏州市版权示范单位”，2个街道获评苏州市2022年度“扫黄打非”进基层优秀站点。举办2022书香姑苏阅读节活动，开展“文化送餐”专项防疫服务。全区出版物、印刷发行单位安全生产管理机制不断完善。打造大运河文化带“平江古巷”项目，完成七里山塘集中展示带、上塘河集中展示带、大运河国家文化公园标识形象系统导入应用。创新推出2条大运河文化系列精品游线，编撰完成《节庆中的姑苏民俗》非遗主题书籍。持续做亮“大运河姑苏民俗文化旅游节”。出台《做精苏式生活典范　彰显姑苏名城魅力的实施意见》，与苏大东吴智库合作开展“打造苏式生活典范的战略思维和实现路径研究”等课题研究。推出报告文学《家在古城》《城市责任》、连环画《活色苏城》等一批文艺精品力作。拍摄影视剧《山塘茶馆》，全球首发《姑苏繁华图》特种邮票，重磅推出《姑苏风雅》画册。歌曲《桃花坞》获苏州市第十三届精神文明建设“五个一工程”奖，《戤壁听书》首次入围国家“群星奖”决赛，舞蹈《泊》、评弹剧《人桥》获省“五星工程奖”。在第四届中国苏州江南文化艺术·国际旅游节中，姑苏区委宣传部获“优秀组织单位”、2022苏州国际设计周获“最受欢迎的活动”、姑苏区鸿儒曲苑获“最受欢迎的江南小剧场”等。

【网络品牌建设】 2022年，保护区、姑苏区开展“网遇姑苏　非凡十年”2022保护区、姑苏区网络文化季活动，深化塑造“姑苏喵”IP品牌价值，播出《姑苏喵游记》第二季（中英文版），推出精品盲盒等

IP周边。强化网络文明建设，打造"网聚姑苏 文明e路"网络文明品牌，创新推出全市首个网络文明数字人，首次直播活动观看量突破1000万。（刘志昊）

精神文明建设

【文明城市创建】 2022年，保护区、姑苏区全力推进文明城市创建工作，发动市、区两级机关干部2万余人次下沉街道、社区，持续完善文明点调制度，压茬推进文明创建各类老大难问题，小区环境、街巷环境、市场环境、交通秩序得到较大改善，中心城区文明城市常态长效水平实现新跃升。

【新时代文明实践】 2022年，保护区、姑苏区制定《关于深化拓展全区新时代文明实践中心建设的行动方案》，以"文明实践姑苏行"品牌为统领，对全区新时代文明实践工作进行系统部署。强化阵地建设，成立理论宣讲服务等5个区级分中心，5个示范阵地获市级支持，观景社区获评全国最美志愿服务社区。广泛开展防疫志愿服务，累计组织300余万人次志愿者参与，总时长超1200万小时，推进"楼道暖艺客厅营造"等4个市级重点文明实践项目。

2022年6月27日，姑苏区创建全国文明典范城市推进会召开　　区融媒体中心　供稿

【公民思想道德建设】 2022年，保护区、姑苏区积极营造学习宣传贯彻党的二十大精神浓厚社会氛围。3人获评"江苏好人"，6人获评"苏州时代新人"；健全"姑苏好人"月评选机制，评选"姑苏好人"46人。组织6100余次"强国复兴有我"群众性主题宣传教育活动，开展"我们的节日"主题活动200余项。举办"强国复兴有我 文明古城有我"新时代文明实践暨"稚爱古城 童行姑苏"亲子捡跑活动，联合区教体文旅委开展未成年人先进典型选树，2人获评"新时代苏州好少年"。

姑苏区"江苏好人"名单（2022）

缪路华：为封控区居民积极奔走送去生活物资的社区书记（沧浪街道）

张元全：重信守诺为邻里义务维修家电半个多世纪的"超级电工"（沧浪街道）

曹美玲：爱心接力助学近30年的大爱教师（区教体文旅委）

姑苏区"苏州市精神文明建设'十佳新人'·苏州市道德模范提名"名单（2022）

张元全：重信守诺为邻里义务维修家电半个多世纪的"超级电工"（沧浪街道）

姑苏区"苏州时代新人"名单（2022）

缪路华：手术伤口尚未拆线便奔赴一线抗疫的社区书记（沧浪街道）

朱兴男：勇救落水儿童的七旬老人（虎丘街道）

常春辉：敬业奉献的好警察（姑苏公安分局）

何　梅：捐款二十余万元的退休工人（吴门桥街道）

彭美琳：扎根基层解民忧的社区好民警（姑苏公安分局）

谢勤国：奔走在古城保护第一线的001号志愿者（双塔街道）

姑苏区"新时代苏州好少年"名单(2022)

贾雨苏:创作抗疫弹词的评弹小达人(沧浪新城第二实验小学)

刘方芯:长期一对一资助藏族小朋友的爱心小使者(苏州市善耕实验小学) (刘志昊)

统战工作

【概况】 2022年,保护区党工委、姑苏区委统一战线工作部(简称"区委统战部")以习近平新时代中国特色社会主义思想为指导,深入学习领会党的二十大精神,坚持贯彻习近平总书记关于做好新时代党的统一战线工作的重要思想,坚决落实中央、省委、市委、区委各项决策部署,不断推动新时代全区统战工作高质量发展。持续完善大统战工作格局,区委常委会会议专题研究统战领域相关工作6次,召开区委统战工作会议、全区宗教工作会议、区委统一战线工作领导小组第六次全体会议、民宗工作领导小组会议等,推动统战工作一盘棋谋划、一体化推进。持续强化理论武装,把学习宣传贯彻党的二十大精神作为首要政治任务,举办民主党派、无党派和新阶层人士,民族宗教,党外中青年干部3个专题培训班,区各民主党派"矢志不渝跟党走、携手奋进新时代"政治交接主题教育持续开展,非公经济人士理想信念教育实践活动取得实效,"同心大讲堂"、"同心同向,筑梦姑苏"系列活动精彩纷呈。全区统一战线共同思想政治基础不断巩固。

2022年10月20日,区委统战工作会议召开

区融媒体中心 供稿

【民主党派工作】 2022年,区委统战部协助制定党外人士政党协商会议安排计划,围绕党风廉政建设和反腐败工作情况、"15分钟便民服务圈"等内容召开区委双月座谈会。支持各民主党派、工商联和无党派人士开展"古城保护与更新""数字经济"等课题调研。支持各民主党派加强自身建设,民盟成立苏州首家市属国企民主党派基层组织——民盟轨道交通集团支部。发挥民主党派优势特长,打造"我与大师有个约会"工作品牌。举办南社人物肖像篆刻展,开展"南社与江南文化"等专题讲座,与吴江区委统战部签订合作协议,进一步用好用活南社资源。

【非公经济领域统战工作】 2022年,区委统战部举办"劳模之魂 创业之路"暨姑苏区民营经济人士理想信念报告会,深入持续推进党的二十大精神学习宣传贯彻工作。主动搭建企业云服务平台,打通助企纾困政策到企"最后一公里"。与区法院加强联系,持续发挥"总商会商事调解委员会"作用,建立定期商事调解工作机制。设立全省首家"中小投资者权益保护宣教基地",签署《关于中小投资者权益保护的合作备忘录》。用好领导挂钩联系民营企业制度,打通企业家参政议政和建言献策的渠道。发扬企业家光彩精神,助力全区疫情防控工作。

【民族宗教工作】 2022年,区委统战部深入推进民族团结进步宣传月工作,组织开展红石榴主题系列活动。深化"石榴籽工程"内涵,双塔街道获评第一批全省民族团结进步示范单位,平江历史街区社区获评江苏省第三批“红石榴家园”，里河社区、历史街区社区、弘毅小学3家单位获评苏州市民族团结进步创建示范单位，相王玉器城“红石榴联合服务站”、区民促会被评为新疆籍人员服务管理友好协作单位，6名会员被评为“促进民族团结模范”。“红石榴志愿服务”品牌初显，2022年疫情防控期间红石榴志愿者参与志愿服务108天，1200余人次，服务时长超8000小时，工作案例被评为“红社e家‘疫’战先锋”优秀案例。认真做好17处原市属宗教活动场所承接工作，出台《关于强化落实宗教活动场所属地管理责任的实施意见》，进一步完善基层宗教事务管理网络。持续深入推进宗教“两个专项”工作，全年共整治取缔11处非法宗教活动点。

【港澳台及海外统战工作】 2022年，区委统战部以增进认同、深化交融为目的，加强与港澳爱国同乡社团的联络，赴澳门举办姑苏古城人才及文旅推介活动。强化联谊平台建设，成立姑苏香港同胞联谊会，打造“又见姑苏　香爱同行”工作品牌。用好特色文化资源，开展香港同胞国情考察活动8次，市三中、山塘统战名街入选全市首批苏港国情教育基地。做亮“姑苏缘　两岸情”品牌，带领两岸青年沉浸式体验古城历史文化。打造“蓝园海归新侨驿站”“锦侨汇”等侨务工作阵地，拓展为侨服务渠道，营造朝气蓬勃的海归创新创业环境。制定中医惠侨工作方案，举办“中医惠侨　姑苏有爱”活动。开展姑苏侨文化品牌建设助力古城发展专题研讨活动，深入挖掘古城名人文化资源，促进侨文化与古城保护更新相融合。

【党外知识分子和新的社会阶层人士统战工作】 2022年，区委统战部制定统战系统“同心聚才”工作实施方案，统筹整合统战资源，吸引更多人才汇聚姑苏。在苏州市归国人才会客厅“右见”举办“留学报国海创苏州”沙龙活动，围绕打造“归国人才首选城市”建言献策。进一步挖掘辖区海归创业人才，推荐科技部火炬创业导师朱福全担任苏州市首批归国人才创业导师。

（钱　蓓）

机构编制管理

【概况】 2022年，保护区党工委、姑苏区委机构编制委员会办公室（简称“区委编办”）紧密围绕区委、区政府中心工作，持续巩固深化机构改革成果，扎实推进重点领域改革，不断优化机构编制资源配置，为全区经济社会发展提供有效的体制机制保障。

2022年，保护区、姑苏区党政群工作机构及政法机构共54个：姑苏区人大机关1个；姑苏区政协机关1个；保护区、姑苏区纪检监察机关1个；保护区党工委、姑苏区委职能机构7个（区党政办公室为正处级建制，其余为副处级建制），保护区管委会、姑苏区政府职能机构21个（区古城保护委员会、区城市管理委员会、区住房和建设委员会、区教育体育和文化旅游委员会为正处级建制，其余为副处级建制）；姑苏区群团工作机构9个（正科级建制）；市政府派出机构1个（姑苏区代为管理，苏州市人民政府观前地区综合管理办公室，正科级建制，与拙政园片区综合行政执法大队合署办公）；法检机关2个（法院、检察院）；姑苏区党委政府派出机构3个（平江、金阊、沧浪新城党工委、管委会）、派出机关8个（平江、金阊、沧浪、双塔、虎丘、苏锦、吴门桥、白洋湾街道党工委、办事处）。另有市自然资源和规划局苏州国家历史文化名城保护区（姑苏）分局。全区共有事业单位199家。

【基层管理体制】 2022年，保护区、姑苏区加强应急领域体制机制建设，在各片区（街道）、新城（街道）安全生产监督管理办公室基础上，整合相关职能组建应急管理局，深化综合执法改革，对基层综合行政执法运行情况开展调研，就遇到的难点问题从机构设置、力量配备、权力运行等方面提出建议。结合街道属地管理体制及市监领域部分处罚事项相对集中等实际情况，提前谋划市场监管领域综合执法改革工作。推进审批服务便民化，巩固改革试点工作成果，全面推广委托街道办理市场主体登记事项。进一步规范基层政务服务机构设置，将各片区（街道）、新城（街道）“为民服务中心”统一更名为“便民服务中心”。

【市区两级职能调整】 2022年，保护区、姑苏区补齐老城区城建规划等职能短板，稳妥承接消防设计审验、房地产监管职能，在区住建委设置消防设计审验处、房地产监管处，进一步适应职能下放后的新形势新要求，持续优化区住建委机构设置。调优市区两级规划和土地管理职责，明确资规姑苏分局国土空间规划处、自然资源开发利用处内设机构职责。围绕市教育局直属初中下放、区级医院组建等事项，梳理研究市区两级相关机构设置及职能配置情况，为领导决策提供参考。加强文物保护利用，提升文物保护管理专业化水平，设立区文物保护中心，推动加强文物保护机构编制保障工作举措落地显效。推进城市更新服务工作，优化市区两级土地管理职责，设立区城市更新中心，挂区土地储备中心牌子，在规划引领方面破题发力，助力古城保护发展更新。提升住建领域行政执法技术支持和服务保障水平，明确区建设工程质量安全监督站承担房地产、建筑施工、房屋安全、物业管理、公用事业、绿化、人防、水务、燃气、消防等领域行政处罚工作的技术支撑和保障服务职能。强化环古城河步道统一管理，设立区环古城河健身步道管理处，有效落实市委常委会会议调研保护区、姑苏区会议和名保办会议精神，有效加强环古城河健身步道区域管理。

【事业单位优化调整】 2022年，保护区、姑苏区健全完善社会矛盾纠纷多元预防调处化解综合机制，将区司法局下属事业单位区社会矛盾纠纷调处服务中心更名为区社会矛盾纠纷调处化解中心，调整为区委政法委员会下属事业单位。按照进一步规范行政执法队伍事业编制管理要求，对全区相关执法事业机构全面梳理甄别，上报区行政执法队伍锁定表。落实上级有关加强基层应急管理体制机制建设精神，将区安全生产监察大队更名为区应急管理综合行政执法大队，与区应急管理局实行“局队合一”体制，以区应急管理局名义统一执法。助力打造“一老一小”民政综合服务品牌，调整设置区民政综合服务中心，挂区未成年人保护中心、区养老服务发展指导中心牌子。不断优化全区教育领域资源布局，推进百年老校跃升计划。将苏州市大儒中心小学校更名为苏州市大儒实验小学校。贯彻落实《关于建立中小学校党组织领导的校长负责制的意见（试行）》的精神，对2所党组织设置为党支部的试点小学校增核专职副书记各1名。

【事业单位登记管理】 2022年，保护区、姑苏区努力克服疫情影响，按照受理、审核全程网办要求，采用容差办理机制，有序开展事业单位年度报告公示工作。共完成2021年度事业年度报告196份，并在江苏机关赋码和事业单位登记管理网进行公示。优化事业单位登记管理服务，全年共完成事业单位设立登记4项、变更登记144项。优化机关赋码换证流程，共办理统一社会信用代码证书换领28份。做好中文域名注册续费工作，续费政务域名59个、公益域名196个，新注册公益域名4个。加强事业单位事中事后监管体系建设，有序开展事业单位法定代表人“双随机、一公开”核查工作，抽查3家事业单位。

【机关高质量发展绩效评价】 2022年，保护区、姑苏区严格执行年度考核指标管理办法，突出目标导向、结果导向，聚焦一年冲刺行动计划、重点工作重点项目推进落实情况和市考区指标争先进位等，制定完善机关单位高质量发展绩效评价指标体系，持续改进考核方式方法，不断提升考核科学性、精准性和有效性，充分发挥考核“指挥棒”“助推器”作用。探索加强考核结果与机构编制管理工作的有机衔接，推动考核结果的运用。（贺楚娇）

机关党建

【概况】 2022年，区委区级机关工委始终坚持以习近平新时代中国特色社会主义思想为指导，深入学习贯彻党的二十大精神，立足“围绕中心、建设队伍、服务群众”职能定位，全面创建“三个表率”模范机关。年内，获评2020—2021年度苏州市无偿献血工作促进奖。

【机关党建担当作为】 2022年，区委区级机关工委紧紧围绕区委中心工作，在主动服务大局中彰显机关党建担当作为。制定区级机关党的建设工作要点，把党史学习常态纳入党员日常教育全过程，推动“第一议题”制度落地见效，指导区机关开好民主生活会和组织生活会，引导机关党员把学习成果转化为推动姑苏发展的强大动力。印发区级机关党组织学习宣传贯彻党的二十大精神工作方案，统一征订二十大报告、新党章、辅导读本等，组织开展系列主题党日、党课、志愿服务等活动，在机关党组织兴起学习贯彻党的二十大精神热潮。建立疫情防控五级组织保障体系，在多轮疫情防控期间全面动员区级机关党组织保障防疫，565名机关干部全脱产派驻社区、300人常态下沉基层，80人参与市场督查，852人次保障火车站防疫，连夜集结424名机关干部支援沧浪街道、双塔街道，组建60人12345热线志愿者队伍，全年17.8万人次区级机关志愿者参与各类防疫任务，充分发挥机关党组织在疫情防控中的重要力量。

【机关党建队伍提升】 2022年，区委区级机关工委注重抓基层、打基础、强队伍，推动区级机关党组织建设全面进步，机关党员能力全面增强。推动党建业务融合发展，牵头做好区级机关单位党的建设考核工作，创新实施党建和业务“四聚焦四融合工作法”，聚力推进41个机关党建书记项目，深化41个机关党建品牌，积极融入长三角“C9第一方阵”机关党建联盟。加强党务干部队伍建设，组织机关党务干部队伍专题调研，根据调研问题需求设计培训内容、构建务实课程体系，开展2期机关党务干部专题培训，举办第10届机关书市暨专题阅读活动，全面提升机关党务干部履职能力。加强标准化规范化建设，开展事业单位党建专项提升行动，指导21家事业单位党组织开展自查、研判，从严做好党务清查整治，全年发展41名新党员，对区级机关党组织开展专项检查，做好机关党费收缴管理，指导22家部门党组织开展换届选举工作，提升党建工作规范化水平。

【机关党建服务】 2022年，区委区级机关工委找准基层治理中的问题难点，全面助力提升基层治理水平和效能，建立“同责同查”机制，明确全区33家机关、事业单位、国有企业分别挂钩8个街道，组建“名城保护”党建联建平台等一批党建服务共同体，推动资源下沉到一线、攻坚到一线，推动部门与街道在服务保障区委中心任务、加强基层治理中形成“命运共同体”“攻坚共同体”“责任共同体”。实施“同心同力”项目，全区149个机关、事业单位、国企党支部与169个社区结对全覆盖，指导机关支部聚焦社区治理瓶颈难题，实施涵盖硬件改造、服务上门、暖心行动、知识宣讲等四大类型的185个“同心同力”基层治理党建项目，帮助社区解决居民“急难愁盼”。聚焦服务保障一线，围绕服务新业态新就业群体，推动实施30个机关暖“新”项目。动员1300名机关党员投入“喜迎二十大”“迎国庆，净环境，美家园”等志愿服务，助力提升城市环境面貌。推动60岁以上机关事业单位退休人员疫苗接种，助力构筑全民免疫屏障。（张绍松）

老干部工作

【概况】 2022年末，区委老干部局管理和服务的离休干部82人，包含享受地市级待遇的3人，本地离休的58人、易地安置代为管理的24人；处级及以上退休干部127人；科级退休干部1328人，离退休党员总数为1214人。离退休干部党组织设置架构为：离休和处级退休干部党总支1个，下设9个支部；机关科级退休干部党委1个，下设3个总支、23个支部。离退休党总支和科级退休党委均隶属于区级机关党工委。

【离退休干部党组织建设】 2022年，区委老干部局将开展“六好”创建活动作为提升离退休干部党支部质量的重要抓手，深入贯彻中央办公厅《关于加强新时代离退休干部党的建设工作的意见》和各级实施意见、方案，结合实际落实好“三会一课”、组织生活会、民主评议党员等制度；制定组织生活“菜单”，丰富拓展日常组织活动形式内容；围绕中心任务和阶段要求，精心设计开展形式多样的主题党日活动。实施“银发头雁培养计划”，将老干部支部书记培训纳入区级机关党支部书记轮训计划。实施“银发头雁红色关爱计划”，建立“离退休党委（总支）关怀党支部、党支部关怀党员、党员关怀群众”制度。加强支部联络员队伍建设，选派在职党员担任支部联络员或兼任支部副书记，协助支部书记开展工作。

【离退休干部老有所为】 2022年，区委老干部局着力开发离退休干部人才资源，分级分类推动“银发人才库”建设。坚持服务中心大局，持续深化“增添正能量·共筑中国梦”活动，深入推进“晚霞生辉”主题活动；坚持党建引领、组织赋能，深化“支部+”做法，推动“晚晴行动支部”建设。健全完善“银发红枫”志愿服务体系，探索建立老干部志愿者星级评定、积分奖励、调研学习等制度，不断推进“红枫传薪”“红枫护苗”“红枫护城”“红枫送暖”“红枫送法”志愿服务行动，为基层群众提供志愿服务。探索在区各级党群服务中心、社区建立老干部志愿服务站，积极推动老干部融入式参与“社情民意联系日”，探索离退休干部认领民情“心愿单”、办好“微实事”，参与基层治理、服务群众，发扬无私奉献的志愿精神。

【离退休干部服务管理】 2022年，区委老干部局持续推进《关于加强离退休干部关心关爱、作用发挥“双提双促”的实施意见》的贯彻落实，完善离退休干部服务管理信息系统。通过日常走访关怀，定期征询意见关怀，及时听取老干部有关加强和改进服务管理方面的意见建议，针对共性和个性问题，综合研判协调解决。加大对疫情防控等特殊情况下生活有特殊困难老干部的帮扶力度，采取党内关怀、志愿帮扶、社会救助、居民互助等办法，做好雪中送炭、解危济困工作。按照“致敬·守护”精准服务提质行动要求，联动区、街道、社区三级建立个性化服务清单，不断拓展升级“特别关爱小组”的作用和关爱范畴，建立“特别关爱共同体”，为离休干部提供差别化精准服务。将辖区内离休干部整体纳入“海棠先锋”日常走访关怀机制，加强需求收集和服务链接，用好“红色巷管家”“红色物业”队伍力量，打通服务离休干部的最后一米。联合区人大常委会、区政协、区民卫局、区教体文旅委、区文联、区科协等部门成立“红枫正红”党建联盟，建立健全区域性服务资源、阵地资源、活动资源共享机制。围绕提升生活照护品质，绘制姑苏老干部“幸福养老”服务资源地图，共享姑苏特色养老服务成果；围绕强化医疗健康服务保障，巩固离休干部看病就医“三有一落实”工程，持续深化离休干部家庭签约医生服务，对接中医老字号，聘请中医顾问，定期开展专家问诊；逐步改善升级老干部活动阵地，推进党建阵地共建共享，联动各级党群服务中心、江南书房、商量书院等各类公共服务、特色文化共享空间，为老干部就近活动、举办特色活动提供便利。（袁　昊）

保密工作

【概况】 2022年，全区机要保密工作以习近平总书记关于做好新形势下机要保密工作系列重要指示批示精神为指导，严格落实上级相关决策部署，持续提高政治站位、推进制度建设、规范日常管理，不断提升工作能力和水平，机要保密工作服务中心、保障大局的作用得到有力彰显。

【保密会议】 2022年，姑苏区先后6次在区委常委会会议和区党政联席会议上传达学习各级保密工作会议精神、审议通过全区信息技术应用创新产业工作实施方案、通报保密违规案情、强调保密工作纪律，在区委常委会会议上研究通过保密工作要点，坚持将保密教育纳入党委（党组）理论学习中心组专题学习计划。强化全区机要保密工作纪律，压实保密主体责任，真正做到保守好国家秘密，维护好国家安全利益。

【保密服务】 2022年，姑苏区认真做好视频会议和电子政务内网保障工作，全年完成中央、省、市、区视频会议服务保障530余次，在常态化疫情防控背景下，持续做好全区电子政务内网运维工作，提供各类政务内网服务近600次。继续扎实做好保密专项保障服务，为区委常委会、重要涉密会议、重大活动等提供专项服务保障近百次。

【保密检查】 2022年，姑苏区加强保密安全检查，对全区34个单位接入互联网计算机进行自主检查，指导全区各单位针对检查出的问题进行整改处理。

【保密宣传】 2022年，姑苏区推动保密宣传教育“五进”活动。开展“4・15”全民国家安全教育日、保密法治宣传教育月活动，采取多种形式开展国家安全、保密宣传教育活动，广泛开展面向社会公众的保密宣传教育。组织开展全民保密法治宣传教育，提升全民国家安全观、保密观和保密素养，推进国家安全、保密宣传教育进机关、进社区、进校园、进企业、进军营，宣传教育受众超过10万人。

（高子璇）

党校工作

【概况】 2022年，区委党校始终坚持以习近平新时代中国特色社会主义思想为指导，在区委、区政府的正确领导和上级党校的指导下，紧紧围绕中心大局，牢牢把握“党校姓党”原则，始终坚持“政治建校、质量立校、改革兴校、从严治校”，以迎接全市党校系统办学质量评估为抓手，积极发挥干部培训、思想引领、理论建设、决策咨询作用，扎实推进各项工作取得新成效、新进展、新突破。

【干部教育培训】 2022年，区委党校聚焦主责主业，把学习贯彻习近平新时代中国特色社会主义思想作为教学培训主要任务，深入学习宣传十九届六中全会精神、党的二十大精神等，采用多种教学形式，精心设置教学计划，抓实抓好区内外各级各类教育培训班。全年的干教培训与以往有着明显的不同：一是受多轮疫情的影响，时间紧、任务重；二是培训班次安排密度大、主体班次时间跨度长、受训学员类别广、教学难度相对较高。全年累计完成各类培训班次43期，受训人员近3000人次。其中区干教办所列春、秋两季主体班次8期，新党员和发展对象培训班等常规班次8期，与区级机关单位、街道、区属国资公司等合作举办各类培训共27期。

【科研咨政工作】 2022年，区委党校积极履行“党和国家的哲学社会科学研究机构和重要智库”的职能作用，将智库建设作为年度重点工作，与区委组织部联合组织编印《智论姑苏》专刊，进一步巩固“智库建设一年冲刺行动”成果。通过统筹整合全区各单位科研咨政力量，有效链接全市相关智库优质资源，围绕全区中心工作和重点领域课题，采取会商约稿、内联外引、协同攻关、集成创新等方式，定期拿出一批务实管用、富有可操作性、具有较高价值的对策性调研成果，为区委、区政府提供高质量决策参考，为全区各街道各部门推动高质量发展提供实践方案。全年出刊5期。

【教学“三库”建设】 2022年，区委党校扩充“师资库”，用好党校教师、党政领导干部、高校教师、基层宣讲名师等主要师资力量，力争多角度、深层次、全方位地满足干部教育培训需求。结合干部教育培训安排，大力推进领导干部上讲台制度，邀请各部门、街道一把手走进党校讲台，为学员阐明形势、解析政策、交流经验，形成“教干部、干部教”和“以教促咨”的良性循环；更新“课程库”，初步建立和完善涵盖党性教育、理论教育、能力提升和区情区貌4个模块等方面的精品课程库，持续提升课程品质。立足姑苏本土资源，引进开设“苏州方言保护

2022年7月18—29日，保护区、姑苏区青年干部培训班举办　　　　区委党校　供稿

传承”“园林古建技艺赏析”等特色课程，探索开设音乐党史、沉浸式艺术党课等新型课堂，在提升课堂教学的体验感和获得感的基础上，持续提升姑苏古城历史文化的普及度和影响力；完善“基地库”，在全区范围精心打磨形成20个以上过得硬、有干货的现场教学基地，大力开发“理论+实践”现场教学课程，形成一批有深度、有厚度、有温度的干部教育本土化培训案例教材。

【党校阵地管理】 2022年，区委党校以制度建设为保障，建立“鼓励激励机制、能力提升机制、后勤保障机制、内部管理机制、信息报送机制、工作预排机制、每周例会机制”等七大工作机制，提升工作效能。重新修订并发布《区委党校教室等功能性教学场所使用管理办法》，进一步规范场所使用、提高使用效益。持续推进校园信息化建设，在现场教学点区党群服务中心建立智慧语音导览系统，紧密结合数字化建设单元，优化完善现场教学点“人工+智能”讲解模式，实现数字科技赋能教学的成果转化。持续完善党校公共区域功能布局，在校园外围和内部加设党校标识、设置初心亭、打造校园文化氛围等，以优美的校园环境进一步凸显党校品牌的独特张力。全年区委党校紧扣全区中心工作，先后完成区机关部门和辖区街道社区各类会议活动保障服务293场次，累计服务1.37万余人次。（钮芳芳）

档案（史志）

【概况】 2022年，姑苏区档案（史志）工作以习近平新时代中国特色社会主义思想为指导，深入贯彻落实习近平总书记关于做好新时代档案工作的重要指示批示精神，切实加强党对档案工作的领导，全面提升档案史志工作管理水平和服务能力，为经济社会发展贡献存史资政育人的档案史志力量。年末，馆藏档案共有16.86万卷77.06万件。

【档案资源建设】 2022年，区档案馆加大民生档案的接收力度，接收姑苏区婚姻登记处2021年度婚姻档案8915件、区残联残疾人证档案759卷，接收原撤并街道文书档案10567件、光盘档案44张、照片档案13册477张。加大重大活动和突发事件档案的征集力度，征集区2021年重大活动照片档案，整理归档1376张。主动与区党史学习教育领导小组对接，指导收集工作要点，明确相关档案业务要求，确保材料应收尽收，应归尽归。共整理归档文书档案2342件、照片档案2册64张、光盘档案8张、实物档案4件。首批鉴定原三区到期会计档案，共计下架3332卷。

【档案数字化】 2022年，区档案馆实施档案数字化集中统筹管理，为部门提供集中数字化加工、目录制作、数据备份等服务，打造数字化加工新模式。共涉及51个全宗单位，完成目录录入75830条，原文扫描327261页。

【档案业务培训】 2022年，区档案馆组织全区各单位的专兼职档案员40余人开展档案业务培训，对新修订的《中华人民共和国档案法》进行解读以及对《十四五机关企事业单位档案工作重点任务》进行讲解。

【查档利用】 2022年，区档案馆加强民生档案开发利用和档案信息资源共享，全方位满足人民群众多样化的查档需求，依托“惠姑苏”App推出在线查档服务，充分发挥线上线下作用。借助在线查档平台、无接触调档等方式，有效保证疫情防控期间查档服务不断档。全年共现场接待查档7235人次，接听电话咨询4893人次，调阅档案7691卷（件），提供有效证明12069页。跨库平台办结40件。“惠姑苏”App在线受理206件，其中邮寄到付64件，到馆取件40件。

【档案治理】 2022年，区档案馆积极对接市档案局以及区级相关部门，完成行政许可事项“延期移交档案审批”认领工作；完成权力清单动态调整情况报送。完成国家综合档案馆业务建设评价迎检工作，获评江苏省规范档案馆。根据《江苏省机关团体企业事业单位档案工作检查评价办法》，完成3个机关部门档案检查评价工作，评价结果均为合格。强化监督指导，印发《关于做好2021年度文件材料整理归档工作的通知》，督促各单位做好年度归档工作。

【档案宣传】 2022年，区档案馆开展档案学术论文征集活动，共收到论文14篇，1篇获二等奖，2篇获三等奖。积极开展“6·9”国际档案日宣传活动，广泛发动区机关各单位利用公众号、电子屏幕等媒介，以发布宣传标语、普及档案知识等形式积极开展档案宣传工作，营造宣传氛围。组织发动区机关档案人员参加国家档案局举办的有奖征文、线上讲座等活动，共计收到征文26篇。与区总工会联合举办“喜迎二十大·档案颂辉煌”知识竞赛活动，共计800名工会成员获奖。组织苏州市档案文化精品申报工作，共汇总申报17件，其中获评二等奖4件、三等奖3件、优秀奖3件。

【史志工作】 2022年，区档案馆协助区民政部门做好全省第二批100个红色地名征集工作，组织上报2个；组织苏州市党史教育基地推荐申报工作，姑苏区党史陈列展示馆暨姑苏区历史文化陈列展示馆、苏州南社纪念馆获评苏州市党史教育基地。组织开展年鉴编纂，对年鉴框架进行优化调整，按照质量第一的要求按时按序完成年鉴编纂出版工作。及时做好《苏州年鉴（2022）》《江苏年鉴（2022）》姑苏区条目和照片的组稿上报。继续推进《平江路志》编纂工作，根据专家意见，修改、增补志书内容，组织进行实地核实，提高志书质量。根据《江苏新方志提要》的要求，完成原三区区志提要的编写和上报。收集补充姑苏区对江口的扶贫资料，完成《苏州对口帮扶铜仁志》姑苏篇目的组稿工作。组织开展地方志文化论文征集活动，共收到论文28篇。

【资政服务】 2022年，区档案馆面向全区公开征集保护区、姑苏区成立十周年成效展相关资料，共征集到照片897张；整理馆藏各级领导莅临保护区、姑苏区视察、推动工作的相关报道、宣传照片以及会议、培训、调研、视察等各类工作场景照片共6020张；依托区志和历年年鉴，梳理区及街道历史沿革、国家级荣誉，精选每年大事要事，提供“2012—2022时光轴”素材，并为49张“2012—2022时光轴”照片、28张古城保护精选图片撰写文字说明。为区统计局编制《数说十年》提供2012年以来苏州市主要领导以及姑苏区领导调研姑苏区经济社会发展活动图片，为团区委提供姑苏区主要景点、古迹的历史照片，为区文联编制《姑苏印记》摄影集提供老照片。

（蒋永方）

综　述

【概况】 2022年，姑苏区人大常委会在中共姑苏区委的坚强领导下，坚持以习近平新时代中国特色社会主义思想为指导，以迎接党的二十大和学习宣传贯彻党的二十大精神为主线，坚持党的领导、人民当家作主、依法治国有机统一，充分发挥人民代表大会制度优势，坚定发展全过程人民民主，认真行使宪法法律赋予的各项职权。全年共召开常委会会议10次、主任会议16次，听取和审议"一府两院"专项工作报告25项，发出12份审议意见，开展4项执法检查，组织20次视察，做出22项决议决定，对2件规范性文件进行备案审查，依法任免国家机关工作人员46人次，较好完成区三届人大一次会议确定的各项目标任务。

【姑苏区第三届人大常委会会议】 2022年，姑苏区第三届人大常委会召开10次会议，即区三届人大常委会第一次会议到第十次会议。

姑苏区第三届人大常委会第一次会议于2022年1月25日举行。会议审议通过关于区第三届人大常委会代表资格审查委员会组成人员名单和各工作委员会委员名单；审议通过有关辞去代表职务请求的决定；表决通过有关人事任免事项，被任命的国家机关工作人员举行宪法宣誓仪式。

姑苏区第三届人大常委会第二次会议于2022年3月9日举行。会议补选杨知评、施嘉泓、黄靖3名同志为姑苏区出席苏州市第十七届人民代表大会代表，补选结果会后报市人大常委会代表资格审查委员会确认。

姑苏区第三届人大常委会第三次会议于2022年3月23日举行。会议审议通过区政府关于2022年民生实事项目建设计划安排情况的报告；表决通过区人大常委会2022年工作要点和关于组织人大代表开展2022年民生实事项目监督工作的方案。

姑苏区第三届人大常委会第四次会议于2022年6月14日举行。会议经过审议做出关于接受沈志栋同志辞去区人民政府区长职务，关于接受单杰、马景亮、钱艳虹同志辞去区人民政府副区长职务，关于接受徐本、杨跃、陈宇操、侯丽萍、范剑军同志辞去区第三届人民代表大会代表职务的请求等9项决定。会议表决通过人事任免案，郦小萍向被任命人员颁发任命书，被任命的国家机关工作人员举行宪法宣誓仪式。

姑苏区第三届人大常委会第五次会议于2022年7月6日举行。会议听取和审议区监委关于廉政教育工作情况的报告、区检察院关于公益诉讼工作情况的报告、区政府关于2021年度生态环境质量状况和生态环境保护目标完成情况的报告、关于“数字赋能，激发文化产业高质量发展新动能”代表议案处理意见的报告。会议审议通过区人大常委会主任会议关于提请审议《苏州市姑苏区人民代表大会常务委员会关于践行全过程人民民主　开展好姑苏区“社情民意联系日”活动的决议（草案）》的议案、区人大常委会主任会议关于提请审议《苏州市姑苏区人民代表大会常务委员会关于法官检察官履职评议工作办法（试行草案）》的议案、区人大常委会主任会议关于提请审议《苏州市姑苏区人民代表大会常务委员会议事规则（修改草案）》的议案、区人大常委会主任会议关于提请审议《苏州市姑苏区人民代表大会代表工作制度（修改草案）》的议案、区人大法制委关于提请审议《区人大监察和司法委员会工作规则（试行草案）》《区人大财政经济委员会工作规则（试行草案）》《区人大社会建设委员会工作规则（试行草案）》的议案。会议还表决通过人事任免事项。

姑苏区第三届人大常委会第六次会议于2022年8月10日举行。会议经过审议表决通过人事任免案，举行宪法宣誓仪式，举办专题讲座。

姑苏区第三届人大常委会第七次会议于2022年8月30日举行。会议听取和审议关于“三大载体”为群众办实事工作情况的报告、关于姑苏区2021年本级财政决算（草案）的报告，审查批准姑苏区2021年本级财政决算、关于姑苏区2021年本级预算执行及其他财政收支情况的审计工作报告、区政府关于姑苏区2022年1—6月国民经济和社会发展计划执行情况的报告、区政府关于姑苏区2022年1—6月财政预算执行情况的报告、关于学前教育工作情况的报告、关于检查《苏州市居家养老服务条例》贯彻实施情况的报告、关于区经科局、区行政审批局、区退役军人事务局工作情况的报告。审议通过关于批准姑苏区2021年财政决算的决议、关于提请审议《姑苏区2022年民生实事项目调整方案（草案）》的议案、关于提请审议《苏州市姑苏区人民代表大会常务委员会人事任免办法（修改草案）》的议案、关于提请审议《苏州市姑苏区人民代表大会常务委员会街道工作委员会工作制度（修改草案）》的议案、关于提请审议《苏州市姑苏区人民代表大会常务委员会关于开展民生实事项目人大代表票决制工作的实施意见（修改草案）》的议案。举行联组会议，对区经科局、区行政审批局、区退役军人事务局开展工作评议。

姑苏区第三届人大常委会第八次会议于2022年10月9日举行。会上，拟任命的陈羔、俞锋同志做履职表态发言。经投票表决，全票通过任命陈羔、俞锋同志为姑苏区人民政府副区长的任职表决。经区人大常委会主任会议提名推荐，本次常委会会议审议通过关于陈羔同志代理区人民政府区长职务的决定。区人大常委会主任郦小萍向陈羔代区长、俞锋副区长颁发任命书，并举行宪法宣誓仪式。会议还审议通过关于接受李玉强同志辞去区第三届人大常委会委员职务的请求的决定，关于接受袁梦倩、邓辉、江晓春、徐晓明、袁小骏、朱利萍同志辞去区第三届人民代表大会代表职务请求的决定等7项决定。

姑苏区第三届人大常委会第九次会议于2022年10月31日举行。会议书面学习贯彻党的二十大精神。会议听取和审议关于姑苏区区属国有企业资产管理情况的专项报告，关于区三届人大一次会议代表建议、批评和意见办理工作情况的报告，关于2022年10月9日区第三届人大常委会第八次会议通过系统建设情况的报告，《苏州市姑苏区人民代表大会常务委员会关于在部分选区组织出缺代表补选的决定（草案）》的说明，部分法官、检察官履职情况的报告，关于区2022年法官、检察官履职评议工作情况的报告。会议审议区人大常委会主任会议关于提请审议《苏州市姑苏区人民代表大会常务委员会关于在部分选区组织出缺代表补选的决定（草案）》的议案，关于廉政教育工作情况审议意见研究处理情况的报告，关于公益诉讼工作情况审议意见研究处理情况的报告，关于2021年度生态环境质量状况和生态保护目标完成情况审议意见研究处理情况的报告，关于《中华人民共和国环境保护法》贯彻实施情况审议意见研究处理情况的报告，区经科局、区行政审批局、区退役军人事务局关于区人大常委会评议意见研究处理情况的报告。会议审议部分常委会任命人员履职情况的报告并开展测评。召开联组会议，听取和审议关于姑苏区国企改革三年行动及一年冲刺计划工作情况的报告，并开展专题询问。

姑苏区第三届人大常委会第十次会议于2022年12月27日举行。会议听取和审议2022年国民经济和社会发展计划执行情况与2023年国民经济和社会发展计划草案的报告，2022年民生实事项目、重点投资项目完成情况和2023年民生实事候选项目草案形成情况的报告，2023年财政预算草案初步方案的报告，2021年本级财政及其他收支审计查出问题整改情况的报告，关于"数字赋能，激发文化产业高质量发展新动能"代表议案办理情况的报告。会议审议通过区人大常委会工作报告（草案稿），关于召开区三届人大二次会议的决定及有关筹备事项，关于开展"三大载体"为群众办实事工作情况审议意见研究处理情况的报告，2021年财政决算和财政同级审计情况审议意见研究处理情况的报告，2022年1—6月财政预算执行情况审议意见研究处理情况的报告，关于姑苏区学前教育工作情况审议意见研究处理情况的报告，关于检查《苏州市居家养老服务条例》贯彻实施情况审议意见研究处理情况的报告。会议审议通过人事任免案。

【姑苏区第三届人民代表大会第二次会议】 于2023年1月3—5日在苏州市会议中心举行。会议应到代表447人，实到代表391人，代表们提出建议143条。

2023年1月3—5日，姑苏区第三届人民代表大会第二次会议召开　　区人大办　供稿

市委常委、保护区党工委书记、姑苏区委书记方文浜，党工委副书记、区委副书记、管委会主任、代区长陈羔，区人大常委会主任郦小萍，区政协主席蔡炳锋等出席开幕式。

大会听取和审议姑苏区人民政府工作报告、姑苏区人大常委会工作报告、姑苏区人民法院工作报告、姑苏区检察院工作报告，审议姑苏区2022年国民经济和社会发展计划执行情况与2023年国民经济和社会发展计划草案的报告、姑苏区2022年财政预算执行情况和2023年财政预算草案的报告、姑苏区2022年政府实事项目完成情况和2023年政府实事项目（草案）的报告，票决2023年政府实事项目，对2022年政府实事项目完成情况开展满意度测评。

大会审查和批准姑苏区2022年国民经济和社会发展计划执行情况的报告与2023年国民经济和社会发展计划、区2022年财政预算执行情况和2023年财政预算，选举陈羔为苏州市姑苏区人民政府区长。票选出15项2023年度政府实事项目。

人大监督

【发展全过程人民民主】 2022年，区人大常委会积极拓展人民群众有效参与地方立法的途径和渠道，发挥代表“家站点”的民主民意表达平台和载体作用，全年共向省、市人大常委会反馈立法建议40余条。聚焦民生重点加强监督，通过座谈、论证、问卷调查、协商等方式充分听取各方面意见，问需于民、问计于民。发挥全市首批“全过程人民民主基层实践基地”“践行全过程人民民主苏州样板‘民生·民声’工作站”的示范作用，不断完善“吸纳民意、汇集民智”工作机制，举办全过程人民民主实践探索专题讲座，“民生·民声”代表直播间顺利开播。推

2022年9月20日，区人大常委会召开全过程人民民主基层实践基地暨人大代表“家站点”建设推进会

区人大办　供稿

进任免监督链条向“任后”延伸，探索建立常委会任命人员履职情况报告制度，首次开展法官检察官履职评议，全年对3名局长、4名“两院”干部进行评议测评。做出《关于践行全过程人民民主　开展好姑苏区“社情民意联系日”活动的决议》，依法讨论决定经济、民生等领域的重大事项，确保区委重大决策转化为全区人民的自觉行动。

【推进经济高质量发展】 2022年，区人大常委会聚焦产业园楼宇建设、闲置载体盘活利用等一年冲刺行动计划完成情况，开展新发展格局下的产业布局研究，积极推动数字创意和高技术服务两大产业创新集群建设。视察调研观前、南门、石路三大商圈品质提升一年冲刺行动计划工作情况，促进商圈提档升级、错位发展。关注新引新建科技创新载体、企业发展情况，推动创新资源优化布局、科技成果转化落地。听取审议国有企业资产管理情况，围绕国企改革三年行动及一年冲刺计划开展专题询问。制定加强政府债务审查监督的工作方案，全面履行党中央赋予地方人大审查监督政府债务的重要责任。听取审议计划、预算、决算和税收工作报告，审查批准2021年决算、2022年预算调整方案，专题听取财政体制调整情况汇报，推动财政资金科学、高效使用。

聚焦审计中查出问题的整改情况，促进预算管理规范化。

【推进高水平古城保护】 2022年，区人大常委会持续跟踪监督《姑苏区分区规划暨城市更新规划（2020~2035）》编制情况，督促政府合理开发使用好宝贵的国土资源。配合市人大常委会做好关于设立“苏州国家历史文化名城保护纪念日”的调研工作，为纪念日的设立奠定坚实民意基础。开展环苏大文创生态圈更新利用专题调研，探索古城保护新路径。听取大运河文化带建设情况报告，联动开展关于促进大运河文化带建设的决定执法检查，推动姑苏区大运河文化带建设在法治轨道上行稳致远。聚焦全域旅游，视察“水上游”和精品民宿项目建设情况、街巷环境风貌提升工程，助力古城打造全域旅游“大景区”。联动开展《中华人民共和国环境保护法》执法检查，听取审议2021年度环境状况和环境保护目标完成情况报告，邀请人大代表旁听太湖流域环境资源法庭庭审，持续提升生态环境治理水平。专题督查全国文明典范城市创建工作，聚焦停车难、“僵尸车”管理等热点问题，推动出台《保护区、姑苏区机动车停车场管理实施细则（试行）》。关注既有建筑安全隐患排查整治工作，开展《苏州市生活垃圾分类管理条例》执法检查，深入调研《苏州市住宅区物业管理条例》贯彻实施情况，不断提升城市精细化管理水平。

【推进高品质民生保障】 2022年，区人大常委会关注“一老一小”群体，检查《苏州市居家养老服务条例》贯彻实施情况，听取“体医康养融合”社区市民健康健身中心建设情况，不断满足群众多元化健康发展和养老服务需求；调研学前教育工作，推动幼有优育，听取“双减”政策落实情况，促进学生全面健康发展。坚持把办好民生实事项目作为提升人民幸福指数的重要工作，修订民生实事项目票决制工作的实施意见，组织代表开展专题视察、听取专项报告、开展“回头看”监督，促进政府高质量办好民生实事。聚焦依法防控疫情和复工复产情况，就应急救治体系、医疗卫生人才队伍建设等加大推进解决力度。专题调研农贸市场管理工作，助推“一刻钟便民生活圈”建设。听取审议智能安防系统建设情况，保障城市安全发展。围绕推进社会治理，视察调研创新创业人才服务、网格化联动机制、青年志愿者服务、少数民族儿童综合素质发展等情况，开展“民族大团结”主题活动，助力宗教活动场所安全生产专项整治行动。

【推进高标准法治建设】 2022年，区人大常委会大力弘扬宪法精神，加强宪法学习宣传，举行国家宪法日活动，组织选举任命的国家机关工作人员进行宪法宣誓。强化备案审查能力建设，首次听取审议规范性文件备案审查工作报告，依托备案审查信息平台，及时纠正与宪法和法律法规相抵触的规范性文件。发挥执法检查“法律巡视”利剑作用，推进上下人大联动查、新法要法及时查、复杂问题跟踪查，力求查得准、审得实、改到位。开展政府职能部门工作评议和满意度测评。听取审议监委廉政教育工作情况报告，认真落实监察法赋予人大监督监委工作的法定职责。听取审议法院关于“三大载体”为群众办实事、检察院公益诉讼工作情况的报告，调研司法机关深度参与区域性社会治理，出台关于推动人大代表参与市域社会治理预防化解社会矛盾纠纷的意见，促进司法为民、公正司法。

【深化履职能力建设】 2022年，区人大常委会“外脑”建设提质增效，建立常委会咨询顾问制度，同苏州大学政治与公共管理学院等签订战略合作协议，广泛拓展多领域务实合作，有序推进“数字人大”建设。调查研究不断增强，圆满完成省人大常委会赴姑苏区调研“健全人大工作吸纳民意、汇集民智工作机制”专项工作，并做交流发言。指导区人大工作理论研究会开展换届，高质量完成各类调研课题38项。新闻宣传纵深推进，加强与省、市人大媒体沟通，开展“喜迎二十大——人大代表有话说”活动。

人大代表主体作用

【民意民智载体机制建设】 2022年，姑苏区“1+8+56+N”的人大代表阵地体系不断完善，建成桃花坞人大代表之家、“两院”人大代表联络站、新兴青年联盟人大代表联系点，高标准推进苏州大学“全过程人民民主”教育实践基地建设，56个网格片代表联络站实现全覆盖。健全代表履职载体机制，修订区人大代表工作制度，召开代表履职平台“家站点”建设推进会，完成人大代表数据中心、代表履职数字平台软件更新。高质量完成“喜迎二十大　奋进新征程——人大代表助民企”主题实践活动，走访对接千余家民营企业，召开座谈会22场，回收调查问卷403份，梳理形成问题建议工单121件，办结116件，在全市总结交流会上做成果汇报。深化“代表进网格、民意码上通”工作品牌，推进“社情民意联系日”“人大代表周周行”等活动，精心组织代表“统一接待日”，全年开展各类活动近300场，收到意见建议400余条，推动解决老小区无安全监控设施、社区居民活动场所不足等近150条民生小事。

链接：

“1+8+56+N”含义

2022年，姑苏区已建成街道“人大代表之家”1个，人大代表网格联络站8个，网格片代表联络站56个，实现代表网格联络站全覆盖。N是指后续还有新的代表网络联络站。

【代表议案建议办理】 2022年，区人大常委会坚持把处理好代表议案建议作为保障代表依法履职的重要举措，突出“内容高质量、办理高质量”。审议通过《数字赋能，激发文化产业高质量发展新动能》代表议案，交区政府组织实施，加强与提出议案代表的联系和沟通，及时跟踪议案进展情况。认真做好代表建议办理，区委主要领导召集重点建议督办会，对《关于推动姑苏区文化产业倍增发展的建议》进行重点督办。区三届人大一次会议期间收到的1件议案、174件代表建议均在法定期限内按时办结，实现办复率、见面率、满意率三个100%，所提问题已经解决或被采纳的有170件，占比97.7%。开展“情系姑苏——群众最满意的人大代表建议”评选活动，遴选产生10件“群众最满意的人大代表建议”，内容涉及经济建设、环境保护、文化传承、养老教育等方面。在评选活动中，人民群众踊跃参与，网页访问量近10万人次，累计投票量近8万票次，是全过程人民民主的一次生动实践。

【街道人大工作水平提升】 2022年，姑苏区认真贯彻落实省、市人大常委会关于加强街道人大工作的相关要求，修订人大街道工委工作制度，进一步规范街道工委的各项工作，提升保障和服务代表履职的能力。平江街道擦亮“板凳议事会”“古巷朋友圈”等基层民主自治品牌，金阊街道做实“菜单式履职”工作机制，沧浪街道深化“沧浪营家·代表行”品牌建设，双塔街道推进“法援服务进社区”“医疗服务进社区”，虎丘街道创新开展“立法民意直通车”项目，苏锦街道在宪法主题公园设立“居民议事厅”，吴门桥街道探索“亲水吴门·连心桥”代表工作品牌，白洋湾街道打造“新湾六进”活动品牌，形成创先争优、竞相发展的工作格局。平江街道人大工委获评全省人大系统先进集体。 （何慧贤）

人事任免

【2022年人事任免】 2022年1月25日，区第三届人大常委会第一次会议通过：

免去唐小红同志区法院审判员职务。

根据《苏州市姑苏区第二届人民代表大会常务委员会关于对苏州国家历史文化名城保护区人民法院任免法律职务的决议》，同时免去以上同志保护区人民法院相应法律职务。

2022年6月14日，区第三届人大常委会第四次会议决定：

接受沈志栋同志因工作调整辞去姑苏区人民政府区长职务的请求，并报姑苏区第三届人民代表大会第二次会议备案。

接受单杰同志因工作调整辞去姑苏区人民政府副区长职务的请求，并报姑苏区第三届人民代表大会第二次会议备案。

接受马景亮同志因工作调整辞去姑苏区人民政府副区长职务的请求，并报姑苏区第三届人民代表大会第二次会议备案。

接受钱艳虹同志因工作调整辞去姑苏区人民政府副区长职务的请求，并报姑苏区第三届人民代表大会第二次会议备案。

2022年7月6日，区第三届人大常委会第五次会议通过：

任命王文萍同志为区人民法院民事审判第一庭庭长。

根据《苏州市姑苏区第二届人民代表大会常务委员会关于对苏州国家历史文化名城保护区人民法院任免法律职务的决议》，同时任命以上同志保护区人民法院相应法律职务。

2022年8月10日，区第三届人大常委会第六次会议决定：

任命李继业同志为区人民政府副区长。

2022年8月10日，区第三届人大常委会第六次会议通过：

免去卞惠芹同志区人民法院审判员职务。

根据《苏州市姑苏区第二届人民代表大会常务委员会关于对苏州国家历史文化名城保护区人民法院任免法律职务的决议》，同时免去以上同志保护区人民法院相应法律职务。

2022年8月10日，区第三届人大常委会第六次会议通过：

任命王薇薇同志为区人民检察院检察员；

任命陈梦梦同志为区人民检察院检察员。

根据《苏州市姑苏区第二届人民代表大会常务委员会关于对苏州国家历史文化名城保护区人民检察院任免法律职务的决议》，同时任命以上同志保护区人民检察院相应法律职务。

2022年8月10日，区第三届人大常委会第六次会议通过：

任命步敏华等171名同志为人民陪审员（详细名单见附件）。

根据《苏州市姑苏区第二届人民代表大会常务委员会关于对苏州国家历史文化名城保护区人民法院任免法律职务的决议》，同时任命以上同志保护区人民法院相应法律职务。

2022年10月9日，区第三届人大常委会第八次会议决定：

任命陈羔同志为区人民政府副区长、代理区长；

任命俞锋同志为区人民政府副区长。

2022年12月27日，区第三届人大常委会第十次会议通过：

任命顾斌斌同志为区人大常委会办公室副主任。

2022年12月27日，区第三届人大常委会第十次会议通过：

免去黄伟忠同志区人民法院审判员职务；

免去张文青同志区人民法院审判员职务。

根据《苏州市姑苏区第二届人民代表大会常务委员会关于对苏州国家历史文化名城保护区人民法院任免法律职务的决议》，同时免去以上同志保护区人民法院相应法律职务。

2022年12月27日，区第三届人大常委会第十次会议通过：

任命陈杰同志为区人民检察院副检察长；

任命刘杰尹同志为区人民检察院检察委员会委员；

任命吉亚辉同志为区人民检察院检察委员会委员；

任命陶波同志为区人民检察院检察委员会委员；

免去卫弘同志区人民检察院副检察长职务。

根据《苏州市姑苏区第二届人民代表大会常务委员会关于对苏州国家历史文化名城保护区人民检察院任免法律职务的决议》，同时任免以上同志保护区人民检察院相应法律职务。

附

苏州市姑苏区第三届人大常委会陪审员任职名单

（2022年8月10日区第三届人大常委会第六次会议通过）

步敏华、陈洁、陈伟骏、陈怡、陈臻、冯刚、高德松、戈琦、葛金浩、顾思怡、黄晓敏、李佳、李燮佳、李瑛、刘锋、刘福根、刘正卫、卢奕杰、陆文明、马沈玥、马玉珠、毛钦、束坚强、孙崇毅、陶戋、汪玲羽、王兆发、吴潇怡、徐继耿、许晨、宣金泉、殷亚萍、应忠义、詹辞源、张荣彬、张贤悦、周泉根、朱佳丽、郎佳丽、顾磊、王亮、陈振球、李洁、吴琼华、崔宗祥、陈志新、王建、卞龙英、冯莹、傅黎巍、金荣麟、史荣民、苏茜、唐广昊、吴雯雯、谢鸥、俞芳、陈义、冯薇、蒋伟、金德凌、吴金华、许良骏、姚洁、郑珏、陈嫔、陈钰明、单芮、杜星、解志鸿、莫明兴、任娜娜、商霜、孙婷、王强、王小佳、王正军、吴燕、徐海军、陈卫明、陈叶丽、贾爱伟、吴迪、周蔚、植金花、惠洁、李佳佳、石曹鸣、吴佩琪、吴琰、张欢、申世外、肖霞、赵国樑、曹金芳、李奕萱、曹翔、仇道刚、李红玲、徐黎青、吴剑、吴倩倩、邓蘋、乔小燕、张帆、郭轶伦、桑健、丛晨、张袖源、朱文库、曹竑、陈晶晶、董四安、姚奕君、顾栋成、张琰、陆姣、陈芳、陈菊芬、陈梦佳、邓凡、丁雪荣、冯炯、胡志慧、黄琪、赖景生、李华一、刘晓、刘筱雪、卢盼、陆丽婷、吕虹、沈大妹、帖小艳、王强、韦国威、武建敏、徐荣、许保胜、杨泉珍、张翠花、张艳、周春雷、周美芳、朱兴根、陈才元、陆萍、吴静、陆夏英、王美华、马佳栋、陈艳、陈诚、莫黎莉、邵阳、严隽、钱雅平、时福良、庄秉荪、杜雪兴、刘之慧、陈欣、王云芳、俞静玲、张勇、骆正斌、范芊、陈肇琪、吴福全、奚晓园、裘元开

根据《苏州市姑苏区第二届人民代表大会常务委员会关于对苏州国家历史文化名城保护区人民法院任免法律职务的决议》，同时任命以上同志保护区人民法院相应法律职务。

人大代表建议目录

表4-1 姑苏区第三届人民代表大会第二次会议代表建议目录

建议编号	建议人	标题
0001	朱　琳	苏州古城文化遗产数字化建设情况及相关建议
0002	刘晓亚	关于推动古城保护和文商旅融合议题意见
0003	苏　蔚	关于完善和提升姑苏商业氛围的建议
0004	李国锋	关于切实加强监管禁止摩托车进入姑苏区的建议
0005	李国锋	关于苏锦街道光华社区江宙路136号小区更新增设监控设施的建议
0006	倪前秋	关于苏州火车站机关门口设置警示、禁停标识以及减速带的建议
0007	施　玮	关于主城区口袋公园融入消防主题文化的建议
0008	王　芹	关于发掘名人档案资源，推动文旅融合发展的建议
0009	苏志高	关于整治规范居民小区空中飞线现象的建议
0010	王选春	关于在广济北路与莲升路交叉路口增加缓行标志的建议
0011	杨崇民	关于优化产业园餐饮用商业营业执照审批的建议
0012	周国忠	关于发动全民参与保护传承历史文化名城的建议
0013	张苾菁	关于保留苏州市善耕实验小学校东门桥梁的建议
0014	叶红英	关于优化古城区人行横道红绿灯的建议
0015	陈红芳	关于姑苏区出租房、老旧房屋、沿街店铺加装智能烟感、异常用电监测设备的建议
0016	董丽华	关于进一步推进街道相对集中行政处罚权改革的建议
0017	范德华	关于建立行为文明示范路段（街区）的建议
0018	丰　峰	关于合理利用核酸检测亭，便利居民看病难的建议
0019	丰　峰	关于在平四路救助站门前建设口袋公园的建议
0020	管莉军	关于在老旧小区改造等实事工程中加强沟通机制的建议
0021	胡　俊	关于持续激活历史地段古韵今风，吸引年轻人扎根古城的建议
0022	黄爱军	关于推进姑苏区数字创意产业创新集群发展的建议
0023	姜广玮	关于推动姑苏区科技服务业提升发展的建议
0024	查　磊	关于加强消防安全管理，推动智慧消防建设的建议
0025	李苏琴	关于打通平津路至人民路段的建议
0026	查　磊	关于重视人口老龄化，推进养老服务信息化建设的建议
0027	吕红芳	关于如何扶持微小企业主走出困境的建议
0028	陈　华	关于推进城市零星老旧住房改造工作的建议
0029	缪婷雯	关于清除老新村楼道乱贴乱画小广告的建议
0030	李　慧	关于加强反家暴宣传的建议
0031	成涛林	关于提升我区养老照护服务质量的建议
0032	郭凌川	关于改善和宣传社区阅览室的建议
0033	孙霞芳	关于加强和完善家庭教育机制的建议
0034	巫　婷	关于加快彩香一村农贸市场回迁的建议

续表

建议编号	建议人	标题
0035	张杰 （沧浪街道）	关于加强沿街巷市政工程必要性合理性审查，加大沿街巷商铺经济保护的建议
0036	吴嘉宏	关于缓解姑苏区居民电动汽车充电难的建议
0037	张　建	关于修剪无物业小区高大树木的建议
0038	吴嘉宏	关于排查老旧房屋安全隐患，保障居民居住安全的建议
0039	周法兴	关于进一步关心关爱独居老人、困难老人的建议
0040	吴嘉宏	关于疫情防控期间对个体工商户柔性执法的建议
0041	周法兴	关于努力解决古城区停车、行车难的建议
0042	徐　倩	关于民营人力资源机构发展的建议
0043	周家胜	关于调整增设三香新村快递点和快递柜的建议
0044	周家胜	关于合理规划城市景观绿化，凸显苏州特色的建议
0045	周雪峰	关于背街小巷绿化养护管理的建议
0046	朱荣军	关于优化姑苏区老旧小区更新模式、提升更新质量的建议
0047	赵　洁	关于持续加大新兴青年扎根姑苏创新创业，焕发古城经济活力的建议
0048	朱金龙	关于加快社区居家养老信息化、智能化建设的建议
0049	赵　洁	关于加强古城保护利用　充分激发新时代古城活力的建议
0050	朱跃友	关于加强石幢社区周边街巷基础设施更新，提高居民生活满意度的建议
0051	张　宇	关于加强和提升社区卫生服务中心工作的建议
0052	季玉兰	关于加强古城无物业小区停车管理的建议
0053	赵　洁	关于完善灵活就业人员社会保障制度，打造新就业形态姑苏样板的建议
0054	张　宇	关于加强和完善学生人群体育锻炼的建议
0055	张　宇	关于在姑苏区社区治理中试点厘清物业管理法律权责的建议
0056	韩小燕	关于提升涉疫药品保供能力保证居民用药需求的建议
0057	朱文珺	关于推进科技创新教育建设的建议
0058	孙　珏	关于建设胥涛路基层医疗卫生服务机构的建议
0059	陈靓靓	关于加强商户车辆占用非机动车道路管理整治的建议
0060	王贞荣	关于在西环路公交唐胥桥站南侧至横塘驿路规划开通一条交通便道的建议
0061	王　俊	关于在民生实事项目中加强无障碍环境建设的建议
0062	吴静娴	关于推进线网落地共建美好家园的建议
0063	李小红	关于沧浪医院北侧地块的改造的建议
0064	顾卫明	关于加强“横塘驿站”保护利用的建议
0065	上官丕亮	关于进一步解决停车难问题服务市民提升古城环境的建议
0066	王晓红	关于学校开设与苏州历史文化名城相关课程或兴趣小组培养学生做导游志愿者的建议
0067	钱　怡	关于将沧浪新城福星综合社区服务中心项目交付使用的建议
0068	李梦军	关于明确福星公园管理主体的建议
0069	史　云	关于明确桐胥雅苑小区归属的建议
0070	马　莉	关于加强杨素路中医医院段交通管理的建议
0071	马　莉	关于改善梅亭苑居民楼通信光纤线排线乱象问题的建议
0072	刘　伟	关于完善湿地职能、共创国际湿地城市的建议

续表

建议编号	建议人	标题
0073	李 喆	关于充分发挥全区各属地文化场所作用的建议
0074	张伟栋	关于发掘和重启苏州老字号的建议
0075	王德明	关于姑苏教育管控作业与落实“减负”的建议
0076	林 冋	关于对观前地区交通疏导的建议
0077	张 斌	关于通过跨境电商推动姑苏工艺美术产业快速发展的建议
0078	陈顺龙	关于加快推进老年友好型社区建设
0079	朱守春	关于加快推进我区完整居住社区建设的建议
0080	赵剑晓	关于加强小型环卫作业车规范行驶提高环卫人员行驶素养的建议
0081	陈钟靓	关于将娄门新村列入老新村改造项目的建议
0082	王德明	关于解决停车难与乱停车难题的建议
0083	陈钟靓	关于进一步推动世遗文化进校园的建议
0084	张培迁	关于进一步重视小学生身心健康的建议
0085	孙志刚	关于启动古城街巷文化墙整体提升改造工程的建议
0086	傅菊芬	关于重新安排钮家巷社区办公地点的建议
0087	薛志坚	关于推动疫情冲击下旅游业标准化建设和规范化管理的建议
0088	薛 花	关于推进健康中国建设加强口腔健康宣教的建议
0089	徐立勇	关于完善公共自行车服务与管理的建议
0090	薛华勇	关于为姑苏区小学学生、家长及教师减负的建议
0091	林晓冬	关于关爱激励社区工作者的建议
0092	顾辰晏	关于在梅巷地区周边新建商业中心的建议
0093	何承锦	关于着力打造15分钟便民生活圈，推动姑苏区高质量发展的建议
0094	李 喆	关于重视和加强微型社区业委会建设的建议
0095	沈洪洋	关注农贸市场监管，保障菜篮子安全
0096	徐进亮	关于加强民间苏州传统糕点食品传承的建议
0097	徐进亮	关于加强苏州古城内特色景点引导标示建设的建议
0098	胡 婷	关于“数字文化”进社区的几点建议
0099	刘 岩	创建零售企业走进老旧社区提供生活商品点对点供应模式，提升高龄化小区居民生活便捷性和幸福感
0100	赵小和	关于改善葑门朝天桥6号地块居民居住环境的建议
0101	郁岳麒	关于高质量完善宜居功能的建议
0102	陆建华	关于进一步提高姑苏区古城区道路通行效能的建议
0103	徐忠民	关于疏解苏州市宏葑新村停车难问题的建议
0104	梅雪珍	关于提高社区工作者待遇的建议
0105	蒋少华	关于提升老旧小区改造后物业管理服务的建议
0106	金燕虹	关于借助“政银合作”，优化政务服务的建议
0107	季 泓	以宏葑社区为例，关于老新村改造中多元一体化改造提升的建议
0108	陈 怡	关于老旧小区改造升级的建议
0109	周 颖	解决违停汽车占用老旧小区、背街小巷消防救生通道的建议
0110	周仰东	关于利用闲置地块建设口袋公园的建议

续表

建议编号	建议人	标题
0111	沈洁成	关于带城桥下塘石板路改造的建议
0112	冷　莉	关于建立医教融合青少年心理健康诊疗绿色通道的建议
0113	潘之栋	关于满足群众基本生活需求，完善联青社区菜市场建设的建议
0114	曹　翔	关于解决硕房庄南（硕房庄巷）道路交通拥堵的建议
0115	张红曼	关于在伽蓝寺西侧草坪上恢复关公庙古碑，让弘扬中华文明精神的标识回归建议
0116	陈国锋	关于多措并举帮助民营医疗机构引进和留住人才的建议
0117	张　雁	关于定慧寺巷社区背街小巷机动车管理的建议
0118	董　萍	关于加强背街小巷无主树木管理的建议
0119	惠玉兰	关于老旧新村做好高质量改造的几点建议
0120	惠玉兰	关于加快推进葑门塘以南拆迁地块规划进度的建议
0121	刘　军	关于疫情影响下，加强组织企业与企业员工正确处理劳动关系普法活动的建议
0122	钱永明	关于加大非物质文化遗产传承保护的建议
0123	苏俊玮	关于将高田岸一并纳入冠云花园老旧住区改造项目的建议
0124	严伟虎	关于推进城市更新建设，提高老旧厂房利用率的建议
0125	姚巧红	关于无物业小区、零星楼幢“微”物业的建议
0126	喻立志	关于全线贯通规划玻纤路的建议
0127	张　杰 （虎丘街道）	关于推动产业跨区域合作，实现区域经济互补式发展的建议
0128	周　洁	关于提升改造来运社区部分老小区基础环境的建议
0129	朱德明	关于进一步推进屋顶绿化（种植屋面）的建议
0130	周　洁	关于进一步提高社情民意日问题协调机制延展的建议
0131	陈　静	关于增加老旧住宅小区健身器材，打造“家门口的好去处”的建议
0132	郭小兵	关于西塘河路（姑苏区路段）改造提升的建议
0133	钱晓云	关于加强对货车司机群体关心关爱的建议
0134	邱　炜	关于加快推进白洋湾街道与虎丘湿地公园区域连通、发展共享的建议
0135	沈晓敏	关于增建公厕，温暖民心的建议
0136	王　虎	关于打造姑苏区数字体育产业集群的建议
0137	王　荣	关于挖掘高层小区停车资源，优化提升停车安全环境的建议
0138	徐雅丽	关于西环路沿线环境综合整治提升行动的几点建议
0139	林化美	关于加强苏州市姑苏区古井保护的建议
0140	林化美	关于苏州古城区历史遗产保护的建议
0141	金一民	关于加快齐门外大街与相城连接路段的环境整治，推进高质量市域一体化发展的建议
0142	喻立志	关于进一步提升虎丘景区环山河周边环境建设的建议
0143	许　佳	关于加强托育机构供餐规范管理的建议

（何慧贤）

苏州国家历史文化名城保护区管委会、姑苏区人民政府

综　述

【概况】 2022年，苏州国家历史文化名城保护区管委会、姑苏区人民政府（简称“保护区管委会、区政府”）在市委、市政府和区委的正确领导下，坚持以习近平新时代中国特色社会主义思想为指导，坚决贯彻落实习近平总书记“疫情要防住、经济要稳住、发展要安全”重要指示精神，在保持战略定力中牢牢守住“稳”的底线，全区经济社会发展取得一系列重要成绩。

【全年主要工作成果】 2022年，全区上下按照市委十三届二次全会和区委三届二次全会确定的各项目标任务，在常态化做好疫情防控基础上，统筹做好古城保护、民生改善、产业发展、城市建管等工作，经济社会各项事业攻坚克难、承压前行，取得一系列来之不易的成绩。

古城保护更新纵深推进。编制完成《保护区、姑苏区历史文化名城保护“十四五”规划》，制定出台《苏州历史城区城市更新试点工作实施方案》《保护区、姑苏区古城墙保护实施意见（试行）》。区城市更新中心（土地储备中心）、文物保护管理中心组建成立。苏州国家历史文化名城保护专家咨询会成功举办，《苏州国家历史文化名城保护区古建老宅活化利用蓝皮书（第二期）》《苏州国家历史文化名城保护区古桥资源绿皮书》对外发布。“古城细胞解剖工程”深入实施，“数字孪生古城”基本成型，平江历史街区全面完成历史文化遗存信息展示工程，5个街坊传统民居信息完成全要素普查，8处文物建筑完成三维建模数字化保护，苏周到“数字古城”栏目正式上线。32号街坊、桃花坞等重点工程稳步推进，五卅路子城片区、过云楼—怡园片区总体规划方案初步完成，唐寅故居遗址、文昌阁对外开放。区城市更新行动获省政府督查激励表彰。全域旅游发展规划编制完成。城建博物馆正式开馆，紫芝园复刻落成，大型《平江图》砖雕亮相古城，海市山塘开业运营，第五届苏州国际设计周成功举办。“双12苏州购物节”正式启幕，“君到姑苏见・苏州好物集”精彩亮相，“吴优数购”全国首笔数字人民币线下购物无理由退货顺利落地。姑苏区获评省文旅融合示范区、省文旅消费示范单位，平江历史街区获评国家级旅游休闲街区，观前商业步行街获评省示范步行街，观前商圈获评国家级夜间文旅消费集聚区。报告文学《家在古城》出版问世，《姑苏繁华图》特种邮票正式发行，《戤壁听书》首登国家“群星奖”舞台。

经济运行态势企稳向好。全年完成地区生产总值912.5亿元，实现一般公共预算收入61.8亿元，完成全社会固定资产投资210.18亿元，实现社会消费品零售总额970.7亿元。主要经济指标加速回暖、持续向好。发放各类助企纾困资金，创新推出“金融应急包”解决中小微企业融资难题。苏州国家历史文化名城保护区高质量发展动员大会成功召开，长三角一体化、市域一体化纵深推进，成功举办C9联盟第二次大会，与6个兄弟板块签署战略合作协议。苏创投、苏文投等6个新成立市属国企以及国科质检等一批龙头企业落地落户，新增注册资本亿元以上企业37家。金普顿酒店、竹辉环宇荟盛大开业，M+金狮校园里等12个载体成功打造，顾廷龙故居等10个古建老宅活化利用，闲置载体盘活率超90%。区属国资完成战略重组、实现错位发展。聚焦数字经济时代产业创新集群发展，实施“百强千企”培育等“六大行动”。联东U谷·姑苏数字科技产业园正式开工，金阊新城A、B地块及燃气大厦南侧部分地块顺利挂牌，积极布局数字经济、文化创意、科技创新产业空间，4家企业入选省“专精特新”中小企业。省重大科技成果转化项目实现“零”的突破，省双创、姑苏领军等创新创业人才入选人数创历年新高，热工研究院获中国专利银奖，拉瓦锡谷获评国家级众创空间。

城市人居环境持续优化。城市体检全域推开，完成古城内外65个体检单元数据收集。苏锦一村四合苑等12个老旧小区改造有序实施，717个居民小区、零星楼完成环境微更新，既有多层住宅加装电梯稳步推进。13个征收搬迁项目完成清零，万丰里地块综合改造项目正式启动，货币化回购政策试点推行。苏城大道、永方路等一批断头路成功打通。全国文明典范城市创建工作持续发力。拆违治乱行动累计拆违2699处面积62.6万平方米，打造50个无违建示范区、80条无违建示范路。环卫保洁质量逐步提高，在观前街主街、火车站北广场、三香路、大公园试点推行“席地而坐”精细化保洁，累计打造300条“净美街巷”、10个“净美街区”，环古城河健身步道按景区标准扎口管理。停车资源深度挖潜，新增泊位1.6万个、共享开放点11处。完成19条道路、799个机动车停车泊位智能化建设，泊位周转率提升1.5倍。按时序进度完成中央、省第二轮生态环保督察反馈问题整改，逐项对账销号。有力推进大气污染防治，严控工地、道路、码头扬尘排放，不断加强机动车污染防治工作。开展河道高质量管护，新增18条幸福河湖，2个省考断面水质优Ⅲ比例持续保持100%，29条区管重点河道水质、13个重点关联断面水质全面达标。积极开展公园城市建设，绿馨园等10个口袋公园打造完成，地块覆绿、见缝插绿面积超300万平方米。

公共服务体系日趋完善。全市首创“家门口的人社服务站”工作模式，开展全链式就业帮扶，全年新增就业岗位6.4万个，其中大学生就业岗位1.3万个，零就业家庭实现动态清零。累计发放失业保险稳岗返还补贴5117.8万元，惠及企业2.2万家、员工12万人。社保扩面新增6.6万人。建成6个省级精神障碍社区康复服务示范点，社会救助、社会福利、慈善事业等各类兜底民生服务办好办实。20项民生实事全部兑现。大儒实验小学及胥台、平齐、虎泉3所实验幼儿园正式启用，6所新校建设和3所百年老校改造项目如期完工。6家社区卫生服务机构新建、改扩建工作全面完成，40家“为民药事服务站”科学布点。完成老年人家庭适老化改造488户，为700户孤寡、独居、重残等类型老人安装“一键呼叫”应急设备。建设完成街道综合为老服务中心和日间照料中心，全市首家“养老+托育+卫生”一站式便民服务综合体建成投用，“虚拟养老”服务实现全区80周岁及以上老年人全覆盖，大公园社区获评全国示范性老年友好型社区。姑苏区实现省双拥模范区“八连冠”。新康等4个农贸市场改造、扩建项目完工。数字社区建设试点推进，新建群众“家门口”共享服务空间6个。推出10家“姑苏夜书房”，更新、新建全民健身路径106套，持续推动学校体育场地等各类设施向市民开放，“一刻钟便民生活圈”加快打造。建立区级社会工作服务指导中心、街道社会工作站、社区社会工作室的三级架构体系，实现8个街道社会工作站、169个社区社会工作室全覆盖。

安全稳定局面更加巩固。按照中央和省、市部署要求，先后稳妥有效处置多轮疫情，服务保障群众就医送药供餐等基本民生需求，得到人民群众的普遍理解和认可。因时因势动态优化防控策略和防控措施，提高平战结合防疫能力，持续筑牢人群免疫屏障，社会经济生活加速回归正常运行轨道。安全生产专项整治三年行动深入开展，102项政府挂牌督办隐患全部按期整改消除，全区既有建筑、自建房隐患排查全部完成，文控保建筑、直管公房加装智能安防系统逐步推开。全区实现生产安全零事故。“331”治理效能加快释放，组织开展“平安街巷”专项行动，整改“三合一”场所84处，增配消防设施600余件。落实粮食储备体制机制改革要求，做好粮权转移承接事项，逐步完成区本级储备任务，粮食储备安全保障能力稳步提升。坚决落实防范政治安全风险各项举措，圆满完成党的二十大和各类敏感节点安保维稳工作。重点街区、商圈见警率有效提升，违法犯罪警情比上年下降10.4%。交通违法专项治理持续推进，交通事故总量比上年下降17.1%，亡人事故数、死亡人数比上年分别下降45.5%和47.1%。持续开展“社情民意联系日”活动，接待群众超5000人，处理答复诉求建议5000余件，着力解决群众“急难愁盼”。扎实开展重复信访专项治理，一批信访积案妥善化解。“一站式”社会矛盾纠纷调处化解中心建成投用，矛盾纠纷“一站式接收、一揽子调处、一链条解决”机制更加完善，矛盾调处成功率近100%。

政府自身建设不断加强。全年承办市“两会”建议提案57件，办理区人大建议174件、区政协提案320件，代表委员满意率100%。街道标准化公共法律服务实体平台建设实现全覆盖，法治惠民质效进一步提升。江苏省政务服务“一张网”加快融入，长三角“一网通办”深入推进，推出“政务服务一体化·政银惠通同城办”项目，跨区域、跨部门、跨层级联办格局加快构建，全区依申请类权力事项96%以上实现“不见面”办理，承诺事项57%可即来即办。信息化基础设施集约化能力显著提升，政务信息资源有效归集，数字政府建设成果连续两年入围世界智慧城市大奖，“惠姑苏”品牌影响力日益彰显。深入贯彻落实中央八项规定及其实施细则精神，持续纠治“四风”，整治形式主义、官僚主义突出问题。狠抓重点领域反腐败工作，细化完善审计制度，监督广度深度进一步拓展。坚持政府过“紧日子”，更好节用裕民，民生发展类支出占一般公共预算支出的86.2%。严格财政支出管理，加大存量资金盘活力度，全年压减一般性支出近2亿元。（高子璇）

【政府重要会议】 2022年，保护区管委会、区政府共召开8次常务会议，审议一批重要文件，听取一批重要汇报，做出相关决定。主要内容为：

1月11日，保护区管委会、区政府召开第1次常务会议，传达学习习近平总书记2022年新年贺词、市委十三届二次全会、保护区党工委（扩大）会议暨姑苏区委三届二次全会、市安委会全体成员扩大会议暨全市建设领域安全专项整治工作会议精神，学习《中国共产党廉洁自律准则》，听取关于保护区、姑苏区2022年主要经济指标“开门红”情况的汇报。

1月26日，保护区管委会、区政府召开第2次常务会议，学习习近平总书记在中国共产党第十九届中央纪律检查委员会第六次全体会议上的重要讲话精神，听取关于保护区、姑苏区落实市委、市政府主要领导批示办理情况，2022年保护区管委会、姑苏区政府工作任务分解情况，成立姑苏区促进中小企业（民营经济）发展工作领导小组及明确领导小组主要职责建议方案的汇报。举行常务会议学法专题：学习《保障中小企业款项支付条例》。

3月16日，保护区管委会、区政府召开第3次常务会议，专题学习贯彻全国“两会”精神。

4月6日，保护区管委会、区政府召开第4次常务会议，学习习近平生态文明思想，传达学习市“两会”精神，听取关于全区2022年三级政府挂牌督办隐患情况的汇报。举行常务会议学法专题：学习《江苏省被征地农民社会保障办法》。

5月11日，保护区管委会、区政府召开第5次常务会议，学习贯彻习近平总书记系列重要讲话和指示批示精神，传达学习吴庆文市长主持召开的中央生态环境保护督察整改及信访件办理工作推进会会议精神，听取关于2022年人大代表建议、政协委员提案办理工作情况和2021年度姑苏区食品安全工作的汇报。举行常务会议学法专题：学习《信访工作条例》。

11月11日，保护区管委会、区政府召开第6次常务会议，审议《姑苏区部门和单位内部管理领导干部经济责任审计办法》《保护区、姑苏区机动车停车场管理实施细则（试行）》；听取关于2022年姑苏区民生实事项目1—10月进展情况，2022年市、区“两会”建议提案办理工作情况，小区配套幼儿园治理工作情况，历史城区外有关地块城市更新相关事项，苏纶场活化利用及阊门地区保护展示工作情况的汇报。举行常务会议学法专题：学习《江苏省行政程序条例》。

2022年11月11日，保护区管委会、姑苏区政府第6次常务会议召开　　区融媒体中心　供稿

12月13日，保护区管委会、区政府召开第7次常务会议，学习贯彻习近平总书记系列重要讲话和指示批示精神，听取关于区委常委会专题调研街道重点任务推进落实情况、2023年政府工作报告起草情况、全区2022年度生态环境保护工作完成情况、2022年姑苏区重点项目完成情况和2023年重点项目预排情况、姑苏区2022年民生实事项目完成情况和2023年民生实事候选项目形成情况、姑苏区2022年国民经济和社会发展计划执行情况与2023年国民经济和社会发展计划草案、2022年全区经济社会发展目标预计完成情况及2023年计划安排、2022年姑苏区开展“一带一路”建设相关工作情况、姑苏区人民政府与中建装饰集团深化战略合作情况的汇报，审议《2021年度姑苏区本级预算执行和其他财政收支审计发现问题整改情况的报告》《关于废止〈姑苏区电子政务项目管理暂行办法〉等5部行政规范性文件的报告》《姑苏区农贸市场改造提升三年行动方案》《姑苏区扶持个体工商户发展联席会议关于支持个体工商户健康发展的若干措施》。

12月23日，保护区管委会、区政府召开第8次常务会议，学习贯彻习近平总书记系列重要讲话和指示批示精神、中央经济工作会议精神，听取关于姑苏区2022年财政预算调整方案、姑苏区2023年财政预算草案的情况汇报，审议《姑苏区建筑垃圾管理工作实施方案》《保护区、姑苏区国资国企改革发展“十四五”规划》《关于全面加强区属国有企业监管的实施意见》《推动保护区、姑苏区与央企合作发展工作方案》。　（张丽娟）

督查工作

【概况】 2022年，姑苏区督查工作坚持以习近平新时代中国特色社会主义思想为指导，按照“围绕中心，突出重点，抓住关键”的工作思路，高效统筹疫情防控和常规督查业务，以“主动担当、奋勇争先、高效务实”的工作作风，凝聚起抓落实的强大合力，为全面推进中国式现代化姑苏新实践、更好“扛起新使命、谱写新篇章”贡献督查保障力量。

【督查基础工作】 2022年，保护区、姑苏区党政办公室（简称“区党政办”）加大对市、区主要领导指示批示落实反馈的督办力度，形成“建立台账、专人督办、全程跟踪、确保落实”的闭环工作机制，分类下发“领导批示交办单”，督促承办部门抓好工作落实。全年办理市委、市政府专项交办任务、领导批示、调研指示、批示群众来信、重点关注等交办事项135件；办理区委、区政府主要领导会议决议事项、领导批示、调研指示、批示群众来信等交办事项989件，每月汇总通报办理进展，编发《姑苏督查（专项查办）》34期。全年承办市“两会”建议提案57件（市代表建议20件、市政协提案37件），含主（联）办28件、协办29件。全年办理区人大建议174件、区政协提案320件。全年办理市领导信箱来信815件，接收表扬感谢类来信3件。

【重点督查】 2022年，区党政办聚焦文件数量精简、会议活动压缩、督检考计划执行规范3项重点，统筹编制全区年度督查检查考核计划共计24项，开展为基层减负工作专项督查3次，着力在巩固成果、深化拓展上下功夫、见实效，进一步为基层松绑减负。“项目化”“责任制”跟踪督办全区48个一年冲刺系列行动计划，按月汇总通报区纪委监委，编发《姑苏督查（专项查办）》3期。加大对区委常委会会议、区政府常务会议精神落实督办力度，对保护区党工委、区委常委会2022年工作要点半年度进展情况及区政府常务会议形成的决定和议定意见完成情况进行重点督查，统筹安排工作进度，合理进行任务调度和分解，发挥督促检查的职能作用。

【专项督查】 2022年，区党政办配合市委督查室专项督查调研全区义务教育管理体制落实情况，以及姑苏区购买商品房作为保障房、安置房、人才公寓工作落实情况2次。围绕区疫情防控指挥部重点部署，配合区纪委监委开展疫情防控常态化督导检查14次，会同区民政和卫生健康局开展60岁以上人群新冠疫苗接种工作专项督查15次。协助区生态环境局开展第二轮中央生态环境保护督察交办信访问题“回头看”专项检查、工地大气污染防治情况督察2次，跟踪完成姑苏区督察整改情况。

（高子璇）

保护区、姑苏区实事项目

【概况】 2022年，姑苏区安排的实事项目有关爱老年幸福项目、关爱母婴儿童健康工程、“就业惠民、创业富民”工程、阳光智慧厨房工程、小学幼儿园新校建设项目、百年老校基础建设提档升级项目、“双减双增”少儿素质提升工程、体育场地设施改扩建工程、小区环境综合整治工程、“净美街巷”典范工程、主城区绿化和景观提升工程、公共卫生间建设管理工程、社区综合服务中心建设项目、公共法律服务中心建设项目、大件垃圾免费清运项目、社情民意微实事项目、道前—西美片区“老旧小区、背街小巷”环境美化提升工程17个大项21个子项，年内计划总投资33198.4万元。由于控规及财政体制调整等，8月30日经区三届人大常委会第七次会议审议同意，将“白洋湾公园绿化和景观提升工程”和“道前—西美片区‘老旧小区、背街小巷’环境美化提升工程”予以调出。调整后，2022年区民生实事项目共16个大项20个子项，总投资24253.4万元。

表5-1　2022年度保护区、姑苏区实事项目

项目名称	子项名称	实施内容
关爱老年幸福项目	桃花坞综合为老服务中心	位于东中市315号。建设内容为房屋整体加固、墙地面改造翻新、水电改造安装、电梯安装、安全鉴定等，并购置家具、办公桌椅、电器设备等物资。建成后，辐射整个桃花坞区域，为老年人提供助餐、助娱、助学、助浴、助急、助洁多方面、多层次、多类型的社区养老服务。
	双桥综合为老服务中心	位于桐泾南路555号。拟对1—2楼约927.86平方米的空间进行全面施工，打造用餐区域、儿童活动区域、老年人活动区域、康复室、休息室、户外活动区域。
关爱母婴儿童健康工程	儿童口腔健康幸福工程	完成辖区内区属小学8周岁年龄组学生的口腔健康教育、口腔健康检查全覆盖并进行窝沟封闭。儿童口腔健康教育覆盖率达到100%，口腔卫生知识知晓率达到95%以上，正确刷牙率达到90%以上。建立儿童口腔健康知识宣传阵地，加强口腔卫生保健知识的健康教育和健康促进活动。建立属地社区卫生服务机构—学校基本公共卫生服务模式，切实做好基本公共卫生服务工作。提高公立社区卫生服务中心牙防工作人员技术水平和服务质量，形成定期为儿童进行口腔健康检查的长效工作机制。
	母婴阳光工程	开展婚前医学检查：为辖区约4000名婚姻登记对象实施免费婚前医学检查。进行儿童系统保健：为辖区0—6岁婴幼儿提供全面系统的保健管理；学龄前儿童近视综合防控：为约24000名在园儿童进行视功能检查并建立视力健康电子档案；儿童先心病筛查：为辖区4500名儿童开展免费先天性心脏病筛查；儿童自闭症筛查：为700名儿童开展免费自闭症筛查。进行妇女“两癌”筛查：对辖区2.2万名35—64周岁妇女进行宫颈癌、乳腺癌筛查。
“就业惠民、创业富民”工程	“就业惠民、创业富民”工程	全年计划新增52000个就业岗位，其中大学生就业岗位10000个，开发公益性岗位且当年新安置就业困难人员80人。扶持自主创业2000人，引领大学生创业150人；全面实施全民参保计划，实现新增社保参保人数65000人。
阳光智慧厨房工程	阳光智慧厨房工程	在40个学校食堂中建设智慧厨房，通过增设后厨关键点位监控、物联网传感器等，利用物联网、云计算、人工智能、大数据、5G等先进的信息化技术手段，对学校食堂食品加工过程、从业人员健康及环境卫生等情况进行全方位的实时智能监督，有效提升学校食品安全管理水平。
小学、幼儿园新校建设项目	金星小学（暂命名）项目	项目占地面积约37393平方米，办学规模8轨48班，总建筑面积约42400平方米，计划2022年完成土建主体结构施工。
	金星幼儿园（暂命名）项目	项目占地面积约10907平方米，办学规模8轨24班，总建筑面积约10900平方米，计划2022年完成土建主体结构施工。
百年老校基础建设提档升级项目	百年老校基础建设提档升级项目	实施第二批百年老校基础建设提档升级项目，2022年继续以历史文化传承与恢复为主题，对2—3所百年老校进行基础建设，包括文化环境建设、老旧校舍翻新、硬件设施改造、活动场室建造等方面，重点做好建筑文物保护、古树名木养护、遗址遗迹修缮等工作。
“双减双增”少儿素质提升工程	“双减双增”少儿素质提升工程	依据“双减”工作要求，围绕少年儿童素质发展目标，鼓励全区少年儿童深入探寻古城魅力，了解姑苏丰厚底蕴，增强姑苏学子爱国爱家乡情怀，增长江南传统文化知识。搭建线上线下平台，编写活动指导课程，有效丰富学生课外活动；根据儿童绘画作品和文字作品，编撰古城主题少儿读本1套，开展文字类或绘画类作品征集活动2个，推出专题讲座12场，组织寻访研学活动10次，推出成果展览1个。
体育场地设施改扩建工程	体育场地设施改扩建工程	为增强体育惠民功能，升级拓展居民身边的健身场地，新建、改建25套健身路径，健全健身服务体系，为群众开辟更多身边的体育健身场地。着力推动学校体育场地设施对外开放达标改造，提高公共体育场地设施使用率，利用公共资源为周边群众健身提供便利，使其获得更专业的运动健身场地服务。
小区环境综合整治工程	小区环境综合整治工程	对桂花新村三期进行市政绿化专项整治，优化小区交通，改造道路管网，绿化补种，打造景观节点，完善技防监控设施等。对玻纤路小区进行房修专项整治，开展屋面渗漏处理、外墙粉饰见新、内楼道整治等。

续表

项目名称	子项名称	实施内容
“净美街巷”典范工程	“净美街巷”典范工程	对2021年首批确立的“净美街巷”，落实巩固措施，保持整治成效。全面推进扩面，对剩余街巷开展全面整治。打造“美丽街区”，为全国文明典范城市打下良好基础。在前期工作基础上，完善发布净美街巷绿皮书（2.0版）、“净美街巷—姑苏味道”手绘美食旅游地图（2.0版）。
主城区绿化和景观提升工程	主城区绿化和景观提升工程	项目结合15分钟绿色服务圈建设，以“一园一品”理念，对绿馨园等10个口袋公园进行绿化和景观提升工程。
公共卫生间建设管理工程	公共卫生间建设管理工程	新建平川路绿地公厕，翻建积谷仓公厕，提标至3A级公厕；改造提升阊门横街、打线场、里塔水桥、劳动新村、渡僧桥下塘等6座公厕，升级为A级公厕。
社区综合服务中心建设项目	网师巷社区综合服务中心	对南石皮弄28号7幢、8幢进行房屋外立面改造、内部装修、家电设备采购等，用于日间照料中心、社区办公室、社会工作服务站、居民活动室、公益坊、家庭医生工作站等。
	锦尚社区（暂命名）综合服务中心	对中骏社区配套用房进行装修改造，添置必要的办公家具及相关设施设备，打造成集社区党群服务中心、多功能活动室、居民议事厅、图书阅览室、便民警务室等于一体的社区综合服务中心。
公共法律服务中心建设项目	金阊街道公共法律服务中心	位于彩香一村二区12号，总面积约580平方米。设置人民调解、法治宣传、社区矫正、安置帮教、法律援助、12348公共法律服务等功能，并配备电脑等办公设备、家具等，进行法治文化氛围软装布置，同时，配备无人律所智能化一体机、户外显示屏等信息化设备。
大件垃圾免费清运项目	大件垃圾免费清运项目	对姑苏区所有小区（493个）、街巷居民开展大件垃圾免费收运。确定至少一个大件垃圾免费处置点，供居民自送大件垃圾，并进行大件垃圾处置。采购专用收运车辆，招聘收运作业人员，对大件垃圾处置点设施设备进行维护，保证处置点正常运作。在条件具备的情况下，为作业车辆安装车载视频、GPS定位装置等信息化设备，并接入姑苏区信息化监管平台，保证收运工作全程可追溯。
社情民意微实事项目	社情民意微实事项目	结合“社情民意联系日”活动开展常态化工作，设立“社情民意联系日”民生小事快速处置工作经费，完善区街两级问题快速处理机制，根据活动中收集的群众诉求，实施一批民生微实事项目，重点解决居民群众的“急难愁盼”问题，实施内容包括：社区服务功能类项目，如无物业管理小区内的小面积道路破损、人行道板砖损坏等公共设施维护；美化社区环境类项目，如无物业老旧小区卫生死角、绿化维护，楼道美化亮化，无主垃圾清理等。

（姚　婷）

保护区、姑苏区重点项目

【概况】 2022年，保护区、姑苏区有51个重点项目，项目总投资1095.61亿元，年度计划投资148.2亿元。其间，结合实际情况对部分项目进行调整和增补，调整后区级重点项目共53个，总投资1110.04亿元，年度计划投资157.78亿元。至年底，累计完成投资168.07亿元。

53个区重点项目中，桃花坞历史文化片区综合整治保护利用二期工程列入省重大项目，总投资12.15亿元，年度计划投资1.15亿元，全年累计完成投资1.55亿元。苏州市转化医学中心、平江历史片区古建老宅活化更新试点项目、市立医院康复中心项目、苏州中学校东校区改造工程、联东U谷·姑苏数字科技产业园、桃花坞历史文化片区综合整治保护利用工程、虎丘地区综合改造工程、苏州华贸中心、苏州大学附属第一医院总院二期工程项目、江苏（苏州）国际铁路物流中心及码头工程等10个项目列入市重点，总投资519.8亿元，年度计划投资41亿元，全年完成投资43.9亿元。

表5-2　2022年度保护区、姑苏区重点项目

序号	项目名称	建设规模	责任单位（属地街道）
1	桃花坞历史文化片区综合整治保护利用工程	项目占地约184万平方米，一期主要包括唐寅故居文化区、泰伯庙·阊门西街文化区两个部分。唐寅故居文化区主要修复唐寅故居、恢复双荷花池，打造文创产业集聚区。泰伯庙·阊门西街文化区主要是扩建泰伯庙，沿阊门西街打造成一条综合性文化休闲特色街。二期工程主要实施桃花坞旅游集散中心、创意产业园、元宁公所、校场桥路河东延、校场桥路河西延、廖家巷南拓、桃花坞大街部分节点等区域改造，总体符合桃花坞片区建设要求，体现“沟通一期、配套一期、完善一期”的原则。	苏州桃花坞发展建设有限公司
2	平江历史片区古建老宅活化更新试点项目	项目分为东、西片区：东片区（东至仓街、西至平江路、北至大柳枝河、南至中张家巷）占地面积约4.75万平方米，建筑面积约3.8万平方米，涉及居民607户；西片区（东至平江路、西至临顿路、北至菉葭巷、南至大儒巷）占地面积约3万平方米，建筑面积约2.4万平方米，涉及居民448户。实施内容：对民居进行腾迁，进行房屋修缮，并结合景区文旅融合发展，引入文创企业、区域性总部等，探索古城保护更新路径。	平江街道
3	苏州中学校东校区改造工程	项目位于人民路以东、一〇〇医院以西、沧浪亭以北、十全街以南（苏州大学医学院，人民路708号）。总占地面积约4.3万平方米，总建筑面积5.4万平方米。	双塔街道
4	市立医院康复中心项目	项目位于广济路286号，总占地面积25637平方米，总建筑面积69713.67平方米，其中地上建筑面积38317.58平方米、地下建筑面积31396.09平方米。	虎丘街道
5	联东U谷·姑苏数字科技产业园	项目位于金阊新城朱家湾街和虎池路交叉口，建筑面积14.59万平方米，其中地上建筑面积11.74万平方米、地下建筑面积2.85万平方米，拟建设1栋12层产业大厦、1栋15层研发办公楼、2栋8层分层产品、2栋9层分层产品、4栋5层双拼厂房。	白洋湾街道
6	苏州华贸中心	项目位于广济路以西、金门路以北、上塘街以南、市第五中学以东，由地块一（4059.3平方米）和地块二（89424.5平方米）组成，其中地块二分为A、B、C、D4个区域实施建设。	金阊街道
7	苏州大学附属第一医院总院二期工程项目	项目位于平海路899号，建筑面积达33.24万平方米，地下2层、地上5—19层，由病房楼、科研楼、急诊急救楼、传染核医学楼、门诊医技楼组成。	苏锦街道
8	苏州市转化医学中心	项目位于平江新城锦莲河以北、平海路以南、齐溪路以西，建筑面积7.369万平方米，其中地上16层6.0051万平方米、地下2层1.3639万平方米，设置222张床位、471个车位。	苏锦街道
9	江苏（苏州）国际铁路物流中心暨码头工程	项目位于金阊新城西郭桥浜以南、金业街以北、虎泉路以西、自在街以东，重点建设综合服务中心、海关、国检办公区域，码头堆场，监管、查验仓库，以满足作业基本功能。项目拟建设3座挖入式港池，其中，北港池北侧布置3个1000吨级集装箱泊位，中港池南侧布置2个1000吨级集装箱泊位，南港池南、北两侧共布置8个1000吨级集装箱泊位。港池整体工程利用岸线851米，年设计通过能力为44.2万国际标准集装箱。	白洋湾街道
10	虎丘地区综合改造工程	项目北起312国道、南到沪宁铁路、西至苏虞张连接线、东至十字洋河以及312国道以北F地块（沪宁高速以南、312国道以北、西塘河以西）。建设内容包括征收，规划，虎丘景区、虎丘老街、山塘四期以及道路等基础设施建设。	苏州虎丘投资建设开发有限公司
11	美罗文化创意园改造项目	项目位于北园路19号，占地面积27463平方米，建筑面积17630.89平方米。对原仓库进行整体改造，聚焦IP经济、影视动漫、创意设计等产业方向，打造文化与产业并重的新概念艺术园区。	平江街道
12	古建老宅卫道观保护修缮及配套工程	项目东至猛将弄、南至卫道观前、西至徐家弄、北至混堂弄，占地面积7828.57平方米，包括卫道观核心保护区及配套用房区建筑修缮和配套。	平江街道

续表

序号	项目名称	建设规模	责任单位（属地街道）
13	苏州中国丝绸档案馆项目	项目位于北园路269号，建筑面积8632平方米，拟建成集收藏保护、旅游休闲等功能为一体的档案馆。	平江街道
14	苏州市救助管理站原址拆除重建工程	项目位于平四路、桃花桥路交叉口，对原址建筑进行拆除重建，占地面积4208平方米，建筑面积7106平方米。	金阊街道
15	核工业总医院应急急救与危重症救治中心暨苏州市急救中心项目	项目位于三香路1055号，占地面积约15618.1平方米，A楼占地7618.1平方米，B楼占地约8000平方米。新增建筑A楼29385.53平方米，其中地上5层14112.31平方米、地下3层15273.22平方米；B楼76949.02平方米，其中地上19层54739.55平方米、地下3层22209.47平方米。拟建设集应急指挥、院前救治、院内抢救、重症监护、专科救治“五位一体”的急救中心。	金阊街道
16	上塘街（小枫桥路—广济桥东匝道）综合提升改造工程	项目西至小枫桥路、东至广济桥东匝道西，道路全长420米，宽18—24米，进行管线入地综合提升改造工程。	金阊街道
17	苏州侨仁置业有限公司苏地2021-WG-17号地块项目	项目位于胥江路以南、巴里河以北，占地面积39945平方米，建筑面积11.7万平方米，其中地上7.6万平方米、地下4.1万平方米。	沧浪街道
18	泰华商城改造项目	项目位于人民路372号和383号，总建筑面积约8万平方米，共有东、西2栋楼，拟做全面改造提升，围绕“外立界面新感觉、室内空间新亮点、东西楼分区新主题”展开，打造苏州首家“生活方式概念商业体”。	沧浪街道
19	苏州新侨置业有限公司苏地2021-WG-16号地块项目	项目位于西园路以北、硕房庄路以南、冶坊浜以东，占地面积1.85万平方米，建筑面积3.32万平方米，其中地上2.03万平方米、地下1.29万平方米。	虎丘街道
20	苏州农业职业技术学院西园路校区改扩建项目	项目位于西园路279号，拟新建大学生活动中心项目，建筑面积1.63万平方米，地下1层、地上6层；新建风雨球场项目，建筑面积0.25万平方米，局部2层钢结构房屋。	虎丘街道
21	平海路P+R停车场项目	项目位于平海路北侧、沪宁高速南侧，占地面积约4.66万平方米，建筑面积约5.3万平方米，地面恢复绿化，地上设置停车位5个，地下设置2层P+R停车场，共有1688个车位，地下停车场与苏大附一院之间设置地下人行通道。	苏锦街道
22	苏州广信置业有限公司苏地2021-WG-81号地块项目	项目位于广济路以西、星光路以南，占地面积3.77万平方米，为纯住宅用地，拟建13栋8—26屋住宅，其中3栋8层洋房、5栋10层洋房、5栋26层高层。	苏锦街道
23	胥江南岸X-7、X-8地块项目	项目位于胥江以南、胥台桥以东和胥台桥以西，总占地面积3.41万平方米，总建筑面积约15.13万平方米。其中X-7地块占地面积1.53万平方米，建筑面积约6.8万平方米；X-8地块占地面积1.88万平方米，建筑面积约8.16万平方米。建设内容主要为商业体、写字楼及酒店式公寓。	吴门桥街道
24	沧浪新城景观人行桥项目	项目横跨太湖西路与郭运路，全长405米，主桥为220米空间连续桁架结构，桥宽10米。	吴门桥街道
25	虎丘D南地块定销房建设项目	项目位于城北西路北侧、虎北路西侧；建筑面积约16万平方米，地上6层、地下1层。	白洋湾街道
26	金阊新城水产果蔬仓储物流项目	新建南门水产市场，建筑面积约3.86万平方米。	白洋湾街道
27	第4批姑苏区老旧片区交通安防环境综合整治工程	项目位于平江街道相门片、金阊街道三元片、沧浪街道胥江片、双塔街道网师片、虎丘街道清塘片，对平江街道、金阊街道、沧浪街道、双塔街道、虎丘街道5个片区范围内占地面积约483万平方米区域进行整治。实施内容主要包括区域交通整治、技防设施改造、消防设施改造以及市容环境整治等。	区城管委
28	姑苏区老旧小区改造	实施苏锦一村四合苑、采香花园、南林苑、桂花三村等9个老旧小区改造。	区住建委

续表

序号	项目名称	建设规模	责任单位（属地街道）
29	2022年苏州市主城区绿化和景观提升工程	结合15分钟绿色服务圈，以“一园一品”理念，对绿馨园等10个口袋公园、新区出入口进行绿化和景观提升工程。	区住建委
30	苏地2016-WG-46号地块（仁恒仓街）	项目位于干将路北、仓街东（原第三监狱和振亚丝织厂地块），分为住宅和商业两部分：住宅部分占地面积4.5万平方米，建筑面积约7.2万平方米；商业部分占地面积3.9万平方米，建筑面积约14万平方米。	平江街道
31	苏州京园房地产投资有限公司苏地2017-WG-47号地块项目	项目位于北园路南、市档案馆东，占地面积3.79万平方米，建筑面积6.66万平方米，共规划9栋住宅、1栋配电用房、1栋物业用房。	平江街道
32	红蚂蚁家居科技文创园改造项目	项目位于娄门路266号，打造为集家居、科技、创意为一体的体验式家庭装饰服务中心。	平江街道
33	国展商业广场北区工程	项目位于金门路100-1号，占地面积1.3万平方米，建筑面积1.74万平方米，新建2栋住宅、1栋裙房商业、1个汽车塔库及地下室。	金阊街道
34	苏州金阊医院迁建工程	项目位于桐泾路东、金门路南、彩香路西、香雪海路北，占地面积1.38万平方米，建筑面积共5.97万平方米。其中，门诊病房楼1栋共9层；停车楼1栋共7层，1层为中医国药堂，2层以上为停车区；地下室共2层约2.2万平方米。	金阊街道
35	苏地2019-WG-1号地块项目（同悦）	项目位于金门路南、彩香路东。住宅地块占地面积2.7万平方米，拟建总建筑面积4.89万平方米。商业地块占地面积0.78万平方米，拟建总建筑面积2.07万平方米。	金阊街道
36	苏州市城乡建设档案馆（含方志馆）	项目位于彩香路与虹桥路交叉口，占地面积6408平方米，建筑面积2.55万平方米，其中地上建筑面积1.48万平方米、地下建筑面积1.06万平方米。	金阊街道
37	苏州石路新华饭店改造项目	项目位于金门路49号，占地面积2036平方米，建筑面积2.8万平方米，建筑功能主要包括商业、办公及酒店。	金阊街道
38	龙湖胥江天街项目	项目位于劳动路南、华亭路西，住宅约3.5万平方米，分2栋楼，1栋11层，1栋26层，地下1层；商业约12.5万平方米，地下4层（局部2层），地上6层。	沧浪街道
39	南门兴业坊项目	项目位于西二路与兴业路交会处，地下2层，地上共6层，1层商业，其余为公寓及相关配套。总建筑面积约3.9万平方米，其中地上约2.56万平方米、地下约1.34万平方米。	沧浪街道
40	竹辉路258号综合体改造项目（原中信银行）	项目位于竹辉路258号，占地面积4233平方米，建筑面积1.52万平方米，地上6层，地下1层；地上建筑面积1.29万平方米，地下建筑面积2371.67平方米。	双塔街道
41	苏州竹辉金普顿酒店项目	项目位于竹辉路168号，占地面积约4.3万平方米，建筑面积约6.1万平方米，地上3层，地下1层，北侧为酒店，南侧为商业街区，共18栋单体。	双塔街道
42	苏州平泰置业有限公司苏地2020-WG-43号地块（首开）	项目位于日益路以南、苏清路以西，占地面积6.62万平方米，新建总建筑面积24.07万平方米，建设9栋26层住宅、5栋18层住宅、3栋17层住宅以及社区、物业配套用房、配电房、地下车库等配套设施。	苏锦街道
43	苏州星河博源房地产开发有限公司苏地2019-WG-45号地块项目（星河）	项目位于日益路以北、永方路以东，占地面积4.12万平方米，建筑面积14.29万平方米，建设2栋15层住宅、2栋17层住宅、6栋26层住宅和物业、社区、养老服务用房以及配电房、地下车库等配套设施。	苏锦街道
44	苏州宸竣房地产开发有限公司苏地2020-WG-42号地块（金科）	项目位于日益路以北、苏清路以东，占地面积3.42万平方米，建筑面积12.82万平方米，拟建设11栋住宅和物业、社区、养老服务用房以及配电房、地下车库等配套设施。	苏锦街道

续表

序号	项目名称	建设规模	责任单位（属地街道）
45	苏州祥都置业有限公司苏地2020-WG-49号地块项目（绿都）	项目位于日益路以南、苏清路以东，占地面积3.56万平方米，建筑面积12.84万平方米，拟建设6栋26层高层住宅、6栋5—10层多层住宅、2栋配套服务用房。	苏锦街道
46	苏州恺宏焱房地产开发有限公司苏地2018-WG-45号（融信·海月平江）	项目位于民清路与日益路交叉口，占地面积2.69万平方米，建筑面积9.06万平方米，建设2栋11层洋房、3栋18层小高层、3栋27层高层、1栋配电用房。	苏锦街道
47	苏州信展投资有限公司苏地2019-WG-11号	项目位于总官堂路，为地下2层、总建筑面积约4万平方米的总部办公大楼。	苏锦街道
48	苏州永鸿置业有限公司苏地2017-WG-37号地块	项目位于解放东路南侧、友新路西侧，包含2幅地块，总占地面积约2.55万平方米，总建筑面积约6.4万平方米，其中住宅约0.67万平方米、商业约0.73万平方米、公寓约2.2万平方米。	吴门桥街道
49	胥江北岸X-9、X-10地块项目	项目位于胥江以北、枣市桥以南、胥台路以东、桐径路以西，包含2幅地块，总占地面积1.1万平方米，总建筑面积1.93万平方米，拟建成集餐饮、休闲、观光为一体的小型滨水时尚商业区。	吴门桥街道
50	渔家村文化旅游项目（二期渔家水乡项目）	项目位于石湖北岸，占地面积约7.2万平方米，建筑面积3.36万平方米，其中地上建筑面积1.73万平方米、地下建筑面积1.62万平方米。	吴门桥街道
51	苏州东利房地产开发有限公司苏地2020-WG-23号地块（岸芷汀兰雅舍）	项目位于人民路西、南环路北，建筑面积约6.1万平方米，其中地上建筑面积约3.6万平方米、地下建筑面积约2.4万平方米。	吴门桥街道
52	姑苏胥江数字文化创意湾	项目位于胥江与大运河交汇处，占地面积约3.91万平方米，包括1块A35科教（研发）用地，占地面积约1.59万平方米，建筑面积约9万平方米；1块B1商业用地，占地面积6933平方米，建筑面积约1.7万平方米；1块住宅用地，占地面积1.63万平方米，建筑面积约3.3万平方米。	吴门桥街道
53	新建元A、B、C、D地块项目	项目位于虎池路沿线，A地块3万平方米、B地块2.47万平方米、C地块5.13万平方米、D地块1.85万平方米，打造以“数字经济”为主题的产业园区。	白洋湾街道

（姚　婷）

行政审批和政务服务

【概况】 2022年，姑苏区政务服务事项总办件量89.55万件，网上办件量66.89万件，即办件量32.20万件。全区依申请权力事项96%以上可通过网上申报，实现“不见面”办理，承诺事项办理时限压缩度达到85%以上，即办事项占62%。全区新设各类市场主体19546户，其中，内资企业6117户，注册资本586.65亿元；新开业个体工商户13410户，资金数额12.54亿元。全区在业市场主体共计185424户，其中，内资企业74138户，注册资本（金）5745.35亿元；外资及港澳台资企业980户，投资总额152.86亿元；个体工商户11.03万户，资金数额92.97亿元。年内，区行政审批局在全市政务服务“双争双创”活动中被评为改革创新标兵单位。

【“放管服”改革】 2022年，姑苏区出台《2022年姑苏区深化“放管服”改革打造高效规范便利的一流政务环境工作要点》，明确5大类21项年度“放管服”改革要点。完成行政许可事项清单编制工作。根据国务院、省、市部署，牵头组织行政许可事项编制，共协调认领152项行政许可事项，并对外

表5-3　全区各类在业市场主体登记情况（2022年）

市场主体		户数（户）			注册资本（亿元）		
		2021年	2022年	增幅（±）	2021年	2022年	增幅（±）
内资企业	国有及集体企业	521	478	-8.25%	21.84	18.29	-16.26%
	有限责任公司	71994	71381	-0.85%	4912.7	5254.79	6.96%
	股份有限公司	617	600	-2.76%	73.22	74.97	2.39%
	个人独资企业	1009	970	-3.87%	3.36	3.36	0
	合伙企业	600	709	18.17%	379.7	393.94	3.75%
	内资企业合计	74741	74138	-0.81%	5390.82	5745.35	6.58%
个体工商户		101756	110306	8.40%	85.27	92.97	9.03%
合计		176497	184444	4.50%	5476.09	5838.32	6.61%

公开。深化证照分离改革，在全区范围内推进涉企经营许可事项全覆盖清单管理。推进“一件事”改革，共梳理出市场准入、投资建设、民生服务等3大类71项“一件事”主题清单，并在PC端全量式展示，实现35项“一件事”线上线下融合办理和8项“一件事”移动端“掌上办”，办件量累计超过23000件。推进街道办理市场主体登记事项，在全区8个街道全面推广委托街道办理企业、个体工商户行政许可部分事项。加强“互联网+监管”建设，2022年新增认领监管事项52项，监管事项认领率达37%以上，监管事项检查清单编制率达到100%，监管行为数据报送覆盖率达86%。

【营商环境优化】 2022年，姑苏区升级“全链式”审批服务，实现企业设立登记、公章刻制、预约银行开户、涉税事项、社保开户、公积金开户6个环节2天内、最快半天集成办理。“全链式”审批服务覆盖全区29家产业园，组织开展线上线下培训4次，累计提供服务近5000次。在全区18家银行网点设置“企业开办一站式服务专窗”，通过银行专窗开办企业2394户。加快“不见面”审批建设，全年全程电子化登记企业5967户，占开业总量的97.54%。

【工程建设项目审批服务】 2022年，姑苏区共受理企业投资项目备案184件，核准4件，政府投资项目审批152件，其中转请市局立项30件；核发建筑工程规划许可证56张；核发建筑工程施工许可证72张，总建筑面积约77.55万平方米，总工程造价投入19.73亿元。

【“政务服务一体化·政银惠通同城办”项目推出】 2022年，姑苏区与苏州工业园区、苏州高新区合作，推出企业迁移跨区通办业务。三区与中国银行姑苏支行打造“政银合作+跨区协同+长三角一体化”深度融自助场景，可办理三区1576个和上海黄浦两级2760个咨询或办理事项，发放全市首张“通办通取”营业执照。

【“15分钟政务服务圈”构建】 2022年，姑苏区全

2022年6月24日，“政务服务一体化·政银惠通同城办”项目启动　　范鸿君　摄

新打造网上服务大厅暨“省政务网姑苏旗舰店”2.0版，上线政务服务数字地图，完善“1+8+112+N”的政务服务体系，三级服务中心（站）全部完成标准化建设，55项公共服务、45项帮办代办清单基层通办。扩大与银行、产业园、公积金中心和基层单位的合作领域，在不同应用场景增设“惠服务”站点8个、24小时自助服务区12个、“企业开办一站式服务专窗”18个、公积金办理网点7个。

链接：

“1+8+112+N”含义

“1+8+112+N”是指1个区级政务服务中心，8个街道便民服务中心，112个社区便民服务站，N个延伸打造的“惠服务”站点。

【“惠解忧”党建项目创优】 2022年，姑苏区创建全区首个“融入式协商·惠解忧”机制，长三角C9联盟首家异地拓展“云客服”模式，推出“惠解忧·云客服”、“惠解忧”反映窗口、“惠解忧协调室”，搭建“热线+窗口+专家”多渠道回应群众诉求。窗口共受理10起“办不成事”咨询；协调室开展7次“公开接待日”活动，由专家型政协委员为18名群众提供咨询答疑服务。（张心怡　姜　程）

政务大数据管理

【概况】 2022年，姑苏区深入贯彻落实习近平总书记关于建设网络强国、数字中国、智慧社会、数字政府等系列重要指示精神，认真落实国家、省、市关于推进数字政府建设的战略部署，充分发挥数字政府建设对数字经济、数字社会的引领和驱动作用，紧扣“一网通用”“一网通办”“一网统管”工作目标，增强全区“一盘棋”意识，运用数字技术赋能政府管理和服务，扎实推进“一网通用”“一网通办”“一网统管”协同发展，全方位赋能高质量发展、高品质生活、高效能治理，为绘制好数字化时代“姑苏繁华图”提供信息化支撑。年内，“下足绣花功夫　打造平安古城”姑苏区古城细胞治理工程获2022世界智慧城市大奖中国区“安平大奖”，“惠姑苏”App获评年度全市政府网站优秀创新案例并获2022数字中国与智慧社会优秀成果奖。

【数字政府建设】 2022年，根据《关于全面推进数字姑苏建设的意见》要求，姑苏区全力推进“打造数字政府优政善治新样板”11项重点任务，充分发挥数字政府建设对数字经济、数字社会的引领和驱动作用；围绕高质量推进数字政府建设工作主线，印发《2022年姑苏区数字政府建设工作要点》，明确2022年全区数字政府建设发展重点工作，推动提升古城保护、社会治理、政务服务等数字化智能化水平。

【制度规范】 2022年，姑苏区印发《姑苏区首席数据官制度建设实施方案》，构建“横向协同、纵向联动、深向贯通”的首席数据官工作格局，加快推进政府数字化转型，以数据要素赋能数字经济和数字化发展；印发《姑苏区政务网络和信息系统安全管理办法》，进一步完善姑苏区政务网络和信息系统安全管理体系，提升各部门各街道网络安全防护能力。

【项目管理】 2022年，姑苏区切实抓好全区信息化项目的统筹管理，围绕申报项目，以集约节约、务实管用为原则，完成2023年度电子政务建设类、服务类和运维类项目的申报、造价评估、专家评审、任务书下达等工作；围绕在建项目，定期开展重点项目推进专题会议，精准掌握项目建设进度，确保项目按照既定目标完成建设；围绕已建项目，编制《2022年姑苏区政务信息化项目要素白皮书》，重点聚焦项目使用频度、数据交换、系统安全、项目绩效等方面，对白皮书中34个单位120个项目开展“回头看”，116个项目运行使用情况较好。

【数据治理】 2022年，姑苏区不断完善人口、法定代表人、地理信息、电子证照、公共信用5大基础库40个部门库以及古城保护、文化旅游等12个重点领域专题库，累计汇聚信息资源3455项超3.2亿条数据，稳步推进政务数据全量化汇聚、标准化治理、场景化开发；建成政务信息资源共享服务平台，累计提供数据调用服务2200余万次，有力支撑古城保护更新、产业经济发展、城市综合治理等重要领域应用场景；着力推动部门积极向上争取数据“回流落地”，如“互联网+监管”数据等，为全区数据共享交换、开放使用、辅助决策打好坚实基础。

【重点领域应用】 2022年，姑苏区围绕“1+3+N”的数字政府总体架构，建成一批“实战中管用、基层干部爱用、群众感到受用”的典型应用，赋能重点领域取得新亮点。依托古城保护信息平台，在全国首创开展“古城细胞解剖工程”，建立健全古城保护对象全息档案；推进区CIM+孪生古城平台建设，目前已建成正射影像、电子地图等4类基础底图，归集174项地理要素资源。开展数字社区试点建设，全面提升社区智能感知、日常治管和便民服务3项能力；依托“惠姑苏”App，打造居民企业政务服务和生活服务总入口，累计接入社情民意、“一刻钟便民生活圈”等各类服务事项109项，注册用户近30万人；依托幸福助餐管理与服务平台，提供更为便捷、优质、平价的社区助餐服务，平台预约订餐14.1万人次；依托区域健康信息平台，构建区域慢病分析预测模型和居民个人健康档案，构建以居民为中心的全过程管理的健康服务模式；依托智慧教育决策平台，整合汇聚学校教育管理、教育教学和学生学业数据，为科学决策提供数据支撑，助力姑苏教育高质量发展。建设企业服务平台，创新打造“智能政策中心”，整合国家、省、市、区四级惠企政策1600余条，注册企业用户188家，智能匹配政策超13万次；建设智慧市场监管平台，通过对市场监管大数据进行汇聚、分析和研判，提高监管流程的组织化程度，提升区市监局各项监管工作效能；建设“互联网+监管”系统，建设完成监管数据中心、统一监管门户、区级执法监督系统等功能，实现“一网监管”。推动城市运行联动指挥平台二期项目建设，构建“姑苏体征、协同联动、决策支撑、感知监测、应急指挥”五位一体的数字姑苏驾驶舱；依托社会综合治理“一标多实”数据应用平台，以“数字门牌”为载体，完成覆盖全区的标准地址数据采集，推动“大数据+网格化+铁脚板”工作机制高效运行；建设非接触式执法管理平台、智能空地视频综合应用系统、智能立体巡查管控平台，实现人工和智能、动态和静态、线下和线上数据全量汇聚，为全区各类城市管理问题“早发现、早预警、早研判、早处置”提供技术支撑。依托应急管理综合应用平台，实现指挥调度、预案管理、安全监管、协同会商等八大功能，推进应急管理现代化；依托房屋安全管理平台，实现房屋管理要素、管理过程与管理决策全方位数字化与智能化，切实提高姑苏区房屋监管能力和管理现代化水平。

（高子璇）

对口帮扶

【概况】 2022年，姑苏区认真落实中央、省、市关于对口支援协作合作相关会议的精神，扎实推进各项工作。区委、区政府多次专题学习讨论对口支援协作合作内容，研究部署全区对口帮扶工作。结对帮扶宿迁市，拨付财政帮扶资金500万元。

【连云港赣榆区“五方挂钩”工作】 2022年，姑苏区南北挂钩地区调整为连云港赣榆区，担任赣榆区“五方挂钩”工作协调小组的副组长单位，拨付500万元财政帮扶资金。9月，区委常委、常务副区长陆文明参加连云港赣榆区“五方挂钩”帮促协调会议，第一时间协调落实资源，并选派1名优秀科级干部陈雨峰到赣榆区挂职交流。助推赣榆区黑林镇乡村振兴，完成两年帮促规划，确立阚家岭村“1359”帮促思路，聚焦打造宜居宜业和美阚家岭目标，围绕三个方面开展五大行动，有序实施乡村创业就业站点项目等9个惠民工程。着力支持乡村特色产业发展，稳步推进纺织产业集中区建设项目、跨境电商孵化基地项目、现代化科技大棚建设项目等，助力黑林镇一、二、三产融合发展。

【阳光惠民】 2022年，姑苏区开展“阳光惠民”帮扶走访工作，全年走访完成率100%；“阳光惠农”平台涉及扶贫资金录入率达到100%。（姚　婷）

外事工作

【概况】 2022年，姑苏区委外事工作委员会认真贯彻落实中央和省委、市委关于外事工作部署要求，紧抓保护区、姑苏区成立等重要节点开展特色活动，外事工作不断取得新进展、新成就。做好民间外交、地方外事的统筹协调，积极有序开展各种形式的人文交流活动。抓好区内海外资源整合调研；深化“一带一路”共建，2022数字孪生智慧安全高层报告会、长三角主要城市中心城区高质量发展联盟第二届联盟大会落地古城，同新加坡经济与科技协会连通互动得到加强；积极承办全市地方外事任务，“乐缘之约”——中欧城市传统文化交流系列活动在苏州昆曲传习所与维也纳市政厅同步举行、“游园赏曲　苏州有戏”——中国苏州·葡萄牙科英布拉“云对话”活动在耦园举办，“智汇姑苏”创新创业大赛海外线上赛在姑苏区和意大利那不勒斯同步举行。围绕保护区、姑苏区成立十周年等重要节点，强化与国际友城（友好交流）马耳他桑塔露西亚市、摩洛哥马拉喀什省卡斯巴赫市政府间良性互动。

【外事管理】 2022年，姑苏区启动公共场所外语标识译写规范专项整治，完成平江历史文化街区、山塘历史文化街区、寒山寺景区、盘门景区等景点专项治理，完成国家大运河文化公园（山塘街、上塘街）标识中美日韩四国语言校正。按照管理有力度、服务有温度的工作思路，全力做好境外输入管理和当地外籍人士防疫管理与服务，落实专人负责昆山专班运作，统筹区内各部门配强派驻力量。

【因公出国（境）管理】 2022年，受国际疫情影响，姑苏区因公出国（境）暂停。

【外事接待】 2022年，姑苏区共接待外宾3批次42人次。其中，友好交流城市客人1批次9人次，海外企业驻中国代表2批次33人次。

【涉外管理】 2022年，受国际疫情影响，姑苏区暂停外国人入境申请初审工作；协办或承办11次对外交流活动。承担涉外防控协调组职责，开辟外籍人士疫苗接种点，昆山接驳转运工作专班累计转运接收上海航空港入境旅客737人，其中外籍旅客63人；接收第一入境地非上海航空港的旅客137人，其中外籍旅客8人。

【外事服务】 2022年，处理企业人员出国、来华服务，开展受邀请到姑苏区重点外籍人员的联络协调等咨询22件37人次，办理外籍重点经贸人员来华邀请函申请6家企业7人次，提交企业人员办理APEC商务卡申请3人次；走访涉外企业14家，走访外国人31人。苏州赛诺秀医疗器械有限公司获苏州市杰出贡献外资企业称号。（高子璇）

信访工作

【概况】 2022年，全区信访系统认真贯彻落实区委、区政府“防风险、守底线”工作专题会议精神，坚持“稳字当头、稳中求进、全面向好”，聚焦“四下降、四提升、四个不发生”工作目标，深入开展“信访突出问题攻坚化解年”行动，统筹推进信访重点任务，全力做好防疫情、听民声、护民利、保稳定、促和谐等各项工作。

【重复信访治理】 2022年，姑苏区以集中治理重复信访为主线，持续推动信访秩序好转。完善体制机制，深入开展重复信访第一批交办倒流事项“回头看”工作，稳步推进重复信访第二批交办事项，实施挂图作战，定期汇报信访事项化解进展。注重条块结合，建立常态化调度机制，推动建立“责任部门牵头推动、问题属地主导化解、领导干部专项包案、工作专班合力攻坚”机制，同步落实属地和部门化解稳定责任。强化领导包案机制，严格落实好“五个一”和“五包”工作责任，加大案件办理和矛盾化解力度，推动案结事了。

【重点信访化解】 2022年，姑苏区深入开展“排风险、建清单、除隐患、保稳定”和社会矛盾大排查大化解专项行动，对全区重点信访事项开展专题研判，健全完善重点风险滚动排查机制，逐案落实化解稳定责任。认真贯彻落实信访工作责任制，以推动化解信访矛盾为重点，着力压实工作责任，着力畅通信访渠道。建立科学高效的指挥体系，推进扎实有效的帮扶劝导，持续推动重点事项化解。

【源头预防化解】 2022年，姑苏区统筹加强源头预防化解，严格落实日常分析研判、月度综合研判、突出问题专题研判、重点时期战时研判机制，定期梳理分析各领域群众信访反映的诉求特点，及时发现潜在性、苗头性、现实性、趋势性问题，推动落实化解稳定责任，不断提高信访工作的前瞻性、主动性、针对性。加强多元化解，依托“社情民意联系日”工作制度，发挥区、街道两级人民来访接待中心牵引作用，健全完善联合接访运行机制，加快推进“人民满意窗口”和“网上信访人民满意窗口”建设。积极对接做好矛盾调处中心进驻工作，完善“访调对接、诉调对接、检调对接、行政对接”的机制，为群众提供一站式接待、一条龙办理、一揽子解决的信访服务，促进矛盾多元化解。加强综合治理，依托“大数据+网格化+铁脚板”工作机制，多次赴街道开展信访业务指导和督查，把信访工作的职能、任务、力量深度融入城乡网格化服务管理，延伸信访工作触角。

（高子璇）

社会综合治理联动工作

【概况】 2022年，姑苏区社会综合治理联动中心（简称“区联动中心”）深入贯彻落实党的十九大、十九届历次全会和党的二十大精神，以习近平总书记提出的“健全共建共治共享的社会治理制度”“建设人人有责、人人尽责、人人享有的社会治理共同体”为根本遵循，弘扬“主动担当、奋勇争先、高效务实”精神内核，努力打造基层社会治理姑苏品牌，推动基层社会治理体系和治理能力现代化。年内，区联动中心获得2022年度人民网网上群众工作县级“民心汇聚单位”称号；“12345”政务服务便民热线坐席区获得苏州市、姑苏区“巾帼文明岗”称号。

【“12345”政务服务便民热线】 2022年，区联动中心持续压实做细“12345”政务服务便民热线归并优化工作，按规范和标准流转、处置，落实归并热线“分区接听”，建立健全区“12345”热线群众回访不满意工单、诉求难点情况上报机制，推动“12345”热线“接得更快、分得更准、办得更实”，助力全市发挥“一个平台联动”的整体效能。全年“12345”政府服务便民热线累计呼入量达204万余个。累计受理“12345”热线工单95万余件，流转工单回访满意率达99.92%；区数字城管平台工单12.8万件，寒山闻钟平台工单9910件；“惠姑苏”App、“姑苏区智慧政务（随手拍）”App等工单4.8万余件，国务院“互联网+督查”工单480件，“社情民意”工单274件，回复人民网“领导留言板”帖子581件。全年共受理市民“12345”信息公开申请16件，其中，涉及姑苏区的信息公开申请10件，涉及市级部门和其他县（市、区）的信息公开申请6件。

【联动中心信息化建设】 2022年，区联动中心对照《苏州市推进数字经济和数字化发展三年行动计划（2021—2023年）》《保护区、姑苏区数字政府建设提升一年冲刺行动计划》等文件精神及“一网统管”工作要求，以区城运平台（二期）项目和联动管理平台（三期）项目建设为主线，开展各项信息化建设。承建的区城运平台作为姑苏区数字政府信息化建设的子项目，获2022世界智慧城市大奖中国区“安平大奖”。创新城市运营管理智能化应用场景，建成社区实有人口数据库，为社区综合治理和服务提供强力数据支撑。结合联动指挥大屏，实现“以房找人”“以人找房”，可获取汇总与下钻数据；进一步结合通信指挥、视频监控应用，实现一键调度指挥。在推进信息化项目建设过程中，构建区—街道—社区—网格四级联动指挥体系，打造横向联动、上下联通的指挥系统，实现跨部门、跨区域、跨层级快速响应。结合视频监控和融合通信功能，实现各类重要活动、重大事件的快速响应和指挥调度，达到“一屏观全景、一键统全局”的效果。选取平江街道、金阊街道全域作为试点开展数字社区示范建设，依托区、街道城市运行联动指挥平台、“惠姑苏”App等线上平台和线下第三方服务机构，打造便民惠民智慧服务圈。建设6处“惠生活”数字社区共享服务空间，提升完善2处“惠姑苏”数字社区便民服务驿站，建设社区综合管理服务平台。

【网格化社会治理】 2022年，区联动中心围绕提高社会治理精细化、专业化、社会化、智能化水平，全面做微做实治理单元，扎实推进“精网微格”工程，全区共划分“微网格”4029个，每个“微网格”配备1名“微网管家”。建设与“街道—社区—网格—微网格—户”工作体系相适应的4级群组体系，打通“上情下达”和“下情上传”两条路。加强网格员队伍建设，通过在线理论授课、答题互动、经验交流等形式，对全区专职网格员及相关网格工作人员进行系统培训，覆盖区、街道、社区3级共1256人。

2022年9月29日，姑苏区专职网格员职业技能竞赛举行

区联动中心　供稿

常态化开展“网格员在身边”活动，完成1076个综合网格的“三官一律”网格公示牌全覆盖，以39万户居民为发放对象，制作“网格连心卡”。持续做好“社情民意联系日”民生小事项目审评、进度跟踪，全年累计对234个项目进行审查、审批，并拨付经费337.36万元。在2022年度公布的苏州市社会综合治理网格化联动机制“一案一奖”典型案例评选结果中，有9个案例获评市“一案一奖”优秀案例。

【疫情防控】 2022年，区联动中心共计858人次下沉支援虎丘街道湖田社区、吴门桥街道福运社区和新康社区、双塔街道葑溪社区、火车站、货运西站、苏汽国际物流园、传化物流园和白洋湾街道“应检尽检”检测点，全员参与核酸采样、信息录入、卡口值勤、政策宣导、60岁以上老年人接种疫苗服务等疫情防控工作。全区5000余名网格员坚守抗疫一线。

（范雪峰）

机关事务管理

【办公用房管理】 2022年，区机关事务管理中心规范办公用房管理，做好权属统一登记相关工作，成立姑苏区区级党政机关办公用房权属统一登记工作领导小组。梳理办公用房权属统一登记工作办理流程，完成全区办公用房权属情况的清查摸底，制订办公用房权属统一登记工作计划表。开展办公用房“一张网”建设工作，按计划进行全区数据上传，与省“一张网”接通。

【公务用车社会化】 2022年，区机关事务管理中心进一步压缩公务用车数量，通过公开招标方式向社会购买服务予以解决用车问题，建立社会化服务用车管理的专用信息平台。规范用车管理，区机关事务中心开发适用于社会化用车管理的智能化信息平台。

【疫情防控】 2022年初，为应对新冠疫情暴发，区机关事务管理中心根据上级防控指挥部的意见，启动应急预案，果断采取多项措施，为切实维护各办公区域安全稳定采取“一级管理”“二级管理”模式。区行政中心实行闭环管理，做好疫情防控车辆保障，为全区疫情防控工作提供坚实的出行保障。适时调整至“三级管理”模式，助力复工复产，强化后勤保障工作。

（高子璇）

政协姑苏区委员会

综　述

【概况】 2022年，政协姑苏区委员会坚持以习近平新时代中国特色社会主义思想为指导，紧紧围绕学习宣传贯彻中共二十大精神这一工作主线，紧紧依靠和团结带领广大政协委员，坚定拥护"两个确立"，坚决做到"两个维护"，统筹推进疫情防控和政协履职，突出工作重点，加快工作进程，全面完成年度履职的各项目标任务，在姑苏高质量发展征程中贡献政协智慧和力量。

【建言献策】 2022年，姑苏区政协突出专题协商重点，全会期间，围绕古城城市更新等议题，召开专题议政性常委会议2次。围绕加快产业园载体更新利用等议题，召开主席专题协商会议4次。组织界别委员围绕"打造国际消费中心城市核心区"等议题，开展协商活动62次。开展各类视察调研活动47次，形成调研报告33篇。

【提案工作】 区政协三届一次会议以来，共收到提案338件，经审查立案320件。区政协注重发挥重点提案的示范带动作用，由区委、区政府领导领衔督办，区政协领导班子成员重点督办，各专委会分工督办，带动其他提案加快办理落实。围绕三届一次会议提案办理情况，开展"回头看"和民主评议，巩固提案办理成果。提案办复率为100%，委员满意率达100%。由区政协班子领导牵头提交的《关于加快苏州国家历史文化名城保护更新的建议》被列为市政协十五届一次会议1号提案。

【"融入式协商"议事工作】 2022年，区政协探索推出"委员热点议事厅"议政平台，组织政协委员线上线下就"推动企业更快复工复产""2023年区政府民生实事项目选题"等"热点"开展集中讨论10期，参与委员4000余人次，委员参与率达

2022年8月30日，区政协举办"融入式协商·共建和谐劳动关系"民生专题协商议事会　　区政协　供稿

95.6%。共有600余条建议被吸纳形成信息专报10期，80余条建议被吸纳进有关协商报告。结合姑苏区每月的“社情民意联系日”等活动，组织委员深入社区，累计接待居民群众1250余人次，反映有关社情民意信息82件。与区行政审批局、人力资源和社会保障局等联合打造“惠解忧”协调室、“中小企业劳动关系综合指导服务中心”等履职载体，组织委员参与企业劳资纠纷等政策咨询、志愿值班服务300余人次。

【委员工作室建设】 2022年，区政协与农工党姑苏区基层委员会共建首个“委员之家+党派之家”。指导建成14个“界别委员之家”，36个“委员工作室”，支持委员就近开展协商议事，做好反映民意、服务群众等工作，不断完善人民政协联系界别群众制度机制，努力把党的主张转化为社会各界的共识，把更多人团结凝聚在党的周围。

【社情民意信息工作】 2022年，区政协召开反映社情民意信息工作推进会，组织社情民意信息专题培训，通报10家2021年度社情民意信息工作先进单位，引导广大委员不断强化关注民情、倾听民声、传递民意的意识。全年收集报送社情民意信息256件。

【文史宣传工作】 2022年，区政协编辑出版《大宋平江》等文史书籍，举办“姑苏风情”版画展。策划发布《从政协提案看古城十年发展》等系列抖音短视频。在国家、省、市相关媒体发表各类新闻稿件170余篇，充分展现区政协在建言资政和凝聚共识双向发力方面的优势作用。

【政协委员培训】 2022年，区政协举办委员（机关干部）履职能力提升培训班，帮助委员系统掌握提案、社情民意信息等履职知识，学习领会有关古城保护更新等决策部署。打造“阅动姑苏”委员读书品牌，搭建“名家说”“撰著者说”学习平台，举办系列文化讲座10期。组织各类线上线下读书活动42次，630余人次委员参与分享读书体会，进一步筑牢保护古城、聚力发展的共同思想政治基础。

政协重要会议

【政协姑苏区三届二次会议】 于2023年1月3—5日在姑苏区行政中心举行。会议收到提案283件。

市委常委、保护区党工委书记、姑苏区委书记方文浜在开幕大会上讲话，指出2022年是党和国家历史上极为重要的一年，也是苏州获批国家历史文化名城40周年，保护区、姑苏区成立十周年。面对不断变化的疫情防控形势和外部发展环境，全区以习近平新时代中国特色社会主义思想为指引，以迎接党的二十大、学习宣传贯彻党的二十大精神为主线，认真贯彻中央和省委、市委决策部署，大力弘扬“主动担当、奋勇争先、高效务实”的精神内核，高效统筹疫情防控和经济社会发展、统筹发展和安全，保稳定、促改革、抓发展、惠民生等各项工作取得来之不易的成绩。其中，区政协和广大政协委员坚持团结和民主两大主题，团结各界人士积极建言献策、履职尽责，持续巩固拓展“有事好商量”协商议事、“姑苏共话”圆桌协商活动，创新推出“委员热点议事厅”议政平台和“阅动姑苏”委员读书、“融入式协商”等特色工作品牌，踊跃参与“社情民意联系日”活动，充分发挥社会主义协商民主重要渠道和专门协商机构的独特优势。

会议审议并同意蔡炳锋代表区三届政协常委会所做的工作报告和陈浩代表区三届政协常委会所做的一次会议以来提案工作情况的报告。

会议通过政协三届二次会议决议。决议指出，政协姑苏区第三届委员会第二次会议以习近平新

2023年1月3—5日，中国人民政治协商会议苏州市姑苏区第三届委员会第二次会议召开　　区融媒体中心　供稿

时代中国特色社会主义思想为指导，深入学习贯彻中共二十大精神，认真学习贯彻习近平总书记视察江苏重要讲话指示精神，认真落实区委三届四次全会决策部署，紧紧围绕全区经济社会发展的重要问题和人民群众关心关注的热点难点问题，深入协商议政，广泛凝聚共识。会议高效务实、风清气正，是一次高举旗帜、鼓舞干劲、奋发向上、共谋发展的大会。

会议号召，全区政协组织、政协各参加单位和全体政协委员要更加紧密地团结在以习近平同志为核心的中共中央周围，在中共姑苏区委的坚强领导下，进一步弘扬“主动担当、奋勇争先、高效务实”的精神内核，以“凡事有交代、件件有着落、事事有回音”的作风，为在新征程上全面推进中国式现代化姑苏新实践，更好地“扛起新使命、谱写新篇章”而努力奋斗！

【区政协常委会议】 2022年，区三届政协共举行常委会议4次，即区三届政协委员会第一次到第四次常委会议。

第一次常委会议于1月9日举行。会议协商讨论并原则通过《政协姑苏区第三届委员会常务委员会2022年工作要点（讨论稿）》。

第二次常委会议于6月30日举行。会议听取全区党风廉政建设工作情况，围绕“大力推进城市更新，实现古城形象提升”议题开展专门协商，学习传达习近平总书记重要讲话精神和有关会议精神，协商有关工作制度和人事事项。

第三次常委会议于9月28日举行。会议专题通报全区统战工作情况，听取全区上半年经济发展、区政协三届一次会议以来提案办理、区政协三届一次会议以来提案工作、关于“深挖古城文化资源，彰显姑苏文化魅力”等情况的通报、汇报，围绕“深挖古城文化资源，彰显姑苏文化魅力”议题开展专门协商，学习传达习近平总书记重要讲话精神和有关会议精神，协商有关人事事项。

第四次常委会议于12月26日举行。会议学习传达习近平总书记重要讲话精神和有关会议精神，协商有关人事任免事项和有关委员调整事项，协商区政协三届二次会议有关事项，协商讨论区政协常委会2023年工作要点（审议稿）。

【区政协主席会议】 2022年，区三届政协共举行主席会议7次，即区三届政协委员会第一次到第七次主席会议。

第一次主席会议于5月26日举行，会议学习传达习近平总书记系列重要讲话和指示批示精神及有关会议精神，听取区政协三届一次会议提案审查报告并协商确定重点提案，听取办公室、各专委会2022年度工作计划和调研课题安排，协商讨论有关文件和工作制度。

第二次主席会议于7月29日举行。会议学习传达习近平总书记近期重要讲话精神和有关会议精神，听取姑苏区人民政府关于“加快消费升级，打造苏州国际消费中心城市核心区”的情况通报，协商通过《政协苏州市姑苏区委员会委员履职积分考核办法（试行）》。

第三次主席会议于8月31日举行。会议深入学习习近平总书记近期重要文章讲话精神，协商《加快产业园载体更新利用，助力全区经济释放新活力》和《加强全区教育资源整合，着力打造教育新高地》2份调研报告起草情况。

第四次主席会议于10月31日举行。会议听取区政府关于“着力资源整合优化　提升中心城区医卫服务水平”的情况通报，并围绕此议题开展专门协商；学习传达习近平总书记重要讲话精神和有关会议精神。

第五次主席会议于11月28日举行。会议围绕党的二十大精神进行学习研讨，审议《中共姑苏区委关于加强和改进新时代政协工作的实施意见》（代拟稿），协商区政协三届二次会议有关事项，审议《姑苏区政协各委室工作考核办法（试行）》等。

第六次主席会议于12月12日举行。会议学习传达习近平总书记重要讲话精神和有关会议精神，协商区政协三届二次会议有关事项及其他事项。

第七次主席会议于12月22日举行。会议学习传达习近平总书记重要讲话精神和有关会议精神，协商讨论区政协常委会2023年工作要点。

（孙　奕）

政协提案目录

表6-1　姑苏区政协三届二次会议提案目录

提案号	提案人	案由
1	范永艳	关于姑苏区古建古宅保护与利用方面的几点建议
2	郑　炜	关于持续优化姑苏区营商环境的建议
3	陈　放	关于“进一步加强儿童青少年心理健康筛查及隐私保护”的建议
4	范永艳	关于学习物业城市治理模式，进一步提升姑苏区城市治理水平的建议
5	刘志萍	关于取消平桥直街、乌鹊桥路路面停车，恢复部分时段双向通车的建议
6	朱　杰	关于观前商圈提档升级方面的建议
7	张红兰	关于进一步提高社区工作人员待遇的建议
8	张　夏	关于增加姑苏区早餐点的建议
9	徐　敏	关于提倡绿色交通出行，优化居民小区公共自行车站点布局的建议
10	封卫娟	关于统筹优化教育资源、促进义务教育均衡发展的建议
11	郑大甫	关于古城更新中留住街巷记忆、提升街巷“颜值”的建议
12	朱　珣	关于老百姓买药难的一些建议
13	郭军波	关于加强我区小学校医队伍建设的建议
14	陆　伟	关于加强姑苏区地名文化遗产挖掘保护的建议
15	徐燕英	关于开展城市弱电架空线整治的建议
16	郭军波	关于进一步促进生活厨余垃圾减量化，助力美丽姑苏建设的建议
17	孙燕燕　李　军　姚　兰	关于将姑苏区建设成为文化数字创意总部的提案
18	谈　顺	关于在姑苏区部分老旧小区集中建设充电桩的建议
19	谈　顺	关于切实解决环卫机械化作业车辆安全停放问题的建议
20	封卫娟	关于加强姑苏区老年患者护理服务的建议
21	计学明	关于打造姑苏区宜居环境　做精苏式名城的建议

续表

提案号	提案人	案由
22	王梦丹	关于丰富数字IP文化内涵、实现姑苏文创品牌引领的建议
23	王廷廷　田洪涛　曹光明	关于推动老字号企业高质量发展的建议
24	倪文赟	关于发挥商会和企业家作用，加大招商引资力度的建议
25	王廷廷	关于强化老字号企业知识产权合规管理的建议
26	田晓飞	关于传递精神关怀创建“苏式老龄幸福人生”典范的建议
27	吴　晨	关于加强姑苏区社区卫生服务机构人员队伍建设的建议
28	吴　俊	关于姑苏区科学推进绿化和景观提升工作方面的建议
29	陈学筠	关于建立城市智慧停车平台（便民停车导航App）的建议
30	丁　毅	关于对姑苏区物流企业加强金融扶持的几点建议
31	王永法	关于加强人民路古城段建筑利用、激活名城苏州城市中轴线发展活力的建议
32	王永法	关于提升苏州火车站地区公交功能、打造名城会客厅的建议
33	王永法	关于将桃花坞片区打造为全国“江南文化”新高地的建议
34	汪　淳	关于推进历史文化名城保护更新方面的建议
35	致公党姑苏区基层委员会	关于“鼓励姑苏区店招，广告牌在古城特色下个性化设计，打造古城特色商业氛围”的一些建议
36	致公党姑苏区基层委员会	关于打造更多非遗文化展陈空间的建议
37	王晓骅	关于加快南石皮弄城中村的整治与改造，打造古城东南片靓丽形象的建议
38	丁　健	关于提升观前商圈古城文化氛围，重拾商业核心的建议
39	致公党姑苏区基层委员会	关于后疫情时代适当发展地摊经济的建议
40	九三学社姑苏区基层委员会	关于数字产业发展中打造姑苏方案的几点建议
41	马国胜	关于多措并举加快提振姑苏古城文商旅中心地位的建议
42	周立人	关于加快建设老小区“15分钟养老服务圈”的建议
43	夏　红　潘　烨	关于消除新康花园小区南门口道路交通安全隐患的建议
44	田洪涛　田晓飞	关于建立专门机构打造运营姑苏城市专属IP　助力我区高质量发展的建议
45	王小楠	关于后疫情时期开展“卫生习惯改良”的建议
46	政协虎丘街道工委	关于发挥会馆商会“会客厅”作用，进一步推动山塘经济繁荣的建议
47	农工民主党姑苏区基层委员会	关于坚持安全属性和传统风貌的有机统一　提升古建老宅活化利用水平的建议
48	农工民主党姑苏区基层委员会	关于推进老年认知障碍友好社区建设的建议
49	严　荔	关于创新探索古建老宅活化利用方面的建议
50	胡幼纲	关于着力打造最佳人居环境、围绕做精“苏式生活典范”宜居名城建设方面的建议
51	善择（黄飞）	关于增设永津桥至福德桥间沿河北岸小游园公共厕所（配套设施）的建议
52	徐永利	关于“片区规划师”制度向历史建筑保护领域倾斜延伸的建议
53	郑嵩怡	关于加快推动我区建设区域消费中心城市的建议
54	王友俊	关于做强姑苏区检验检测产业的建议
55	王洪静	关于进一步匹配好姑苏区产业园智能安防的建议
56	王洪静	关于进一步稳定社区工作人员队伍的建议

续表

提案号	提案人	案由
57	生　辉　张腊娥　陈春娥　郁悦波	关于做好“江南山塘船宴制作技艺”申遗，打响江南文化品牌的建议
58	陈春娥	关于恢复山塘特产蓑衣饼弘扬姑苏美食的建议
59	杜祯彬	关于对隐没百年的新闾门保护建议
60	姚春雷	关于创新推广姑苏文化品牌方面的提案
61	惠　兰	关于解决正在筹建的金星小学(暂命名)附近道路拥堵等问题的建议
62	朱　芳	关于持续推进32号街坊改造提升方面的建议
63	朱　芳	关于打造“五卅路子城片区”特色历史文化资源，推动文旅文创产业高质量发展的建议
64	朱　芳	关于加强街巷基础设施更新、街景小品改造方面的建议
65	朱　芳	关于着力打造最佳人居环境、围绕做精“苏式生活典范”宜居名城建设的建议
66	马国胜　韩惊雷	关于进一步加强我区背街小巷环境卫生长效管理的建议
67	马国胜	关于改进我区老旧小区绿化管理的建议
68	马国胜	关于进一步加强我区老新村科技安防管理的建议
69	马国胜	关于将络香路片区纳入老旧小区改造的建议
70	马国胜	关于优化古城区部分道路交通标志的建议
71	黄　斌	关于推进我区停车管理方面的建议
72	民建姑苏区工作委员会	关于姑苏区城市更新中如何加强历史文化名城保护的提案
73	王　昕	关于完善西塘河路沿线生态绿廊的建议
74	民建沧浪总支	关于引入社会餐饮力量，打造苏州特色的社区养老助餐服务的建议
75	裘霄峰	关于南门商圈承待提档升级的建议
76	朱歆文　周　萍	关于在我市中小学开展皮划艇运动兴趣训练的建议
77	范友根	关于后疫情时代核酸采样亭利用的建议
78	民革姑苏区基层委员会	关于居家养老的困局与破局方面的建议——居家养老需求供给角度探讨
79	马超武	关于合理设置马路边停车位，使交通道路更畅通的建议
80	王友俊	关于修复南浩街小日晖桥段到景德桥段破损路面的建议
81	单　巍	关于进一步放大区属国资在“一刻钟便民生活圈”建设进程中引领示范作用的建议
82	民建姑苏区工作委员会	关于探索“社区+物业+养老”模式健全养老服务体系的提案
83	杨顺才	关于加强我区少年儿童心理健康服务的建议
84	郑晓晖	关于学生疫情防控期间网课难点痛点的一些建议
85	杨顺才	关于加快我区儿童友好型城市建设的建议
86	巢为农　韩　雪	关于加强姑苏区交通管理的建议
87	郑　良　熊繁荣	关于古城更新之古建老宅活化利用的建议
88	吴晓梅	关于加强姑苏区高端商业建设和发展的建议
89	范洪喜	关于进一步增强数字赋能保护古城区“城市肌理”的建议
90	范洪喜	关于加强硕房庄北废品收购站整治的建议
91	王苏宁　葛　健　谭少华　孙大权　陈　青	关于积极打造古城区全域数字化“智慧姑苏车管家”的建议

续表

提案号	提案人	案由
92	罗松涛	关于京杭大运河苏州段风貌建设中涉宝带桥情况的建议
93	吴　晨	关于加强姑苏区智慧社区建设的建议
94	无党派知识分子联谊会	关于完善湿地职能、共创国际湿地城市的建议
95	周　亮	关于进一步加强我区停车诱导指示牌长效管理的建议
96	薛春艳	关于后疫情时代小区出入口管理的建议
97	吕　佳	关于活化利用非遗之首昆曲，结合新媒体传播苏州非遗及苏州特色文化的建议
98	叶建新　宋清霞　陈　前 陈光强　周海斌　黄　亮 蒋迎庆	关于优化姑苏区慢性病（高血压和糖尿病）进入社区治疗的提案
99	赵　彬	关于优化苏大附一院平江院区周围交通的建议
100	孟　顺	关于加快提升姑苏区楼宇产业园区发展的建议
101	乔洪海	关于苏州古城墙亟待保护的建议
102	张红莲　罗佳怡	关于姑苏区开展儿童友好城市建设的建议
103	金　卓	关于传统文化行业急需迎合当前形势往直播转型的建议
104	谈　华	关于保护传承大运河文化遗产提升文化和旅游产业发展的建议
105	李　维	关于加强对学校App管理的建议
106	赵　蕾　殷麒麟　黄依群	关于拯救苏州话的建议
107	乔洪海	关于严防古城旅游发生踩踏事故的建议
108	胡　哲	关于加强古城区园林绿化景观的规划设计与建设，减少资源损耗的一些建议
109	王梦丹	关于在姑苏区小街小巷内接入管道燃气的建议
110	谈　华	关于进一步提升市民文明素质、提升文明城市形象的建议
111	谈　华	关于精准帮扶保护小微企业及个体工商户的建议
112	王　维	关于建立姑苏区私房翻建房屋竣工验收备案制度的建议
113	皋荣蓉	关于严格审查实际施工人身份的建议
114	陈勇江	关于发展平江路外摆经济的建议
115	王　芳	关于部分路边停车位存在交通安全隐患的建议
116	王廷廷　田洪涛　曹光明	关于加强非物质文化遗产知识产权保护的建议
117	黄宇滨	关于推进农贸市场管理方面的建议
118	胡晓丽	关于将辅助生殖技术纳入医保的建议
119	成　亮	关于给姑苏区70岁以上老人发放抗疫包的建议
120	赵　彬	关于重振“疫后”姑苏古城商旅经济的建议
121	郭军波	关于多措并举，加快老旧小区电动车充电桩建设的建议
122	徐冬宝	关于开展苏州市城市体检评估研究的建议
123	蔡　徵	关于新冠疫情下医院发热门诊、急诊开辟高龄感染老人快速就医特殊通道的建议
124	潘　斌	关于姑苏古建开元寺无梁殿适时开放活化利用的建议
125	徐　韬	关于开展独具苏州特色的旅游夜市经济常态化的提案
126	封卫娟	关于开展心理体检、建立居民心理健康档案的建议

续表

提案号	提案人	案由
127	杨华生	关于定位“苏州高铁新城”的必要性及媒体传播的建议
128	陈　放	关于“建机制、聚合力、抓落实，深入推进中国南社纪念馆的管理工作”的建议
129	封卫娟	关于将孕妇产前检查费用纳入医保报销范围的建议
130	吴　佶	关于姑苏区积极申报建设市内免税店的建议
131	吴　凡	关于推行中小学生寒暑假托管服务的建议
132	张传胜　郑增飞	关于实现姑苏区中小学生就餐高质量运营体系的建议
133	游宗明	关于加大政策支持、促进民营医疗机构健康发展的建议
134	陆启鑫	关于对老旧小区内各类线路整治的提案
135	周　萍	关于结合姑苏实际，推进一刻钟便民生活服务圈建设方面的建议
136	苏敏东	关于姑苏区海胥澜庭一期小区建造固定垃圾房的建议
137	张兰兰	关于充分发挥融资担保政策职能　扩大扶持区内小微企业的提案
138	王悦来	关于对吴门楚氏伤科进行抢救性记录保护及非物质文化遗产申报的跟踪调查的建议
139	王悦来	关于抢救老城厢居民口述史的建议
140	吴晨伟	关于推进我区停车管理方面的建议
141	殷麒麟	关于仓街部分地面道路的修补建议
142	张　敏	关于在姑苏区全域使用积水深度电子指示牌的建议
143	殷麒麟	关于姑苏区“垃圾分类实施”的现状建议
144	周　俊	关于提高百姓用药常识的两点建议
145	吴明涛	关于优化交通信号灯控制系统、打造智慧交通的提案
146	张　艳　赵　彬　胡幼纲　徐文希	关于推广核酸自助采样模式的建议
147	郁悦波	关于抓住机遇、加速振兴南门商圈的建议
148	谢　芳	关于落实家庭教育社会协同推进的若干建议
149	赵晴怡	关于恢复“三元坊”古牌坊，进一步重塑姑苏学府文化氛围的建议
150	郑增飞	关于复工复产方面的建议
151	楼　颖	关于保护区、姑苏区闲置载体盘活发展方面的建议
152	石彦娥　赵　栋　鲁　云	关于优化营商环境提升姑苏区企业品牌形象的提案
153	夏　红　潘　烨	关于在老旧小区改造中规划快递投放点建设的建议
154	张玉兰	关于推进姑苏区数字化转型战略，培育数字医疗发展的建议
155	郑　良　夏祖晗	关于“五卅路子城片区”古建老宅活化利用，推进历史文化名城保护的建议
156	金　琪	关于加快打造青年发展型县域，践行青年优先发展理念的建议
157	周　亮	关于行道树“树根破路”的治理建议
158	李婧婧	关于在伽蓝寺西侧草坪上恢复关公庙复制品古碑，提炼展示中华文明的精神标识和文化精髓的建议
159	唐元鹏	关于进一步加强企业对于人才吸引方面的建议
160	殷麒麟	关于“白显桥”路面施画交通标记的建议
161	曹智辉	关于忆桥弄南环大街交通整治的建议

续表

提案号	提案人	案由
162	贾倍思	关于干将路形态改造和功能升级的建议
163	张玉兰	关于加快打造姑苏区以电子竞技等数字文娱为主的数字经济建设的意见和建议
164	罗佳怡	关于南门路交通出行设置的建议
165	王梦丹	关于姑苏区村级经济平台引入社会第三方专业服务的建议
166	陈文权	关于建立姑苏区老年人健康档案的建议
167	李婧婧　张志雄	关于姑苏区闲置载体盘活发展方面的建议
168	王　震　李婧婧　杨　冰　张志雄	关于改善西大街105号接官厅广场随意占位停车乱象的建议
169	张力元	关于鼓励社区志愿服务，协助区内各大医院打通新冠救治“最后一百米”的建议
170	黄建敏	关于在姑苏区主要道路边安装座椅等休息设施的建议
171	刘海林	关于老旧小区长效管理提升的相关建议
172	朱毅强	关于整合历史文化旅游资源，助力文旅产业高质量发展方面的建议
173	吴艳明	关于打造财神文化节　提升观前商圈人气　发展我区商业经济的建议
174	陈建花	关于明晰主导产业，加大产业培育力度的建议
175	杜　蔚	关于完善姑苏区支持数字经济产业政策的建议
176	许　凯　汪敏敏　汪耀军　郑　良　徐　丹	关于姑苏区老旧小区改造的几点建议
177	任　洁	关于解决姑苏区养蚕里新村电瓶车充电难的建议
178	王佳芸　汤学秋　许　凯　汪敏敏　郑　良　徐　丹	关于加强对姑苏区空巢老人关爱的建议
179	杨　冰　蒋　琳	关于关注后疫情时代青少年心理健康教育的建议
180	许　凯	关于保护和美化山塘街金家弄古墙的建议
181	李　维	关于推动老年人融入智能数字时代的建议
182	吴艳明	关于科技赋能城市“牛皮癣”治理，扮靓我区市容的建议
183	王沁诚	关于强化社会公众参与古城保护工作力度的建议
184	吴艳明	关于积极发展信用服务业，帮助我区企业提高信用风险管理能力的建议
185	华　静　许　凯　汪敏敏　郑　良　徐　丹	关于加强姑苏区“三无”小区管理工作的建议
186	郑　良	关于建好群众身边公共体育设施的建议
187	吴艳明	关于积极规范车辆乱停现象，促进交通安全文明的建议
188	刘海林	关于加强中医药养生保健知识传播，增强居民日常健康自我管理能力的相关建议
189	刘海林	关于“一刻钟便民生活圈”增强群众生活幸福感的相关建议
190	吴艳明	关于积极应用物业信用点评体系，促进物业提质创优，发展我区良好人居环境的建议
191	吴洪钢	关于促进古城新业态从业者高质量就业的建议
192	曹光明	关于加强在苏务工人员未成年子女教育关怀的建议
193	华　静　许　凯　汪敏敏　郑　良　徐　丹	关于活用山塘街502号郁家祠堂（原郁氏尚德小学）的建议
194	惠　兰	关于逐步优化我区社区工作人员职业环境及保障的建议

续表

提案号	提案人	案由
195	鲁　云	关于加强优化社区管理提升社工待遇的提案
196	赵晴怡	关于推动优秀传统文化振兴与普及对戏曲人才培养的提案
197	夏　冰	关于加强姑苏区小学生餐具安全管理的建议
198	王佳文	关于持续优化姑苏区营商环境，助力企业发展的建议
199	吴雪君　徐　暹	关于在苏大附一院西出口凤凰街东侧北段非机动车道设置出租车临时等候区域的建议
200	徐　暹	关于在青少年中依托新媒体传播古城传统文化的建议
201	张　敏	关于发掘和整合姑苏区街巷网红打卡点“讲好姑苏故事”的建议
202	冯　超	关于做精“苏式生活典范”，加强古城街巷更新，丰富城市店招的建议
203	谢雄飞	关于保护区、姑苏区闲置载体盘活发展方面的建议
204	华　静　许　凯　汪敏敏 郑　良　徐　丹	关于助推“姑苏喵”成为姑苏青少年热门数字IP的建议
205	蒋　琳	关于深入扶持姑苏区高校优秀创新、创业项目开展的建议
206	张　颖	关于立足姑苏文献资源，深化文旅融合的建议
207	王剑秋	关于加强居民区内快递经营点管理的建议
208	戴　亚	关于杜绝在城市道路上售卖花卉等行为的建议
209	薛君吾	关于深度挖掘首店经济商业价值、推动我区国际消费中心城市建设的有关建议
210	俞弘颀	关于亟早落实观景新村老新村改造的建议
211	杨　艺	关于抢抓2023年文旅发展大年，打造姑苏文旅大IP的建议
212	朱　琰　刘海林　夏苏良	关于加强业主委员会建设管理工作的相关建议
213	金震宇	关于推进姑苏区树木安全隐患排查整治工作的建议
214	朱　珣	关于AI赋能垃圾分类督导监管，全面提升城市环境卫生形象的建议
215	陈光强	关于改善三香路体育中心—苏大附二院路段非机动车停放的建议
216	余　嘉	关于编纂《苏式生活白皮书》的建议
217	高　婧	关于把“姑苏古城”打造为“江南文化产业策源地”的建议
218	张瑜莲　陈　磊	关于助力观前街现存“老字号”长远发展的建议
219	张礼东	关于苏州民族乐器制作技艺亟待传承的建议
220	陈　前	关于构建健康社区管理新模式，共建健康社区，推动高质量健康社区的可持续发展体系的建议
221	宋　建	关于优化全生命周期信息平台、帮助企业发展的建议
222	王小楠　周海斌　俞弘颀	关于急救科普进校园的建议
223	顾志清	关于“在古城保护中鼓励原住民回迁”的建议
224	王　敏	织密防护“网”　群众有“医”靠
225	唐震中	关于全面加强网络直播平台监管的建议
226	王　龙	关于“西环—友新快速路需要缓解拥堵，提升快速出行”的建议
227	张希军	关于防范电动自行车火灾的建议
228	马国胜　华　奕　韩惊雷	关于将未纳入征收计划的零星小区纳入老旧小区改造的建议
229	王春龙	关于加强密室剧本杀经营场所管理的建议

续表

提案号	提案人	案由
230	赵　蕾　胡　群　黄依群	关于古城姑苏如何通过打造具有世界影响力的IP活动——江南·中国华服节，来全面复苏姑苏区旅游经济文化的建议
231	赵　彬　徐文希	关于提升姑苏区民营企业科技创新中标准化作用的建议
232	林红梅	提供有温度、值得信赖的专业化标准化养老服务
233	孙玉荣	关于尽快启动缓解金阊外国语学校门口道路拥堵问题的建议
234	沈　健	关于发挥姑苏特色优势，恢复扩大内需市场的建议
235	王剑秋	关于复建都亭桥、部分恢复第二直河旧貌的建议
236	夏敦申	关于进一步推进数字社区消防安全覆盖广度的建议
237	单　达	关于持续推进老城区农贸市场更新建议
238	颜廷忠	关于“出台针对性的政策，打造一批亿元楼宇”的建议
239	颜廷忠	关于“进一步推动姑苏区代理记账行业高质量发展”的建议
240	颜廷忠	关于国资载体继续减免房租，助力中小企业纾困解难的建议
241	张欣鄂	关于打造状元之城品牌　助力古城文化复兴的建议
242	黄煜伦	关于逐步建设无障碍公交的提议
243	吴景贤	关于做好老照片保护、宣传及相关技术的提案
244	顾轶高	关于姑苏区古城保护工作的思考
245	束富强	关于加强区域内青少年心理健康教育的建议
246	李云昌	关于优化小区维修资金申请的建议
247	仲志刚	关于引入第三方“代客泊车”服务改善辖区内医院停车难问题的一点建议
248	蔡荣蓉	关于规范住宅小区物业管理的提案
249	李富春	关于加强疫情常态化药品储备的提案建议
250	张　筱	关于在古城保护的基础上搭建数字化一站式平台的建议
251	李春梅	关于促进后疫情时代姑苏区全域新零售业焕活复苏、发展消费新业态的建议
252	华　静　樊荣荣	关于打造“五卅路子城片区”特色历史文化资源，推动文旅文创产业高质量发展方面的建议
253	宁咏梅	关于过期药品回收的提案
254	吴雪君　徐　贞　徐　暹	关于在姑苏区中小学试点将非遗传统文化课程与劳动课程教育相结合的建议
255	吴小波	关于专业市场内“城市牛皮癣”整治的建议
256	王颖秋	关于加强后疫情时代青少年心理健康教育的建议
257	周扬海	关于拓宽宣传思路、提高姑苏古城“江南文化”核心的建议
258	蔡荣蓉	关于整治行人闯红灯违法行为的提议
259	陈爱萍	关于引入物业城市理念，加快保护区、姑苏区城市更新步伐的建议
260	刘　海	关于在姑苏区设置防疫垃圾分类箱的建议
261	张　杰	关于结合新校建设，打造校园科学家精神教育基地的建议
262	夏苏良	关于沧浪医院北侧地块改造的相关建议
263	王　震　郭　凯　董　程	关于应用新的数字技术提升姑苏区传统文化影响力的建议
264	方　芳　朱明华	关于优化平江新城教育资源配置的建议

续表

提案号	提案人	案由
265	周扬海	关于规范治理非正规代驾行为的建议
266	王佳文	关于推进姑苏区数字化转型及产业发展建议
267	王　龙	关于鼓励本地信息化龙头企业参与混合所有制改革，推动区域智慧城市建设的建议
268	翁澄炜	关于在姑苏区开展现代服务业灵活办公
269	李春梅　郑　炜	关于抓住城市更新历史机遇，培育姑苏创新产业集群的建议
270	金　炜	关于后疫情时期小微企业发展的几点建议
271	王发华	关于推进数字化转型战略，培育数字产业方向的建议
272	王　敏　赵　历	关于打造信创产业高地，助力信创产业高质量发展的建议
273	束富强	关于加快金阊新城文化设施布点建设的建议
274	束富强	关于完善金阊新城民生配套设施的建议
275	刘胜明	关于建设区外姑苏古城展示厅提案
276	祝　小	关于在环古城河健身步道沿途设立古诗词文化鉴赏牌的建议
277	民盟姑苏区基层委员会	关于优化调整姑苏区小学校课后延时服务的建议
278	姚鸣鸣	创新古城保护理念，打造品质一流的姑苏古城数字化城市保护建议
279	姚鸣鸣	关于推进城市保护更新建议
280	孙大权	关于来运社区闻钟苑一期增设“乐龄公园”协商阵地的建议
281	葛永宗	关于苏州古城墙的文旅融合和保护的建议
282	社事委社会二组	因地制宜、科技赋能，将姑苏区打造成智能交通先行示范区
283	万泰喜	关于深入推进“放管服”改革的几点建议

（孙　奕）

苏州国家历史文化名城保护区纪工委、姑苏区纪委、姑苏区监察委员会

综　述

【概况】 2022年，全区各级纪检监察组织以习近平新时代中国特色社会主义思想为指导，以迎接党的二十大、学习宣传贯彻党的二十大精神为主线，深刻领悟“两个确立”的决定性意义，增强“四个意识”、坚定“四个自信”、做到“两个维护”，围绕中心大局，忠诚履职担当，持之以恒推进全面从严治党，坚定不移正风肃纪反腐，加快推进廉洁姑苏建设，为持续擦亮国家历史文化名城保护区金字招牌提供坚强保障。

【中国共产党苏州市姑苏区第三届纪律检查委员会第二次全体会议】 于2022年1月29日召开。大会应到区纪委委员14人，实到13人。全会由区纪律检查委员会常务委员会主持。全会深入学习贯彻习近平新时代中国特色社会主义思想，全面贯彻落实党的十九大、十九届历次全会和中央纪委六次全会、省市纪委二次全会、区委二次全会精神；总结2021年纪检监察工作，部署2022年重点任务；审议通过保护区党工委委员、纪工委书记，区委常委、区纪委书记、区监委主任张玮代表区纪委常委会所

2022年1月29日，中国共产党苏州市姑苏区第三届纪律检查委员会第二次全体会议召开　　　区纪委监委办　供稿

做的《主动担当职责使命　奋勇建设廉洁姑苏　以实际行动迎接党的二十大胜利召开》工作报告。

纪检监察

【概况】 2022年，保护区纪工委、区纪委、区监委在苏州市纪委监委和保护区党工委、区委正确领导下，以习近平新时代中国特色社会主义思想为指导，认真落实中央纪委和省、市纪委全会部署，切实履行全面从严治党协助职责、监督责任，推动全区党风廉政建设和反腐败斗争取得新成效。

【政治建设】 2022年，全区纪检监察组织不断加强政治理论学习，学懂弄通做实习近平新时代中国特色社会主义思想，深刻领悟“两个确立”的决定性意义，增强“四个意识”、坚定“四个自信”、做到“两个维护”。严格落实“第一议题”制度，围绕习近平总书记关于全面从严治党、推进党的自我革命等重要论述开展集体学习22次，贯通学习《习近平谈治国理政》《习近平经济思想学习纲要》，系统把握贯穿其中的马克思主义立场观点方法，不断提高政治判断力、政治领悟力、政治执行力。紧紧围绕“疫情要防住、经济要稳住、发展要安全”重大要求，坚决贯彻落实中央和省委、市委、区委决策部署，制订完善廉洁姑苏建设三年行动计划，在深学细悟中明确方向、笃行实干、奋勇争先。对标“五个牢牢把握”和“三个全面”要求，区纪委常委会第一时间传达学习，多次召开理论中心组专题学习会，领导班子成员带头交流学习体会，深入社区、校园开展宣讲，原原本本、逐字逐句研读，努力做到真信笃行、知行合一。坚持边学习、边调研、边工作、边总结，在全系统开展“奋勇建设廉洁姑苏”读书调研活动，形成调研报告29篇，注重发现问题，创新破解难题，持续提升工作的科学性、精准性、有效性。

【管党治党责任落实】 2022年，保护区纪工委、区纪委、区监委紧盯“关键少数”，加强对“一把手”和领导班子的监督，深化运用履责纪实平台，常态化推进政治生态监测评估与分析预警，不断激活“头雁效应”。以精准规范问责促进担当作为，问责党组织1个、领导干部4人。严把党风廉政意见回复关，回复60批次1530人次，对9人次提出暂缓或否定性意见。聚焦防疫措施落实、党员干部履职情况，督查各类场所12000余个，反馈问题3000余条，推动完善姑苏区承办大型活动分级分类报备审批制度。对48个一年冲刺行动计划开展专项监督，向区委常委会专题汇报4次，制发监督提醒单17个，提出细化意见建议46条，推动重点任务如期完成。开展企业复工复产、助企纾困解难监督检查，妥善办理营商环境监督平台工单70件。认真落实区委主要领导批示精神，对全区招投标采购工作开展专项调研，进一步查找问题、堵塞漏洞、规范管理。开展危险化学品领域专项监督，紧盯既有建筑安全隐患、欠薪讨薪、食品安全、涉众非法金融活动等重点领域强化监督检查，推进中央、省生态环境保护督察反馈问题整改，跟进监督直管公房管理问题整改，严查征收搬迁领域违纪违法问题，着力营造平安和谐稳定的社会环境。

【纪检监察体制改革】 2022年，姑苏区深化“室组”联动监督、“室组地”联合办案制度机制，配合市纪委监委查办粮食购销、科研院所、招投标、工程建设等领域一批重大案件。开展区监委首次向区人大常委会报告专项工作。落实《纪检监察机关派驻机构工作规则》，发挥好“一组一品”创新项目示范引领作用。加强派出监察员办公室的统筹衔接，指导街道办理案件数比上年增长9.62%。协同配合市纪委监委专责监督，推动国有物业管理领域全面完成63个问题整改，立案8件8人，给予党纪政务处分4人，督促有关部门加速破解物业领域系统性、深层次顽症难题。探索纪检监察监督与人大监督新路径，协同开展停车管理领域监督，提出意见建议5条。推进纪检监察和司法机关的配合制约，启动疑难案件专家会商论证机制，开展贿赂犯罪方面的同堂业务培训。对领导干部离任审计中发现、移送的疑似违规在企业兼职信息进行调查核实，党纪政务立案7人，运用第一种形态处理46人。推进智慧纪委监委建设，组建监督审查技术室，建设区级大数据查询研判中心，成为全市首批心理状态和特质测评3家试点单位之一。构建助残补助资金发放、国企经营管理等领域监督模型，2篇信息技术实战应用案例被市纪委录用并在全市推广，1名同志获评第八届中国电子数据取证大赛一等奖。

【作风建设】 2022年，保护区纪工委、区纪委、区监委锲而不舍落实中央八项规定及其实施细则精神，持续开展“清风行动”专项督查，聚焦违规发放津补贴、违规收礼送礼、违规吃喝等问题，共督查各类场所179个，发现问题21个，提出意见建议32条。跟进处置作风建设“曝光台”涉及姑苏区的5期问题，推动职能部门协调解决。查处违反中央八项规定精神问题13起14人，查处群众身边不正之风和腐败问题5起6人，通报曝光典型问题17起18人。督查“社情民意联系日”制度落实情况，对2847条群众诉求办理进行“回头看”，形成情况报告。监督推进特困群体救助帮扶和妇女儿童权益保障问题排查整治、殡葬系统乱象治理，深入整治漠视、侵害群众利益问题；聚焦失地农民补贴和残疾人补贴发放、创业担保贷款等开展专项监督，确保资金真正惠及于民。贯彻落实《反有组织犯罪法》，深挖彻查涉黑涉恶腐败和“保护伞”，为群众安居乐业保驾护航。推广运行小微权力“监督一点通”平台，形成276项小微权力清单，推动解决问题623个。开展“清风邻里”行动，办结信访举报298件。实施容错纠错16起、澄清正名17起、改革创新廉洁风险备案18起，查处诬告陷害1起，旗帜鲜明为担当者担当、为干事者撑腰。

【执纪执法】 2022年，姑苏区运用监督执纪“四种形态”批评教育帮助和处理238人次，其中第一、第二种形态占比63.03%、26.05%；立案138件138人，涉及科级以上干部16人，采取留置措施14人，给予党纪政务处分79人，移送检察机关13人，挽回经济损失1130.16万元。严查行贿行为，立案查处行贿人员13人。深化以案促改、以案促治，严把纪检监察建议质量关和整改关，共制发建议10份。持续运用受处分人员帮教治本“7+1”工作法，实施帮教11人，向组织人事部门出具正常使用意见函3份。用好典型案例“活教材”，常态化开展警示教育，协助区委召开全区领导干部警示教育大会，拍摄并组织观看《疯狂敛财的国企蛀虫》。贯彻落实全市域统筹发展要求，将廉洁共建内容纳入协同发展战略协议，启动2022年度“510尚廉日”党风廉政宣传教育系列活动，推出廉吏张伯行微视频、广播连续剧《双绝合璧清廉流芳》，组织全区党员干部观看廉政锡剧《雪篷送米图》，推动廉洁文化建设走深走实。

【纪检监察队伍建设】 2022年，区纪委常委会带头加强自身建设，深入开展党性教育和理想信念教育，引领带动全体纪检监察干部坚决做“两个确立”忠诚拥护者、“两个维护”示范引领者。打造“监督护航古城保护”党建书记项目，组织纪检监察干部1000余人次参与疫情防控、文明典范城市创建等志愿服务活动，在既“督”又“战”中展现责任与担当。深化全员培训，依托“姑苏廉石”大讲堂，围绕纪检监察工作实务开展专题授课。出台“一专多能”提升审查调查能力三年行动计划，建立“1+3+N”培养机制，在办案一线培养专业人才队伍。组织26名干部参加各类能力培训班，选派12名干部进行“双向挂职”锻炼，形成干部健康成长、工作有力推动的良好局面。开展全区纪检监察内部制度执行力监督检查，用好谈心谈话，针对性落实教育管理监督，及时化解潜在廉政风险点。严格执行留置场所管理、“走读式”谈话安全等制度，强化全流程监督，坚决守住安全文明办案底线。严格执行江苏纪检监察干部“八严禁”，向政协委员、党外人士通报党风廉政建设和反腐败工作，自觉接受各方面监督，坚决防止“灯下黑”。

（张　静　毛姗姗）

巡察工作

【概况】 2022年，姑苏区委巡察工作以习近平新时代中国特色社会主义思想为指导，深入学习贯彻党的二十大精神，认真落实习近平总书记关于巡视巡察工作的重要论述，坚持守正创新、稳中求进，坚定不移深化政治巡察，全面贯彻巡视工作方针、落实政治巡察要求，充分发挥监督保障执行、促进完善发展作用，为持续擦亮国家历史文化名城保护区金字招牌提供坚强政治保障。

【统筹谋划巡察工作】 2022年，区委高度重视巡察工作，区委常委会专题传达学习和研究部署巡察工作8次，出台《三届区委巡察工作规划（试行）》，先后召开书记专题会、领导小组会议4次，研究谋划巡察工作、专题听取巡察工作情况。区委主要领导对巡察工作做出指示批示4次，对被巡察党组织主要负责人进行约谈，强化压力传导。

【巡察全覆盖】 2022年，姑苏区共开展2轮常规巡察，即三届区委第二轮巡察、三届区委第三轮巡察，分别完成对2个部门、2个群团、3个街道党组织及42个社区党组织、8个股份经济合作社党组织开展常规巡察，共发现问题580个，形成专题报告

2022年9月23日，三届区委第三轮巡察工作动员部署会召开　　区委巡察办　供稿

2份，移交问题线索13条，推动立案查处21人。强化巡察工作横向贯通，建立区委巡察工作联席会议制度，不断深化巡察与纪检监察、组织、宣传、政法、审计、财会等监督协作，建立巡纪线索会商机制，推动巡中成案5件。

【巡视巡察上下联动】 2022年，姑苏区强化品牌项目牵引，打造“小巷巡察”特色品牌，研究制定姑苏区巡察监督重点清单，在现场巡察期间举办“社情民意联系日”专场活动7次，开发微信二维码问卷调查功能，不断提升监督质效。组织实施2个全市巡察工作年度重点项目，聚焦“一把手”和领导班子开展“政治画像”，制定“一把手”监督共性和个性清单，探索构建对村（社区）巡察整改质效评估体系。协助做好省委督查组落实巡视整改调研工作，围绕市委巡察三组调研姑苏区巡察工作“一把手”政治画像情况开展座谈交流。根据市委对巡察工作指导督导反馈意见的整改要求，认真落实32条整改举措，推动问题全面整改。

【巡察整改和成果运用】 2022年，姑苏区部署开展中央巡视江苏反馈意见整改落实情况自查自纠，省委巡视反馈意见整改落实情况以及区委巡察整改制度建设和执行情况专项督查。在对村（社区）巡察中建立群众了解、参与、评判巡察整改成效机制，举办现场评估会36场，提升群众对巡察工作的知晓率和参与度。深入开展“未巡先改”，推动各单位围绕三届区委第一轮巡察发现的共性问题清单开展对照整改，放大整改工作成效。针对巡察发现的普遍性、倾向性问题形成专题报告2份，推动开展专项治理1次。

（张　静　毛姗姗）

姑苏区总工会

【概况】 2022年，姑苏区现有机关工会组织14个，涵盖会员9965人；街道工会组织8个，涵盖会员100735人。非公企业单独建会1159个，涵盖会员56216人。联合建会209个，其中社区联合工会169个，覆盖企业3302个，涵盖会员18611人；行业工会9个，覆盖企业151个，涵盖会员15011人；楼宇工会10个，覆盖企业138个，涵盖会员2137人；产业园（科技园、创业园）工会21个，覆盖企业410个，涵盖会员2961人。全区现有工会会员11.07万人。新建工会阵地10个。

【律师行业工联会成立】 2022年7月10日，区律师行业工联会第一届第一次会员代表大会在苏州名仁律师事务所召开。39名姑苏区各律师事务所的律师会员代表参加此次大会，大会选举产生姑苏区律师行业工联会第一届委员会。姑苏区律师行业工联会首批吸收10家律师事务所，职工数共计139人。

【疫情防控】 2022年，区总工会全体工作人员第一时间下沉社区，参与卡口防疫、核酸检测志愿服务等工作；响应上级工作指令及需要，指定人员担任社区党组织书记助理、参与隔离闭环酒店服务、参与封管控区防疫等，开展疫情防控志愿服务共计1000余人次、8000余小时。向隔离（闭环）酒店、封管控区、社区、民卫系统疫情防控工作人员赠送慰问物资价值58.6万元，向街道、社区等捐赠抗疫物资价值约40万元。动员60余名劳模参与志愿服务600余人次、5000余小时。对接沧浪街道新沧社区，实施“党建带工建　同心惠姑苏”项目。号召企业建立14支疫情防控职工志愿者队伍，参与志愿服务1.2万余小时，捐助物资价值180万余元。做好疫情防控期间困难职工生活保障工作，给87人发放一次性特别补贴共计26100元。

2022年7月21日，区总工会慰问抗疫志愿队

区总工会　供稿

【工会组建】 2022年，区总工会新建独立基层工会73家，工会小组136家，覆盖建会107家，新增职工6000余人。新建姑苏区律师行业工联会。“饿了么”外卖联合工会建立。开展百人以上企业建会工作，辖区内已建立党组织的百人以上企业108家，建会105家。为辖区内文化教育、批发零售、企业管理服务、制造、科技推广与应用服务等多个行业11家单位，提供850万余元工会创业贷。

【阵地建设】 2022年，姑苏区新建苏州天创职业培训中心、苏州市姑苏区常青树职业培训学校、苏州市金阊职业培训学校3家“匠人匠星”职工职业技能实训基地。新建王小东劳模创新工作室和杨建英劳模创新工作室。新建苏州市工会“妈妈驿站”示范点——苏州市劳动路实验小学校。新建综合性工会阵地10个，提供经费支持87.2万元，获评市职工疗休养基地1个，建设区职工文体活动基地、户外劳动者驿站、女职工康乃馨服务站等阵地10个。

【安全生产】 2022年，区总工会开展“安康杯”竞赛、安全隐患随手拍等活动，组织百余家企业工会开展安全隐患监督排查工作，引导企业做好安康驿站（点）等基础设施的建设。参与安全生产宣传咨询日活动，组织“百团进百万企业千万员工”安全宣讲活动。

【职工帮扶】 2022年，区总工会以“工会常伴·贴心送暖”为主题开展送温暖活动，走访慰问困难职工81人次、企事业单位38家，发放暖心礼包5300份、帮扶金19.16万元。开展“关爱·圆梦”行动，帮助困难职工子女缓解就学困难。组织20场心理讲座进企事业单位。推进新就业形态劳动者建会、职工服务工作，为26家单位近5000余名一线职工送去清凉慰问品，为快递行业、货车司机等人员共计661人购买团体人身意外伤害保险。组织春节送温暖和夏送清凉活动，共向78家单位赠送慰问礼包8760份。开展金秋助学活动，共帮扶32人，帮扶资金8.52万元。实施“关爱·圆梦”结对助学项目，惠及3个家庭，共发放1.8万元。

【劳模工作】 2022年，获省五一劳动奖章1人、“江苏省文明职工”1人、市五一劳动奖章18人。新建劳模育人实践基地7个、劳模创新工作室2家。召开“劳模之魂·创业之路”暨姑苏区民营经济人士理想信念报告会、“劳模育人　匠心筑梦”劳模工匠进校园报告会活动。开通“劳动与收获”劳模育人实践课线上直播。组织“寻访劳模事迹，弘扬劳模精神”系列活动，带领职工、学生走进劳模课堂3场。开展劳模居家养老服务。区劳模协会获评江苏省联合性社会团体“AAA级社会组织”。

【普惠服务】 2022年，区总工会推出会员普惠活动12场，发放福利171万余元，惠及职工3.5万余人次。举办“喜迎二十大　奋进十周年”“安全生产，守护古城”等主题会员普惠活动。

【培训教育】 2022年，区总工会完善《姑苏区“匠人匠星”职工职业技能实训基地实施办法（试行）》和《姑苏区职工职业技能竞赛活动经费补贴办法（试行）》。与区人才办、区人社局联合举办“百工百艺·匠人匠星”工艺技能大赛12场，3756人获得高级工（三级）证书。

【文体活动】 2022年，区总工会实施“先锋‘工’坚”书记项目，亮化“匠心向党·先锋惠企”党建品牌，联合区文联等部门开展“百诗百巷”原创诗词朗诵大赛，举办直属企业工会羽毛球比赛，组织职工参与篮球、诵读、征文等活动。

【法律工作】 2022年，区总工会组织开展“工会劳动法治宣传服务月”活动、“尊法守法　携手筑梦”农民工公益法律服务行动、“宪法宣传周”等活动；在各街道举办8场“姑苏职工法律课堂”巡回讲座，吸引职工600余人次。

苏州市姑苏区工会系统获全国、省、市表彰奖励主要情况（2022）

全国工人先锋号：

苏州传化公路港物流有限公司

2022年江苏省工人先锋号：

苏州苏大教育服务投资发展（集团）有限公司西交利物浦大学物业分部

苏州工业设备安装集团有限公司朱金华项目管理班组

2022年江苏省五一劳动奖章：

蒋孝忠　苏州函数集团有限责任公司现场管理部负责人

2022年江苏省五一劳动奖状：

苏州理想眼科医院有限公司

第十九届“江苏省文明职工”：

沈鸣飞　苏州元澄科技股份有限公司党支部副书记

2022年江苏省工会“职工书屋示范点”：

苏州市姑苏区党群服务中心“红悦书房”

2022年度全省非公有制企业党建带工建“三创争两提升”活动省级示范单位：

苏州中亿丰科技有限公司

2020—2021年度苏州市“五一巾帼标兵岗”：

苏州市姑苏区白洋湾街道社区卫生服务中心

红蚂蚁装饰股份有限公司财务管理中心

苏州刺绣研究所有限公司刺绣实验工场青年骨干岗

江苏中融外包服务股份有限公司运营服务中心大堂助理岗

苏州沧浪医院办公室

国药驰美口腔医疗器械（江苏）有限公司仓库内勤部

2020—2021年度苏州市“五一巾帼标兵”：

田慧敏　苏州市姑苏区总工会工会干事

程婉菲　苏州人民商场股份有限公司行政总监、工会主席

卢海燕　苏州博瀚创新创业孵化管理有限公司事业部主管

陈军蕾　苏州耀盛集团有限公司副总经理、工会主席

易　青　苏州映宇骏企业服务有限公司保洁员

2022年苏州市五一劳动奖章：

姜寿祥　红蚂蚁装饰股份有限公司（平江街道）

邱士兵　苏州水天堂物业管理有限公司（平江街道）

仇学华　新中森泰（苏州）绿色建筑有限公司（金阊街道）

李春松　苏州美瑞德建筑装饰有限公司（沧浪街道）

张琪峰　悉地（苏州）勘察设计顾问有限公司（沧浪街道）

王莉娜　苏州中亿丰科技有限公司（双塔街道）

仲志刚　苏州金鼎建筑装饰工程有限公司（双塔街道）

周峰　苏汽集团有限公司汽车修理厂（虎丘

街道）

荣　敏　苏州市姑苏区苏锦街道新塘股份经济合作社（苏锦街道）

张家怡　苏州第五建筑集团有限公司（吴门桥街道）

薛遵义　苏州映宇骏企业服务有限公司（白洋湾街道）

唐中华　姑苏区统计局（区机关）

程晓峰　苏州市姑苏区应急管理局（区机关）

张苾菁　苏州市善耕实验小学校（区教体文旅委）

沈晓晨　苏州市姑苏区疾病预防控制中心（区民卫）

史剑桥　苏州市历史文化名城科技小额贷款有限公司（区国资）

李敏春　国家税务总局苏州市姑苏区（苏州国家历史文化名城保护区）税务局（区税务局）

刘超　苏州市姑苏区苏站路消防救援站（区消防救援大队）

2022年苏州市五一劳动奖状：

苏州市姑苏区人民政府金阊街道办事处

苏州规划设计研究院股份有限公司

苏州市姑苏区人民政府虎丘街道办事处

苏州沧浪医院

苏州市姑苏区教师发展中心

苏州市姑苏区人力资源和社会保障局

苏州泰克赛威网络科技有限公司

2022年苏州市工人先锋号：

苏州苏糖名酒销售有限公司专卖店组

苏州刺绣研究所有限公司传承研究室实验工场

苏州光大装饰设计图文制作有限公司策划设计部

苏州第一建筑集团有限公司苏州轨道交通6号线VI-TS-11标项目部

苏州山塘旅游发展有限公司游船组

苏州天鸿宝地物业管理经营有限公司燃气大厦项目部

苏州三六六教育投资有限公司综合行政部

苏州夕阳红护理院医务部

苏州市姑苏区人民法院民事审判第一庭

苏州市姑苏区人民检察院第七检察部

苏州市姑苏区城市管理委员会苏州火车站地区城市管理行政执法大队

苏州市市政设施管理处市政管理科

姑苏区市场监督管理局食品安全监管处

苏州三新供电服务有限公司木渎业务所

苏州市首届工会劳动领域社会组织创新服务大赛优秀奖：

姑苏区总工会和苏州市姑苏区悦心家庭成长服务社合作项目：企业职工情绪疏导

第二批苏州市职工疗休养基地名单：

苏州吴宫泛太平洋酒店

女职工“双争”活动中成绩突出的个人：

石静　苏州第五建筑集团有限公司工会主席、人事部经理

2021年度苏州市工会集体协商优秀指导员：

顾雷　苏州市南门市场管理发展有限公司工会副主席

李同进　苏州市水城市政园林工程有限公司工会副主席

2020—2021年度苏州市“安康杯”竞赛先进集体：

苏州人民商场股份有限公司

苏州市石路国际商城有限责任公司

苏州建设监理有限公司
苏州元澄科技股份有限公司
牙博士医疗控股集团股份有限公司
苏州市水城市政园林工程有限公司
苏州映宇骏企业服务有限公司
苏州天地设计研究院有限公司

2020—2021年度苏州市“安康杯”竞赛组织工作优秀单位名单：

苏州市姑苏区教育体育和文化旅游委员会

2020—2021年度苏州市“安康杯”竞赛组织工作优秀个人：

王劲松　苏州市姑苏区应急管理局

2021年度苏州市集体协商示范企业（行业）名单：

苏州市水城市政园林工程有限公司

2021年苏州市集体协商三星企业（行业）名单：

红蚂蚁装饰股份有限公司
苏州人民商场股份有限公司
苏州工业设备安装集团有限公司
苏州市石路国际商城有限责任公司
苏州大通工程建设有限公司
苏州规划设计研究院股份有限公司
苏州金鼎建筑装饰工程有限公司
苏州市汽车出租有限公司
苏州第五建筑集团有限公司
苏州沧浪医院有限公司
苏州市钱万里桥小商品市场有限公司
苏州泰克赛威网络科技有限公司

非公有制企业党建带工建“三创争两提升”活动苏州市级示范单位：

苏州传化公路港物流有限公司
苏州泰华商城有限公司
苏州市石路国际商城有限责任公司
苏州函数集团有限责任公司
苏州市政园林工程集团有限公司
牙博士医疗控股集团股份有限公司
苏州第五建筑集团有限公司
苏州元澄科技股份有限公司
江苏天创科技有限公司
苏州中亿丰科技有限公司

市、区总工会2021年度经审工作考核一等奖：

姑苏区总工会

“品味江南书香”职工读后感和名人名篇诵读视频组织奖：

姑苏区总工会

2022年全市工会集体协商技能竞赛团体赛优秀组织奖：

姑苏区总工会

第二批苏州市职工心理服务示范单位：

姑苏区三香社区卫生服务中心心理咨询室
姑苏区西北街社区卫生服务中心心理咨询室
苏州市平江实验学校工会心语室
苏州市姑苏区教师发展中心工会心灵之家

2022年度全市工会“三化”建设成效显著的职工法律援助（站）名单：

姑苏区沧浪街道职工法律援助站

2022年苏州市劳模创新工作室：

王小东劳模创新工作室
杨建英劳模创新工作室

2022年度全市“最美工会户外劳动者服务站”：
苏州市南新园工会户外劳动者服务站
苏州市清塘环卫工会户外劳动者服务站
苏州市三香弄环卫工会户外劳动者服务站
苏州市小王家巷环卫工会户外劳动者服务站

第十三批苏州市职工书屋示范点：
中街路社区党群服务中心职工书屋

2022年度苏州市模范职工之家：
苏州理想眼科医院有限公司工会委员会
苏州中亿丰科技有限公司工会委员会
江苏中融外包股份有限公司工会委员会
苏州市第五建筑集团有限公司工会委员会
苏州营财保安股份有限公司工会委员会

2022年度苏州市模范职工小家：
江苏一方保安服务有限公司人事财务部工会小组
苏州三新供电服务有限公司东渚业务所分工会
牙博士医疗控股集团股份有限公司人力行政工会小组
苏州映宇俊企业服务有限公司城区河道保洁第一标段项目工会小组

2022年度苏州市优秀工会工作者：
李同进　苏州市水城市政园林工程有限公司工会副主席
卞玮华　苏州市姑苏区教育体育和文化旅游委员会工联会副主席
王　丹　江苏国泰南苑宾馆有限公司工会主席

2022年度苏州市女职工康乃馨服务站：
苏州市劳动路实验小学校
苏州理想眼科医院有限公司

2022年度苏州市工会“妈妈驿站”示范点：
苏州市劳动路实验小学校

（施　婷）

共青团姑苏区委员会

【概况】 2022年底，共青团姑苏区委员会（简称“姑苏团区委”）下辖1769个团组织，其中基层团委21个、团工委12个、团总支56个、团支部1680个，社会领域团组织1732个，动态管理共青团员（14—28周岁）14044人。全年获评国家级荣誉1项、省级荣誉13项、市级荣誉28项。

【党的二十大精神学习贯彻】 2022年，姑苏团区委召开姑苏区学习贯彻习近平总书记在庆祝中国共产主义青年团成立100周年大会上的重要讲话精神座谈会，市委常委、保护区党工委书记、姑苏区委书记方文浜与青商会青年企业家代表、各领域优秀青年代表座谈交流。制作《致青年》五四主题视频，反映姑苏青年“不忘初心”奋斗历程，发挥青年创意、锚定青年需求，开展线上线下活动350余场，覆盖青年63000余人次。开展“学习二十大、永远跟党走、奋进新征程”主题教育实践活动，各级团组织专题学习整体活跃度达到100%。区委宣讲团成员、保护区党工委副书记、保护区管委会主任、姑苏区委副书记、代区长陈羔开展党的二十大精神宣讲报告会青年代表专场，与团干部、青年代表、新兴青年交流学习心得。召开姑苏共青团党的二十大精神专题学习会，组建“理悦姑苏”青年讲师团，联合区委宣传部开展“青春礼赞新时代、青年追梦复兴路”示范性宣讲。推出团史实物征集等系列活动，“革命文物青年说”

2022年5月20日，姑苏区学习贯彻习近平总书记在庆祝中国共产主义青年团成立100周年大会上的重要讲话精神座谈会召开　　区融媒体中心　供稿

入选机关党工委优秀主题党课。与苏州科技大学建筑与城市规划学院团委共建，升级“红色摇篮·初心之旅”省级青年学习社线路2.0版，纳入新开馆的中共苏州独立支部旧址，接待党团员、少先队员、青年团队40余批次。打造“七里红棠·青心守护”等新线路、新阵地，探索服务快递员、外卖员等新业态青年群体。

【共青团基层组织改革】 2022年，姑苏团区委探索高校学生政务锻炼机制，全年共选拔42名“双一流”高校“准毕业生”参与短期挂职，并与华东师范大学、苏州大学建立常态化合作。健全组织体系，丰富拓展组织形态，截至2022年底，姑苏团区委下辖1769个团组织，建成21个青年之家实体阵地，全年开展活动578次，参与人数达13171人次，转发量9019次。加强网上青年社群建设，设置社群36个，覆盖青年8205人。全年与近10家专业社会组织合作，通过政府购买服务，开展“青少年暑托班”“青春社区行动”“立体关护”等青少年事务。“团建助企”“青年人才街区建设”等青年发展事项得到专项扶持。完善党的领导机制，印发《姑苏区共青团基层组织改革实施方案》，成立区委主要领导担任组长，区委副书记担任常务副组长，区委组织部、宣传部部长担任副组长的改革领导小组，26个部门街道作为成员单位认领改革任务。

【青年发展型城市（县域）建设省级试点】 2022年9月，姑苏区入选青年发展型城市（县域）建设省级试点。姑苏区提出“青年与古城双向奔赴”，实施“活力人群导入”，打造让青年“居者自豪、来者依恋、闻者向往”的“人间新天堂”。12月23日，召开姑苏区青年工作联席会议第四次全体会议暨青年发展型县域建设试点工作部署动员会，研究部署姑苏区青年发展型城市建设省级试点工作，审议《苏州市姑苏区青年发展型县域建设省级试点工作实施方案》。经保护区党工委2022年第71次会议、姑苏区委三届第94次常委会会议、2022年第68次区党政联席会议审议通过，以保护区党工委、区委名义正式印发《实施方案》。

【青年思想引领】 2022年，姑苏团区委开展2022年度“姑苏好青年”寻访，确定10个类别、100名“姑苏好青年”，6人获评“苏州好青年”。打造青年宣传矩阵，讲好新时代的保护区青年故事，市级以上新闻媒体报道266篇，“青春姑苏”粉丝达12余万个，篇均阅读量1800人次。9月，共青团姑苏区互联网行业工作委员会在姑苏区2022年网络安全宣传周开幕式上成立，由姑苏团区委和行业主管部门进行双重管理。推出《别young古城》青年发展专题片，得到《人民日报》、央视频等关注转发。运用姑苏优质文化资源，发挥青年创意，开展线上线下活动350余场，覆盖青年63000余人次。结合古城保护、产业创新集群建设持续做实“姑苏青年说”，培育姑苏区青年讲师42名，搭建平台引导省、市、区住建系统团委联学共建。

【青年权益保护】 2022年，姑苏团区委将“青年群众没有不满意”作为工作目标，先后组织开展“暖冬行动”、“青享‘家’节，快乐留苏”团团陪你过大年系列活动。推进“梦想改造+”关爱计划，完成15户“梦想小屋”改造，落实房屋改造、水电煤费用减免、免费体检、学业辅导、微心愿等常态化关心关爱举措。联动连云港挂职干部，援建当地2户梦想小屋。暑假期间，举办106个青少年暑托班，其中，集中式课程化暑托班4个，共招收学生65名，开展20个工作日暑托服务；分布式活动类暑托班87个，开展暑托班活动650场次，服务青少年突破13000人次；行业嵌入式暑托班15个，覆盖14个机关、企事业单位及行业领域。白洋湾和美社区办班点专门招收货车司机子女，服务新业态新就业群体。摸排姑苏区困境青少年底数并建立数据库，与区民卫、区公安、区法检、区妇联、属地街道协同配合，及时更新重点人员名单，确保重点青少年不脱管、不失管，立项4个青少年“立体关护”项目。开展外来务工人员子女“蒲公英”计划，发放“爱立方”助学金36000元，受益36人。

【青年社会联络】 2022年，姑苏团区委招募社会各界青年志愿者1000余名，补充区域核酸检测、火车站、高速出口的志愿服务力量，培养志愿服务“小能手”80余名。组建“曹操专车防疫青年突击队”，接送火车站志愿者通勤51车次158人次，保障高速公路新区出口志愿者通勤25车次46人次。发动姑苏区青年商会与全区169个社区实现结对走访全覆盖，捐赠各类医用及后勤保障物资近600箱，累计金额超过40万元。深化火车站志愿服务项目，与苏州市电子信息技师学院开展共建，常态化开展引导服务、应急帮护、文明宣传等活动。围绕古城保护、传承传统文化、创新社会治理等主题，广泛开展“七彩志愿社区行”活动，指尖秀非遗文化园、蝴蝶妈妈社工服务社等社会组织入驻社区，输送专业服务。对接苏州大学物理学院及其他院校学生青年开展大学生社区实践活动，结合“满天星”爱心公益团和“科学商店”科普服务团等学院团队专业特长开展“社区青春行动”“爱心暑托班”“二十四节气彩绘”等活动，招募志愿者助力文明城市创建、疫情防控、社区卫生服务、大运河巡河护河等。沧浪街道道前社区入选首批“社区青春行动”试点，社区将曹沧洲祠等一批古宅更新样本打造成面向青少年的文化宣教阵地。与苏州工艺美术职业技术学院合作，拓宽青年参与古城保护的途径，形成古城青年IP，聚焦数字古城，探索苏式文脉传承和现代都市生活融合碰撞的创新路径。

【青年发展工作】 2022年，姑苏团区委助力“才聚姑苏更舒心”服务品牌，持续推广“姑苏青年人才驿站”，上线3个点位，储备1000余张床位，全年服务到苏求职青年人才186人，提供免费住宿1405天，经回访，超过60%的入住青年最终在姑苏区实现就业。在“智汇姑苏”创新创业大赛中特设姑苏青年创新创业奖，评选出5个“青年创新创业奖”给予专项扶持，3个项目已完成全部注册落地手续，进入孵化培育阶段。开展“校园苏州日”活动，对接东南大学、山东大学，举办“云推介”“云面试”活动，线上观看、投递简历、面试人数超过30万人。创新活动形式，邀请毕业校友话姑苏、在校学生游姑苏，以姑苏独特吸引力精准引才。联合区退役军人事务局举办专场招聘会，姑苏区青年商会企业提供专属

2022年11月16日，“七里红棠·青心守护”青年学习社线路上新　　姑苏团区委　供稿

就业岗位100余个。联合区人社局开展就创业技能培训，将网络主播等新业态纳入培训范围，关注老字号品牌“二次创业”，老字号传承人姚文擎获评年度“创业之星”。参与高品质人才社区建设，创新打造青年“创艺家”驻留空间，与平江路历史文化街区相呼应，投放创意墙绘、文旅体验项目。结合“55购物节”“双12苏州购物节”，一月一站开展“团建助企·姑苏有料”青春探店行动，先后在十全街、吴门桥产业园、青匠BOX体验店开展探店促消费活动，累计发放消费券6000张，引流青年客群5万余人次。联合区教体文旅委举办第二届“繁华姑苏杯”文创精英挑战赛，持续推动老字号焕新，更新“老字号·青春姑苏”联名产品。

【少先队工作】 2022年，姑苏团区委健全少先队工作机制，落实少工委“双主任”运行机制，由姑苏团区委主要负责人担任少工委主任。充实校内外工作力量，校内、校外每个大队、中队以及校外活动场所均聘任校外辅导员。建立校外少先队组织、社区少工委，覆盖8个街道。加强校外少先队实践基地建设，12个场馆基地被省、市命名为“100个红领巾校外实践基地”。

姑苏区共青团系统获全国、省、市表彰奖励主要情况（2022）

全国优秀共青团干部：
王　君　姑苏公安分局

全省青年安全创意微视频和融媒体作品征集大赛融媒体作品一等奖：
姑苏消防杂记

2021年江苏省优秀少先队员：
徐孝贤　平江实验小学
杨邵涵　新康实验小学

2021年江苏省优秀少先队辅导员：
顾　婷　虎丘实验小学

2021年江苏省优秀少先队集体：
苏州市沧浪实验小学校少先队大队
苏州市学士中心小学校四（1）班倪淑英中队

江苏省五四红旗团委：
苏州市公安局姑苏分局团委

江苏省优秀共青团员：
张丽雯　虎丘街道
许　宸　区人力资源和社会保障局

江苏省优秀共青团干部：
刘　瓅　苏州联实资产管理发展有限公司

江苏省优秀共青团干部——团支部书记专项：
邹李晔　白洋湾街道和美社区

第17届江苏青年五四奖章：
纪文翰　苏州翰云科灵网络信息服务有限公司

第一批江苏省五星级县域团属青年社会组织：
姑苏区青年商会

2021年度全省共青团工作“10100”创新创优工程三等奖：
“红色摇篮初心之旅”青年学习社线路打造项目

江苏省省级“青年学习社”线路：
苏州市姑苏区“红色摇篮初心之旅”青年学习社线路

2021年全市“无诈机关”创建优胜单位：

姑苏团区委

2021年度苏州市市级“青年学习社”：

江南书房青年学习社

姑苏区党群服务中心青年学习社

2021年度苏州市共青团系统理论学习型团组织：

苏州市姑苏区住房和建设委员会团委

苏州市“立体关护·成长护航”工程示范项目三等奖：

“藏蓝先锋　成长守护”石路派出所青少年司法社工社区支援行动

2021年度苏州市精神文明建设“十佳新人”暨苏州市道德模范：

纪文翰　苏州翰云科灵网络信息服务有限公司

2021年度苏州共青团工作先进单位标兵

姑苏团区委

2021年度苏州共青团工作先进个人：

金　琪　姑苏团区委

2021年度“青力聚核”苏州共青团创新创优项目：

团建助企“青增能·活力园”十项行动

2021年度苏州市五四红旗团委：

姑苏区双塔街道团工委

2021年度苏州市五四红旗团支部（总支）：

苏州历史文化名城保护集团团总支

姑苏区平江街道观前社区团支部

2021年度苏州市优秀共青团员：

方鸿宇　东吴服务产业集团（江苏）有限公司

2021年度苏州市优秀共青团干部：

龚霄鹏　姑苏团区委

陆静超　苏州南环实验小学校

2021年度苏州市优秀团支部书记：

王小泽　蓝·芳华文化创意产业园

第27届苏州市青年文明号：

苏州桃花坞发展建设有限公司

苏州市姑苏区高层次人才一站式服务中心

中设（苏州）机械设备工程有限公司

苏州市市政设施管理处市政管理科

虎丘街道吴侬软语青年志愿服务队

2021年苏州市青年岗位能手：

郑　达　姑苏公安分局

李　平　苏州市市政设施管理处

高敏杰　中国建材检验认证集团苏州有限公司

吴嘉立　苏州姑苏古建保护发展有限公司

王佳文　苏州盛德隆智能科技有限公司

爱心捐赠优秀组织奖：

姑苏区青年商会

2021年度苏州市青年安全生产示范岗：

苏州明新汇智物业管理有限公司古8标段机械班应急小组

苏州交投规划设计建设管理有限公司工程管理部第二项目办

苏州映宇骏企业服务有限公司运输服务部

全市青年安全创意微视频和融媒体作品征集大赛一等奖：

《姑苏消防杂技·消防知识图解》

全市第二届青年安全创意微视频和融媒体作品征集大赛一等奖：

《木兰兵法·一懂三会》

全市第二届青年安全创意微视频和融媒体作品征集大赛三等奖：

《坚守》

苏州市少先队辅导员少先队活动辅导技能展示活动综合团体一等奖：

姑苏区代表队

苏州市少先队辅导员少先队活动辅导技能展示活动少先队活动案例交流（小学组）一等奖：

朱丽华　崇道小学校

苏州市少先队辅导员少先队活动辅导技能展示活动少先队活动案例交流（中学组）特等奖：

孙斯宇　善耕实验小学校

苏州市少先队辅导员少先队活动辅导技能展示活动少先队微队课展示一等奖：

倪　瑾　杨枝小学校

苏州市少先队辅导员少先队活动辅导技能展示活动“红领巾巡讲团”主题宣讲（小学组）特等奖：

沈立能　沧浪新城第一实验小学校

苏州市少先队辅导员少先队活动辅导技能展示活动“红领巾巡讲团”主题宣讲（中学组）一等奖”

王　艳　大儒实验小学校

苏州市少先队辅导员少先队活动辅导技能展示活动红领巾校外研学活动展示特等奖：

金学成　虎丘实验小学校

李逸桦　姑苏区少年宫

第七届苏州市中小学生自我保护情景剧一等奖：

《Yes or No》

2022年度苏州市“优秀青年志愿者”：

周紫含　姑苏区发改局

（姚寓恬）

姑苏区妇女联合会

【概况】 2022年，姑苏区妇女联合会（简称“区妇联”）坚持以习近平新时代中国特色社会主义思想为指引，围绕区委、区政府中心工作和省、市妇联的工作部署，助力高效统筹疫情防控和经济社会发展，扎实做好引领服务联系妇女的各项工作。全年全区妇联系统共获得全国荣誉1个、省级荣誉7个、市级荣誉53个。

【妇女思想政治引领】 2022年，区妇联把思想政治引领贯穿妇联工作各领域、全过程。开展“巾帼心向党”群众性主题宣教。以“微内容、微形式、微传播”为特色，动员各级妇联组织联动开展“巾帼大学习·今天我来读”云接力活动，把巾帼大宣讲延伸到第一线。组织各界妇女热议党的二十大报告，让巾帼好声音直达基层一线。全年线上线下巾帼大宣讲约400场次，辐射人数50000余人。实施“姑苏十年　有我巾帼”女性助力古城复兴系列行动。开展“WOMEN眼中的姑苏十年”家庭绘画大赛，共收到682组家庭投稿，网页访问量突破11万人次，作品累计网络投票超10万人次。做好诗歌“她品”获奖作品赏析，激发广大女性对古城的敬畏和热爱之心。同时通过组织巾帼红色文化学习体验活动、广泛开展主题党日、入党宣誓、升国旗、缅怀祭扫先烈等仪式活动，把红色文化和爱国主义教育送到妇女群众身边。

【女性区域发展建设】 2022年，区妇联开展党建引领商圈“她”力量聚力赋能行动，聚焦商圈内女性个体商户、女企业家、商场女服务员、楼宇企业女性工作人员等群体，调研建档商户244家，成立姑苏区百货行业商会妇联、白洋湾货车司机妇联、虎丘街道直播行业妇联等4家新兴领域妇联；组建活力商圈专家顾问团，累计开展思想引领、技能提升、家庭关爱等特色服务50余场次；开展石路夏夜“文化+”创意市集、人民商场女职工礼赞二十大等活动20余场。成立姑苏区女性“文化+”创新创业联盟，重点招募文化创意传播者、新兴媒体服务者、产业发展引领者等3类近50名成员。参与举办“智汇姑苏 · 创赢未来”2022年姑苏创新创业大赛，设立巾帼创新创业奖。推荐姑苏优秀女性参加“新征程 她力量”第七届苏州市女性创业创新大赛，获二等奖、三等奖和优秀奖各1个。积极做好“木兰启航成就梦想”女大学生创业就业实践行动，提供暑期实习岗位近50个。全年全区共获评省级巾帼建功集体1家，市级巾帼文明岗5家、标兵1家，区级巾帼文明岗、标兵各20家。

2022年7月，姑苏女性助力高效统筹疫情防控和经济社会发展推进会暨“大城小爱live for women”市集开市活动举办　　区妇联　供稿

【家庭教育】 2022年，区妇联做好“家”的文章，加强教育引导，提升家庭长期发展能力，强化家庭自治能力。牵头制定《姑苏区关于加强家庭教育指导工作的实施意见》和《姑苏区家庭教育指导工作三年行动计划》，明确区妇儿工委牵头，联动区法院、区检察院、区教体文旅委、区民卫局等24家部门单位，建立科学规范的家庭监护干预流程和模式。全力打造“生活融入式”家庭教育环境，开展“寻根江南文化 传承姑苏家风”家庭文明项目，推出首届“江南文化 育姑苏家风”姑苏区家庭教育宣传服务月圆桌论坛，16.5万人观看。全年新增全国最美家庭1户，省“五好家庭”、绿色家庭、书香家庭、最美家庭共4户，市最美家庭、健康家庭共27户，区最美家庭100户。推出“用爱守护，共筑幸福家——姑苏区‘以爱之名’联动提升家庭教育能力行动计划”。创新启动首个“姑苏家庭教育宣传服务月”。开展“一场家庭心行动”“一套家庭教育指导课程”“一个幸福瞬间”等“七个一”系列活动，推动姑苏家庭家教家风建设。

【妇女儿童权益关爱】 2022年，区妇联立足实际需求做好“我为群众办实事”，切实当起妇女群众的娘家人，在打通服务妇女儿童“最后一公里”上守牢最安心的妇儿合法权益屏障。联合区委政法委发布《姑苏区关于联动预防化解婚姻家庭纠纷工作的实施意见》，与区司法局联合成立姑苏区婚姻家庭纠纷人民调解委员会，建立健全婚姻家庭纠纷多元化解协作联动工作机制。拟定《关于做好侵害妇女儿童权益问题专项排查整治及疫情防控期间妇女儿童权益兜底保障工作的通知》，赴街道、社区进行两轮专项排查督导，摸排走访全区约800户重点家庭，督促专项工作落细落实。结合文明城市创建，指导促进公共场所母乳哺育室建设，为母婴出行提供优质的公共服务。充分整合基层妇女儿童之家、妇女微家、姑苏@她婚姻家庭维权工作站等线下阵地和微信公众号、抖音等线上阵地，提供权益维护、婚姻家庭指导、情感纠纷矛盾化解等云课堂及各类讲座课程，线上获得10万余次点击与关注，线下累计接待98人次，个案辅导服务70次，提前化解家庭矛盾26起。疫情防控期间开展“隔离不隔爱　孕妇儿童关爱行动”、“您的药　我来送”公益行动、“关爱母婴　为爱护航”、“娘家有爱　致敬巾帼”等活动，覆盖人群近万人次。精准“一对一”助学，为全区373名困境儿童发放助学金共计19.945万元。实施“幸福港湾”儿童公益项目，利用腾讯99公益平台社会化募集30万元资金，专项用于困境儿童帮困救助。开展儿童友好社区建设工作，开展“一米阳光”困境儿童关爱服务项目，着力构建起社区儿童服务“集成阵地”。

姑苏区妇联系统获全国、省、市表彰奖励主要情况（2022）

第十三届全国五好家庭：
叶美琴家庭

2021年度江苏省绿色家庭：
徐剑华家庭

江苏省第五届书香家庭：
范嵘家庭

2021年度江苏省最美家庭：
刘正玉家庭

江苏省“五好家庭”：
周慧婷家庭

2022年度江苏省巾帼文明岗：
苏州市姑苏区卫生监督所办公室

2022年度江苏省巾帼建功先进集体：
苏州市姑苏区双塔街道办事处

苏州市妇女儿童工作先进集体：
姑苏区、苏州国家历史文化名城保护区教育体育和文化旅游委员会
姑苏区金阊街道

苏州市妇女儿童工作先进个人：
虞　帆　陈　瑾

第七届苏州市最美家庭：
沈鸿家庭　范嵘家庭　朱丽萍家庭
周慧婷家庭　徐世俊家庭　刘正玉家庭
解琪家庭

第二批“苏州市新时代家教家风实践基地”：
贝氏纪念馆　清塘新村金婚博物馆

妇女儿童慈善工作先进集体：
苏州市姑苏区妇女联合会

“永远跟党走　时代木兰说”苏州市喜迎党的二十大巾帼宣讲总决赛优胜奖：
杨　越

苏州市文明实践巾帼志愿阳光站名单：
双塔街道向阳花·儿童关爱之家

苏州市巾帼文明岗：
苏州市公安局姑苏分局虎丘派出所“慰来藏蓝”服务队

苏州市虎丘实验小学校“文道相长”四有好教师团队

姑苏区吴门桥街道南环社区卫生服务中心公共卫生科

姑苏区社会综合治理联动中心热线组

姑苏区人民检察院第三检察部

苏州市巾帼建功标兵：

姚巧红（虎丘路社区书记）

苏州市科技创新巾帼行动示范企业：

苏州申浪信息科技有限公司

苏州市科技创新巾帼行动示范典型项目：

Z+青年女性暖心服务项目

“新征程　她力量”第七届苏州市女性创业创新大赛初创型赛道优秀奖：

江南园林生活剧场《闲情耦寄》

“新征程　她力量”第七届苏州市女性创业创新大赛成长型赛代二等奖；

“新征程　她力量”第七届智慧农贸计量与食安监管大数据平台

苏州市女性创新创业大赛成长型赛代三等奖：

基于产业人才大数据的科级创新创业服务平台研发和产业化

苏州市健康家庭：

顾素珍家庭　杨振东家庭　颜扣宝家庭
刘翠红家庭　张可可家庭　周玉文家庭
仇留英家庭　傅月珍家庭　姜健家庭
金素根家庭　方琪家庭　缪琴娣家庭
李艳家庭　张伟松家庭　张屏家庭
杨越丹家庭　庞沁家庭　尤蓉家庭
赵刘豫家庭　周春磊家庭

苏州女性融媒体创意大赛短视频组三等奖：

《为了5189个“钮家人”》

苏州女性融媒体创意大赛随手拍微视频接力作品组三等奖：

《葑门横街的苏州市井生活》

苏州市巾帼志愿服务十大感动人物：

蒋云燕（苏州农润资产管理有限公司）

苏州市巾帼志愿服务十大优秀项目：

“您的药　我来送”公益行动

苏州市巾帼志愿服务十佳组织：

姑苏区金阊街道“彩香嫂”志愿服务团队

苏州市巾帼志愿服务十大优秀社区：

姑苏区沧浪街道道前社区

（顾静洁）

姑苏区残疾人联合会

【概况】 姑苏区残疾人联合会（简称“区残联”）坚持以习近平新时代中国特色社会主义思想为指导，不断推动残疾人事业高质量发展。2022年底，姑苏区持证残疾人14571人，其中视力残疾人2315人、听力残疾人1526人、言语残疾人70人、肢体残疾人5836人、智力残疾人1482人、精神残疾人2885人、多重残疾人457人。

【学习宣传贯彻党的二十大精神】 2022年，区残联在全区残联系统中开展学习宣传贯彻党的二十大精神活动，组织开展“追寻红色足迹，根植红色基因”主题教育；围绕残疾人的“急难愁盼”，为近1500名残疾人实施“寒香相伴　老有所依”托养服务、智能药盒适配、“党建引领聚合力　助残解困暖民心”行动等惠民“红心向阳”党建助残项目。

【残联换届】 2022年，区残联按照市残联《关于做好各级残联换届工作的实施意见》要求，社区残协、街道残联、各专门协会和区残联自下而上、统一部署，完成换届任务。

2022年11月2日，苏州市姑苏区残疾人联合会第三次代表大会召开　　区融媒体中心　供稿

【残疾人工作者队伍建设】 2022年，出台《姑苏区残疾人专职委员考核实施办法（试行）》和《姑苏区街道残疾人专职委员深耕激励评审办法》，通过加强考核，激励残疾人工作者队伍凝心聚力。程黎栋、陈静静等2名街道残疾人专职委员获“苏州市最美残疾人专职委员”称号。

【康复服务工作】 2022年，区残联加强对儿童康复定点机构监管，做好儿童康复机构教育备案，推进孤独症儿童基本康复服务全覆盖，累计为155名孤独症儿童开展基本康复服务。实施“康复训练进校园”“点亮星星的孩子——康复送上门”项目；实施“童”享美好未来——特殊教育学校残障儿童及家庭关爱项目；为姑苏区小学五、六年级17000名学生开展脊柱侧弯筛查；新建4家残疾人社区康复服务点，实现8个街道全覆盖。

【残疾人之家建设】 2022年，区残联加强“残疾人之家”建设，创建金阊街道金阊残疾人之家、桃花坞残疾人之家、沧浪街道东大街残疾人之家、寒香会社4家“海棠花红·善爱之家”党建助残先锋阵地；疫情防控期间，以虚拟残疾人之家为平台，为残疾人开展线上精准助残服务近600人次，新增残疾人托养105人，创建8家特色星级残疾人之家。金阊残疾人之家和养蚕里社区残疾人之家获评苏州市2022年度星级达标残疾人之家。

【低收入家庭无障碍改造和环境建设】 2022年，区残联为全区20名低收入残疾人家庭实施无障碍改造，帮助消除居家生活障碍。文明典范城市创建期间，对辖区内的21家大型商超开展无障碍检查和督导，无障碍环境得到有效提升，完成3个无障碍示范点建设。

【残疾人文创基地建设】 2022年，区残联充分发挥全国残疾人文化创意产业基地——寒香会社功能，联合区委统战部、区工商联，邀约大型央企、国企及其他慈善企业代表，开展“福虎迎春　共富共美”姑苏区2022迎新助残公益沙龙活动，搭建好残疾人高质量就创业平台；为近150名残疾人开展21场次非遗专场、短视频直播、核雕、评弹、手语、园艺等技能培训。

【残疾人就业】 2022年，区残联指导“助翼梦工厂”举办残疾人主持人、居家客服、语音质检、安全信息等培训近10场；疫情防控期间，组织残疾人参加苏州市“12345”市民热线居家客服志愿服务活动；组织残疾人参加残疾人就业招聘专场会，开展线上残疾人职业技能培训，完成新增实名制就业129人、新增实名制培训171人，完成286家用人单位申报按比例安排残疾人就业年审工作。

【文体助残工作】 2022年，区残联围绕“促进残疾人就业，保障残疾人权益”，举办第三十二次全国助残日线上活动，开展“最美残疾人”“最美残疾人工作者”“最美助残企业”评选和2021年残疾人宣传工作“优胜单位”“优秀宣传员”评选，发布10个创新创优助残项目，组织开展“百幅廉洁书画展”、民法典和残疾人保障法宣讲、“展现自我　秀出自信”知识竞赛、“关爱困难残疾人　走访慰问送温暖”、“残疾儿童居家康复才艺大比拼”等活动，累计参加近2000人次。年内，获第五届全国残疾人排舞公开赛二等奖和体育道德风尚奖、残疾人排舞推广先进单位等荣誉称号；获市残联“喜迎二十大、颂歌献给党”线上歌咏比赛优秀组织奖和“读书迎盛会，一起向未来”残疾人读书活动二等奖。

【社会保障工作】 2022年，区残联认真抓好残疾人各类保障政策落实，春节期间，走访慰问贫困残疾人家庭233户，发放慰问金19.16万元；发放低保户和低保边缘残疾人家庭助残日慰问金1169人，金额70.14万元；残疾人团体意外险投保人数8888人，金额37.12万元；发放听力言语障碍残疾人信息费9366人次，金额84.0150万元；发放无业精智三、四级社保补贴1909人次，金额325.38万元；发放无业重残社保补贴1192人次，金额209.13万元；发放0—18岁残疾儿童康复费用补助1401人次，金额684.2万元；发放0—18岁残疾儿童辅助器具适配补助490人次，金额195.51万元；发放人工耳蜗补助1人，金额10.5万元；开展残疾人日间托养服务3708人次，金额49.1万元；全日制托养服务312人次，金额37.44万元；居家托养服务2088人次，金额118.45万元；发放残疾人“三小车”车主补贴36人次，金额85.15万元；发放残疾人机动轮椅车维修补贴750人次，金额37.48万元；发放残疾人机动轮椅车购车补贴64辆，金额9.3万元；发放残疾人燃油车燃油附加税补贴566人次，金额14.72万元。疫情防控期间，发放特殊困难残疾人一次性特别补贴68人，金额2.04万元；发放盲按机构从业人员一次性特别补贴35人，金额1.05万元。 （李　勇）

姑苏区文学艺术界联合会

【概况】 2022年，姑苏区文学艺术界联合会（简称“区文联”）围绕古城保护更新、“江南文化”品牌打造、做精苏式生活典范等方面开展主题创作，加强文艺人才培育，用文艺的多样性呈现保护区、姑苏区成立十年来古城历史文化与人居生活融为一体、同生共荣的生动画面。年内，区作家协会、平江街道文联获2021年度“苏州市文联系统优秀基层组织”称号。区音乐舞蹈家协会副主席赵燕浔、区美术家协会秘书长朱轶群获评“2021年度苏州市文联系统优秀个人会员”称号。区文联获评市文联系统优秀基层组织，《犹有花枝俏——白丁香烈士传》和《城市责任》分别获得市档案局（馆）2019—2022苏州市档案文化精品评选活动二等奖和三等奖。

【区文联二届四次全委会召开】 2022年6月30日，区文联二届四次全委会召开。区文联全体委员和艺指委领导、文艺工作者代表参加，区委常委、宣传部部长李忠到会并讲话。会议调整、增补5名委员，表彰李希文等28名“优秀个人会员”和《姑苏情怀》等18个“优秀作品”。区作家协会、年轻文艺工作者代表分别进行交流发言。

【协会换届】 2022年，区文联制定《关于苏州市姑苏区文联各文艺家协会换届工作的实施意见》，指导8家协会实现平稳、有序、规范换届。注重将年纪轻、能力强、专业好的会员选入班子队伍，注重将中共党员身份的会员吸收进协会领导班子，同时指导协会将设立党组织写进协会章程。

【参与全区抗疫志愿者工作】 2022年2月，区文联选派机关干部15人次先后下沉至钮家巷社区、西环社区、姑香苑社区开展志愿服务，参与全员核酸检测工作。同时，选派机关干部下沉至钮家巷社区担任社区党组织书记助理。3月，选派机关干部下沉隔离酒店和火车站地区驻点工作。支援永林二区解除隔离回家居民物资保障24户53人。更新相关社区疫苗接种信息1928条。

【文艺精品创作扶持和奖励】 2022年，区文联共有15人36个作品获得2021年度文艺精品奖励，总计21万元；5个项目获评2022年度文艺精品创作扶持项目。

【文艺创作】 2022年4月，由苏州广电总台生活广播、区文联、区作家协会共同制作的“念念不忘”系列情景散文正式上线。内容选取区作家协会8位作家在疫情防控期间创作的“宅家静生活”散文8篇，由苏州广电总台生活广播主持人录制播出。11月，《家在古城》新书首发式暨研讨会在姑苏区桃花坞唐寅故居举行。来自苏州本土的作家、评论家以及姑苏原住民代表，与作者范小青共同分享阅读感悟。中国作家协会、省作家协会的知名文学家代表也通过视频进行“云交流”。该场研讨会通过苏州日报社“引力播”进行视频直播，现场观看人数超过25万人次。11月，由区委宣传部、区文联组织编写，以描绘苏式生活画卷为主题的系列连环画《活色苏城》正式与读者见面。丛书共分为《吴韵姑苏》《吴地烟火》《匠心飞扬》《人间天堂》《古城新曲》等5册，用连环画的方式讲述江南文化与现代生活融合发展的苏州故事。区音乐舞蹈家协会为奋战在抗疫一线的广大社区工作者、志愿者专题创作《姑苏志愿者之歌》《抗疫，我们一定会赢》等4首歌曲

2022年11月，《家在古城》新书首发式暨研讨会举行　　区文联　供稿

并在线上推广。区书法家协会以“凝心聚力·同心抗疫”为主题，组织发动书法家创作书法作品62幅。区摄影家协会的40余名志愿者走进姑苏区防疫工作现场，用手中的镜头记录防疫工作的点点滴滴，形成照片2000余张。

【文化活动】 2022年7月，“新时代颂”姑苏区美术作品展在区美术馆开幕。展出两批共计126件美术作品，参展的美术作品包含中国画、油画、粉画、版画、水彩画等多个门类，同时结合古城保护和运河古诗词两方面开展“百诗百巷”活动，以“运河十景”为点位，系统挖掘历朝历代著名诗人对古运河的情怀。11月，“姑苏印记”古城保护40周年摄影展在苏州华贸中心姑苏里正式开展，100多张从全市征集而来的姑苏古城新、旧照片集中亮相，主要分为古城遗存、百园之城、古今相融、市井人家、古城新貌等五个板块。区文联与区古保委联合推出《姑苏印记》古城保护40周年摄影集，以40年发展变化为时间轴，紧扣街市水巷、钟声塔影、林圃亭榭、苏工苏作、民风市声等能传递苏州古城保护与更新进程的关键元素，直观展示古城保护与经济社会发展、人民生活提升的有机融合。

【文艺惠民】 2022年2月，区文联组织篆刻家为淮安、扬州的医护人员篆刻姓名章，印制并赠送篆刻作品纪念册《群英谱》。同时，组织征集并向抗疫一线捐赠中国画作品40余幅，向防疫人员和隔离对象赠送《城市责任》《君到姑苏见》《院子里的姑苏》等文化图书1.2万余册。

【《城市责任》线上新书发布推广】 在第27个世界读书日期间，区文联开展《城市责任》线上新书发布推广系列活动。该书通过全景式、多视角的纪实写作，反映平江路在保护改造过程中的历史传承、人文景观、民俗风情。

【“平江晒书节”活动】 2022年9月，由区政府主办，区文联等承办的“平江晒书节”活动在金谷里艺术馆开幕。此届晒书节以“融古慧今　书香平江”为主题，深挖姑苏历史文化内涵，以书籍为线索，以文化为脉络，通过打造“稽古传薪”苏州民间古籍收藏展、藏书名家圆桌会议等精彩活动，将传统文化与现代文明相互交融，打造以阅读为主线的苏式人文生活周。

（宋　阳）

姑苏区归国华侨联合会

【概况】 2022年，姑苏区归国华侨联合会（简称“区侨联”）深入贯彻落实党的二十大精神与全面创新履行侨联工作职能相结合，团结动员广大归侨侨眷，为区域经济社会发展贡献侨界的智慧和力量，统筹兼顾，突出重点，各项工作稳步推进。

【贯彻落实党的二十大精神】 2022年，区侨联结合侨联的工作实际创造性地抓好贯彻落实，将各种学习活动与侨联日常工作相结合，不断解放思想、转变观念，提高用科学理论武装头脑、统一思想、指导工作实践的自觉性，提高侨联干部理论水平和政治素质，及时调整工作思路和方法，不断提升学习质量，加强学习效果，确保工作实效。

【提升为侨服务】 2022年春节前夕，区侨联对全区范围内的空巢归侨侨眷进行走访慰问。在年中对困难归侨侨眷进行走访和发放慰问金。对重点归侨侨眷做到“家有丧事必访、有重大疾病必访、有重大困难必访”。承办“亲情中华·为你讲故事”网上夏令营活动，各街道、社区依托服务平台，广泛开展居家养老、医疗救助、精神抚慰、心理咨询、健康养生等为侨服务活动。疫情防控期间，区侨联会同街道侨联，定期电话联系归侨侨眷，询问他们的生活情况，了解他们的现实困难，尽可能为他们解决问题。组织侨界群众共同观看党的二十大会议，学习领会会议精神，各街道侨联先后举办“侨心永向党，喜迎二十大”主题的社区嘉年华活动，共同庆祝祖国建设的日新月异和硕果累累。

【增强履职能力】 2022年，区侨联与苏州市职业大学石湖智库共同举办2022“智汇苏州”第6期学术沙龙暨姑苏侨文化品牌建设助力古城更新专题研讨活动，双方签订共建协议，开展姑苏区侨文化调研和系列研究；深入挖掘古城名人文化资源，助力苏州国家历史文化名城的保护传承和发展。组织“侨联五洲”的侨界人士助力“‘城’醉拾光，青春之夜”姑苏区海外社交媒体账号推介，引导广大青年朋友和海外华人华侨传承和弘扬姑苏文化。9月，区侨联助力多伦多苏州青年联合会参与多伦多龙文化节，共同打造江南文化展台，向全世界展示江南风貌，营造乡愁文化，在华人群体提升江南文化的影响力。区侨联开展侨商会成立的筹备工作，针对侨商会成立的事宜进行走访调研和座谈，并进行前期的宣传工作。

【侨法宣传】 2022年，区侨联继续做好《中华人民共和国归侨侨眷权益保护法》的宣传工作。5月，联动市侨联深入学习贯彻习近平法治思想，开展侨界法治提升行动，推进法治宣传教育在侨联干部、归侨侨眷和海内外华侨华人等涉侨群体中深入开展，营造“知侨法、懂侨法、用侨法、护侨益”的良好氛围，为凝聚侨心侨力、同圆共享中国梦提供有力法治保障。联合姑苏区远程公证推出“惠侨服务八条”，提供专窗服务、开辟涉侨绿色通道、减证便侨、在线公证服务、常态服务侨企等措施。 （张希希）

姑苏区工商业联合会

【概况】 2022年，姑苏区工商业联合会（简称“区工商联”）以习近平新时代中国特色社会主义思想为指导，围绕区委、区政府中心工作，聚焦服务高质量发展，努力构建“亲清”新型政商关系，助力打造最优营商环境，着眼疫情防控和复工复产，努力开创新时代商会工作的新局面。区工商联下属8家基层商会、12家行业商会、1家异地商会。执委会委员205人，其中副主席13人、副会长20人、常务委员35人。

【发挥机关党建示范引领作用】 2022年，区工商联把疫情防控一线当作干部队伍“不忘初心、牢记使命”的主战场，把干部放到最前沿去锻炼摔打。班子成员带头赴隔离点担任点位长、赴社区担任社区党组织书记助理，工作人员赴火车站、社区等抗疫一线担任旅客劝返、核酸检测、卡口值守、60岁以上老人疫苗接种发动等志愿服务工作。据区防疫指挥部的安排，承担防疫指挥部群众工作组中的社会力量发动工作。

【深化商会党组织“两个全覆盖”】 2022年，区工商联指导商会党组织结合疫情防控开展党的工作，新材料商会党委成立“护绿行动”骑行宣传小分队，百货商会、平江路商会、金融商会、文旅商会、天台商会党支部纷纷成立党员志愿服务队，联系属地街道帮助化解核酸检测、卡口值守等人力不足的问题。各商会党支部累计出动志愿者500余人次，累计志愿服务时长2400余小时。

【加强企业家理想信念教育】 2022年，区工商联在会员企业中开展“亮身份、勇担当”志愿服务行动，鼓励会员企业成立企业冠名志愿服务队，协助各街道做好疫情防控工作。会员企业累计出动志愿者3500余人次，志愿服务时长17000余小时。联合区总工会开展“劳模之魂　创业之路”暨姑苏区民营经济人士理想信念报告会，让企业家上讲台、站前台，谈体会、话发展。

【“云服务”政企互动平台搭建】 2022年，区工商联搭建并完善直播服务平台，打通助企纾困政策到企“最后一公里”。通过线上直播的方式，分期为辖区企业开展重点政策宣讲和解读。联系区检察院、区人社局和区税务局为区内企业进行企业合规、创业扶持政策和税务减免相关政策的宣讲和解读3场次，邀请专家就“后疫情时代企业的应对策略”进行线上辅导。

【企业合规第三方监管机制建立】 2022年，区工商联不断深化与区检察院的合作成果，建立涉案企业合规第三方监督评估机制，协调处理第三方机制管委会的日常工作，依法有序推进企业合规工作向纵深发展。2家涉税案件企业进入企业合规第三方监管程序，通过监管切实帮助企业整改经营中的违法违规问题，实现良性发展。

【全省首家“中小投资者权益保护宣教基地”成立】 2022年，区工商联协助区法院指导总商会商事调解委员会发挥“缓冲带”作用，建立定期商事调解工作机制。联合成立全省首家“中小投资者权益保护宣教基地”，签署《关于中小投资者权益保护的合作备忘录》，在工商联、法院、中小企业之间建立规范的常态化联系，打造涉中小投资者权益保护合作机制，强化涉中小投资者权益保护案件纠纷诉源治理工作，共同商讨依法保护中小投资者权益的新举措、新途径。

【企业家履行社会责任】 2022年，区工商联动员全区各类商会和民营企业家积极募集物资和善款，助力打赢疫情防控战，累计捐赠善款和物资650余万元，组织慰问援助姑苏区的1700名外市医护人员、姑苏区939名社区一线医护人员和2000户特殊困难群体。

（赵柏仙）

姑苏区红十字会

【概况】 2022年，姑苏区红十字会（简称“区红十字会”）深入学习宣传贯彻党的二十大精神，紧紧围绕“疫情要防住、经济要稳住、发展要安全”重大要求，充分发挥党和政府联系群众的桥梁和纽带作用，较好完成全年各项目标任务。

【区红十字会二届六次理事会议召开】 2022年11月4日，姑苏区红十字会召开二届六次理事会议。会议听取并审议2022年工作报告及2023年工作要点，调整常务理事和理事人选。通过选举，陈宇操当选为会长。

【阵地建设】 2022年，姑苏区新建博爱家园3个，分别是虎丘路社区博爱家园、吉庆社区博爱家园和“好百年”博爱家园。

【学习贯彻落实党的二十大精神】 2022年，区红十字会开展“奋进十周年　喜迎二十大”百·千·万系列活动，展示多年来区红十字会应急救护培训工作成效。10月21日，党组中心组召开专题学习会，充分发挥示范带动作用，做到领导干部带头学、带头讲、带头干。11月13日，班子成员结合“社情民意联系日”活动，面向基层群众把党的二十大精神讲清楚、讲明白。

【疫情防控】 2022年，区红十字会在疫情防控期间发出倡议书，号召红十字工作者、志愿者、会员加入疫情防控队伍。做好抗疫捐赠款物的接收、管理、发放工作，及时将捐赠物资发放到一线部门，并向社会公布捐赠明细，为疫情防控贡献人道力量。动员党员干部协助社区开展各项志愿服务，招募红十字志愿者，帮助基层解决任务繁重、人手不足等实际困难。

【应急救护培训】 2022年，区红十字会依托救护培训基地，开展疫情防控志愿者、托幼（托育）机构保健工作人员、创业园从业者等专场培训，推动救护培训向重点人群覆盖。全年共培训初级救护员3000人，为2.5万人提供普及性救护培训。举办第三届“寻找身边的急救英雄”急救技能大赛，在比赛中检验应急救护培训工作成果。

2022年全区托幼（托育）机构应急救护技能竞赛举办

区红十字会　供稿

【红十字文化宣传】 2022年1月28日，邀请苏州大学讲师专题为基层红十字工作者讲解《江苏省红十字会条例》。9月23日，领导班子成员深入街道社区为群众讲解《条例》精神。在第三届“寻找身边的急救英雄”急救技能大赛中设置线上《条例》理论测试环节，将《条例》融入红十字工作实践，指导开

2022年，姑苏区红十字志愿者王磊事迹获得省红十字会“喜迎二十大　建功新时代”主题宣传活动一等奖

区红十字会　供稿

展工作。积极推广红十字优秀志愿者事迹，获得江苏省红十字会“喜迎二十大　建功新时代”主题宣传活动一等奖、三等奖各1个。

【人道救助】 2022年，姑苏区共募集资金179.25万元，物资价值181万元，其中网络筹资款61万元；“姑苏备灾箱”众筹项目获2022年江苏省红十字会“5·8人道公益日”公众筹款十佳项目。全年发放救助款118.3万元，救助物资价值104.22万元。在春节、重阳节等节日期间开展“博爱送万家”活动，给困难群体送去关怀和温暖。

【造血干细胞捐献】 2022年，姑苏区全年造血干细胞采样入库164人。

【遗体器官捐献】 2022年，姑苏区新增捐遗登记点1个，全年新增登记262人，完成捐献99人。

【养老照护服务】 2022年，区红十字会组织开展姑苏区居家照护志愿者技能培训，培育专业养老照护志愿者151名。 （李　娜）

政法工作综述

【概况】 2022年，全区政法条线按照中央和省委、市委、区委有关决策部署，坚持党对政法工作的绝对领导，坚定拥护“两个确立”，坚决做到“两个维护”，紧扣党的二十大安保维稳这个主线，持续巩固政治安全、社会安定、人民安宁的良好局面，着力推动建设更高水平的平安姑苏、法治姑苏。全区政法系统累计获27个省级以上荣誉，44个集体、280余名个人获表彰奖励。其中，姑苏公安分局政治处获评全国公安政治工作成绩突出集体，平江街道历史街区社区获评全国民主法治示范社区，区社情民意微实事项目获评“2022苏州十大民心工程”等，政法保障区域高质量发展的能力水平持续提升。

【社会安全稳定】 2022年，姑苏区政法部门围绕为党的二十大胜利召开创造安全稳定的政治社会环境这一主线，坚持高位推动、密集调度、细致排查，牵头落实重大涉稳风险日研判、周会商、月分析等制度，建立健全区社会稳定风险合成处置机制，优化完善市、区两级工作体系，高效运转实体化党政公安维稳双专班，动态更新“全区重大群体性风险事项稳控任务清单”等“五张清单”，深入推进社会稳定工作。

【平安姑苏建设】 2022年，姑苏区对照市域社会治理现代化工作394项目标任务，聚焦“共性+个性”管理模式，打造8个网格化示范街区，建成104个“枫桥式社区”。扎实推进“精网微格”工程，将网格细分为3991个“微网格”，全部配齐“微网管家”，构建覆盖24.5万户居民的4级网格微信群组，有效贯通“上情下达”和“下情上传”路径。持续深化“警网融合”，以平江景区“警旅护盾”等为代表的20个平安前哨和大公园、三香路等警务工作站发挥实战功能。持续推进“古街古巷”零距离诉讼服务，打造“家门口”的诉源治理新阵地。

【政法惠民实践】 2022年，姑苏区组织开展12期“社情民意联系日”活动，领导干部、党员、人大代表、政协委员累计赴社区4296人次，累计接待群众超5000名，累计解决或答复群众问题5000余件，处办古建筑修缮、卫生服务中心缺失、重点路段交通堵塞等50余件群众反映的疑难问题，有效回应民生关切。建成全市首批实体化运行的区级“一站式”社会矛盾纠纷调处化解中心，完成8个街道分中心

2022年9月4日，吴门桥街道兴隆桥社区举行“社情民意联系日”活动　　区融媒体中心　供稿

和169个社区矛调工作站建设，三级社会矛盾纠纷调处化解工作体系不断健全。开展特殊困难群体救助帮扶和妇女儿童权益保障问题专项排查整治等行动，完成37万余名居民群众走访，帮扶救助9000余名特殊困难人员，破获56起养老诈骗刑事案件，挽回群众经济损失2300余万元，有效守护群众生命财产安全。

【政法队伍建设】 2022年，姑苏区政法系统聚焦巩固深化政法队伍教育整顿成果，持续推进全面从严管党治警常态化制度化，严格落实新时代政法干警“十个严禁”，严格执行“三个规定”及重大事项报告制度。132名政法系统领导干部进行政治忠诚剖析，98名政法系统领导干部参加区级政治轮训班，全系统通过多形式、分层次开展政治轮训，持续提升政法干警理论素养和业务能力。积极开展政法英模选树活动和举办政法干警光荣退休仪式，选树11名新时代“马天民”式社区民警，有效引导全区广大政法干警见贤思齐、奋进担当。疫情防控期间，全区广大政法干警全面投身区域封控管控、隔离点管理、流调排查、涉疫人员排摸等防控工作，有力展现想干事、能干事、干成事的政法铁军形象。

（赵　有）

法治姑苏建设

【概况】 2022年，姑苏区始终坚持以习近平法治思想为指导，深入贯彻落实中央和省委、市委、区委关于法治建设的新部署新要求，全面推进科学立法、严格执法、公正司法、全民守法，坚持法治姑苏、法治政府和法治社会一体推进，为全区经济社会发展营造良好的法治环境。年内，区政府获评2021年度苏州市法治政府建设专项工作优秀单位。

【责任体系健全】 2022年，姑苏区不断加强法治政府建设统筹力度。印发《姑苏区法治政府建设实施方案（2021—2025年）》等文件，开展基层综合执法规范化建设、普法责任制落实情况专项检查2个专项行动，强化检查督察频率、效果反馈、评价适用，充分发挥法治考核“指挥棒”作用，努力提升法治政府建设水平。全面落实《姑苏区党政主要负责人履行推进法治建设第一责任人职责实施办法》，深化法治建设第一责任人“履职纪实”机制，以“工作纪实手册”为载体建立43名党政主要负责人履职档案，全面展现第一责任人履职情况，印发《保护区、姑苏区党政主要负责人履行推进法治建设第一责任人职责述职评议试点工作实施方案》，通过述法总结工作、接受监督、发现问题、督促整改。

【法治政府建设】 2022年，姑苏区持续提升行政执法规范化水平。赋权街道行使62项相对集中行政处罚权和行政强制措施，顺利通过改革评估。开展重大行政决策程序，对安全生产领域执法权予以动态调整。创设3个行政执法监督工作站，强化基层和民生领域监督协调。围绕食品安全、生态环境等民生热点开展专项执法监督活动，打造执法监督有效闭环。对照清理标准，督促各部门、各街道政府购买服务协议(合同)清理工作。建立健全政府购买服务协议审查长效机制，在8个街道建立法制审查委员会。编印《苏州市姑苏区综合行政执法局规范化执法手册》《小微违法行为查处手册》，明确执法队伍10大行为规范、小微执法案由36项。制定《姑苏区行政执法过错责任追究实施细则》，确立“谁主管、谁负责”“有权必有责”“权责相一致”原则，加强行政执法监督，严格责任追究，依法依规对过错行为加以惩处。

【法治营商环境】 2022年，姑苏区围绕权力规范行使和科学决策，落实《江苏省行政规范性文件管理规定》《苏州市重大行政决策程序规定》，开展计划发布、文件清理、立改废释、重大行政决策等工作。全年完成重大行政决策5项，后评估1项；新制定2部、废止5部区政府行政规范性文件，及时落实备案程序。贯彻落实“强区赋权”工作要求，扎实推进赋权事项的梳理认领工作，认领权力事项共1067项。全面推进证明事项告知承诺制，公布23项实行告知承诺制的证明事项。认真落实权责清单制度、行政权力事项和公共服务事项动态管理。深化执行苏州市涉企“免罚轻罚”清单2.0，探索实施行政指导等柔性措施，促进市场主体依法合规开展生产经营活动。积极开展法律助企服务项目，为企业高质量发展提供法治保障。按照国务院、省、市统一部署，积极开展行政许可事项清单编制工作，共梳理出152项行政许可事项清单并对外公布。

【法治社会建设】 2022年，姑苏区印发《关于进一步健全普法责任制的实施意见》《关于推动社会主义法治文化建设高质量发展的实施意见》，建立健全普法责任体系。严格区机关部门履职评议“三单两书”制度，制订下发年度普法工作清单，进一步明确各成员单位职责，推动形成分工负责、各司其职的“大普法”工作格局。持续深化基层依法治理。平江街道历史街区社区被评为全国民主法治示范社区，沧浪街道佳安社区等3个社区被评为省级民主法治示范社区。制订社区“老娘舅”三年行动计划，加强法律明白人培育，推动其在疫情防控、文明创建、“援法议事”等基层治理活动中发挥积极作用。

（江宇晨）

公　安

【概况】 2022年，姑苏公安分局在市公安局党委的坚强领导下，紧紧围绕市局“五个一流”目标，认真对照“市县主战、派出所主防”要求，坚持以防范化解风险隐患为首，以提升警务实战效能为要，以深化基础要素管控为重，以建强姑苏公安队伍为本，全力以赴创一流业绩、塑硬核警队、筑久安名城。年内，姑苏公安分局政治处获评全国公安政治工作成绩突出集体、苏州市公安局姑苏分局团委获评江苏省五四红旗团委等。

【维稳护安】 2022年，姑苏公安分局以“时时放心不下”的责任感和“眼睛瞪得大大的”敏锐性，严之又严、实之又实、细之又细地抓好维护社会平安稳定各项工作，做到绝对安全、绝对放心、绝对托底。坚持把维护政治安全置于首位，坚决落实防范政治安全风险、反恐防恐各项举措。开展“打苗头、防风险”等专项行动，严格落实相关工作机制，确保各类风险隐患查清见底。

【巡防体系建设】 2022年，姑苏公安分局坚决贯彻市公安局党委进一步加强巡逻防控体系建设的具体要求，着力整合巡防力量、明晰职责任务，全力加强社会面防控各项举措。立足姑苏区区情特点，结合路面防控实际，“一地一策”推动属地派出所制定警务工作站建设方案，特别是火车站人流密集区、观前、石路商贸区、拙政园旅游景区等重点区域，建设运行三香路、火车站、西北街、太平坊、东北街等重点警务工作站，屯警街面、动中备勤，提升见警率、管事率和震慑力。全区建成18个警务工作站，运行以来，辖区违法犯罪警情比上年下降10.4%。整合交警、巡特警、机关支援警力进驻警务工作站，在“一纵两横”主要干道，以及警情案件高发时段、易发部位，常态化开展武装巡逻、机动设卡、预警核查等工作，形成科学防控格局，有效落实见人、见车、见灯、见装备“四见”措施。增建结构化相机、人像卡口、超卡抓拍、高空瞭望，进一步优化以车辆号牌抓拍、人脸识别等为感知的现代科技手段。全年助力破获案件200余起，抓获嫌疑人200余名，服务民生300余次。

【警务实战效能提升】 2022年，姑苏公安分局重点围绕“市县主战、派出所主防”改革方向，着力构建职能科学、事权清晰、指挥顺畅、运行高效的实战化职能体系，切实提升公安机关战斗力。牢固树立“一切面向实战、一切为了实战”的警务理念，在整体布局中积聚实战势能。突出合成化，打造决策指挥高效顺畅、警务数据融合共享、警种一体合成作战的新型警务实战模式。突出专业化，做强专业手段、做精专业队伍、做优专业机制、做实专业保障，建设形成更加专业的作战实体。突出扁平化，实行“点对点”指挥，推动实现组织形态扁平化，助力警务部署更加高效，全面提高实战指挥水平和应急处突能力。结合姑苏中心城区的实际情况，建设打造合成维稳、巡逻防控、刑事侦查、基础管控、执法办案五大实战中心。聚集实战需求，健全完善与新形势新任务相匹配的综合保障体系，确保实战动能源源不断。强化科技保障，全量集成各警种系统平台和实战需求，全面承载、全域支撑警务实战。强化专项保障，组建无人机战队、特战队、流调溯源战队、必达数据战队等N个战队，确保关键时刻拉得出、冲得上、打得赢。

【违法犯罪严打严防】 2022年，姑苏公安分局聚焦公安主责主业，整合各类侦查资源手段，严打严防各类突出违法犯罪。成功侦破省厅挂牌的系列盗窃电动自行车案件等一批盗抢骗传统侵财案件。打击电信网络诈骗，打掉涉诈团伙30余个，成功破获省厅挂牌督办的诈骗案。打击养老诈骗犯罪，成功侦破省厅挂牌某系列养老诈骗案。打击网络犯罪，侦破1起涉嫌非法生产、销售警用装备的案件。抓获涉嫌非法买卖危险物质、涉嫌危害公共安全嫌疑人7名。成功侦破涉嫌聚众斗殴、寻衅滋事挂牌案件等九类案件60余起。

【治安问题全面整治】 2022年，姑苏公安分局坚持源头治理、综合施策，强化对大型娱乐场所、大型酒吧、大舞厅等传统重点阵地、治安复杂场所的针对性、多轮次定点检查，加大对民宿、网约房等新兴业态的排摸整治力度，大力推进夜排档夜市餐饮一条街专项整治工作，切实做到风险隐患见底、管理措施见底，全力挤压违法犯罪空间。结合夏季治安打击整治“百日行动”，综合使用见底盘查、清查检查、违停处罚等多重手段，从严从快整治突出治安问题，形成强大震慑效应。召开全区重点行业管理工作推进会，进一步明确各部门职责任务，推动建立教体文旅委牵头，多部门联动执法和长效工作机制，形成部门监管合力，共同规范娱乐场所经营行为。

【古城社会治理推进】 2022年，姑苏公安分局细化强化各项举措，提升群众安全感、获得感和满意度，在护航发展大局上展现过硬担当、贡献更多力量。现场查处各类交通违法行为20.9万余起。聚焦违法停车突出问题，开展违法停车治理百日攻坚行动，组建区级、街道两级警城联动执法机动队，围绕“五个十”重点区域和“八个周边”重点部位开展集中攻坚整治。聚焦道路交通治堵保畅，对88条单行线进行全面排查、优化升级，新增标牌530余块，完成新增及调整单行线设置24条，打造6个微循环区域，“一校一策”推进古城中小学交通组织优化。加强附一院周边分流引导，新增、共享医院周边停车泊位4000余个。聚焦交通安全隐患整治，加大“两客一危一货”重点车辆源头监管力度，查获查处失格无证驾驶、非法改装“炸街车”、套牌车辆、非法流动加油车、工程运输车闯禁、逾期未年检车等多起。督促派出所对辖区的易制爆、剧毒化学品单位进行清底，要求强化各项工作措施，不间断采取实地、电话抽查相结合方式开展检查排查。在疫情风险防控上再发力，持续做好宾馆、酒店、民宿等场所的“落地检”督促检查，特别是在全区疫情防控形势严峻复杂的时期，第一时间集结警力对相关街道落实管控措施，坚决防止疫情扩散外溢。流调溯源专班和“三公”协同专班24小时运转，落实涉疫人员轨迹追踪、数据核查、落地处置等关键措施。

【姑苏区青少年禁毒教育基地正式启动】 2022年6月23日，在第35个国际禁毒日到来之际，姑苏区禁毒委员会办公室联合多家单位，在苏州市善耕教育集团勤惜实验小学校举行“健康人生　绿色无毒”——2022年姑苏区青少年禁毒宣传教育“青盾计划”暨“姑苏区禁毒教育基地”启动仪式。　（钟　华）

2022年6月23日，姑苏区青少年禁毒宣传教育“青盾计划”暨“姑苏区禁毒教育基地”启动仪式举行　顾成君　摄

检　察

【概况】 2022年，姑苏区人民检察院（简称“区检察院”）认真贯彻落实“讲政治、顾大局、谋发展、重自强”的总体要求，筑牢政治忠诚，深耕主责主业，为推动全区经济社会高质量发展贡献检察力量。年内，区检察院获评“2019—2021年度江苏省文明单位”称号，区检察院交通犯罪检察办案团队获评全市检察机关十佳办案团队，“检察护名城”获评全市基层检察院“特色建院、品牌强院”十大典型事例等。

【经济社会发展维护】 2022年，区检察院践行总体国家安全观，依法履行批捕、起诉职能，全年共受理各类刑事案件1345件1610人。持续落实认罪认罚从宽制度，探索建立值班律师实质化参与认罪认罚工作机制，促进犯罪嫌疑人自愿认罪悔罪，有效钝化社会矛盾，相关经验在全省检察工作会议上做交流。坚持把矛盾化解贯穿办案全过程，开展刑事和解、公开听证214次，让公平正义可观可感。聚焦建筑施工、消防安全、特种车辆管理等安全生产重点领域，深化行刑衔接，完善线索移送、联合评测机制，推动制定实施《关于进一步深化安全生产行政执法与刑事司法衔接机制的意见》，促进安全生产溯源治理。对破坏金融管理秩序、职务犯罪、毒品犯罪等案件开展“一案双查”，细查资金去向，深挖洗钱犯罪线索，切实维护金融安全。优化法治营商环境，坚决惩治侵害民营企业合法权益的犯罪，办理影响企业发展、损害企业利益的犯罪案件3件5人。深入推进涉案企业合规改革工作，联合行政机关建立第三方监督评估、整改结果互认机制，对4家小微型企业实施刑事合规整改，做出不起诉决定，并建议行政机关从轻行政处罚。搭建企业合规指导平台，为企业提供防范风险、健全制度的法律建议和检察服务。坚持“姑苏名城·检察织彩”特色品牌引领，以扎实检察履职为持续擦亮苏州国家历史文化名城保护区“金字招牌”保驾护航。制定《关于开展“检察护名城”助力国家历史文化名城保护更新工作的实施意见》，“检察护名城”工作入选全市检察机关“特色建院、品牌强院”典型事例。设立“文化遗产保护检察官”，综合运用打击、预防、监督、保护等措施，积极稳妥办理涉古城保护案件20件。开展大运河、古树名木等物质与非物质文化遗产保护专项行动，推动建立“河长+检察长”“林长＋检察长”协作机制。针对城市开发建设中的小微型古建筑保护问题，结合办案开展检察研判，提出建设性意见建议。

【群众利益保护】 2022年，区检察院扎实推进打击整治养老诈骗专项行动，批准逮捕3人，起诉14人，办理虚假宣传销售保健品等刑事附带民事公益诉讼案件3件，坚持把追赃挽损贯穿办案始终，运用认罪认罚从宽制度教育引导犯罪嫌疑人积极退赔赃款，追回“养老钱”203万元。推进未成年人保护“法义与归”品牌建设，通过心理疏导、司法救助、家庭教育指导等方式，帮助28名未成年被害人恢复身心健康、行为矫正，立足办案推动开展娱乐场所违规接纳未成年人问题专项整治，净化未成年人成长环境，协同家庭、学校、社会等共同托起“朝阳美”。努力办好关乎群众“钱袋子”“脚底下”“舌尖上”安全的身边案，对群众反映强烈的电信网络诈骗、买卖公民个人信息等案件提起公诉34人，办理群众关心的防疫、卫生、出行安全等领域公益诉讼案件17件。开展临期食品合规管理专项行动，督促商超落实临期食品分类管理制度。

【刑事检察监督】 2022年，区检察院牢固树立“谦抑、审慎、善意”的司法理念，主动适应犯罪结构轻刑化趋势，推动“少捕慎诉慎押”刑事司法政策落地落实，依法不批准逮捕29人、不起诉284人。积极构建以证据为核心的侦检“大控方”格局，联合姑苏公安分局成立侦查监督与协作配合办公室，实质化引导侦查案件212件，着力打造执法司法规范化的“监督前哨”。依法对5起减刑、假释、暂予监外执行案件开展检察监督，对社区矫正、财产刑执行等环节存在的问题提出纠正意见17份。加强监检衔接，办理监委移送的职务犯罪案件12件。

【民事行政检察】 2022年，区检察院办理各类民事诉讼监督案件58件。探索构建破产检察监督制度体系，融合发挥“四大检察”职能，助力破产工作有序推进。发挥行政检察促进司法公正和依法行政的双重积极作用，办理各类行政监督案件32件。开展不起诉案件中涉行政违法行为问题专项排查行动，促进行政机关依法履职。以“案结事了人和”为目标，积极推进行政争议实质性化解。

【公益诉讼检察】 2022年，区检察院围绕公共安全、生态环境、文化遗产、红色资源等公益保护重点领域，办理行政、民事公益诉讼案件92件。始终坚持“双赢多赢共赢”理念，激活公益保护“一盘棋”，切实守护人民群众美好生活。人大代表、政协委员加入检察机关“益心为公”云平台志愿者队伍，提供线索10余条，助力公益诉讼立案2件。推动社会力量广泛参与，与相关单位共同打造“非遗检察官工作室”“少年文保所”“历史文化景区检务驿站”等载体，合力构建公益保护大格局。

【法律监督提质增效】 2022年，区检察院深化大数据法律监督。主动适应新时代发展趋势，落实数字检察工作部署，探索构建大数据法律监督模型，以“数字革命”驱动新时代法律监督提质增效。成立公益诉讼调查指挥中心，主动对接文物保护、安全生产等行政数据平台，扩大公益诉讼线索来源渠道，实现数智预警、线上取证。研发大数据法律监督电子物证云平台，借助该平台发现侦查机关漏捕漏诉线索5条。在办理横塘驿站胥江小岛保护公益诉讼案中，创新应用VR复刻、无人机取证等技术，有效勘查现场全貌、固定证据，此案获评全省技术辅助检察办案典型案例。对标“长三角一体化”国家战略，跨域联动参与社会治理。针对办案中发现的沪苏两地市场调查类企业违规收集个人信息、扰乱市场秩序问题，与上海市徐汇区检察院联合制发检察建议，督促同类企业规范经营、共同维护公民个人信息安全。落实“市内全域一体化”部署，与吴江区检察院加强司法协作、服务区域协同发展，成为苏州基层检察院之间的首次全面协作。与吴中区检察院合作，在全市率先建立文物与文化遗产保护领域公益诉讼跨区域协作机制，为打响“江南文化”品牌贡献检察力量。依托“苏州检察诉讼服务平台”，设计上线“代表委员联络”模块，并接入“苏周到”，及时向代表委员传递检察工作动态，实时接收、高质效办理代表委员建议。作为市人大常委会基层立法联系点，发挥“直通车”作用，积极收集各界意见，就红色资源保护利用、污染防治等方面，以检察建议、研判报告等形式，为完善立法提供鲜活素材和专业意见。 （李国春）

2022年11月28日，姑苏区检察院与吴江区检察院开展加强司法协作、服务区域协同发展共建活动

区检察院　供稿

法　院

【概况】 2022年，姑苏区人民法院（简称“区法院”）以习近平新时代中国特色社会主义思想为指引，深入学习贯彻党的二十大精神，坚持司法为民、公正司法，忠实履行审判职责，稳妥推进司法改革，不断加强自身建设，较好地完成各项任务。全年共受理案件22412件，审执结19774件，全年未结案件比上年下降15.12%。审判执行质效总体呈现良好运行态势。年内，区法院政治部获评全省法院政治工作先进集体，民一庭获评苏州市工人先锋号等。

【依法办案】 2022年，区法院贯彻宽严相济刑事政策，审结刑事案件1026件，判处罪犯1368人。全力守护人民群众生命财产安全，审结盗抢案件135件。有效打击整治养老诈骗，在高息诱骗老年人预订“养老床位”案中，参与全省集中宣判。保持惩治腐败高压态势，审结职务犯罪案件10件10人。扎实推进常态化扫黑除恶斗争，针对信息网络、金融放贷等行业管理发出司法建议26份。依法严惩电信网络诈骗犯罪4件14人。严厉打击毒品犯罪，审结涉毒案件36件，贩卖“电子烟”新型毒品案获评全省法院毒品犯罪典型案例。审结民商事案件11837件、行政案件831件。出台《联合市级行政机关推进行政争议实质化解的实施意见》，前置化解程序，推动合力解纷。执结首执案件5740件，执行到位金额44.06亿元。探索“诉联破”为特色的执破融合姑苏新路径，推动完善市场主体救治和退出机制。常态化开展执行会战等专项活动29次，直接执行到位财产1.7亿元。

【古城保护】 2022年，区法院审结涉征收拆迁非诉行政审查案件64件，裁定准予执行56件，8件在裁定前化解。强化征拆矛盾前端化解，开展重点项目对接、研判50余次，助推化解轨道交通6号线、虎丘综改、“两河一江”等工程“骨头案”。参与古城保护的两项特色工作，入选保护区、姑苏区成立十周年“十件大事”。举办“以公正司法守古城芳华”十年10大案例发布会，汇聚合力为姑苏高质量发展贡献智慧力量。启动《司法服务古城保护与发展三年行动计划》，在助力擦亮保护区金字招牌中展现新作为。

【法治营商环境优化】 2022年，区法院围绕“疫情要防住、经济要稳住、发展要安全”，第一时间出台二十条意见。持续擦亮“天平护航”司法品牌，精准助力企业重生的项目——“推陈出新　向阳而生”精准司法服务助力破产企业涅槃重生，获评“姑苏十年”优化营商环境十大优秀案例。外引优质司法资源，与苏州中院四大专业法庭打造“古城法韵　院庭协同”工作机制，服务古城个性化发展需求。前移司法服务阵地，在“中欧班列”始发站、数字产业园分别设立服务站，助力以更优营商环境推动高质量发展。

【诉讼服务】 2022年，区法院打造“古街水巷”零距离诉讼服务品牌，机制化推进“家门口式”特色巡回诉服，实现辖区“全覆盖”。主动延伸线上线下“一体化”诉讼服务阵地，网上立案2787件，为无法到院的群众提供便利。

2022年5月，区法院在东园社区开展“古街水巷”零距离诉讼服务　　潘政　摄

2022年3月11日，区法院启动“最美姑苏”环境司法主题系列活动　　潘政　摄

【特色审判】 2022年，区法院依法审结长江非法采砂系列案，落实长江大保护。深化大美太湖系列活动，启用“司法保护宣教基地”。积极贡献绿色司法“姑苏智慧”，两条立法建议被《水污染防治法》采纳。太湖流域环境资源法庭获评全市法院先进集体。开展“爱古城　护运河”——“最美姑苏”环境司法主题系列活动，持续发挥“绿色”巡回审判站辐射作用。强化古城与大运河融合式特色化保护的探索。

【多元解纷】 2022年，区法院创新推出“用工体检　天平门诊”示范项目，指导小微企业规范用工，实现劳企“双保护”。全市首家同步启动人大代表、政协委员特邀调解工作，拓宽群众选择非诉解纷的权威路径。“天平筑诚信　消费新天堂”工程再发力，将热门景区、传统商业街区纳入“无讼市场”“无讼商圈”建设范围。　　（陈轶群）

司法行政

【概况】 2022年，姑苏区司法局主动深化优化职能，推动全区司法行政工作品质有效提升，为区委、区政府中心工作提供优质的法律服务和坚强的法律支撑。年内，姑苏区政府获评2021年度全市法治政府建设专项工作优秀单位，白洋湾街道、苏锦街道、双塔街道人民调解委员会获评2021年度苏州市人民调解工作先进集体等。

【化解行政争议】 2022年，区司法局大力推动纠纷实质性化解。强化行政复议化解纠纷的主渠道作用，构建区纪委监委、区法院、区检察院和区司法局等部门联合的多元化纠纷解决体系，全年通过调解和解的方式促使申请人撤回复议申请而结案的案件28件。加强诉源治理，牵头制订18项任务清单，建立常态化府院联席机制，定期组织复议纠错案件及败诉案件"回头看"。发挥第五届区政府法律顾问团作用，全年累计提供法律服务278次，出具书面意见230份。强化征收领域行政执法专项监督，严格做好征收类文书的合法性审查，全年累计审查征收类相关文书20件，其中征收补偿决定16件、征收决定及公告2件、强制搬迁类2件。

【法律助企服务】 2022年，区司法局重点关注中小企业集聚的产业园和专业市场，通过"律师+公证"专业法律服务团队为市场主体提供从普惠性到个性化的法律服务，打造产业集聚区公共法律服务"姑苏样板"。全年累计为中小企业提供法律咨询82次，开展法治体检20次，涉及金额118.6万元。推出新一轮姑苏区律师行业高质量发展扶持政策，50人以上所首次达到2家，百人所1家。公证服务持续拓展业务领域，创新业务发展，设立全市首家"互联网+不动产继承登记"办理点，便捷当事人不动产登记；率先在全市推出"提存公证+带押过户"，便捷二手房交易；公证服务知识产权创新产品——"苏城存证"获2022年度江苏省公证服务知识产权保护案例二等奖。

2022年6月30日，姑苏区召开行政复议行政应诉与行政审判府院联席会暨行政纠纷实质性化解工作会议

区司法局　供稿

【普法工作】 2022年，区司法局联合区妇联开展"幸福云守护"线上直播项目，面向老年人、妇女、青少年等开展法律解读和在线互动，增强特殊群体维权意识和能力。牵头开展区"宪法宣传周"主题活动，开展"声声寄语、精彩呈'宪'"倡议接力、"定制个性化法治海报"等活动。繁荣发展姑苏法治文化。整合辖区法治文化资源，打造"平江古巷"中张家巷法治文化街区等7处法治文化阵地。开展第二届法治文创节，征集法治主题文艺作品249件。组织创作的碑拓作品《养天地正气》等法治文创作品，先后在苏州市宪法法治主题非遗手工艺品创作征集大赛、市法治文化节中获奖。

【公共法律服务体系】 2022年，区司法局有效满足困难群众多层次、多样化法律服务需求，提升法律援助工作质效。全年累计受理案件1210件（民事807件、刑事396件、行诉7件），"12348"电话咨询12879人次，线下接待咨询1024人次。公证处共办理各类公证11842件，其中国内民事9440件、国内经济1065件、涉外民事1219件、涉外经济16件、涉港澳台94件、其他8件。减免公证费共计13万元，提供上门公证服务273次。全面落实"一村（社区）一法律顾问"要求，实现全区169个社区法律顾问覆盖率100%。坚持“为民”“助企”两大需求导向，推出10个项目，共开展活动345次，受益群众17744人次，受益企业2041家。其中法律助企项目开展线上线下咨询118次，开展讲座12场，为企业调解纠纷11起，制作普法视频21个，代书法律文书33份，帮助企业挽回经济损失132.7万元。

【多元纠纷化解】 2022年，区司法局充分发挥人民调解在矛盾纠纷多元化解中的主渠道作用，实现将矛盾问题化解在基层、消除在萌芽。推进律师中立评估等多元解纷机制，减轻群众诉累。发挥“示范裁判+特邀调解+司法确认”的示范引领作用，重点做好8类民商事纠纷前置调解工作。全年全区累计受理矛盾纠纷11346件，成功调处11343件，成功率99.97%。

【特殊人群管理】 2022年，区司法局综合运用管理、教育、帮扶多重手段，落实分级管理、开展谈话、警示教育等措施，提高矫正对象轨迹、定位查看监管频次，加大实地查访夜查密度，严格规范执法管理。年末，在册社区矫正对象249人，安置帮教对象1156人，后续照管对象248人。 （江宇晨）

人民武装

【概况】 2022年，姑苏区人民武装部（简称“区人武部”）在苏州军分区党委和区委、区政府的正确领导下，坚持以党在新时代的强军目标为统领，坚决贯彻落实党中央、中央军委和习近平主席决策指示，深入学习贯彻习近平新时代中国特色社会主义思想，不断增强“四个意识”、坚定“四个自信”、做到“两个维护”。抓紧抓实练兵备战、国防动员、兵役征集、国防教育、军民融合等各项工作，全区国防动员和武装工作稳步提升，全面建设再上新台阶。

【全区武装工作会议召开】 2022年3月4日，全区武装工作会议召开，总结2021年姑苏区国防动员、兵员征集、国防教育、国防设施保护、双拥、军民融合等工作，部署2022年武装工作任务，市委常委、保护区党工委书记、姑苏区委书记方文浜出席会议并讲话，全区8个街道党工委书记、武装部长和专武干部、各部委办局分管领导、受表彰民兵参加。

【民兵应急分队集训】 2022年6月25日至7月7日，区人武部组织民兵应急连到张家港军警民训练基地备勤训练，其间严格落实专武干部跟班跟训，实行全程封闭式管理和训练，运用理论授课、专题讲解、模拟操作、实战化演练等方法，主要进行重要目标防护演练、应急处突等课目训练。采取外请教员、辅导录像、分组训练、综合演练的方式组织进行，旨在提高民兵力量应对多种安全威胁、完成多样化军事任务能力，初步探索组织民兵应急分队训练方法路子，提升各级专武干部理论素养和组织指挥部队行动能力，全面提高姑苏区民兵应急连遂行作战任务的能力。

【民兵整组】 2022年，区人武部顺利推进民兵调整改革，加强退役人员潜力资源调查，充分考虑战备任务区分、人口比例结构、专业队伍分布等实际，科

2022年1月，区人武部参加军分区组织的民兵拉练任务

区人武部 供稿

学细化分解编兵任务，按照“十四五”民兵组织调整规划，完成全区普通民兵和基干民兵队伍整组。编实各级民兵组织、下达民兵干部任命、建立各级预建党组织，组织基干民兵开展出入队、政治教育和官兵相识等活动，确保全区各级民兵队伍人员落实、组织健全。军分区通过查阅资料、拉动点验、电话点验等方式对区民兵队伍进行检查验收。

【兵员征集】 2022年，区人武部多渠道开展征兵宣传，采取刚性措施抓实兵役登记，狠抓“五率”量化考核。集中精力抓“报名率”，采取“拉适龄青年名单、集中会办、每日通报评比”的举措抓实兵役登记，确保辖区兵役登记率100%。严格按照上年度征集任务数3倍以上确定送检人数，提升“上站率”。常态设立体检站，有效提高体检“合格率”。按照国防动员部要求，组织预定新兵役前教育，通过教育提前发现淘汰一批思想素质不过硬、身体条件不达标的应征青年，有效减少“退兵率”，全年无责任退兵。

【民兵组织整顿工作】 2022年6月13日，姑苏区基干民兵整组点验大会举行。苏州军分区大校政治委员董晟率检查组对姑苏区民兵组织整顿工作进行点验，点验结束后对辖区供电公司民兵编组力量进行随机抽查。

2022年6月13日，姑苏区基干民兵整组点验大会举行

区人武部　供稿

【双拥共建】 2022年8月1日建军节，区人武部深入开展乡村振兴工作，投入10万元经费用于灯光亮化项目。发挥民兵应急处突作用，组织民兵参加辖区核酸采样点秩序维护、重点人员转运等任务，助力地方经济社会发展。　（李金良）

人民防空

【概况】 2022年，姑苏区人民防空办公室（简称“区人防办”）履行战时防空、平时服务、应急支援使命任务，做好每年警报试鸣放、人防训练等工作；完成人口疏散地域建设，做好人口疏散预案。

【人防建设】 2022年，区人防办完成新竣工人防工程普查工作，新增人防车位；开展人防工程安全生产检查工作，年度人防工程维护管理检查率达100%；落实人防工程标识规范化建设工作。开展人防警报器维护管理工作，完成“9·18”警报试鸣放任务，鸣响覆盖率达98%。发放“人防工程平时使用证”，完成对新建人防工程审批工作，批准新建项目人防易地建设的申请。

【人防宣教】 2022年，区人防办积极开展各类宣教活动。组织8个街道赴苏州市人防宣教馆参观体验；“9·18”组织辖区内数千名居民开展防空防灾疏散演练活动；开展人防知识讲座200余次，参加活动总人数近万人；累计发放人防宣传资料2万册。

（杨新星）

古城保护

综　述

【概况】 2022年，苏州国家历史文化名城保护区、姑苏区古城保护委员会（简称“区古保委”）根据区委、区政府的决策部署，扎实有序推进保护与更新各项工作，努力向世界贡献古城保护“苏州方案”。

【《保护区、姑苏区名人故（旧）居认定实施意见（试行）》出台】 2022年1月，《保护区、姑苏区名人故（旧）居认定实施意见（试行）》正式出台，明确名人故（旧）居的认定标准、认定程序及后期保护管理等。明确认定标准：《实施意见》对名人的认定范围及名人故（旧）居的认定条件进行重点阐述，明确名人包括方志和其他文献中有记载的著名人物、两院院士、学部委员以及担任重要职务、做出重要贡献、有重要影响力的杰出人物，名人故（旧）居是各类名人居住过的、体现苏州传统风貌或时代特征、反映苏州传统建造技艺、社会伦理等文化要素的建筑物或构筑物，并对结构主体、外立面风格及形制进行限定。明确认定程序：《实施意见》对名人故（旧）居认定的全过程工作进行明确，通过组建由文物、规划、建筑、文史等领域专家组成的名人故（旧）居认定专家库，以既有普查成果与社会推荐为资料来源，经项目遴选、专家评审、审核发布三个阶段形成保护区、姑苏区名人故（旧）居名录，通过社会公示后正式公布。明确管理事项：《实施意见》明确由保护区、姑苏区古城保护委员会对批准公布后的名人故（旧）居设置保护标志，由属地街道开展日常管理，并对名人故（旧）居更名、撤销等相关事项做出规定，为更好彰显名人故（旧）居“身份”、擦亮名人故（旧）居“底色”提供支撑。

【苏州国家历史文化名城保护专家咨询会议举办】 2022年2月9日，苏州国家历史文化名城保护专家咨询会议举办，市委、市政府主要领导参加会议，杨保军、阮仪三等17名国内外古城保护领域的专家学者齐聚一堂，共同为苏州古城保护更新工作“把脉问诊”、出谋划策，探索新形势下苏州名城保护的新路径、新办法、新举措。专家咨询会上，中国城市规划设计研究院苏州中心揭牌成立。

【砖雕《平江图》落成】 2022年10月21日，砖雕《平江图》亮相姑苏城，被安置在学士街与干将路交叉口东南角，为拥有着2500年历史的姑苏城增添了一件城市家具。砖雕《平江图》由苏州府“袁氏堂”第五代传承人、苏州市级非遗传承人袁中平创作，历时3个月制成。砖雕《平江图》将宋《平江图》按照1∶1的比例临摹到金砖上，利用深浅不一的雕刻手法，重现宋《平江图》的城市建筑风貌和规划布局，让“一河一巷尽入画，一街一坊皆盛景”的古城形象更加可触、可感，与宋代《平江图》形成跨越时空的千年“对话”。

文物保护

【概况】 2022年，区古保委深入学习贯彻习近平新时代中国特色社会主义思想，紧紧围绕党的二十大最新理论成果和决策部署，坚决贯彻落实中央、省、市、区各级关于文物保护工作的相关要求，在机构设置、制度建设、安全监管、保护修缮等方面推动文物保护管理工作制度化、规范化、长效化，文物保护工作成效显著。

【机构变化】 2022年，制定《保护区、姑苏区关于加强文物保护和考古工作机构编制保障的实施方案》，设立苏州市姑苏区文物保护管理中心，负责全区的文物保护管理事业，提升全区文物保护管理水平。在区人社局的指导下，对中心岗位进行合理设置，明确以专技为主，专技岗位数为7个，管理岗位数为3个；并通过定岗特选、社招等方式招聘城建规划类、建筑工程类等专业方向的专业人才3名。

【机制探索】 2022年，区古保委建立文物保护工程市、区联合审批机制，服务于全区市级文物保护单位、控保建筑以及文物登录点的保护修缮方案审批。与市、区住建、资规等部门专题研究探索文物管理与现代建筑安全标准之间的平衡点，通过古城保护更新专班会议明确不可移动文物建筑本体由文物部门按照“一宅一方案”对修缮方案和图纸审批并出具批复意见，审批过程中将充分兼顾文物建筑结构安全和后期使用等相关要求。

【制度建设】 2022年，区古保委牵头制定《保护区、姑苏区古城墙保护实施意见（试行）》，将古城墙分为3类，明确古城墙管理工作的方向、内容和目标，因墙施策突出工作重点。制定《历史文化保护传承3年行动计划（2023—2025）》，包括“文明探源工程”“古城细胞解剖工程”“文物保护管理”“保护更新规划研究”4项工作任务。制定《直管公房文控保建筑保护修缮三年行动计划》，计划先行选择67处居住类直管公房文控保建筑作为实施对象。

【课题研究】 2022年，区古保委联合苏州科技大学苏州国家历史文化名城保护研究院、苏州规划院、苏州测绘院等专业科研单位组织开展“2022年度江苏省文物科研课题”的专项申报与研究工作，共向江苏省文物局申报“江苏省文化遗产保护信息系统数据交换规范研究——以苏州古城历史文化遗存信息化建设为例”“BIM技术在古建筑保护利用全生命周期管理中的应用研究”“江苏省未定级不可移动文物管控用改革举措研究——以苏州市姑苏区为例”3项课题，夯实古城保护理论基础，进一步提升科学管理水平。《苏州古城保护对象分类管控用专题研究》获得2021年度“江苏省社科应用研究精品工程”优秀成果。委托专业单位开展“历史文化名城街巷保护与城市更新规划指标管控专题研究”，科学、原真保护苏州历史城区的肌理和历史风貌，探索优化完善城市更新过程中街巷、建筑等的规划指标设定，尽快采取措施避免地块改造更新过程中对古城原有建筑、街巷空间尺度的破坏。以唐寅祠为试点，通过碳14测年技术判断唐寅祠建筑构件年代，为科学开展古建筑构件历史断代和文物建筑考古尝试新路。

【文物安全管理】 2022年，常态化开展文物安全季度联合检查，组织文物、住建、消防等多部门对文物建筑本体安全、消防安全、施工安全进行联合检查，同时紧盯春节、端午、国庆等重要节点，结合“百日攻坚”“月月亮剑”等专项行动，开展文物建筑领域安全检查，共检查文物建筑83处，针对私拉乱接电线、电动自行车违规停放、杂物堆积等隐患和问题，督促管理使用单位做好整改。在福建省宁德市屏南县国家重点文物保护单位闽东北廊桥之万安桥发生火灾后，结合上级文物部门要求迅速制定全区专项检查方案，检查文物建筑75处，发现消防安全隐患和问题35处，全部完成整改。开展全区市属及以上文控保建筑综合体检工作，重点围绕文控保建筑主体结构是否完好、外观风貌是否协调、消防器材是否齐全、用火用电是否存在隐患、安全责任人是否明确等方面，开展综合体检，并闭环落实隐患整改。

【文物保护工程修缮管理】 2022年，区古保委坚持构建规范、专业、高效、便民的文物保护工程方案审批体系，采取“线上”+“线下”的形式，充分利用古建专家力量，开展文物保护工程方案审批，全年先后受理完成叶天士故居、白塔西路温宅、悬桥巷潘宅、建新巷吴宅等37处文控保建筑文物保护工程方案审批申请。在文物修缮实施阶段，会同市文保所全程参与关键工序的旁站监督工作，邀请专家现场指导，将前端修缮方案审批与后端项目实施充分融合，形成修缮施工的动态监管机制，确保设计内容精准落位、有效实施、科学推进，进一步健全文物建筑保护修缮的管理工作机制，形成良好的示范效应。严格把关落实文物保护工程竣工验收，指导产权单位做好文控保建筑的科学合理使用，全年对富郎中巷吴宅、敕建报恩禅寺、顾家花园（北浩弄61号）、长洲县城隍庙、谢家福故居等6处文控保建筑修缮项目进行验收，有效实现文物保护工程设计—实施—竣工的闭环管理。对由姑苏区参与修缮方案审批的中张家巷29号、长洲县城隍庙、富郎中巷吴宅等9处文物修缮项目树立修缮碑记，记录文物建筑保护修缮历程，肯定和彰显各单位为古城文物保护做出的贡献。

保护与修缮

【概况】 2022年，区古保委始终坚持“保护优先，保护第一”理念，妥善处理保护与发展的关系，在深度普查、保护修缮、文化展示、宣传推广等方面主动作为，古城保护工作亮点纷呈。

【“古城细胞解剖工程”】 2022年，区古保委完成首批9个街坊与8处文保单位成果评审，7号、20号、32号等9个街坊共梳理传统民居组群2033处、单体4745处、推荐历史建筑100处、研究历史院落案例65处，新发现历史要素1037个。三茅观巷沈宅、陆润庠故居、叶天士故居等8处文物保护单位共采集精密点云数据278.3亿个，绘制现状测绘图233幅，构建文保单位室内外全要素仿真三维模型和倾斜三维模型各8个。启动“古城细胞解剖工程”先行

2022年11月，古城历史文化遗存信息化建设文物建筑测绘及城墙监测成果评审会召开　　区古保委　供稿

先试项目，对18号、19号、25号等18个街坊开展信息采集，其中选择23号、24号、31号、39号街坊实施“信息采集+应用研究模式”，形成城市更新实施方案等研究成果，作为拓展延伸及项目储备。对春晖堂杨宅、嘉寿堂陆宅等8处文保单位进行空间信息采集，同时以梵门桥弄吴宅为试点，探索开展文物建筑BIM建模研究。升级打造古城保护信息平台，精准服务姑苏CIM+数字“孪生古城”应用平台，实现“古城细胞解剖工程”项目成果数字化应用。

【名人故居修缮】 2022年，区古保委推动孝友堂张宅、方嘉谟故居、顾颉刚故居等一批名人故居修缮，结合“古城细胞解剖工程”，分批选取盛宣怀故居、舒适旧居、嘉寿堂陆宅等19处名人故居开展数字化保护，以“毫米级”精度对文物建筑空间数据信息进行采集，通过点云数据汇聚处理构建三维模型，精确记录、刻画文物建筑全貌和结构特征，为文物建筑的保护修缮和活化利用提供有力技术支撑。对苏肇冰故居、钱伯煊故居2处实施文化布展，挖掘展示古建老宅的历史文化资源，助推古建老宅业态引入和活化利用工作开展。

【历史文化名城保护区保护工作专项评估】 2022年，响应住房和城乡建设部、国家文物局《关于加强国家历史文化名城保护专项评估工作的通知》要求，区古保委牵头启动苏州国家历史文化名城保护区保护工作专项评估研究，系统总结、整理保护区历史文化保护工作内容，提炼好的做法，分析存在的主要不足，形成《苏州国家历史文化名城保护区保护工作专项评估研究（2012—2022）》报告，为国家历史文化名城保护专项评估工作提供相关参考。

【《苏州国家历史文化名城保护区古建老宅活化利用蓝皮书（第二期）》编制】 2022年，区古保委编制

2022年，钱伯煊故居实施文化布展，展示其生平和中医文化　　　　区古保委　供稿

《苏州国家历史文化名城保护区古建老宅活化利用蓝皮书(第二期)》。在2021年古建老宅活化利用蓝皮书基础上,再次梳理活化利用优秀项目成果,甄选出泰伯庙陈列馆、姑苏小院·敬彝堂严宅等12个典型案例。通过不同对象、不同内容、不同主体、不同效益的多维度剖析,总结古建老宅活化利用经验,提高典型案例示范带动效应,吸引更多力量参与文物保护利用。

【《苏州国家历史文化名城保护区古桥资源绿皮书》编制】 2022年,区古保委编制《苏州国家历史文化名城保护区古桥资源绿皮书》。收录全区93座现存古桥,展示苏州历史城区范围内主要古桥资源的历史文化信息,进一步增强古桥历史文化遗产的生命力并提升其影响力。

【古建老宅活化利用】 2022年,苏州历史文化名城建设集团大力推进古建老宅活化利用。古建老宅及传统民居保护修缮项目方面,苏州姑苏古建保护发展有限公司在建项目共8个,建筑面积约6300平方米。建新巷30号完成文物本体施工,推进新建建筑基础施工;顾家花园13号主体结构施工完成,推进地面铺装、木作、门窗油漆施工;尚堂弄4号、8号、10号主体结构施工完成,推进地面铺装、木作、门窗油漆施工;郁长巷7号基本完成施工;庙堂巷11号、12号、14号修缮部分基本完成,推进新建建筑地基及基础施工;悬桥巷47号完成施工招标,推进项目建设。

(刘　婧)

历史文化街区建设

【概况】 2022年,苏州历史文化名城建设集团严格依照保护整治规划,挖掘历史街区文化内涵,重塑街区活力,结合地区文化气质,用心培育品牌,优化业态氛围。年内,平江历史街区入选首批国家级旅游休闲街区。

【平江历史文化街区建设】 2022年,苏州平江历史街区保护整治有限责任公司对承租方进行积分化管理,新引进"闲雅苑""江南米造局""唐寅""一尺花园"等业态,进一步提升业态氛围,促进平江路提档升级;先后入选首批江苏省旅游休闲街区及首批国家级旅游休闲街区,进一步提升平江路品牌知名度和影响力;连续举办"平江晒书节""平江路跨年""平江路夜市"等主题活动,丰富街区艺术体验,提升街区消费热度。

【山塘历史文化街区建设】 2022年,苏州山塘历史文化保护区发展有限责任公司按照一年冲刺行动计划,至年末完成27家商户提档升级;引进老字号及山塘首店"春晖堂""忙狸偷闲",开创山塘文化集合空间,打造"山塘浮生集"文旅品牌和线下主题空间,不断提升山塘街个性化、高端化文商旅氛围;鼓励商家结合自身经营特色、街区建筑特点及区域特色进行橱窗亮化,通过引进主题沙龙、非遗研习、雅集等项目,不断提升街区景观质量,推动开发"二楼经济";积极借助"55购物节""双11""双12"等购物节庆日,探索尝试通过主播、七里山塘官方抖音号、七里山塘线上商城以及文化集合空间等线上线下载体联动的商推活动,形成线上线下联动营销模式。

(陆　琦)

桃花坞历史文化片区综合整治保护利用

【概况】 桃花坞历史文化片区位于苏州古城西北

部，以桃花坞大街为核心，西、北至护城河，东至人民路，南到东中市、景德路，占地约1.84平方千米。桃花坞历史文化片区综合整治保护利用工程于2010年启动实施，项目以“整治环境、改善民生、传承文化、发展旅游”为指导思想，围绕唐寅、泰伯和非遗三大亮点，挖掘和保护传统文化，打造吴文化的重要窗口、非遗集中展示区和古城旅游的新亮点。桃花坞一期工程包含唐寅故居文化区和泰伯庙·阊门西街文化区。二期工程总体理念为“沟通一期、配套一期、完善一期”，包含廖家巷北入口、元宁公所、桃花坞创意产业园、单家桥及周边、校场桥路河东延、廖家巷南扩、校场桥路河西延、桃花坞大街等项目。2022年，苏州桃花坞发展建设有限公司主要围绕项目建设、招商运营等方面开展工作。

【项目建设】 2022年12月，苏州桃花坞发展建设有限公司完成唐寅故居文化区1号、4号、7号、8号房及管理用房不动产登记手续。推进泰伯庙·阊门西街文化区建设：东侧地块土建工程全部完成，正在进行零星扫尾及室外消防管网施工。余宅花园完成文物及规划许可手续。阊门西街市政道路配套工程主路完成雨水、污水、供电等综合管线施工，路面铺装完成。西侧地块完成土地上市工作，在办理土地交地手续，调整曹沧洲祠修缮方案。廖家巷北入口地块位于桃花坞二期廖家巷北段，项目建设完成，取得不动产证。元宁公所完成文物审批、项目建议书审批等手续，在办理土地交地手续。单家桥及周边完成项目建议书、稳评、环评、规划选址、规划方案审批等手续，在对片区整体规划功能研究分析，零星地块正在征收扫尾中。桃花坞创意产业园保留地块在进行加固、消防设计工作，更新地块通过上市拍卖取得土地使用权，在进行前期方案设计工作。廖家巷南延、校场桥路河西延完成搬迁扫尾清零。

【招商运营】 唐寅故居文化区于2022年9月对外开放，与美术馆、名人馆、文化馆、丝绸博物馆、木刻年画博物馆、昆剧院等串联，形成新的馆、院聚集地，打造桃花坞的文化名片。同时，借助唐寅的话题性、故事性和流量，以唐寅人物为IP，结合桃花坞地域文脉特色，形成餐饮、住宿、沉浸式文化体验区。唐寅故居遗址1982年被列为苏州市文物保护单位，2022年9月在此举办中秋游园会活动，同时作为唐寅人物生平和作品展示场所对外开放。唐寅祠1963年被列为苏州市文物保护单位，以明代文化展示、文化体验为主。文昌阁作为状元文化的展陈场所，已对外开放。展示馆一楼已被作为桃花坞艺术展示交流中心，于2022年11月至2023年1月期间举办书画展示交流活动和迎春送福活动，并联合邮政公司举办生肖邮票展活动。文化产业综合街区已签约入驻2家企业。文化特色酒店正在进行可研分析、深化装修设计方案。

泰伯庙·阊门西街文化区中的泰伯庙于2014年对外开放，由市文联负责管理。西街整体定位调整为以泰伯庙、五峰园、曹沧洲祠为依托，结合吴文化展示、中医药文化核心产业，打造寻根文化、吴文化展示和中医中药集聚的特色街区，项目方案在深化中。廖家巷北入口地块将用于金阊街道社区卫生服务中心分中心，正在抓紧前期方案设计工作及商务条款洽谈。桃花坞创意产业园保留地块正在与运营公司洽谈基本商务条件，项目定位为以文化引领产业，打造桃花坞文化创意园。更新地块项目定位为通过重新赋能古城区内商业地块，引入文化创意相关产业，大力发展总部经济，打造成苏州古城区文化创意总部经济产业园示范园区。（朱晨曦）

虎丘地区综合改造

【概况】 苏州市虎丘地区综合改造工程（简称“虎丘综改”）是市委、市政府重点工程项目，项目范围北起312国道，南到沪宁铁路，西至苏虞张连接线，东至十字洋河，区域面积为3.5平方千米。2013年，市政府明确将312国道以北F地块（沪宁高速以南、312国道以北、西塘河以西）纳入虎丘综改项目范围，自此，虎丘综改区域面积达4.3平方千米。2022年，虎丘综改项目组织架构重新调整，苏州虎丘投资建设开发有限公司（简称“虎丘建设公司”）划入苏州名城保护集团。

【道路建设】 2022年，完成虎金路施工并通车，虎阜路、虎丘西路、虎东路、蒲庵路等道路启动前期手续办理工作。针对受征收、地块占用、实施单位主体变更等因素影响尚未启动的道路，坚持以目标为导向，通过“分段实施、以建促征”的方式，及时会同工作组协调解决相关问题，确保剩余道路有序推进。

【景区建设】 2022年，虎丘景区作为虎丘综改项目的重要组成部分，由虎丘建设公司积极配合园林组推进各项建设任务，推进花神苑征收搬迁，完成地块的续建、环山河水环境质量工程建设工作。

2022年5月12日，虎丘综改项目专题协调会召开

区融媒体中心　供稿

【文物勘探】 2022年，根据虎丘综改项目文物勘探工作要求，虎丘建设公司积极配合开展考古工作，完成正山门区域及金鸡墩北侧地块文物勘探工作，加紧推进文物发掘工作。

【环境提升】 2022年，虎丘建设公司完成虎丘正山门（虎金路以东、虎阜路以北、山塘河以南）三角地块的垃圾清运工作。完成婚纱城东侧规划观景路地块的临时覆绿及生态一期虎金路、金鸡墩路、木桥路两侧绿化建设工作。完成山塘四期沿线建筑立面修复、管线整理和沿河亮化工作。启动望山桥至西山庙桥沿河房屋解危修缮，提升正山门区域形象。

【项目运营】 2022年，虎丘建设公司本着“通过运营前置，最大化了解市场需求，精准定位和功能，从而推进项目建设落地”的理念，展开重点项目建设与运营策划研究工作。下半年虎丘老街项目启动方案变更工作，对项目南北区定位、功能布局及建筑、景观优化深入研究，完成变更方案初稿。启动山塘四期项目整体策划研究；A、B组团规划方案完成区资规专家论证并启动文物条线国家文物局报批手续；完成修缮敕建报恩禅寺，启动项目建设试点段架空线入地，对剩余段架空线入地方案启动研究。启动天赐广场区域及山塘街虎丘段沿河房屋的更新策划研究。

（汪　超）

渔家村项目

【概况】 渔家村文化旅游项目是石湖景区和上方山“三园”工程的二期工程，项目于2012年5月启动，作为市、区两级政府重点项目，区政府确定与苏州市国发集团联合打造渔家村项目，助推项目建设，促进项目招商，助力产业定位探索，从而打造苏州标杆性的文旅新名片。2022年，苏州越城遗址文化旅游发展有限公司（简称“越城公司”）推动落实公司年度各项目标任务，加速推动项目建设步伐，确保项目建设安全质量，积极谋划项目招商运营。

【项目建设】 二期渔家水乡项目于2021年8月底正式开工，至2022年底，渔家水乡工程地面以上建筑主体结构全部完成，正在进行地下室管线安装、建筑墙体及涂料、古建装饰、市政雨污水、景观等工程施工，总体进度完成约70%。越城公司作为苏州考古博物馆代建单位，积极推进考古博物馆项目建设。至2022年底，考古博物馆主楼钢结构完成95%，焊接完成50%。

【项目招商运营】 以石湖片区为载体，立足项目自身独特的地理优势，充分挖掘历史文化资源与保护遗存，紧紧围绕运河文化、越城遗址文化、石湖文化谋划项目各区域业态规划，不断整理和细化《渔家村文化旅游项目规划方案》。抢抓机遇，整合资源，挖掘特色产业进行精准招商，积极开展针对“总部经济、基金落户、文化产业”的专项招商。与文商旅产业关联的商家进行有效对接，与国内外优质的品牌和具备一定市场前景的丽世酒店、开元酒店、世茂喜达酒店集团等商家建立意向关系。同时积极与国内优秀项目运营和建筑设计团队北京凤凰数字科技、苏州国际博览中心、华东建筑设计研究总院、清华大学建筑设计研究院、复旦大学考古系团队等开展前期对接与交流。通过市国发集团金融平台资源，姑苏古城保护与发展基金、苏州上银国发创业投资基金、招商国发私募股权投资基金、苏州国发营财壹号产业投资基金、苏州国发营财叁号产业投资基金、苏州国发苏创二期知识产权合伙企业（有限合伙）、苏州国发营财肆号产业投资合伙企业（有限合伙）等9家基金公司落户渔家村文化旅游项目，总规模25.59亿元。 （岑　裕）

城市规划与建设管理

自然资源和规划

【概况】 2022年，苏州市自然资源和规划局苏州国家历史文化名城保护区（姑苏）分局（简称“资规姑苏分局”）认真贯彻落实党的二十大精神和上级各项部署要求，不断完善体制机制，加快推进古城保护更新，进一步优化城市空间、产业布局和资源配置，提升居民生活品质，为姑苏区高质量发展做出积极贡献。年内，资规姑苏分局获2022年度区级机关单位综合考核第一等次称号。

【规划编制】 2022年，资规姑苏分局在全力配合完善苏州市国土空间总体规划（2035）等重大规划编制工作的基础上，快速、高标准地推进姑苏区各类规划编制，为全区高质量发展和国土空间开发保护提供规划支撑。深入优化分区规划暨城市更新专项规划，结合三区三线划定、《古城绿色交通系统实施规划》等成果，细化完善空间管控、城市交通系统等内容，组织编制《苏州市姑苏区专项服务产业用地规划》，以解决产业项目落地需求为导向，综合地块区位价值、征收拆迁、产业集聚等因素，划定全区“双轴双带，一核四区”的专项服务产业用地规划空间布局，梳理专项服务产业用地供地政策，为姑苏区打造数字创意和高技术服务产业创新集群提供支撑保障。实施高品质环境提升研究，完成公共服务空间提升一年冲刺行动计划，出台《姑苏区城市家具建设指引》，配合实施主体推进城市家具建设。加快干将路、人民路、齐门路—临顿路等路段的城市家具细化研究，对规划范围26类设施中的需改造、新增类型进行单独设计，提出项目实施计划。开展保护区公共空间艺术规划，完成公共空间艺术规划总体方案研究，对设计节点分级分类，明确各层级主要节点的设计指引，融合苏州水文化、古城、明月、太湖石、古城第五立面等元素，形成设计方案。组织开展各类规划研究，开展古城重点片区保护更新研究，完成《阊门历史文化街区有机更新详细设计》《古城4、5、6、14号街坊更新实施规划》《18、19、26、27号街坊更新实施研究暨观前商圈高质量发展规划》等研究。加强古城传统民居保护更新研究，完成《历史文化名城保护区传统民居建设指南》研究。强化古城建筑高度管控，开展古城区超高建筑高度研究，系统梳理超高建筑的分布及现状，形成古城区内超高建筑精细化整治措施建议。开展古城保护更新策略及实施路径研究，汇总梳理苏州古建老宅更新利用方式，结合不同城市对历史建筑的更新改造经验，提出苏州古建老宅及历史街区更新实施路径建议。

【项目服务保障】 2022年，资规姑苏分局全面落实市、区优化营商环境和工程建设项目审批制度改革部署安排，以务实的作风、高效的举措、便捷的服务，从群众角度办实事，持续提高为民服务水平。用地审批方面，办理用地预审与选址意见书17件，用地规划许可证17件，规划条件13件（其中上市地块规划条件4件），土地划拨（拨转）初审21件，土地收回初审11件，临时用地13件，用地预审与选址意见书变更8件；用地规划许可证变更延期4件。建设项目规划服务方面，办结建筑工程、市政工程及居民私有住房翻建项目241件，其中规划方案审查139件、提前服务反馈意见41件、居民私房翻建23件。结合姑苏区燃气管网改造与管道占压隐患整改、城区老旧供水管网改造等管线工程，办理市政工程方案技术审查39件，办理建设工程规划许可证（市政工程）提前服务18件。配合新建道路及苏州轨道交通道路恢复工程共办理管线综合市政工程方案技术审查12件。建设项目规划核实方面，完成私房验收核实合格证核发25件，合计发证面积约2636平方米；完成非私房验收核实合格证核发46件，合计发证面积约196万平方米。

【监察巡查】 2022年，资规姑苏分局全面落实全市自然资源和规划系统从严管理、全市系统法治工作等会议精神，持续强化管控，严守耕地红线，坚决制止耕地“非农化”行为。加强动态巡查监管，制定《资规姑苏分局动态巡查工作方案（试行）》，全年共开展各类巡查120余次，核实上报各类图斑450余个，涉及土地面积396.62万平方米，配合市资规局对胥江饮水工程违法用地及时进行查处。完成自然资源部督查南京局下发的例行督察问题3个批次明细清单，比对完成“非农化”“非粮化”疑似问题图斑共11个。

【用地保障】 2022年，资规姑苏分局完成姑苏区预支空间规模指标落地上图，根据下发的国土空间总体规划新增建设用地规模指标，保障姑苏区“十四五”近期的重点项目。推动姑苏区2021年成片开发02号方案获批同意，完成轨道交通8号线姑苏段土地征收，推进姑苏区2022年度第1、2、3批次城市建设用地报批和姑苏区2022-01号土地征收成片开发方案编制工作。保障新建元A、B、C、D地块，燃气大厦南地块（胥涛路以北），桃花坞二期大营弄以南（02-88a）地块，桃花坞阊门西街西等6宗重点地块的上市工作，持续推进苏化厂北、苏规院与五建、博宇鑫、热工研究院、燃气大厦南（胥涛路以南）等地块的上市工作。开展历史城区外土地收储工作，出台《关于加强姑苏区土地储备管理工作的意见（试行）》，落实西环路两侧等重点区域的土地收储工作，实施万丰里地块综合改造项目，拟定9个历史城区外低效地块的三年收储利用计划。（李枢航）

住房和建设

【概况】 2022年，苏州国家历史文化名城保护区、姑苏区住房和建设委员会（简称“区住建委”）围绕全区中心工作，抢抓机遇，团结奋进，在区域环境提升、基础设施完善、民生服务提质和行业管理规范等方面取得新进展。

【城市更新系统谋划】 2022年，区住建委依托区规划建设工作领导小组办公室，推动建立历史城区外城建项目生成及实施机制，按照轻重缓急和资金规模，科学梳理并形成2022年和2023年历史城区外城建资金项目计划。系统推动全域65个体检单元的城市体检，形成古城、老城、新城分城区体检报告和总报告。立足辖区实际需求，高水平系统研究古城保护更新提升、城市风貌提升三年行动计划。

【城市环境品质提升】 2022年,区住建委持续增进民生福祉,实施四合苑等12个老旧小区改造,惠及居民1万余户。启动700余个居民小区微更新,全面梳理、维修小区路面墙面和空中飞线。持续支持既有多层住宅电梯加装,通过推动居民自主实施、政府集中增梯方式,共实施61台既有多层建筑增梯项目。启动内环高架路沿线风貌整治和绿化环境改造提升,打造西环、东环桥下U型空间。不断优化城市空间布局和形态,高标准研究虎丘路、临顿路、竹辉路—新市路等道路综合改造项目,通过提升建筑立面、保留特色风貌、更新城市家具等措施,打造整洁美观的苏式景观道路。滚动实施100条街巷架空线整理,完成其中75条路面恢复。持续深化河长制改革,积极承接涉水职能,常态化推动跨界河湖联防联治和高质量河道管护,全面实现长效管理与清理整治并重。

【城市治理水平提升】 2022年,区住建委全面落实"保交楼、稳民生"的总体要求,落实情报信息、第三方资金监管、预警响应、人员稳控等方面措施。主动承接房地产行业监管职能,实时监测各板块楼盘成交和价格变化情况,搭建房企服务平台,着力构建规范有序、保障有力的房地产行业管理体系。在古城内积极尝试"物业城市"模式,围绕"三无小区"等基层治理盲区,统筹整合环卫保洁、绿化、主次干道维修及养护等各项公共服务内容和相关资源,实现全区物业管理全覆盖和古城公共服务降本增效。

【城市空间疏解】 2022年,全区共有99个征收(拆迁)项目,其中,住宅795户11.74万平方米,非住宅106户24.71万平方米。全年累计完成里双河城中村改造等16个项目清零,完成住宅335户3.31万平方米,非住宅35户6万平方米,交地78.47万平方米,有效保障市级重大工程建设和土地收储计划。围绕万丰里、城湾、钟楼新村、炒米浜、谈埂上、尤先甲故居等市、区两级重点关注区域,逐一梳理基本情况、找出问题症结,形成工作计划予以重点推进。特别是顺利启动万丰里综合改造项目,同步组织城湾、水潭头等剩余城中村地块前期研究,尽全力消除"城市疮疤"。在充分考虑区情实际和面上稳定的基础上,积极探索货币化安置路径和相关政策。

【城市安全底线坚守】 2022年,区住建委严格按照"网格化排查、清单化整治"要求,围绕人员密集场所、公共建筑、经营性场所、城中村、城市低洼地、临河和临地铁地段、老旧建筑等区域,完成全区既有建筑安全大排查,共排查既有建筑约5万幢,总建筑面积约7600万平方米,最终形成全区房屋现状底数。同步按照清单化、项目化、责任化要求,采取直管公房修缮解危、征收搬迁解危、项目带动解危、连片成套房解危、零星加固解危5种方式,下大力气研究在册626幢31.74万平方米疑似严重损坏房屋治理实施方案。严格贯彻建筑施工领域零事故行动要求,从规范建筑市场、整治施工行为、提升监管能力等方面入手,开展建筑企业清理、规范建筑市场承发包治理等10个专项行动。严格履行城镇燃气行业监管责任,推动近1.5万户瓶装液化气居民用户安装泄漏报警保护装置,逐步建立起用户自查、属地抽查、部门督查的工作机制。严格落实落细防汛防台举措,积极稳妥应对台风"梅花"等极端天气,出动抢险队伍3428人次,及时处置小太平巷等轨道交通施工区域周边短时积涝问题,圆满安全平稳度汛。

【直管公房管理及修缮解危】 2022年,姑苏区全面承接8800余处190万平方米市属直管公房管理职能，有序推动公房产权划转、档案移交、公房信息系统改造、业务窗口设置等工作。区直管公房回收租金6636.6万元；办理直管公有住房房改售房72处，售房建筑面积4062.46平方米；办理直管公房使用权有偿转让252户，无偿更名241户；完成直管公房修缮2.88万平方米，惠及居民839户。

【住房保障】 2022年，区住建委审核住房保障申请家庭2988户，向9369户（次）住房保障家庭发放租赁补贴2195万元，向48户家庭发放购房补贴2127.82万元，受理209户保障性住房上市交易申请。负责2497套公租房家庭的资格复审工作，组织公租房修缮568套，协助产权人做好公租房日常管理。

【房地产管理】 2022年，姑苏区商品房销售面积95.61万平方米，其中住宅77.8万平方米、非住宅17.81万平方米。6月起，区住建委开始承接部分房地产行业相关职能，完成平江观棠雅苑、桃溪澜园2个房地产新建项目共计4批次的预售许可初审（包括地名备案和价格备案）、预售资金监管审批；建立房地产市场运行月报制度和房地产维稳工作周报制度，做好房地产行业市场分析和研判，落实风险楼盘“一案一策”化解处置。

【物业管理】 2022年，区住建委指导辖区物业管理区域组织召开业主大会选举成立业主委员会（含物业管理委员会）并完成备案21个，完成物业服务企业合同备案17份，完成物业服务用房确认备案9份；完成物业管理承接查验10份。同步做好维修资金管理工作，全年住宅专项维修资金交存交易总户数12492户，交易总面积301.48万平方米，交款总金额2亿余元；完成维修资金使用审批280笔，涉及金额2994.42万元；完成维修资金拨付审批252笔，涉及金额1400.25万元。苏州市人民检察院办公楼、苏州新城投资国际物流大厦、浅棠平江花园、平门上院、福星小区、桐胥雅苑、姑苏云谷（一期）7个物业项目于2022年11月16日创建市级物业示范项目。翠锦苑、桂花新村、吴门印象等6个项目于2022年12月16日获评2022年度党建引领物业管理市级示范点。

【城市绿化】 2022年，区住建委充分依托道路、河道、高架桥、空闲地等公共开放空间，持续提升绿化生态功能和内涵品质。完成平海路、虎殿路约40万平方米绿廊改造，打造宜居生活环境；改造提升西环北延新区出入口至新庄立交地面道路段约30万平方米绿化景观，切实擦亮扮美城市窗口。实施约320万平方米空闲地块覆绿和1.35万平方米零星地块见缝插绿，最大限度实现还绿于民，不断提升群众获得感、幸福感和满意度。利用城市“边角料”，使之蜕变为居民休闲、驻足的友好空间。建成拥军楼等10个口袋公园，打造惠民利民的“城市客厅”。完成新庄首末站周边、体育中心莲花闸周边、劳动路西环路路口周边城市微更新，让街头绿地融入群众生活。完成2000余个树穴提升、3300余个花箱护栏设置及立体绿化配置，推进管养提标。抓好全区623棵古树名木、29棵古树后续资源的保护和复壮研究，守护好城市历史“见证者”。秋香园等10个小游园绿化景观工程获江苏省“扬子杯”优质工程奖，拥军楼等6个小游园和主城区干将路、三香路等重要区域绿化和景观提升试验段工程分获2022年度“园林杯”最美口袋公园、优质工程奖。

【建筑行业管理】 2022年，姑苏区注册建筑业企业共2478家，其中市管企业1416家。受理企业首次申报196家，企业全资子公司间重组、分立253家次，增项申请60家次，升级申请2家次，简单变更申请976家次。企业信息登记审核通过1146家，发放2022年度企业信用手册1146份，外地企业进区信息登记审核通过560家。全区保障农民工工资支付实名制系统在建项目78个，已考勤项目78个，已开专户78个；农民工工资保证金缴纳51笔，总金额627.04万元；农民工工资保证金退缴92笔，总金额1271.84万元。受理农民工欠薪投诉456件，调处人数1141人，调处金额2855.76万元。

【建筑施工安全】 2022年，姑苏区建筑工程施工安全生产专委会办公室继续牵头做好全区在建工地施工安全监管工作。对市、区两级报监项目、非报监项目（主要为口袋公园改造、市政养护等）、小型（临时）工程等各类建设项目开展日常检查1212个次，发现各类安全问题5625个。组织疫情防控专项检查1500余个次，发现防疫物资配备不全、口罩佩戴不到位、人员管控不严、消杀不到位等问题1200余个。所有问题均现场开具整改单，并全部落实完成整改。持续开展"六无"违规行为排查行动，发现无施工许可违规建设项目16个，均责令停工整改，同时上报市城建监察支队依规处理。对发现工程上存在重大安全问题的，责令其停工整改并开具局部停工通知书10份。建筑施工安全生产方面行政处罚5起，项目经理"一带一帽"方面问题记分9个。结合"零事故"目标行动及"安全生产月"等活动，深入工地、街道开展4场建筑施工安全生产培训，培训200余人次。制作、发放各类安全生产宣传册及海报1000余份。全年姑苏区建筑施工领域未发生安全生产事故。

【城中村（无地队）改造】 2022年，姑苏区实现蔡家村等5个城中村项目清零。2018年启动的劳动东路北地块等9个城中村（无地队）改造项目总体签约率为96%，2019年启动的砻糠桥（留园2队）等5个城中村（无地队）改造项目总体签约率为93%，2020年下半年启动的旺家墩等5个城中村（无地队）改造项目整体签约率为97%，2022年启动的相门前、后庄地块征收项目总体签约率为54%。

【海绵城市建设】 2022年，区住建委深入践行"两山"理念，系统化全域推进海绵城市建设，坚持生态优先、绿色发展，尊重生态基底，延续生态肌理。围绕高质量发展中海绵城市建设目标和江苏省住房和城乡建设厅关于进一步加强海绵城市建设工作的通知要求，有序推进全区海绵城市建设。通过在控规修编时同步纳入海绵城市建设要求，初步形成源头把控机制，为保障城市水安全，改善城市水环境，缓解城市内涝问题，促进城市可持续发展，形成相对完善的规划体系；在实施的口袋公园、沿河沿路绿化带、小区改造及新建项目中融入海绵城市建设理念，达到建成区面积35.72%的海绵城市建设要求；组织申报苏州市海绵城市建设示范项目，姑苏区金阊体育公园项目、虎丘湿地公园姑苏片区（一期）新建区景观绿化工程一标段、苏州市叶圣陶中学、日益路工程4个项目入选2022年度苏州市海绵城市示范项目；完成平江新城和金阊新城实施的小区改造项目长效管理的考核，通过以奖代补的形式，拨付长效管理资金29.75万元，确保海绵设施运行长期有效。

【河道管理】 2022年，姑苏区实施方家浜等河道水质提升项目，持续巩固提升河湖水环境质量，绿色发展生态本底进一步夯实。常态化开展高质量管护河道创建工作，建成高质量管护河道139条，"古城特色历史水街，新城健康生态廊道"的生态美丽河湖格局进一步凸显。通过河道高质量管护，拆除涉河违法建设1001.1平方米，清除涉河乱垦种50536平方米，恢复绿地约11415平方米。行政审批方面，2022年姑苏区河湖管理范围建设项目批前勘察50余次，共批复28个项目，对2022年批复项目及往年未完工批复涉河建设项目和水工程建设规划同意书开展监管95次。组织专家评审8个项目，完成审批50件。

【燃气管理】 2022年，区住建委认真履行行业监管职责，严格落实企业安全生产主体责任，巩固"一年小灶”，开展“三年大灶”专项整治工作。全区1469户天然气管道餐饮用户全部安装燃气泄漏安全保护装置。开展建筑工地餐饮场所燃气安全专项整治，共摸排建筑工地114个。提高独居老人燃气安全水平，为609户瓶装液化气独居老人用户安装燃气泄漏安全保护装置。（杨新星）

河长制工作

【概况】 2022年，姑苏区20名区级河长共完成巡河126次，81名街道级河长完成巡河2574次，173名社区级河长完成巡河9905次，跨界河湖联防联治已成常态化，联合巡河34次。全面查找发现影响河道水环境及风貌的问题，并抓好整改落实。做好细致摸排，确定底数清单，针对多处“小散乱”问题进行分类别处置。通过两轮入户核查，梳理问题清单，年底全面完成问题的整治，分批通过市级验收，成为全市第一个提前一年完成达标区建设任务的板块。

【污水处理】 2022年，姑苏区顺利完成污水处理提质增效年度任务。联动市河道处、市供排水处、市排水公司等市级部门和区相关部门、属地街道，协同履职，集中攻坚污水收集处理提质增效、城市水环境改善、建设管护质效提升等重点任务。整治消除直排口30个，完成投资15万元；整治“小散乱”270户，完成25个小区阳台排水、12家单位庭院和5个小区雨污分流整治工程，完成投资3400万元；完成污水泵站标准化建设9座，新建污水管道约48千米，修复排水管道约800处，提升小区污水管网养护管理水平10个，完成投资3672万元。

【水体排查】 2022年，姑苏区在现有国省考断面、区级河道、入运河支河及其关联支河监测点位布局的基础上，结合街道社区河长巡河、市河道处河道保洁巡查、全区河道高质量管护，对全区所有河湖进行全面排查，所有河湖水质由生态环境部门进行全面检测。经全面核查检测，全区未发现劣V类水体。全区水功能区达标率、省考断面优Ⅲ比例连续两年达100%。（杨新星）

护城河（胥门段）　　区融媒体中心　供稿

城市管理

综　述

【概况】 2022年，苏州国家历史文化名城保护区、姑苏区城市管理委员会（简称“区城管委”）树牢“人民城市人民建”“城市管理应该像绣花一样精细”的管理理念，弘扬“主动担当、奋勇争先、高效务实”的精神内核，围绕《姑苏区城市面貌提升三年行动计划》，全面推进城市精细化管理水平。在2022年度全市城管条线工作考核中，姑苏区位列城区第一。

【城市环境底色擦亮】 2022年，区城管委针对古城城市环境卫生顽疾，推行“重点地区、古城、老城、新城”等4类精细化保洁管理标准，集中开展“净姑苏创文明”大扫除，持续推进“净美街巷”行动，全年创建150条“净美街巷”、10条“净美街巷”典范、4个“席地而坐”示范区，推动城市环境大改观。持续落实重点商圈、窗口地区、背街小巷区域公厕改造升级，完成平川路绿地公厕、积谷仓等8座公共卫生间翻改建。出台《姑苏区建筑垃圾管理工作实施方案》，强化建筑垃圾源头管控。开展全时段大件垃圾免费清运预约活动，累计投入资金450万元，清运3000余户582.36吨大件垃圾。

【服务经济管理】 2022年，区城管委完善重点企业城管专员上门服务制度，为大额投资、标志性项目和重点企业开展政策宣传、项目审批代办上门服务。落实企业轻微违法违规“免罚”，累计免罚、轻罚案件28起，减免处罚140.8万元。支持重点商业综合体设置特色店招广告，制定《姑苏区店招标牌个性化设置导则》，鼓励打造特色广告、店招，支持观前食品大楼、南门金地、石路亚细亚设置3D裸眼广告屏，助力提升消费氛围。按照“有序放、规范管”的要求，因地制宜设置农特产品临时销售点19个，增加城市“烟火气”。

【环古城河健身步道管理】 2022年9月，区城管委组建姑苏区环古城河健身步道管理处，办公地点位于姑苏区庙湾街11号。建立苏州环古城河健身步道管理联席会议制度，统筹协调市、区两级管理单位，委托东方水城旅游发展公司进行“景区式”物业管理，并派驻城管执法队伍，加强日常执法巡查，变7家单位共管为1家单位统管，全面提升步道管理水平。从10月1日起，环古城河健身步道管理处先行落实环古城河内圈健身步道区域统一管理、集中管理的具体职责。市公安局、市城管局、市

环古城河步道（盘门段） 区城管委 供稿

水务局、市体育局等单位继续负责所属的监控、照明、市政桥梁、泵闸、健身等设施管理职责。现状封闭管理、借道经过的东园段、桂花公园段的物业管理模式不变，但统一纳入姑苏区的执法巡查和考核管理。

【疫情防控】 2022年，区城管委承担交通防控组疫情防控主要职能，每日投入城管、公安、卫生、第三方安保力量1000余人，开展苏州火车站、新区高速入口旅客核酸“落地检”、身份甄别、接驳转运工作。疫情防控最吃紧时期，抽调3批共计76人次机关干部支援交通卡口疫情防控工作。疫情防控期间，累计接驳转运高风险旅客12.7万人（苏州火车站10.4万人、新区高速出入口2.3万人），守牢苏州“交通门户”。

市容市政工作

【概况】 2022年，区城管委坚持全域治理、系统观念，以宏观视角把握城市管理的内涵外延，创新推出“U型空间”巡管指引，大力开展122条主次干道“扫街”行动，推动打造三香路、道前街、人民路、干将路等精细化管理示范路。针对小区出行难、停车难、治安基础设施薄弱等问题，继续推行交通安防环境综合整治，全力推进停车泊位建设，市政设施不断优化，城市功能不断完善。年内，姑苏区环境卫生管理所获评2019—2021年度江苏省文明单位。

【市容市貌提升】 2022年，区城管委针对沿街市容秩序问题，在严格落实“三次必罚”基础上，创新推行市容环卫责任制“红黄绿”分色管理升级版，针对绿牌、黄牌、红牌分类制定奖惩措施，通过奖优罚劣全面压实物业企业、农贸市场、沿街商户等各类市场主体市容责任制，倒逼履责到位、自我管理升级，累计查处市容环卫责任制案件2339件、罚款61.28万元。针对违章停车问题，每街道安排1辆拖车，成立2支车辆拖移应急队伍，设置5个严管区和46条严管道路，城警联动“百日攻坚”违章停车，累计拖移机动车1500余辆、非机动车2.3万辆。聚焦各类违法违规现象，持续提升执法处罚力度，累计查处各类案件3.71万件、罚款434.7万元。在巩固前期违法建设治理成效的基础上，按照“控增量、减存量、管源头”的原则，持续纵深推进违法建设专项治理，累计拆除违建65.8万平方米，创建50个无违建示范区、80条无违建示范路。

【人居环境建管并举】 2022年，区城管委以工程项目为抓手，深入推进系列“城市更新美化”行动，努力让“城市更美丽、百姓更幸福”。大力整治道路街巷环境，在相门片、三元片、胥江片、网师片、清塘片等5个片区推进第4批交通安防环境综合整治工程，完成首批首期54个小区、83条街巷“两小”整治工程，完成苏站路、平川路、东北街、狮林寺巷、园林路、白塔东路等6条道路立面整治。从全局角度谋划停车管理工作，开展停车资源普查，组建停车管理国资运营公司苏州静态交通有限公司，出台《保护区、姑苏区机动车停车场管理实施细则（试行）》，开发智慧停车管理平台，按照“一场一档”要求建立125处公共停车场档案。通过利用闲置土地、地下空间及智能化改造，充分挖掘古城停车潜力，全年非机动车泊位新增划线275千米，机动车泊位新增1.8万个，建成首批763个“分步式”停车泊位，完成第二批19条道路799个泊位智能化改造。人民路乘鲤坊等11处大型停车场提档升级。

火车站地区综合管理

【概况】 苏州火车站地区是指苏州火车站南北广场及其周边和地下区域，总面积约143.2万平方米，区域内设有铁路苏州站、北广场汽车客运站，轨道交通2号线和4号线在此交会。2022年，苏州火车站进站967万人，出站1006万人，开行列车日均201.5对。

【执法服务水平提高】 2022年，苏州火车站地区综合管理办公室（简称“站管办”）启动苏州火车站综合指挥中心建设，提升站区协调指挥科技化水平。强化群防群治体系建设，落实由苏州火车站地区派出所、铁路苏州站派出所、市道路执法五大队、火车站地区城管大队、区城管委火车站地区协调处5家单位共同参与的巡查工作机制，发挥公安、城管巡查人员的“流动哨”作用，针对火车站南北广场、北广场汽车客运站等重点区域进行常态化巡查，全力遏制叫客拉客、乱停乱放、非法营运等各类违法违规现象。全年共计教育驱赶摊贩297起，教育不文明现象1048起，驱赶违停机动车3000余起，驱赶拉客黑摩的、残疾人车2690起，治安警告469人，治安拘留9人。

【站区窗口形象提升】 2022年，站管办落实“一流设施、一流管理”的总要求，全力提升站区整体面貌。完成火车站站区范围内标识标牌更新改造，新建、改造地下、地面标识标牌150处。完成客运站三楼整体区域翻新改造工程，2022年11月火车站站区联合指挥中心竣工。统筹运用城市会客厅、青年志愿先锋岗、旅游咨询服务亭、党群志愿服务中心等平台，擦亮“名城之窗”品牌，实现“一站式、全时段”志愿服务要求。

【疫情防控】 2022年疫情防控期间，站管办按照既要"严阻断"、又要"保畅通"的工作原则，从严从细抓好旅客甄别、核酸"落地检"、分流转运等工作，织密扎牢疫情防控网络。牵头铁路、高速、城投等单位，针对售票厅、地下通道、候车大厅、公共厕所、高速口查验现场等重点区域开展2小时1次消杀，厕所1小时消杀1次。全面排查站区滞留人员和高速口滞留车辆，持续开展便民服务和核酸抗原检测，着力降低疫情传播风险。按照重点行业"应检尽检"工作要求，积极组织铁路、快递、港口码头等的6类重点人群全面开展核酸检测。 （马崇仪）

观前地区综合管理

【概况】 苏州市观前地区综合管理办公室（简称"观管办"）依据《苏州市观前地区管理暂行办法》，观管办负责对临顿河以西、干将东路以北、人民路以东、因果巷和旧学前以南合围区域实施管理，辖区占地面积56万平方米，是集旅游观光、休闲购物于一体，融苏州传统文化与现代商贸于一身的城市中心商贸区。2022年，观管办以"疫情要防住、经济要稳住、发展要安全"为目标，大力弘扬"主动担当、奋勇争先、高效务实"的精神内核，高标准完成交办的各项任务，保证观前地区的有序发展和安全稳定。近年来，先后获得国家级夜间文化和旅游消费集聚区、全国夜间经济示范街、首批江苏省省级夜间文化和旅游消费集聚区、首批江苏省文化和旅游消费便捷支付示范区、苏州市夜间文旅消费集聚区和最具人气特色街区等荣誉称号。

【品牌创建】 2022年，观管办以创建国家级夜间文化和旅游消费集聚区和省级高品位步行街验收迎检工作为抓手，统筹推进，一体抓建。围绕品牌创建工

2022年8月4日，省商务厅省级高品位步行街试点街区专家组在观前街开展评估验收工作 观管办 供稿

作，逐条对照评价指标，梳理"补差清单"，明确46项具体工作，明确负责人员，明确工作标准，明确时间节点，逐项推进落实；先后完成主街两侧70杆路灯广告箱的改造，游客服务中心服务品类完善，新增划设非机动车停车位24处，翻新停车位划线6000多米，修缮台阶、花坛、休闲座椅等公共设施64处，完善无障碍服务标识标牌300余处，增设盲道语音提示2处、残障人士座椅10处、便民服务设施10处等；打造街区特色夜景，完成玄妙观内广场区域、棂星门牌坊周边的灯光亮化优化工作。通过持续有效的创建工作，街区公共设施更加完善，人文关怀愈加突出，获得国家级夜间文化和旅游消费集聚区称号。特别是自2019年被省商务厅确定为省级高品位步行街试点街区以来，经过3年的努力，成功通过评估验收，获首批"江苏省示范步行街"称号。

【复工复产】 2022年，观管办着眼疫情发展变化，研究制定《关于推动观前商圈企业和商户有序复工复产的工作方案》。在街道的指导下，联合相关职能部门成立观前商圈复工复产工作小组，主动对接商圈的大型商场、中小微企业及零售商户，传达疫情防控和复工复产的相关要求，分类分批开展复工复产工作。做好场地和人员保障，对重点商超的工

作人员进行连续3天全员核酸检测，为复工复产做好准备。复工前夕，检查龙凤金店、恒孚银楼、采芝斋等老字号和重点企业复工复产准备情况。督促各企业、商户严格落实主体责任，采取服务企业微信群宣传、上门入户普及等方式，大力做好观前商圈企业、商户场所码注册工作，并安排专人每日检查商户使用情况。合理规划人流动线，为商圈全面复工复产做好基础保障，为游客提供便利舒适的消费体验。

【经济活动】 2022年，观管办立足商圈经济发展实际，在严格落实防疫措施的前提下，精心组织"寻味苏州"夏季美食节、购物节、"苏新消费·夜ZUI苏州"金秋系列促销、特色展销等各类活动近10场，打造四季消费狂欢盛宴，进一步丰富消费场景，营造消费氛围，政府搭台、企业唱戏、百姓受惠，有效助力市场主体纾困解难，提振商贸业回暖信心。

【文明城市创建】 2022年，观管办立足观前商圈商户多、街巷多等实际，加强舆论宣传，在观前主街、小公园广场、碧凤坊和观前公园等处布置、更新文明城市宣传标牌126块。完善公共场所烟头缸等设施60余处，增设非机动车停车位56处，补划、新划非机动车停车线8000多米，整治非机动车乱停放6100多起、飞线充电210多起、高音喇叭揽客420多起、占道经营300多起，驱赶无证摊贩及乞讨人员350多人次，清理区域内乱张贴、小广告等386处。着力解决非机动车乱停放等"老大难"问题。对醋坊桥南北两侧区域进行优化，挪移旧树桶30个，增划非机动车停车位2处，划线约200米；对碧凤坊二弄小广场进行专项整治，增设3处集中停放点，取消影响机动车通行的非机动车停车位；联合交警、城管开展重点地段集中整治5次。

【安全管理】 2022年，观管办着眼观前商圈商户多、人流量大的实际，树牢属地责任意识，下好安全工作先手棋，打好安全工作主动仗。通过专人发放、入户宣传等方式，在春节、国庆等重要时间节点发放"观前地区经营单位安全生产及消防安全告知书"和"承诺书"5143份，明晰各企业、商户的安全主体责任。采取常态化检查和专项行动的方式，抓实安全生产、"331"专项行动和既有建筑安全检查等工作。全年共检查各类商户3248家次、装修备案245家，督促整治"三合一"场所15家次，整改台账资料不齐全、少烟雾报警器、占用消防通道、施工场所未按规定佩戴安全帽等问题326个。

【观前商业步行街获评首批"江苏省示范步行街"】 2022年9月，江苏省商务厅公布首批"江苏省示范步行街"名单，观前商业步行街名列其中。自2019年12月观前商业步行街被省商务厅确定为省级高品位步行街试点街区以来，平江街道围绕业态调整、交通安防、建筑整治、环境提升、活动提升等方面，全面开展街区提档升级建设工作，不断夯实观前商圈发展基础。2019年，以"观前提标整治工程""观前地区交通安防环境综合整治工程"等为支撑，碧凤坊、小公园、观前主街、宫巷等处的立面、道路、灯光亮化、公共设施、景观绿化、店招店牌、交通安防设施等实现全面升级。2020年，观前街新增碧凤坊美食广场、新艺广场、潮流集市等运营载体。2021年，对照建设标准，不断完善公共设施，开展观前商圈闲置载体资源排摸，加大招商推介。2022年，顺利完成评估验收工作。

【观前商圈数字人民币交易额突破亿元】 至2022年末，观前商圈开通数字人民币支付商户达3464家，交易额突破1亿元。数字人民币对于广大消费者来说仍属于新生事物，为持续扩大知晓率、普及使用方法，街道坚持宣传阵地建设要虚实并举、互相促进。观前主街棂星门处创新推出"24小时便民

2022年7月21日，深化数字人民币"银商合作"签约仪式举行 观管办 供稿

点+金融小屋"的复合宣传模式，既有互动式科普墙，银行也能在此驻点开展业务推介，为数币推广工作持续发力。整合各家银行的数币红包或满减活动，同时积极争取资源向观前倾斜，提出"消费在观前 数币有礼了"活动口号，开展观前夏季购物街、平江市集等数币优惠活动，联动商圈众多商家开展数字促消费让利活动，通过组团推广营造观前的数币消费氛围。街道积极鼓励重点企业、总部企业在数币推广方面要主动发挥带头作用。

【疫情防控】 2022年2月中旬以来，观管办根据街道疫情防控指挥部要求，完成观前地区防控、封（管）控区志愿服务和重点区域支援等任务。在疫情防控工作中，积极服务保障好观前地区18家次隔离、闭环酒店；卡口管控投入人员近7000人次，并随防控要求适时调整卡口数量、检查流程；全力保障核酸检测工作，全程不间断完成核酸采样、核酸检测物资运送、医护人员接送、社区志愿服务和牛角浜黄码采样点等核酸采样场地的架设、维护等工作；安排专人重点保障观前商圈经营秩序和防疫工作动态巡查，检查商户防疫情况21654家次，现场督促整改排队未遵守"一米线"、口罩佩戴不规范等538起，对防疫问题突出的商户发放疫情防控督查问题整改通知书239份，联合职能部门查封整改不力的商户46家，并为游客免费提供口罩超过2000个。

（曲文韬）

生态环境

【概况】 苏州国家历史文化名城保护区（姑苏）生态环境局（简称"姑苏生态环境局"）为苏州市生态环境局派出机构。2022年，姑苏生态环境局获2022年度全市生态环境系统综合考核第一等次。

【空气质量状况】 2022年，姑苏区$PM_{2.5}$平均浓度27.8微克/立方米；空气优良天数比率为81.9%，无重污染天气。

【地表水环境质量状况】 2022年，姑苏区省考断面水质优Ⅲ比例达100%。其中，京杭运河轻化仓库省考断面主要水质指标氨氮浓度均值为0.48毫克/升，新渔桥省考断面主要水质指标氨氮浓度均值为0.11毫克/升；18条入运河支流支浜水质优Ⅲ比例100%；全区29条区级河长制河道水质达标率100%。

【土壤环境质量状况】 2022年，姑苏区土壤环境质量总体良好，保持稳定；地块土壤污染状况调查达标率和安全利用率均达100%。

【声环境质量状况】 2022年，姑苏区声环境质量保持稳定，城市区域声环境质量为"较好"，区域环境噪声等效声级平均值为55.4dB（A）；道路交通声环境质量为"较好"，道路交通噪声等效声级平均值为70.5dB（A）。

【大气污染防治】 2022年，姑苏区加强机动车污染防治，加快国Ⅲ及以下柴油车淘汰进度，对传化物流、苏汽集团等用车大户上门帮扶指导，全年共自然淘汰6147辆，受理1952份淘汰补助申请，完成100辆厂内叉车清洁能源替代；协调交警部门开展柴油货车联合路检，对物流货运等用车大户企业实施入户监督抽测及非道路移动机械尾气检测；联合姑苏交警实施精细化道路交通排堵疏畅，减少机动车尾气排放。严控工地、道路、码头扬尘排放，联合市交通局、市质安站、区住建委等有关单位常态化开展工地、港口、码头扬尘联合检查；协调区城管委加大重点区域保洁作业频次，对国控站点半径3千米范围内所有道路按照一级道路保洁标准进行作业；定期开展道路积尘走航监测、裸土无人机巡查。开展清洁示范社区建设，以轧钢厂站点所在虎丘街道和彩香站点所在金阊街道为试点范围，排定地下停车场尾气治理、重点路段路灯喷淋、停车场雾桩、油烟收集治理等12个工程项目，提升大气环境管理标准化、科学化、精细化水平。实施火车站北广场地下停车场汽车尾气治理项目，综合运用多种技术手段阻隔地下车库尾气对外排放并就地实施净化。持续开展餐饮油烟专项整治，会同市场监管、城管、消防等部门开展联合执法，督促餐饮单位落实主体责任，提高环境管理水平；委托第三方专业机构对区内120余家餐饮企业油烟净化器进行清洗，并指导做好台账记录。

【水污染防治】 2022年，姑苏区加强断面水质预警监测，持续推进支流支浜水质旬测、重点河道和市控功能区河道月测、区内其他河道季度监测工作，针对降雨期间部分河道水质不稳定波动大等情况进行实时监测，确保问题早发现、早研判、早解决。稳步推进涉磷企业规范化整治，督促企业落实主体责任，提高规范化管理水平。实施源头控制总磷污染，严密防范涉磷工业企业环境风险。持续推进控源截污，全面排查各类生产生活污水污染源，强化监管、分类登记、规范治理；推进桂花新村、三元一村、银泰花园等老旧小区阳台污水截污改造工程；继续开展支流支浜排查整治工作，杜绝工业企业偷排、老旧小区雨污管网混排、沿河居民生活污水直排等问题。实施水质优化提升项目，完成徐家浜、青山绿水浜、方家浜等河道水质提升项目，通过水环境综合治理促进水生态系统健康稳定发展，提高水质自净能力。

【土壤污染防治】 2022年，姑苏区加强高风险遗留地块调查修复，全区共有18个地块列入高风险遗留地块清单，16个已开展土壤污染状况调查，调查率达88.9%。对5个地块有序开展修复治理。加强地块用地环节监管，会同资规部门对13个地块的土壤污染状况调查报告开展联合评审，督促土地使用权人及时上报相关信息，落实管控责任，降低用地环节环境风险。加强土壤污染执法检查，将污染修复地块环境监管列入“双随机”执法名单，定期开展修复现场检查，重点检查环境治理设施运行、危险废物贮存、污染土壤临时储存和处理区域地面防渗措施等情况。全年共对7个治理修复地块和13个暂不开发利用的遗留地块开展土壤污染防治执法检查32次，防止和减少土壤修复施工二次污染。

【项目环评审批】 2022年，姑苏生态环境局提升项目环评审批服务，对重点建设项目主动对接、靠前指导，协调配合解决生态环境保护相关问题。持续开展餐饮联合会办，按照“严控增量、整治存量”的方针共对2400余家新建餐饮服务项目开展联合会办。对符合选址要求的餐饮单位加强业务指导，督促落实各项污染防治措施，确保污染物达标排放。严格排污许可证质量审核，全年累计首次发放排污许可证2家、重新办理10家、延续7家、变更18家、注销9家。持续推进排污许可证质量、执行报告审核，共审核34家排污许可证质量，完成包括6个典型行业在内的18家持证单位2022年排污许可证执行报告内容规范性审核。优化审批监管方式，创新“不见面”审批模式，依托网上审批小程序，开展建筑施工夜间作业证明“不见面”审批，施工单位只需扫描二维码，在微信小程序上填写施工基本信息、上传“姑苏区建筑施工场地夜间施工申报登记表”及住建部门相关证明即可完成申报。

【环境执法监管】 2022年，姑苏区共出动生态环境执法人员6593人次，检查企业2260家次。全年共受理环境信访847件，对66件环境违法行为进行立案调查，下达处罚决定书65件，处罚金额99.275万元。强化空气环境质量执法保障，联合住建、城管等部门常态化开展工地扬尘执法检查，分行业开展汽修、餐饮、加油站等涉气生活源专项检查；联合姑苏公安分局开展高排放柴油车联合路检专项整治；联合市交通局对辖区31家一、二类汽修单位开展专项执法检查；联合市交通运输综合行政执法支队对辖区内8家港口码头企业进行扬尘污染防治联合检查；加大对汽修、包装印刷等涉活性炭吸附设施企业的执法检查力度，指导规范活性炭吸附处理标准流程，提高废气处理效率；开展夏季臭氧污染防治监督帮扶，对涉VOCs工业企业及汽修单位开展全面检查；推进汽修在线监控项目，对辖区内26家重点涉气汽修企业安装建设31套废气VOC在线监测和用电工况监控系统，实现汽修企业“产、治、排”实时工况全过程监控。强化水环境质量执法保障，开展涉挥发酚专项执法行动、大运河沿线工业企业专项执法检查，对大运河沿线8家污染源进行全面排查；开展安全度夏专项行动，共检查涉水企事业单位105家次；开展排污口整治，全年完成99个城镇生活污水、雨洪、沟渠等排污口分类整治工作。强化声环境质量执法保障，开展中高考期间绿色护考，下发“2022年‘绿色护考’告知书”和“2022年‘中高考’期间停止夜间施工告知书”，严把夜间施工审批关，对考点周边环境开展专项噪声检查，为考生提供良好的复习考试环境；联合市文化支队对单位噪声扰民问题进行专项执法检查，现场监测噪声排放，指导做好减排整改。强化环境安全执法保障，制定《苏州本轮疫情姑苏区医疗废物收集转运工作方案》，成立9个医疗废物清运帮扶小组，收运全区核酸检测点、隔离点、中小学校等点位医疗废物，实现“日产日清”，全年共清运涉疫医疗废物2119吨；开展医疗机构对点帮扶，共对33家医疗机构就医疗废水、废气、废物处置等开展现场指导，引导医疗机构落实生态环境保护主体责任；开展生态环境安全隐患排查整治工作，以危险废物产生单位为重点，共对260家单位开展环境安全隐患排查，发现隐患35处，均完成整改，立案9件。 （赵宝林）

消防救援

【概况】 2019年12月30日，姑苏区消防救援大队正式挂牌成立，管辖姑苏区全域，下辖6个消防救援站和4个小型消防站（苏站路消防救援站、因果巷消防救援站、特勤大队二站、横塘消防救援站、西园消防救援站、虎殿路消防救援站、仓街小型消防站，桃花坞小型消防站、北园路小型消防站、水上消防站）。近年来，区消防救援大队先后涌现出以灭火救援、抗击新冠疫情为代表的一批先进人物，连续多年被授予省、市、区“基层建设先进大队”“拥政爱民先进单位”“文明单位”“全市消防救援队伍大队级党委好班子”等荣誉称号。区消防救援大队获评2022年度区级机关单位高质量发展综合考核“第一等次”“最佳服务单位”，“木蓝”服务队成员获评姑苏区“巾帼建功标兵”，以“木蓝”为原型的画册《木蓝兵法一懂三会》获2022年全国优秀消防科普宣传教育作品评选大赛二等奖。

【灭火救援】 2022年，全区发生火灾632起（含243起垃圾草坪火等轻微火灾），直接财产损失475.45万元，未发生较大以上和有影响的火灾事故。区消防救援大队接报各类警情2053起，其中火灾扑救632起、抢险救援588起、社会救助399起、公务执勤229起、其他205起，共出动车辆3923辆次，出动警力22764人次，抢救被困人员22人，疏散被困人员33人，保护财产价值798.5万元。成功处置“5・27”张家港鑫超纱业厂房火灾、“10・19”园区在建工地火灾、“11・28”南环路原苏化厂白磷自燃火灾等事故。

【消防日常监督】 2022年，区消防救援大队检查出租房12240处，发现隐患1357处，查处出租房消防违法案件113起，罚款11.3万元；检查电动自行车违规停放充电，共移车处理24772起，查处电动自行车违法案件23起。推广安装电气火灾监控系统855套，电动自行车智能充电装置255套，独立式感烟火灾探测报警器1295个，简易喷淋10套。组织排查单位场所2258家，发现火灾隐患及违法行为3149处，督促整改火灾隐患及违法行为3133处，下发责令改正通知书1725份，下发行政处罚决定书109份，罚款86.28万元。开展“打通生命通道”集中攻坚行动，聚焦“三合一”、出租屋、群租房、“九小场所”、老旧住宅小区检查巡查，引导群众常态化开展“三清三关”活动，有效防范住宅火灾事故发生。共排查“九小场所”1.2万家次、“三合一”场所2867家次，开展高层建筑、大型商业综合体和医疗建筑等专项治理，检查高层建筑1056栋，涉及小区210个，其中住宅建筑948栋、公共建筑108栋，发现违法行为及火灾隐患1088处，督改违法行为及火灾隐患1084处，行政处罚38起，处罚金额25.15万元。摸排梳理2家火灾隐患突出单位，确定为重大火灾隐患场所，实施分级挂牌督办，组织召开约谈会2次，现场帮扶4次，全部整改销案。

【消防执法管理】 2022年，全区“远程+实地”检查各类场所2万余次，发现隐患2.1万余处，大队依托“双随机、一公开”检查各类单位场所2268家次，发现火灾隐患或违法行为2976处，督促整改隐患2967处，处罚单位58家，罚款43.09万元，临时查封11家，责令“三停”1家，全区2家重大火灾隐患单位整改销案。

【火灾事故调查】 2022年，区消防救援大队勘查40个火灾现场，立案调查火灾事故35起，其中简易程序15起、一般程序20起，填报火灾1156条。根据要求关联起火社会单位23家，并处罚0.5万元。提请区政府成立“9・8姑苏区杨枝塘路城湾村高田上4—6号居民住宅”“11・15银力体育发展苏州有限公司（平江新城店）羽毛球馆”“11・28中科鼎实环境工程有限公司工地”火灾事故调查组，及时上报火灾调查相关情况，并对发生有影响火灾事故的街道进行约谈问责。 （包清玥）

2022年3月，消防员日常训练　区消防救援大队　供稿

经济监督管理

发展规划管理

【概况】 2022年，姑苏区紧紧围绕区委、区政府各项决策部署，大力推进地区发展和改革规划，在营商环境优化、长三角一体化等方面取得积极进展。

【营商环境优化】 出台《保护区、姑苏区优化营商环境创新行动2022》，聚焦自身特色和资源禀赋，构建姑苏区优化营商环境"4+X"创新体系，推出5大类53项74条改革举措。召开区优化营商环境工作推进会，发布"姑苏十年"优化营商环境十大优秀案例、2022年度优化营商环境创新项目。成立"保生产、稳发展"工作专班，出台区级纾困政策40条，在全市率先兑现民营服务业载体租金减免补助资金，创新推出"金融应急包"，累计发放各类纾困资金3.3亿元。2022年5月，率先推动商场复市、恢复堂食，第一时间开通24小时助企纾困政策服务热线。

【长三角一体化】 制定《保护区、姑苏区扎实推进长三角一体化发展2022年工作要点》，推动长三角一体化发展国家战略在姑苏落地落实落细。携手上海市黄浦区、南京市鼓楼区、杭州市上城区等9个长三角万亿级GDP城市的中心城区，以"古城保护与城市更新"为主题举办长三角主要城市中心城区高质量发展联盟第二届大会，全面展现联盟成立一年多来丰硕成果。会上发布联盟"十大行动"成果，成立古城保护与城市更新发展联合体，创新推出"乐购长三角·云上老字号"平台，发布2023年联盟重点行动领域计划。深化沪苏同城合作，加快智能服务终端异地部署，与上海市黄浦区实现4台政务自助一体机的互派进驻，可提供4000余项服务内容。探索实现跨省"云端联办"，借助上海市"店小二"综合政务智能终端进驻金融机构，提供涵盖上海市、黄浦区两级2800多项事项。加快构建信用体系共享互认机制，与上海市黄浦区、杭州市上城区等7个城区联合推动"信游长三角+"工作。

服务业发展

【概况】 2022年，姑苏区完成服务业增加值856.98亿元，服务业增加值占比93.9%。

【产业园楼宇经济】 2022年，姑苏区共有各类产业园、楼宇160处，商务面积221万平方米，其中3万平方米以上的13个、1万~3万平方米的69个、0.5万~1万平方米的51个。完成12个产业园楼宇提档升级项目。产业园楼宇发展水平持续提升，蓝文化创意产业园获评省文化产业示范园区，姑苏云谷“长三角数字经济双创中心”入选市科技创业孵化载体，M+金狮校园里获评市广告产业园区（集聚区）。

【总部经济】 2022年，姑苏区有13家市级总部型企业，78家区级总部型企业。全年总部型企业全口径税收173429.47万元，一般公共预算收入75989.62万元。

市级总部型企业分别是苏州热工研究院有限公司、苏州美瑞德建筑装饰有限公司、悉地（苏州）勘察设计顾问有限公司、苏州市东吴物业管理有限公司、苏州规划设计研究院股份有限公司、红蚂蚁装饰股份有限公司、苏州第一建筑集团有限公司、苏州捞派餐饮有限公司、苏州工业园区园林绿化工程有限公司、苏州函数集团有限责任公司、苏州城投资本控股有限责任公司、苏汽集团有限公司、苏州苏科环保科技有限公司。

区级总部型企业分别是北京外企德科人力资源服务苏州有限公司财务外包分公司、江苏国立联合工程有限公司、苏州口腔医院（集团）有限公司、苏州市恒孚首饰集团有限公司、苏州市龙凤金店有限责任公司、苏州松鹤楼餐饮管理有限公司、苏州苏宁易购销售有限公司、苏州苏糖名酒销售有限公司、北京五八信息技术有限公司苏州金阊分公司、华夏人寿保险股份有限公司苏州分公司、南京大旺食品有限公司苏州分公司、公证天业会计师事务所（特殊普通合伙）苏州分所等78家。

【服务业集聚区】 2022年，姑苏区有市级服务业集聚区7个，全口径税收81127.37万元，一般公共预算收入41822.73万元。

市级服务业集聚区分别是苏大科技创新产业园、苏州工投科技创业园、名城商务科技金融服务集聚区、苏州传化公路港、山塘历史文化保护街区、平江历史保护街区、平江新城高端商务集聚区。

物价管理

【概况】 2022年，姑苏区居民消费价格总水平涨幅控制在3%左右的预期目标，粳米、面粉等主要商品和服务价格未超过预期目标范围。

【价格调控】 2022年，姑苏区适时启动疫情防控期间重要民生商品价格日监测日报告制度，形成价格监测报告160余篇，及时把握市场价格走势，助力保供稳价工作。组织2022年姑苏区农贸市场“平价菜摊”考核工作，落实拨付奖励资金183.58万元。积极落实市政府关于向低保人员等12类困难对象发放一次性特别补贴决定，及时向辖区8326名符合条件人员发放资金249.78万元。

【收费管理】 2022年，姑苏区开展转供电环节不合理加价“回头看”，摸排转供电主体128户，涉及终端用户约1.1万家。加强行政事业性收费管理，2022年区级管理收费项目11项，其中涉企收费5项，收费总额约2.05亿元。全年完成道路停车和国有资金建设停车收费核定192家，民办小学正式定价1家。

农村工作

【概况】 2022年，姑苏区共有32个股份合作社（村），涉及7个街道，涉农总资产40.74亿元，村级集体经济组织总收入3.58亿元，分红总额8530万元，惠及股民6.19万人。

【农村改革】 2022年，姑苏区深化农村集体产权制度改革，启动南园村股改工作，明确工作计划，发布股改公告，有序开展登记报名。

【“三资”管理】 2022年，姑苏区规范产权交易，按照“应进必进”原则，股份合作社所有经营性资产全部进入江苏省、苏州市交易平台进行线上交易，分别成交231笔（6448万元）和345笔（7265万元），线上招租均实现线上竞价。完成村级财务监管二期系统，实现“四网融合”和“七个预警”，与市产权交易平台数据互通顺畅。落实“姑苏e阳光”行动，股份合作社财务、村务等数据上传，拓宽公众监督途径。

【农村创新发展】 2022年，姑苏区稳步推进村级集体经济项目建设，完成“一村二楼宇”苏锦街道花锦汇邻中心、金阊街道新兴村社区服务中心、白洋湾街道南部居住区农贸市场及配套项目，推进和润家园西地块项目和高速以北01-10B地块项目。10月，姑苏区集体经济首次参与市场化拿地项目苏地2021-WG-14号开工建设。

金融工作

【概况】 姑苏区积极推介苏州综合金融服务平台，落实《苏州市金融支持企业自主创新行动计划》，持续做好企业签约平台享受普惠金融，引导通过综合金融平台对接融资需求，用好线上平台，提升融资的成功率。至2022年末，13312家企业加入苏州综合金融服务平台，授信规模累计达205.99亿元。

【小额贷款】 2022年，姑苏区小额贷款公司5家，注册资本8.05亿元，其中农村小额贷款公司3家、科技小额贷款公司2家。

【担保公司】 2022年，姑苏区融资性担保持牌机构4家，注册资本33.97亿元。

【再担保公司】 2022年，苏州市再担保公司注册资本15亿元，年末在保余额254.6亿元；江苏省再担保苏州分公司年末在保余额178.7亿元。

【典当公司】 2022年，姑苏区在业典当公司2家，注册资本6000万元，典当总额11134万元。

【商业保理】 2022年，姑苏区商业保理公司4家，注册资本16亿元，资产总额67.5亿元。

【融资租赁】 2022年，姑苏区在业融资租赁公司3家，注册资本9亿元，资产总额22.46亿元。

【资本市场企业】 2022年，姑苏区在全国中小企业股份转让系统（新三板）挂牌企业17家。A股上市公司1家。

表13-1 姑苏区小额贷款公司基本情况（2022）

单位：亿元

序号	企业简称	注册资金	年末贷款余额
1	鑫鑫农贷	4	12.0
2	广银农贷	0.5	0.7
3	凯润农贷	0.55	0.8
4	名城科贷	2	2.5
5	吴门科贷	1	1.7
合计		8.05	17.7

表13-2 姑苏区融资性担保公司基本情况（2022）

单位：亿元

序号	企业简称	注册资金	年末在保余额
1	农业担保	16.81	78.8
2	国发担保	8.16	132.7

续表

序号	企业简称	注册资金	年末在保余额
3	住房置业	4	770.7
4	中小微	5	54.9
合计		33.97	1037

表13-3　姑苏区典当公司基本情况（2022）

单位：亿元

序号	企业简称	注册资金	年末典当总额
1	华夏典当	0.3	0.71
2	汇通典当	0.3	0.40
合计		0.6	1.11

表13-4　姑苏区商业保理公司基本情况（2022）

单位：亿元

序号	企业简称	注册资金	年末资产总额
1	城投保理	11	56.35
2	保信保理	3.5	10.63
3	名城保理	1	0.02
4	汇微保理	0.5	0.5
合计		16	67.5

表13-5　姑苏区融资租赁公司基本情况（2022）

单位：亿元

序号	公司名称	注册资金	年末资产总额
1	中融众联	1.7	0.74
2	中亚	3	1
3	国发融资租赁	4.3	20.72
合计		9	22.46

（姚　婷）

统　计

【概况】 2022年，姑苏区统计工作持续发展，统计工作科学性、系统性逐步提高，开展疫情影响调查，为疫情防控期间支持经济恢复和发展提供统计依据。

【经济社会情况统计与监测】 2022年，姑苏区新增4383家名录库单位，其中法人单位3796家、产业活动单位587家。实地核查9个社区，完成社区行政区划代码新增、拆分和删除，更新社区城乡属性代码。完成1372家“四上”单位、413家“四下”单位的月度、季度、年度报表。开展数字经济、生产性服务业等专项监测。开展人口变动情况抽样调查，完成23个调查小区抽样调查工作。

【统计分析调研工作】 2022年，在重要节假日，汇总分析姑苏区商圈消费、宾馆酒店、旅游景区情况，形成数据专报。配合市统计局做好“服务业企业春节后调研”“文旅企业疫情恢复情况调研”“增值税留抵退税调查”等各类调研。开展区重点企业疫情影响调查、务工人员调查、共同富裕调查等21项社情民意调查，撰写多篇调查报告。

【统计产品】 2022年，完成1785家定报单位的统计报表，共涉及各专业报表64张，编印《统计快报》《统计月报》《统计年鉴》等统计产品。　（张云芳）

商务商贸

【概况】 2022年，姑苏区实现社会消费品零售总额970.65亿元，比上年下降0.8%；完成进出口总额24.6亿美元，比上年增长2.1%；新设外资及港澳台资项目29个，投资总额2.21亿美元，注册资本1.52亿美元；实际使用外资及港澳台资448万美元。

【特色商贸】 2022年，姑苏区开展“心动姑苏　约惠一夏”夏季购物节、“惠满姑苏　乐享欢购”秋季消费节等各类消费促进活动。推出“欢购在古城　繁华姑苏Yeah”夜经济年度活动，举办50多场“夜经济”活动。发放稳岗惠企（保供）补贴资金80万元，新认定“姑苏老字号”11家，观前商业步行街获评首批“江苏省示范步行街”。打造一刻钟便民生活圈，成立姑苏区一刻钟便民生活圈建设领导小组，出台《关于推进姑苏区一刻钟便民生活圈建设的实施方案》《保护区、姑苏区一刻钟便民生活圈建设三年行动计划（2023—2025年）》，结合“惠姑苏”平台，打造线上版一刻钟便民生活热力图。

【开放型经济】 2022年，苏州国家历史文化名城保护区、姑苏区经济和科技局（简称“区经科局”）按照“分级走访、全面覆盖”的原则，建立区街联动机制，成立姑苏区外企服务月工作专班，通过实地走访、座谈会、线上沟通等方式，全面掌握姑苏区外商投资企业发展运营状况。积极开拓国际市场，组织重点外贸企业参加第131届、132届线上广交会。组织百余家中小外贸企业参加“江苏优品 · 畅行全球”等线上展会，推动传统企业利用信息技术开拓市场、抢抓订单。组织辖区85家企业参加进博会，成交金额3000万美元。2022年度共拨付外经贸专项资金2701万元，涉及项目356个。苏州赛诺秀医疗器械有限公司获得年度苏州市外企突出贡献奖。

【农贸市场建设】 2022年，姑苏区完成新康、南环市场提质改造项目及友联、白洋湾市场二期功能性提升项目。7月，对金狮、多来美项目下达奖补资金678.49万元；11月，对江宙路、姑香苑项目发放补助资金537.71万元。

招商引资

【概况】 2022年，姑苏区新增企业8034家，新增注册资本659.47亿元。其中，注册资本500万元以上企业1645家，注册资本1亿元以上企业40家。新增8034家企业中共有1962家企业出税，企业成熟率24.4%，新增企业完成增量税收8.13亿元。

【招商推介】 2022年，科技创新投资说明会暨联东U谷数字科技产业园开工仪式在姑苏区举办，加快科技服务业和数字经济发展。第十四届苏州国际精英创业周姑苏区分会场开幕式暨保护区、姑苏区双招双引推介会在华贸中心举办，实景元宇宙等区领军人才项目、“雁归姑苏”项目现场签约。

【项目引进】 2022年，姑苏区招引泰丰文化、国品投资、中建国际、绅克半导体、光印网络等重点企业落地，持续为数字创意和高技术服务两大特色产业创新集群提供新动能。

【人才储备】 2022年，姑苏区依托第十四届苏州国际精英创业周姑苏分会场开幕式暨保护区、姑苏区双招双引推介会和科技创新投资说明会等活动，吸引剧聚文化、峰和区块链、酷珈科技等人才项目签约，区街人才储备605人次。

企业服务

【政企互动】 2022年，姑苏区推动构建亲清政商关系，促进重点企业发展，加强用地监管工作。姑苏区组织开展“2022年机关干部服务企业行动”，由165名机关干部挂钩走访314家重点企业，收集困难问题，相关部门点对点落实解决。联合各产业主管部门、行业监管部门、各街道共同组织召开重点企业家座谈会，举办建设规划设计类行业企业座谈会、重点商贸企业座谈会、规模以上工业企业座谈会、软件和信息技术服务业企业座谈会、中小企业座谈会、企业共赢发展推进会等大型企业家座谈活动10

2022年8月19日，保护区、姑苏区企业共赢发展推进会召开 区经科局 供稿

余次，畅通常态化、规范化、制度化政企沟通渠道。

【用地监管】 2022年，制定出台《保护区、姑苏区产业用地项目投资监管工作机制》，针对用地全流程工作中投资监管协议、经济指标考核等重要部分进行落实，制订投资监管流程图，明确部门责任，推动姑苏区产业项目用地工作有序开展。持续服务跟进新建元、苏州规划院、第五建筑集团、博宇鑫等重点企业拿地工作，协助认定专项服务产业项目。全年推动燃气大厦南、金阊新城等4宗地块制定投资监管协议并挂牌上市、成功竞拍。

工业和信息化

【概况】 2022年，姑苏区通过保障供应链畅通、指导复工复产、送政策上门等举措，落实落细助企纾困政策，推动规模以上工业企业复工达产，努力扭转工业经济运行回落态势。规模以上工业总产值累计完成61.98亿元，比上年增长1.7%。规模以上工业增加值增速4.7%。

【“智改数转”工作】 2022年，区经科局组织开展姑苏区制造业“智改数转”项目摸排工作，通过走访调研、在线沟通等方式，向姑苏区工业企业宣传智能化改造和数字化转型政策，依托姑苏区“智改数转”服务商服务资源，积极推进企业在生产、管理、销售等重点环节进行智能化改造和数字化转型。规模以上工业“智改数转”覆盖率71.4%，数字人民币对公账户开通率100%。

【数字产业发展】 2022年，区经科局创新举措开展企业服务，强化惠企政策宣传，推动数字产业新发展。软件和信息技术服务业收入约18.88亿元，比上年增长约15.3%。指导100余家次企业完成国家、省、市级项目申报，其中成功申报国家级大数据产业发展试点示范项目1项、省级规划布局内重点软件企业和“专精特新”软件企业2家、省级星级上云企业6家（累计达到53家）、市级软件企业技术中心1家、市级重点软件企业库18家。电子信息技师学院成功创建“江苏省区块链产业人才培训基地”。联合苏州市工业和信息化局、中国丝绸协会举办2022年“锦绣江南”丝绸服装服饰设计大赛。举办“2022数字孪生智慧安全高层报告会”“苏州市人工智能学会—姑苏区信息产业联盟共建签约暨创新合作对接会”等招才引智活动，有效申报3名国家级人才。

2022年10月28日，江南文化艺术·国际旅游节闭幕式暨第二届“锦绣江南”丝绸服装服饰设计大赛决赛举行 区经科局 供稿

【"专精特新"企业培育】 2022年，区经科局组织开展姑苏区中小企业"专精特新"专题培训会，邀请专家点对点、面对面专项辅导。年内共有41家企业成功审核入库，比上年增长355%，39家企业被认定为创新型中小企业。向江苏省工业和信息化厅推荐15家企业，申报数超过往年总和。8家企业入选2022年江苏省"专精特新"中小企业，填补姑苏区在该领域的空白。

表13-6 全区培育入库企业名单（2022）

序号	单位名称	序号	单位名称
1	苏州元澄科技股份有限公司	22	苏州领秀针织研发有限公司
2	苏州任我行自动化有限公司	23	苏州索拉科技有限公司
3	苏州苏科环保科技有限公司	24	苏州中恒通路桥股份有限公司
4	中国建材检验认证集团苏州有限公司	25	苏州乐佰图信息技术有限公司
5	苏州维卡工业设计有限公司	26	苏州市蓝甲虫机器人科技有限公司
6	中科晶锐（苏州）科技有限公司	27	苏州市华翔木业机械有限公司
7	苏州混凝土水泥制品研究院有限公司	28	江苏博宇鑫信息科技股份有限公司
8	欧梯恩智能科技（苏州）有限公司	29	苏州众天力信息科技股份有限公司
9	江苏岐风科技有限公司	30	苏州电讯电机厂有限公司
10	苏州天地设计研究院有限公司	31	苏州泰克赛威网络科技有限公司
11	江苏新希望科技有限公司	32	中建材苏州防水院研究院有限公司
12	苏州赛格车圣导航科技有限公司	33	江苏建院营造股份有限公司
13	苏州六六视觉科技股份有限公司	34	江苏智来安防科技有限公司
14	苏州大数据有限公司	35	苏州小棉袄信息技术股份有限公司
15	苏州市民卡有限公司	36	苏州名雅科技有限责任公司
16	苏州混凝土水泥制品研究院检测中心有限公司	37	苏州智能交通信息科技股份有限公司
17	苏州申浪信息科技有限公司	38	苏州东大仁智能科技有限公司
18	苏州国科美润达医疗技术有限公司	39	江苏天创科技有限公司
19	苏州市建筑工程设计院有限公司	40	苏州市建科检测技术有限公司
20	苏州领跑者能源科技有限公司	41	苏州市惠尔康医疗器械有限公司
21	苏州中亿丰科技有限公司		

表13-7 全区省级"专精特新"中小企业（2022）

序号	企业名称	所属行业（按统计行业大类分）
1	苏州申浪信息科技有限公司	信息传输、软件和信息
2	苏州智能交通信息科技股份有限公司	软件和信息技术服务业
3	江苏博宇鑫信息科技股份有限公司	信息传输、软件和信息技术服务业
4	苏州苏科环保科技有限公司	环境保护及污染治理服务
5	中建材苏州防水研究院有限公司	科技推广和应用服务业
6	江苏天创科技有限公司	软件和信息技术服务业
7	江苏建院营造股份有限公司	建筑业
8	苏州小棉袄信息技术股份有限公司	软件和信息技术服务业

（郑　曦）

区属国有资产管理和经营

【概况】 至2022年底，姑苏区共有区属国有一级企业4家，其中国有独资集团公司3家；国有二级企业25家。总实收资本47亿元，总资产298.13亿元，总负债187.28亿元，净资产110.85亿元。

【国企经营】 2022年度企业年度审计报告显示，各姑苏区属国资集团公司的资产负债所有者权益情况为：

名城发展集团，所属控股二级企业8家，资产66.19亿元，负债45.88亿元，净资产20.31亿元；

名城建设集团，所属控股二级企业13家，资产105.16亿元，负债77.81亿元，净资产27.35亿元；

名城保护集团，所属控股二级企业1家，资产61.89亿元，负债21.67亿元，净资产40.22亿元；

非集团公司的一级企业苏州市金阊国有资产经营管理有限公司，由名城发展集团管理，所属控股二级企业3家，资产64.89亿元，负债41.92亿元，净资产22.97亿元。

【经营性资产管理】 2022年，全区各街道完成经营性资产租赁收入10017.64万元（抗疫纾困减免服务业小微企业和个体工商户3—8月租金4264.27万元，视同实现收入）。各街道可用经营性房屋资产总面积24.7万平方米，出租20.34万平方米，出租率82.35%。姑苏区属国有企业经营性资产完成租赁收入35519.56万元（抗疫纾困减免753户服务业小微企业和1257户个体工商户3—8月租金14456.4万元，视同实现收入）。姑苏区属国企可用经营性房屋资产总面积87.21万平方米，出租77.54万平方米，出租率88.92%。

【国资管理体系】 2022年，姑苏区结合国企改革要求，优化、精简、调整国资办监管事项，制订履职清单和授权放权“两个清单”，建立自上而下的垂直监管体系。相继修订出台安全生产、投资监管、资产出租、违规经营责任追究、债务风险管控等10余项制度文件，制订投资负面清单、历史建筑清单等监管清单，并与国资公司纪工委、审计部门等开展专项监督检查，进一步突出管资本重点职能，构建业务监督、综合监督、责任追究三位一体的监督工作闭环，国资监管制度体系更加完善。

【考核评价激励机制】 2022年，完善姑苏区属国有企业负责人经营业绩考核机制，以利润目标为考核导向，建立高质量考核工作体系。探索薪酬激励制度，推进姑苏区属国有企业工资总额管理改革，将工资总额与企业经济效益挂钩。

【国企产业布局体系】 2022年，姑苏区进一步清理低效资产，盘活存量载体，活化古建老宅，国有资本布局结构调整取得重大进展，配置效率和整体功能显著增强。进一步优化调整姑苏区属国企的功能定位和结构体系。与苏州市属国资国企组建苏州名城保护集团，聚焦苏州历史城区内的保护更新项目；姑苏区属国企实现错位发展，聚焦历史城区外的产业载体开发和运营。

【国企改革】 2022年，姑苏区属国企改革三年行动全面收尾。完成姑苏区属国企改革三年行动97项具体改革任务以及江苏省37项重点改革任务。开展国企改革三年行动实施方案落实情况评估工作和“回头看”工作台账现场检查，将评估结果纳入考核评价，切实提升改革综合成效。制定出台《保护区、姑苏区国资国企改革发展“十四五”规划》。

【公司现代治理体系】 2022年，姑苏区属国企董事会应建尽建，全部实现外部董事占多数的董事会，充分发挥外部董事的专业性、独立性优势。国资层面出台外部董事管理办法，建立外部董事储备库，召开国企干部大会，向姑苏区属国企委派外部董事。国企层面健全外部董事选聘和管理制度，建立董事会向经理层授权、经理层向董事会报告的工作机制。

【人事改革】 2022年，姑苏区实施国企“英才计划”，公开招聘、选任集团总裁、执行总裁、子公司总裁等8个重要岗位，引育适合姑苏产业发展的高层次专业人才。推进各级国企经理层任期制和契约化管理，全面完成“两书一协议”签订，建立员工公开招聘、管理人员竞争上岗等制度体系。

【重点项目推进】 2022年，名城建设集团积极参与金阊新城姑苏云谷周边5宗M0地块。推进与新建元战略合作，组建专项载体基金，聚焦“数字创意”与“高技术服务”发展定位，打造数字经济产业园区，完成A、B、C、D地块的拿地，A地块于12月14日开工。与苏高新集团合作开发胥江湾项目完成拿地，共同打造产城融合与创新发展的新地标。名城发展集团聚焦产业园楼宇提档升级，打造M+芯谷产业园、M+金狮“校园里”、M+视界产业园、M+驻这里创意设计产业园等项目。

【国有资产提质增效】 2022年，姑苏区规范资产出租交易，出台资产出租管理工作意见和在管历史建筑出租细则（试行），动态更新历史街区和历史建筑清单，开展经营性资产专项检查，督促姑苏区属国企健全企业国有资产内部管控制度。积极落实历史街区资产办证攻坚，将资产办证目标任务完成情况纳入年度经营业绩考核范围，各国有企业分级分步加快推进。

【国资国企担当】 2022年，姑苏区属国资国企牵头隔离酒店保障管理，累计派出216人次的国企干部职工参与隔离酒店志愿服务，组建8支酒店隔离设施装修队伍和1支在用隔离酒店硬件整改闭环应急施工队伍，组织派遣620名第三方工作人员，累计为92个集中隔离酒店、73个闭环管理酒店、超过3.07万名集中隔离人员提供服务，有力支持全区疫情防控工作。常态化做好疫情防控工作同时，严格落实惠企纾困政策，区属国企减免服务业小微企业和个体工商户3—8月租金共14456.4万元，助力市场主体纾困解难。认真做好退役士兵安置工作，协调区属国企提供9个岗位。

【古建老宅活化利用】 2022年，姑苏区深入梳理区属国企在管古建老宅资源禀赋，在专业机构对古建老宅业态定位整体性策划研究的基础上，借力上市公司董事长古城保护说明会，通过《苏州国家历史文化名城保护区古建老宅活化利用白皮书》向社会各界推介，各相关姑苏区属国企跟进接洽，一批古建老宅招商项目相继落地。依托《区属国有企业在管历史建筑出租细则（试行）》和《关于规范保护区、姑苏区属国有企业资产交易有关事项的通知》，动态更新成片历史街区、古建老宅管理清单，规范古建老宅出租、交易流程。

【国资系统安全生产】 2022年，姑苏区属国企严格落实安全生产主体责任，统筹发展和安全，加大安全生产隐患排查治理力度，通过“六查”，逐步构建国资国企高标准安全生产管理体系。相关国资公司协同承租单位快速实施区级挂牌督办事项整治摘牌。姑苏区国资系统开展各类安全生产演习95次，组织消防安全生产培训及讲座116场次，开展各类安全检查457次，发现并整改安全隐患1015处。

（陈宇婕）

市场监督管理

【概况】2022年，姑苏区市场监督管理工作不断优化提升，面对严峻复杂的疫情防控形势和外部发展环境，严格落实疫情防控要求，推出一系列助企纾困政策，推动姑苏区产品质量不断提高，营商环境不断优化。

【疫情防控监管】2022年，苏州国家历史文化名城保护区、姑苏区市场监督管理局（简称“区市场监管局”）严格落实餐饮防控措施，按照“三专四证五不”要求，全面加强进口冷链食品经营单位监管。科学统筹餐饮行业疫情防控与复工复产，在苏州全市率先恢复堂食。持续加强药械市场监管。对辖区320家药店常态化开展巡查，精准管控零售药店“四类药品”销售，督促落实主体责任，充分发挥药店“哨点”作用。进入疫情防控新阶段，针对部分药品需求大幅提升、人民群众普遍反映购药难，加大力度组织药店销售紧缺药品，创新共建用药互助圈，坚决保障新形势下药品供应。维护市场经营秩序，开展价格巡查，全力做好稳价工作，保障人民群众“菜篮子”“米袋子”。加强防疫物资查处，开展9轮防疫用品质量抽检，依法扣押不合格防护用品6万余件，严防问题产品流入市场。

2022年12月13日，安全用药月活动举办

区市场监管局　供稿

【营商环境建设】2022年，姑苏区市场准入机制进一步畅通，以企业和群众高效办成“一件事”为目标，不断改革创新，持续精简申请材料、优化办事流程，推进开办便利店、餐饮店一件事。拓宽“容缺登记”服务，大力推进外资企业审批登记效能升级。公平竞争环境进一步规范，开展“网剑”“铁拳”“雳剑”等系列专项执法行动，整治破坏市场秩序的行为，查办案件720件，罚没款685.96万元。放心消费环境进一步优化。牢固树立“服务民生、服务发展”工作理念，畅通投诉举报维权途径，全年受理办结投诉、举报37938件，为消费者挽回经济损失477.58万元。持续推进无理由退货，全区无理由退货承诺商户11977家，完成服务无理由退货33830起，涉及金额2960.43万元。打造“吴优数购”服务品牌，完成全国首单“吴优数购”无理由退货。

【助企纾困】2022年，区市场监管局持续开展涉企收费规范治理，查处11家转供电单位，责令退款450余万元。指导128家企业完成市级“守合同重信用”单位申报。建立个体工商户发展联席会议机制，出台《关于支持个体工商户健康发展的若干措施》，联合行政审批、税务等部门召开2次扶持个体工商户座谈会，切实帮助个体工商户纾困解难。发放姑苏区首笔“苏质贷”600万元，完成知识产权质押融资95万元。开展农贸市场“以奖代补”考评，发放奖励经费99.86万元。落实市场监管免罚轻罚清单3.0版，实行“首违不罚”“轻违不罚”，累计免罚轻罚案件307件，涉及金额2747.41万元。

【知识产权发展】2022年，区市场监管局加大知识产权保护和政策激励力度，提升区域知识产权实力。全年专利授权3121件，有效发明专利1574件，万人发明专利拥有量16.95件。3项专利获得第二十三届中国专利奖。

【质量强区战略】 2022年，区市场监管局成立姑苏区质量发展委员会，弘扬质量先进，树立质量标杆，构建国家、省、市三级质量奖品牌矩阵。4家企业获苏州市质量奖，56家企业获评江苏省工业企业质量信用A级企业，兑现各项质量奖奖励经费342万元。民生安全领域质量治理效能持续提升，食品药品安全工作连续2年获苏州市市场监督管理系统"高质量监管助力高质量发展"专项工作表扬。广告产业高质量发展，助力M+金狮校园成功申报市级广告产业园区，区内9家企业的10个项目获评2022年度苏州市广告业发展奖补项目。

【标准化战略】 2022年，出台《中共姑苏区委　姑苏区人民政府关于贯彻落实国家标准化发展纲要的工作意见》，发挥标准化在推动高质量发展和古城保护中的重要作用。强化现代产业标准化支撑，新增国际标准1项、国家标准11项、行业标准12项、苏州地方标准38项，新增标准化技术组织1个，企业标准、团体标准网上公开106项。推进服务业标准化试点工作，辅导2家单位高分通过国家级标准化试点项目评估考核，推进2个省级标准化试点项目。

【食品安全监管】 2022年，区市场监管局开展食品抽检7474批次，完成农贸市场快检20.59万余批。完成全区A、B、C、D级13266家主体包保工作方案，推动食品安全属地管理责任落地落实。开展食品安全"守底线、查隐患、保安全"专项行动，查处食品违法案件412件。

【药械安全监管】 2022年，区市场监管局推进"三品一械"日常监管工作，完成零售药店、医疗器械、医疗机构等药械经营企业监管5261家次。围绕"三品一械"高风险品种，组织开展专项整治，立案查处28起。创立"为民药事服务站"特色品牌，构建"1+4+N"药事服务体系，累计建成40家服务站，月均服务1000人次以上。

【产品质量安全监管】 2022年，区市场监管局实施重点工业产品质量安全专项整治行动、冬春火灾防控产品监督抽查、"守护到家"专项抽检行动，开展监督抽查267批次，查办案件78起。

【特种设备安全治理】 2022年，区市场监管局推进特种设备云平台建设，完善智慧监管。开展特种设备安全大检查行动，梳理排查整治特种设备安全隐患148处，查封设备23台。姑苏区重点场所使用单位安全承诺、重点场所使用单位检查覆盖率和重大安全隐患整改完成率均为100%。 （谢超翔）

安全生产与应急管理

【概况】 2022年，姑苏区全面落实上级安全生产应急管理工作各项决策部署，全力防范化解重大安全风险，有效防范和遏制各类事故的发生，安全生产形势总体平稳。

【专项整治】 2022年，姑苏区累计排查消除各类隐

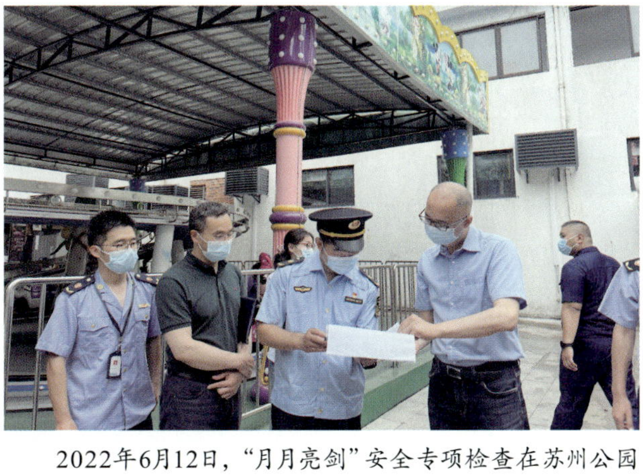

2022年6月12日，"月月亮剑"安全专项检查在苏州公园进行特种设备专项检查　　区应急管理局　供稿

患1592处，处罚金额128.8万元。开展“月月亮剑”攻坚行动，累计成立检查组189个，检查各类生产经营单位596家，排查整治问题隐患846处。102处安全生产政府挂牌督办隐患全部按期摘牌。

【工矿企业监管】 2022年，姑苏区内具有生产现场的工业企业共66家，其中规模以上企业14家、规模以下企业52家。组织开展姑苏区工矿企业基础信息调查统计工作，明确监管重点，建立“一企一档”。邀请第三方专业机构对姑苏区工业企业风险报告进行核查审计，在核查中共发现漏报风险的企业4家，漏报较大以上风险7项，消除“零风险报告”企业2家。开展“安全培训走过场”“一带一帽”等4项专项执法行动。鼓励企业投保安全生产责任保险，全年姑苏区新增投保安责险工业企业8家，投保金额16.82万元，覆盖278人。以“实地观摩+专家授课+经验交流”的培训模式，组织姑苏区各街道、各有关部门和相关企业召开有限空间专题培训会3次、有限空间作业现场观摩会1次。开展工业企业“333”全员安全培训，线上培训和线下考试相结合，累计培训企业142家次，培训员工1800余人次。

【危化品管理】 2022年，印发《姑苏区危险化学品安全监管指导手册》，规范和指导危化品使用安全管理。印发《姑苏区危险化学品安全风险集中治理实施方案》，重点排查安全发展理念、安全生产责任两个方面突出问题和储存、交通运输、废弃处置、化工园（集中）区外四个环节的重大安全风险。推进精准整治，完成危险化学品风险分级。推动危险化学品存储环节合规改造，姑苏区147家危化品使用单位完成储存柜合规化改造。

【“331”专项治理】 2022年，苏州国家历史文化名城保护区、姑苏区应急管理局（简称“区应急管理局”）以“溯源清零”为主线，组织开展“平安街巷”专项行动，完成32条街巷的全量治理，整改消除“三合一”场所84处，配备消防设施600余件，累计消除各类隐患4368处。升级“技防+人防”防控措施，推

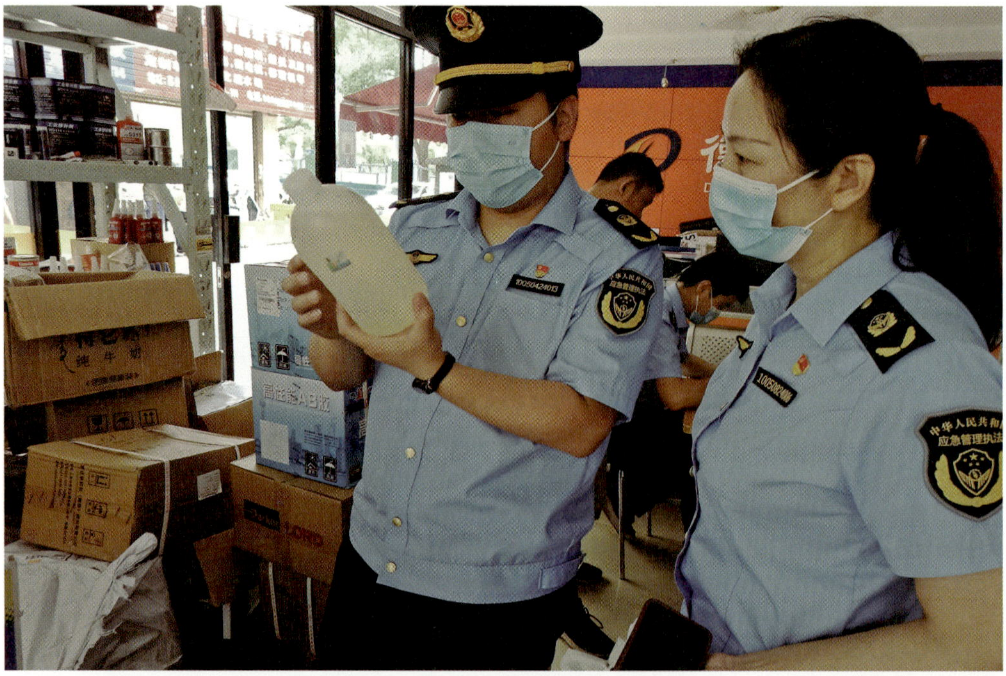

2022年6月29日，危险化学品“打非治违”专项行动开展　　区应急管理局　供稿

2022年3月10日，保护区管委会副主任、姑苏区常务副区长陆文明带队赴苏站路换乘停车场工程和江乾路小学项目集宿区开展消防安全“331”专项检查

区应急管理局　供稿

广建设人工智能电动自行车违停监测预警系统，新建电动自行车充电头4475个，提档升级4365个。

【智能安防建设】 2022年，区应急管理局积极探索科技赋能提升火灾防控能力，按照《2021—2022年度保护区、姑苏区深入推进智能安防系统建设工作方案》，凝聚多方合力，加强政策引领，在文保单位、控保建筑、非居住类直管公房、特色商业街区老旧厂房、专业市场、困难群体（独居老人、残疾家庭、“三无”人员）住所等场所实现智能安防系统建设全覆盖。至2022年底，姑苏区累计安装各类智能安防设备终端21789个。其中，资产国有（集体）建筑安装设备1451个，经营性场所安装设备1471个，困难群体住所安装设备16141个（其中管道天然气、液化气钢瓶用户住所安装设备13076个，“三无”人员住所安装设备3065个），其他场所（城中村、老旧小区等）安装设备2726个。

【安全生产宣传】 2022年，区应急管理局持续开展“百团进百万企业千万员工”安全宣讲活动，姑苏区安全生产委员会主任、副主任，各成员单位主要领导全部完成宣讲任务。开展“团心助安”青年安全“五·四”行动，引导广大姑苏青年弘扬“主动担当、奋勇争先、高效务实”的精神内核，发挥好青年主力军作用，助推姑苏区安全水平的提高。“5·12”全国防灾减灾宣传周期间，采用“线上+线下”的方式，有序开展防灾减灾宣传。举办安全生产月“6·16”宣传咨询日活动，提供安全生产、消防安全和家庭应急等知识现场咨询1000余人次。邀请姑苏区100家企业拍摄安全承诺视频，并进行展播。

【应急救援】 2022年，姑苏区累计编制应急预案133个，其中总体预案1个、专项预案21个、部门预案41个、街道级预案备案70个；制作专项应急预案简本17个，应急预案体系建设基本形成。按照立足实际、突出重点的原则加强应急救援队伍建设，强化部门应急演练联建联训，提高各类应急救援队伍的协同作战能力。以消防救援力量为主的综合性应急救援队伍9支，专业应急救援队伍27支，社会救援力量14支，民兵力量9支，共计59支2740人。姑苏区各街道、社区均明确AB角灾害信息员，保证灾害信息工作责任明确、无缝对接。

【应急指挥】 2022年，姑苏区引进云计算、移动通信、高清编解码等先进的信息技术和视讯技术，通过应急专网，建成区级到基层街道应急视频会议系统，建立健全姑苏区视频指挥调度机制。在公务执法车上安装云台设备，实现与苏州市融合通信对接，苏州市局指挥中心可远程调度指挥。

【安全发展示范城市创建】 2022年，姑苏区继续加大宣传力度，在辖区内对安全发展示范城市创建集中宣传。打造集中宣传阵地1个，媒体宣传67次，户外广告宣传3567处，发放宣传海报、宣传单、致市民的一封信等宣传用品6万余份，编制《创建安全发展示范城市五十题知识问答》《市民安全公约》等宣传资料。印发《苏州市姑苏区安全发展示范城市创建2022年工作要点》，细化工作任务，梳理部门任务清单16个、街道任务清单1个，共计201项任务内容。定期召开安全发展示范城市建设推进会，研究部署城市安全工作，统筹推进省级安全发展示范城市创建。

【执法规范化建设】 2022年，姑苏区制定并严格执行《保护区、姑苏区应急管理局2022年安全生产行政执法监督工作计划》，开展安全生产综合、日常、专项监督工作，进一步推进执法规范化建设。对姑苏区各街道使用执法系统进行案件办理情况进行网络巡查并定期发布通报，要求各街道规范执法程序，及时整改到位。开展姑苏区应急管理行政执法专项监督暨案卷评查会议，通过专家授课、案卷互评互查等形式提高基层执法人员执法办案、制作案卷的能力。进一步深化安全生产行政执法与刑事司法衔接工作，依法严厉打击安全生产领域涉嫌违法的犯罪行为，明确工作联络、案件移送、联合查处、古城保护特色专门工作、重大案件会商、信息共享、安全生产专家咨询等工作机制。

【队伍建设】 2022年9月2日，姑苏区应急管理综合行政执法大队正式揭牌，与姑苏区应急管理局实行“局队合一”体制，统一执法，姑苏区8个街道应急管理局授牌，各街道在原安全生产监督管理办公室基础上，整合其他职能机构的应急管理、安全生产、防灾减灾等职能，承担辖区安全生产委员会办公室日常工作，姑苏区应急管理综合行政执法队伍组建完成。

（杨 柳）

2022年9月2日，姑苏区应急管理队伍揭牌暨统一着装仪式举行　　区应急管理局　供稿

2022年10月28日，姑苏区第三届安全生产综合执法竞赛在威廉姆斯（苏州）控制系统有限公司举办

区应急管理局　供稿

财税审计

财　政

【概况】 2022年，苏州国家历史文化名城保护区、姑苏区财政局（简称“区财政局”）坚持以习近平新时代中国特色社会主义思想为指导，紧紧围绕区委、区政府系列重大决策部署，自觉服从和服务于全区经济社会发展大局，努力组织财政收入，坚决落实过“紧日子”要求，强化资金保障职能，加快推进财政体制改革，完善国资监管制度体系，提升国资发展效能，加快推动财政国资“双擎发力”发展格局，全力保障区域重大战略和重点任务的实现，各项事业发展取得明显成效。

【财政收入】 2022年，姑苏区完成一般公共预算收入618388万元，完成调整预算的100.2%，比上年实绩减少56134万元，下降8.3%，税收占比86.6%。国有资本经营收入预算657万元，全年完成国有资本经营预算收入1513万元，完成年度预算的230.3%。一般公共预算收入分科目情况如下：增值税完成217416万元，比上年减收37891万元，下降14.8%；企业所得税完成75904万元，比上年减收11637万元，下降13.3%；个人所得税完成76910万元，比上年增收8946万元，增长13.2%；城市维护建设税完成30525万元，比上年减收7402万元，下降19.5%；房产税完成31465万元，比上年减收8687万元，下降21.6%；印花税完成8268万元，比上年减收197万元，下降2.3%；城镇土地使用税完成4189万元，比上年减收508万元，下降10.8%；土地增值税完成87829万元，比上年增收156万元，增长0.2%；耕地占用税完成803万元，比上年减收174万元，下降17.8%；环境保护税完成2099万元，比上年增收217万元，增长11.5%；其他税收收入-166万元，比上年减收151万元，增长1006.7%；专项收入完成25874万元，比上年减收3985万元，下降13.3%；行政事业性收费收入完成21441万元，比上年增收12035万元，增长128%；罚没收入完成5274万元，比上年增收3552万元，增长206.3%；国有资源有偿使用收入完成23756万元，比上年减收14128万元，下降37.3%；其他收入完成6801万元，比上年增收3720万元，增长120.7%。

【财政支出】 2022年，姑苏区完成一般公共预算支出883186万元，完成调整预算的97.4%，比上年增长13.2%。政府性基金年度支出总预算392587万元，为上年结余及上级支出指标。全年累计完成政府性基金预算支出148781万元，完成年度预算的

37.9%。全年累计完成国有资本经营预算支出500万元，完成年度预算的100%。一般公共预算支出分科目情况如下：一般公共服务支出48852万元，完成年度预算的97.5%，比上年下降2.9%；国防支出10万元，完成年度预算的100%（均为上级指标）；公共安全支出25720万元，完成年度预算的98.2%，比上年下降4%；教育支出167359万元，完成年度预算的99.7%，比上年下降13.4%；科学技术支出21611万元，完成年度预算的96.5%，比上年增长47.7%；文化旅游体育与传媒支出5882万元，完成年度预算的80.7%，比上年下降65.1%；社会保障和就业支出181362万元，完成年度预算的97.6%，比上年增长16.8%；卫生健康支出123820万元，完成年度预算的97.2%，比上年增长244.8%；节能环保支出6433万元，完成年度预算的60.2%，比上年下降73.5%；城乡社区支出181597万元，完成年度预算的97.7%，比上年下降1.8%；农林水支出1195万元，完成年度预算的94.5%，比上年下降5.6%；交通运输支出76万元，完成年度预算的93.8%（均为上级指标）；资源勘探工业信息等支出38899万元，完成年度预算的98.4%，比上年增长49.7%；商业服务业等支出4310万元，完成年度预算的84.9%，比上年增长150%（均为上级指标）；金融支出30万元，完成年度预算的54.5%（均为上级指标）；援助其他地区支出6188万元，完成年度预算的100%，与上年持平；自然资源海洋气象等支出4237万元，完成年度预算的100%，比上年增长384.8%；住房保障支出60578万元，完成年度预算的97.8%，比上年增长63.5%；灾害防治及应急管理支出3359万元，完成年度预算的86%，比上年下降5.4%；其他支出1万元，完成年度预算的100%，比上年下降97.3%；债务付息支出1654万元，完成年度预算的100%，比上年增长10.1%；债务发行费用支出13万元，完成年度预算的100%，比上年增长225%。

【民生保障】 2022年，区财政局共发放最低人员生活保障金、尊老金、养老援助扶持、抚恤救助金等各类民生扶持资金3.649亿元；教育方面，保障各类生均经费预算标准，其中幼儿园生均公用经费标准每人820元，小学生均公用经费标准每人1430元，持续推进“五年行动计划”新建改扩建学校，除教育人员经费外，共安排各类教育项目经费5.6782亿元；制定合理的公共卫生服务机构财政保障机制，落实基本公共卫生服务经费1.245亿元，安排儿童口腔健康幸福工程、母婴阳光工程、社区卫生服务机构提升改造项目、幸福助餐工程等共计1.0916亿元，扶持养老产业和机构0.06亿元；积极保障文物文化、旅游、体育等事业发展，2022年共安排专项资金0.2855亿元，安排文商旅产业资金0.1048亿元；坚持以人为本，确保人才开发资金落实到位，统筹安排各类人才资金0.7174亿元；安排社区党组织为民服务专项、社区党员活动经费等各类党建经费0.5051亿元，有效推动党建引领社会治理工作；安排经费2.3096亿元，保障社工经费有序到位，改善社区工作者待遇水平；安排社情民意、就业创业惠民项目等共计0.1064亿元。全面落实国家、省、市关于做好新型冠状病毒疫情防控工作的决策部署，安排各类防疫资金9.9737亿元。安排区城建项目资金15亿元，用于道路建设、城镇老旧小区改造、老旧片区交通安防整治、立面环境整治提升、绿化和景观提升以及水利水务项目等，安排环境卫生、市政养护、绿化养护等城市维护费用7.7亿元，持续改善城区环境、提升城市运行安全。

【财政监督】 2022年，区财政局严格压实财政监管责任，充分运用财政“日常监督”“专项检查”“专项核查”等方法提升监督工作层次，突出重点、统筹兼顾，规范监督行为，不断谋求财政监督实效，积极开创财政监督工作新局面。累计实施政府采购项目278个，预算金额22.12亿元，实际采购金额21.19

亿元，节约资金0.93亿元，节支率为4.2%；按照省、市财政部门的统一要求上线运行苏采云（政府采购交易系统），并实现与预算一体化系统的对接。全年共完成评审项目123个，累计审定金额27.92亿元，累计审减达5172万元。

【财政改革】 2022年，区财政局积极推进国库支付工作改革，做好动态监控。认真梳理动态监控规则，排查监控盲区，完善监控预警机制，确保监控风险点横向到边、纵向到底的全覆盖，形成对每一笔财政资金动态的全流程监控。全年共监控232家预算单位纳入国库集中支付的资金101.06亿元，核实未按规定使用资金1023.33万元，累计纠正率100%；全年完成直接支付数据审核134862笔，合计91.76亿元。积极宣传最新财务政策，辅导账务处理，在不断提高预算执行质量的同时，提升对预算单位的服务质量。制定出台《姑苏区土地储备资金管理办法（试行）》《姑苏区城建项目资金管理办法（试行）》等文件，不断规范项目资金执行管理。深入推进以绩效为核心的预算管理制度改革，基本建成全方位、全过程、全覆盖的预算绩效管理体系；全面实施部门和单位、政策和项目预算绩效管理，建立健全全过程预算绩效管理链条，将一般公共预算、国有资本经营预算全部纳入绩效管理。

【数字人民币业务】 2022年，区财政局开展数字人民币支付运行建设，国库集中支付数字人民币业务全面推开，为财政数字化转型发挥重要作用。根据《苏州市深入推进数字人民币试点行动方案》《姑苏区深入推进数字人民币试点行动方案》的要求及工作任务分解，全年区财政局牵头统筹推进区级行政机关工作人员及下属事业单位部分工资以数字人民币形式进行发放，同时探索数字人民币在财政领域应用，开展对企业奖补资金使用数字人民币发放试点。全区行政机关（参公单位）、全额拨款事业单位在编在职人员工资实现数字人民币全额发放，财政奖补资金数字人民币兑现通过省预算一体化系统得以实现，财政资金累计数字人民币支付2.5亿元。 （陈宇婕）

税　务

【概况】 2022年，国家税务总局苏州市姑苏区（苏州国家历史文化名城保护区）税务局（简称“区税务局”）坚持党建引领，以深化征管改革为动力，以服务高质量发展为目标，全面落实“疫情要防住、经济要稳住、发展要安全”的重大要求，圆满完成各项任务。年内，区税务局获评全国“节约型机关”、江苏省文明单位等。

【组织收入】 2022年，姑苏区注册登记正常企业6.33万户，正常个体户5.69万户，职工社保费涉及缴费单位3.6万户，机关事业单位社保费涉及缴费单位622户，城乡居民社保缴费涉及164个社区和176所学校，灵活就业社保费涉及缴费人员约5.14万人，个人所得税日常征管人数58万人。区税务局坚持组织收入原则，强化质量监控，继续在“四税”工程（收好税、找好税、育好税、护好税）上下功夫。累计组织各

2022年2月10日，姑苏区税务工作会议召开

黄司璇　摄

项收入295.5亿元。其中，税收收入123.2亿元，下降24.8%，还原留抵退税后下降4.7%；完成社保费收入128.2亿元，增长11.3%；完成非税收入37.2亿元，增长708.6%。完成区级一般公共预算收入53.5亿元，下降9.7%，还原留抵退税后下降4.6%。

【减税降费】 2022年，区税务局坚定落实组合式税费支持政策，做好政策宣传培训、辅导纳税人申报、减免数据统计核算分析，确保退税减税政策措施落地生根。围绕数字经济时代产业创新集群建设，聚焦新冠疫情、留抵退税对经济的影响，充分发挥税收大数据优势，从保市场主体、稳经济增长、强企业信心等方面进行分析研究。

【税收征管】 2022年，区税务局深入贯彻《关于进一步深化税收征管改革的意见》部署，以《江苏方案》和省局“50条”为指导，优化职能、转变方式，开启姑苏区深化税收征管改革崭新篇章。强化精确执法，在“机制”上下功夫。创新实施“七有工作法”，即事前有辅导、事中有审核、事后有总结、困难有支撑、干部有减压、效率有提高、质量有保证。强化税费种、专业事项联动管理机制，健全针对个人股权转让、土增税清算、房土困难减免等重大执法决定的集体审议制度。用好提示提醒“双推送”等新型执法方式，落实大额欠税企业“一户一档”管理要求，建立欠税管理工作审议机制，规范欠税追征工作。强化数据应用，在“智慧”上下功夫。组建“1+N”税务监管团队和留抵退税监控团队、风险分析团队，着力提升大数据应用、深度分析和应对实施能力。拓展外部数据来源，建立对外部门共享数据台账，与区住建局交换215条在建项目数据，与区卫生监督所交换266户企业排放医疗废物数据，与区环保局交换15条受行政处罚数据，入库税款152万元。强化风险监管，在“精准”上下功夫。针对在专业事项上发现的日常管理风险，制订科所间事项移交流程，建立健全协作跟踪机制。通过“事前辅导—事中督促—事后抽查”，重点加强对疑点排查充分性、底稿表述规范度和流程操作完整度等方面的监管。定期组织对快速防控、新办约谈、出口实地核查、留抵退税专项应对等工作的“回头看”。严厉打击“三假”行为，强化留抵退税、成品油等重点领域的风险防控。做好风险应对统筹管理，共计完成各类风险应对流程任务753户次，总成效5.16亿元。

【营商环境】 2022年，区税务局始终坚持以人民为中心的发展思想，主动融入全市优化营商环境大局，纳税人缴费人满意度不断提升。便捷办税缴费，迈出服务“最先一公里”。扎实做好新的组合式税费支持政策宣传辅导工作，分类型推送提示提醒47批次，覆盖企业52万户次。持续做好税费红利账单的推广工作，通过“上门送、邮寄送、线上送”等多种形式帮助纳税人算好减税退税的“收益账”。通过自然人电子税务局征纳互动平台受理线上咨询2406户次，实现“办问协同”。靶向精准施策，做优对接“最难一公里”。为拟上市企业量身定制纳税服务方案，有效助力企业走稳上市之路；为苏州轨道交通建设、桃花坞历史街区改造等省级重大项目建设提供全方位、全流程涉税服务。开展纳税人“走流程、听建议”活动，聘请税费服务体验师，建立办税缴费体验反馈机制。多次举办线上、线下座谈会，区税务局班子带队走访企业，面对面倾听企业心声，聚焦纳税人急难愁盼的问题，5次收到纳税人送来的锦旗、感谢信。汇聚多方合力，积极探索“缩短一公里”。持续加强部门协作，联合开展政策解读直播活动，累计观看超过2万人次。与区社保、住建、法院、人防、水务等部门加强沟通，印发操作指引，明确受理流程，简化业务资料，压缩办结时限。落实纳税服务团队专业化运作，建立完善“企业池”联络机制，成立优化税收营商环境工作专班，落实“便民办税春风行动”各项举措，深入各街道和产业园，与多部

2022年5月19日，区税务局走访调研辖区企业，收到纳税人锦旗　　黄司璇　摄

门联合建立综合服务站点，送上一站式服务“大礼包”。借助邮政部门覆盖面广的优势，盘活登记地址信息资源，快速完成5000户企业的数据分析和“送上门来”的税法宣传，畅通税收服务“直通车”。

【党建工作】 2022年，区税务局始终坚持把政治建设放在首位，以“五责工作法”为抓手，始终把学习贯彻党的二十大精神作为重要政治任务，党委会“第一议题”学习37次、党委理论中心组“第一主题”研讨12次。践行“纳税人出题、党委点题、支部立项、党员接单”的工作方式，依托行业协会、共建园区等平台，在“同心同力”、党建共建中落实税费红利。坚持大抓基层、大抓支部的鲜明导向，组建防疫攻坚、退税减税、组合式税费支持政策等3个行动支部，成立“青年突击队”。深化“先锋聚力、一线攻坚”，全体党员干部职工发扬志愿服务精神，全年参与防疫877人次、文明志愿服务49人、无偿献血36人。持续丰富“税韵先锋·情满姑苏”党建品牌内涵，着力实现“一支部一特色”，一体发布税韵“同心、同行、同歌、青漾”系列品牌，释放“抓好党务、干好税务、带好队伍”的叠加势能。启动“先锋行动月”，充分发挥党员先锋模范作用，推动助企服务到纳税人缴费人身边。选树行动榜样，表彰优秀共产党员，发挥典型带动作用；结合建团百年，开展“团歌起·青春扬”活动，表彰优秀青年；短视频《有我》在《中国税务报》、“学习兴税”、省市税务局公众号上得到推广；《革命文物青年说：五卅路纪念碑》入选全省第六届“马克思主义·青年说”，在学习强国平台登出。

（黄司璇）

审　计

【概况】 2022年，苏州国家历史文化名城保护区、姑苏区审计局（简称“区审计局”）共开展审计项目17个，审计查出主要问题涉及资金2.49亿元。年内，区审计局获评姑苏区网评工作先进单位等，拙政园历史文化片区管理办公室经济责任审计项目获评全市优秀审计项目。

【审计项目实施】 2022年,区审计局在2021年度本级预算执行和其他财政收支审计项目中,围绕服务古城保护发展,实施数字经济和数字政府建设等9个市、区联动专题审计,审查21个惠民惠农财政补贴项目资金共计1.76亿元,融合古城保护专项资金等7个专题审计,"同级审"报告中共反映33项45个问题。持续优化审计资源配置、统筹审计组织方式,融合开展优化营商环境政策跟踪审计、信息化审计工作。首次开展"党政同审",将街道党组织书记和主任同时纳入经济责任审计范围,从决策程序、财政财务及经济管理活动等方面对领导干部履职情况进行同步审计,进一步厘清经济责任审计二元主体间的关系。

【建设项目审计】 2022年,区审计局组织相关单位对220个建设项目开展合同竣工结算审核,审结项目72个,核减工程造价11173.5万元,平均核减率12.3%。开展中介机构合同结算审计结果的质量抽查工作,在全年抽取的30个区政府投资建设项目中发现偏差金额915.44万元,综合偏差率1.17%。积极配合做好市、区共担城建项目资金结算工作,倒排时间、挂图作战,采取有力措施提高中介机构审核效率,组织实施的30个竣工结算审计项目(共涉及55个施工合同)一审二核后综合核减率14.39%,有效节约财政资金13953.07万元。

【区属国资审计】 2022年,区审计局对照姑苏区国企改革三年行动计划及区属国企体系优化调整方案,开展2家区属国资集团主要领导任中经济责任审计项目,并对全区55家区属国有企业的资产运营管理情况开展专项审计调查,重点关注15个产业园楼宇的运营现状和持续经营能力、113处古建老宅的修缮进度及开发利用情况、全区8个自建项目的去化能力和使用效率、无房产权证办理、资产信息化管理等5个方面。

【经营性债务审计】 2022年,区审计局与区财政局(国资办)联合成立全区经营性债务专项核查小组,对区属国有企业截至2021年底的103.15亿元经营性债务进行全面核查,重点关注融资平台公司的经营管理和风险防范情况,并积极协助相关部门接受上级对姑苏区开展的债务审计。配合做好区属融资平台压降工作,与区财政局(国资办)联合对3家融资平台公司提交的市场化转型材料进行审核认定。按照区防疫指挥部的工作要求,自2月起,安排专职审计人员落实对区疫情防控专项资金的跟踪监督,关注重点资金结算及报销流程、采购程序、合同签订条款等方面的合规性,助力疫情防控工作规范、有序、高效开展。

【审计监督服务】 2022年,区审计局进一步建立健全审计整改工作机制,持续优化审计监督服务水平,树立研究型审计思维,增强大数据审计能力,不断提升审计工作质量和监督效能。出台建立健全审计查出问题整改长效机制的相关制度,从完善组织领导、夯实工作责任、强化督导考核、建立健全机制等方面推动审计整改工作制度化、规范化。在建立整改台账的同时,将审计发现问题整改销号清单与审计报告一并送达被审计单位,明确整改要求。进一步梳理近年来全区审计未整改到位的问题,针对5个存量挂号问题,定期与责任单位对接,加强过程性监督,做到一跟到底,利用审计专报等形式在区级层面上有力推动部分问题的整改。积极探索践行研究型审计的路径和方法,将研究型思维贯穿审前、审中、审后各环节,组织开展研究型审计"路演"9人次、专报"围读"研讨会1次,推动以讲促研、以研促用。按照条线要求,积极部署金审工程三期项目，完成审计专网布置并落实安全管理措施，对全局28台专用终端设备进行100%部署，实现金审三期全覆盖。配合区大数据管理局，拟定信息化项目建设运行绩效管理办法，将网络安全和信息化建设审计关注要点融入项目管理全过程。

【审计工作“新路径”】 2022年，区审计局牢牢把握审计工作方向，积极推进审计理念、思路、制度机制和方式方法创新，不断完善工作举措，确保细化落实，努力推动新时代审计工作实现新作为。以区委常委会全体扩大会议的方式，召开区委审计委员会第三次、第四次、第五次会议，传达学习上级党委审计委员会会议精神、新修订《审计法》及相关审计制度规章，审议《区委审计委员会办公室办理重要事项试行机制》等文件，进一步提升审计工作影响力。充分发挥审计委员会办公室“议事协调”功能，通过“审计传阅单”的模式将专项审计调查报告等审计工作成果向各成员单位通报，共同推进审计结果运用。加强与组织部门的协作配合，有序出台《姑苏区领导干部离任交接工作办法（试行）》《姑苏区部门和单位内部管理领导干部经济责任审计办法》《保护区、姑苏区经济责任审计对象分类管理办法（试行）》3项制度，进一步完善经济责任审计工作体系，强化对领导干部的监督管理。加强与巡察监督的融合协作，首次对被审计单位开展共同访谈，通过健全项目沟通、过程协作、线索移送的工作机制，实现“全面震慑、强力督促”的良好效果。加大内审工作指导、培训、监督力度，邀请市审计局领导为全区各单位内部审计工作人员授课，就《姑苏区内部审计工作办法》等相关规定的贯彻落实开展专题辅导培训，明确内审工作要求。全年各单位共完成内审项目52个，涉及问题金额256.04万元，并全部落实整改。在将内管领导干部权力运行纳入制度轨道的基础上，试点开展区住建委下属2个单位内管领导干部经济责任审计，及时总结工作经验，为各主管单位有计划地开展内管领导干部经济责任审计工作提供参考。 （江莉渊）

2022年9月13日，苏州市市政设施管理处审计组进点会召开　　区审计局　供稿

教　育

综　述

【概况】 2022年，姑苏区小学入学率、巩固率、毕业率均达100%，学前三年教育毛入园率达100%。适龄残疾儿童入学率达100%，公办学校吸纳外来人口子女比例为100%（含政府购买学位）。公办小学专任教师2966人，专技岗位本科及以上学历者2692人，占比90.76%；中级及以上职称者2303人，占比77.65%；40周岁以下青年教师1514人，占比51.05%；女教师2525人，占比85.13%。幼儿园专任教师1518人，专技岗位本科及以上学历者1295人，占比85.31%；中级及以上职称者378人，占比24.90%；40周岁以下青年教师1142人，占比75.23%；女教师1490人，占比98.16%。

【教育经费投入】 2022年，姑苏区财政经常性收入为61.84亿元，教育经费投入20.16亿元，其中财政对教育拨款为18.51亿元，预算安排小学生均公用经费1430元，幼儿园生均公用经费820元，均比上年增加10元。下拨房屋改造、大型修缮专项经费6614万元，用于学校校舍维修、设施设备添置更新等。下拨公用经费9384万元，保障学校日常教育、教学需要。下拨普惠幼儿园奖补资金857.386万元，推进学前教育普惠性发展工作。安排优秀教师奖励806万元。按教师工资总额的2%安排预算900万元，专款用于学校教师培训。

【学校项目建设】 2022年，姑苏区建成启用大儒实验小学校、胥台实验幼儿园、平齐实验幼儿园、虎泉实验幼儿园。基本完成尚德实验小学校、冠云实验幼儿园、枣市实验幼儿园、苏运实验幼儿园的建设。继续推进金星小学（暂命名）和金星幼儿园（暂命名）、费家村小学（暂命名）和驿亭实验幼儿园、金光小学（暂命名）和金光幼儿园（暂命名）、长泾幼儿园（暂命名）的建设施工。按计划实施平江实验小学北校区、学士中心小学某宅鸳鸯厅、区文化馆昭庆寺等3个修缮项目。全年共安排约840万元日常维修经费、920万元专项维修改造经费，对辖区内学校进行维修改造，各项目均完成竣工验收。

【师资队伍建设】 2022年，苏州国家历史文化名城保护区、姑苏区教育体育和文化旅游委员会（简称“区教体文旅委”）根据“名城强师365行动计划”及配套文件，围绕“三领域、六层次、五工程”，开展全面深化新时代教师队伍建设改革。区教体文旅委共招聘事业编制教师28人；推进公办幼儿园备案制教师招聘管理工作，公开招聘幼儿园备案制教师

27人。做好教师荣誉表彰及市级以上各类评优工作。1个团队入选第二批"四有"好教师省级重点培育团队，1名教师入选2022年"苏教名家"培养工程培养对象，1名教师被评为2022年江苏省教学名师，11名教师被评为2021年度"姑苏教育人才"，2名教师被评为第十四届苏州市名教师，42名教师被评为苏州市中小学学科带头人，1名教师入选2022年"苏州教育时代新人"遴选宣传对象，48人被评为2021—2022年度苏州市优秀教育工作者，270名优秀教师、30个优秀教育团队获区级表彰。

【学校安全工作】 2022年，区教体文旅委坚守"安全红线""稳定底线"，全面压实安全主体责任，健全学校安全工作责任体系和安全管理制度体系。学校专业保安配备率100%，安保技防达标率100%，安装一键报警装置100%，硬质防冲撞设施配备率100%。连续3年共投资3000万元，对所有学校原有技防设施设备进行达标升级改造，所有学校均已达到智慧安防一级标准，全年有6所学校按智慧安防三级标准完成建设并通过验收。所有学校全部完成智能充电限电装置和智能吊挂式灭火设备配备。全年为41所学校安装104套气体式火灾探测报警器，主要消除教学楼、控保建筑、食堂等重点场所消防隐患；为31所幼儿园安装独立烟感系统，安装探测头1514个。

【教育督导考评】 2022年，区教体文旅委落实市政府教育目标责任考核、省学前教育普及普惠监测等工作，启动江苏省义务教育优质均衡发展区创建评估申报工作，不断提高区域教育现代化和优质均衡水平。组织对4所学校的素质教育督导考核、对23所幼儿园的办园行为督导评估。每月开展"通案式"挂牌督导工作，切实提高挂牌督导实效。实施2022年度教育类事业单位考评方案，加强日常考核，加大师生和家长满意度测评在考核中的权重，重视群众对教育的获得感和美誉度。（潘　琪）

学前教育

【概况】 2022年，姑苏区有幼儿园74所，其中区管66所（公办园48所、民办园18所）、市管8所（公办园6所、民办园2所）；区管幼儿园在园幼儿总数21088人，市管幼儿园在园幼儿总数3293人，合计24381人；区管省、市优质园66所，在园幼儿占比100%（除新建园外），学前三年教育毛入园率达100%。

【课程建设三年行动计划】 2022年，区教体文旅委出台《保护区、姑苏区幼儿园课程建设和管理三年行动计划》，顶层架构科学合理的课程管理机制，细化分解区级、共同体、幼儿园3个层面的目标及任务，保障幼儿园课程建设和管理工作高效扎实推进。各幼儿园制定课程有效实施工作方案；各共同体成立课程建设和管理工作小组，每月开展课程指导活动；首批13家幼儿园申报并通过课程有效实施现场评估。

【省优质幼儿园创建】 2022年，区教体文旅委通过上报创建资料、结对帮扶姐妹园、现场指导、区级预查评估等形式，指导福星幼儿园做好申报创建省优质幼儿园的各项准备工作；此外，阳光城幼儿园、百晟幼儿园顺利通过省优质幼儿园现场复审。在创建及复审过程中，幼儿园办园质量得到大幅提升。

【课程游戏化项目建设】 2022年，区教体文旅委持续推进区域课程游戏化项目建设。各项目组在专家领衔指导下，通过观摩现场、交流研讨、案例分享等途径深入课程资源开发利用等方面的研究；教师发展中心和学前教育与社会教育处每月进行专项视导，确保各园课程游戏化项目推进进度及实效；开展侧重点不同的各级层面的业务培训，如园长系列

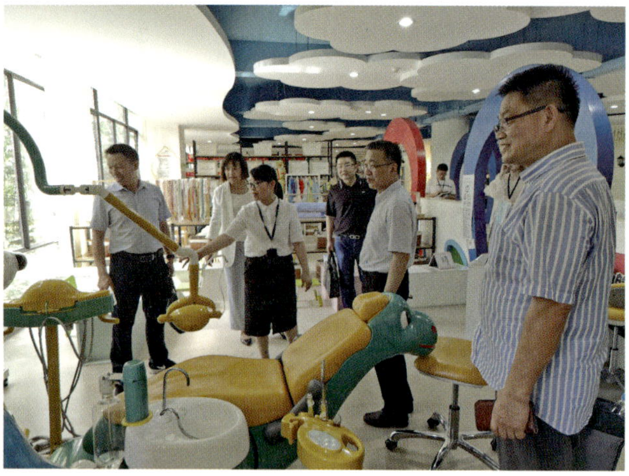
2022年8月11日，姑苏区人大常委会专题调研区学前教育工作　　区教体文旅委　供稿

培训、名师讲堂等，多形式提升教师队伍专业素养，助力区域推进课程游戏化项目的高效实施。

【民办园办学质量提升】 2022年，区教体文旅委出台关于拨付非营利普惠性民办幼儿园生均公用经费的通知，引导更多民办幼儿园提供普惠服务。星加幼儿园等4所民办幼儿园通过申办普惠园的审核。继续发挥民办园年检和年度考核的作用，对评估考核、提档升级成绩优异者给予相应奖励，全区民办幼儿园奖补经费32.5万元。（郁梦嘉）

义务教育

【概况】 2022年，全区有公办小学44所，在校学生51362人；特殊教育学校1所，在校学生148人。全区小学中有19所百年老校，小学均为苏州市教育现代化学校。有外来工子弟学校3所，民办九年一贯制学校1所，民办义务教育阶段在校学生共2292名。

【招生入学工作】 2022年，区教体文旅委根据省、市义务教育入学工作要求，严格规范招生入学工作，及早开展入学需求预测预判预设，利用入学平台加强招生计划审核，优化区域入学工作，合理安排学校开班数、班额，所有公民办小学起始年级班额均控制在45人以内。根据集团化办学要求，调优入学、转学工作流程，优先在集团内进行学位统筹。

【随迁子女积分入学】 2022年，区教体文旅委根据《苏州市流动人口积分管理办法》《苏州市义务教育阶段流动人口随迁子女积分入学实施细则》相关规定，办理姑苏区申请积分入学1287人，其中准入公办学校1227人，准入率95.30%。未达最低准入分值的60人由政府购买学位安排至区民办学校就读。

【课程项目建设】 2022年，区教体文旅委以基础教育内涵建设项目为支点，深入推进教育教学改革，2个项目获评省基础教育前瞻性教学改革实验项目，1个项目获评省特殊教育发展项目；5个项目获评市基础教育前瞻性教学改革实验项目；1个项目获评省中小学课程基地与学校文化建设项目；4个项目获评市中小学课程基地与学校文化建设项目；在苏州市教育教学成果奖（基础教育类）评比中获特等奖1项、一等奖1项、二等奖5项。

【对外合作项目】 2022年9月，区教体文旅委与苏州大学教育学院共建大中小学思政课一体化建设研究院和教师职业生涯发展研究院，进一步拓展合作范围，激活区域教育潜能。出台《关于加强区域对外合作项目规范管理和考核评价的实施意见（试行）》，正式将对外合作实效纳入集团化办学年度综合考评，进一步优化对外合作项目管理。苏州市劳动路实验小学校和上海戏剧学院合作项目举办“苏沪艺心　向美而行”合作办学共建项目阶段成果汇报，内容包括上戏艺术名师讲堂、学生表播艺术课程体验、现场展演。

2022年11月20日，"苏沪艺心　向美而行"——劳动路实验小学与上海戏剧学院合作办学共建项目阶段成果汇报展演举办　　区教体文旅委　供稿

百年老校苏州市昇平实验小学校敬贤亭

区教体文旅委　供稿

【百年老校提升】 2022年，区教体文旅委落实区《百年老校跃升一年冲刺行动计划》。"百年老校传承发展系列工程"之"基础建设项目"聚焦建筑文物保护、古树名木养护、遗址遗迹修缮等方面，对苏州市昇平实验小学校、苏州市东中市实验小学校和苏州市敬文实验小学校进行基础建设提档升级，完整呈现富有人文气息的校园历史文化风貌。发布《姑苏百年老校绿皮书·红色印记》，展现姑苏百年老校红色教育资源，塑造苏式教育红色文化。完成"我眼中的百年老校"系列宣传，通过"校长说""教师说""学生说"展现姑苏师生对百年老校的深切情感和昂扬向上的精神面貌，共计发布19期微信推送。组织"百年老校　十年新生"图片展，集中展览19所老校标志性建筑沙盘模型，赓续百年老校办学基因，提升优秀文化传承发展水平。首发《姑苏百年老校文化创生之"溯"与"行"》文化手册，综合归纳"百年老校"文化创生的简介、起源和行动路径、基本方法；举办全市"苏式"课程"百年老校"文化创生的有效路径专题研讨活动，发布首批21项文化创生培育课程；开启"百年老校"学生"线上学习"方式变革研究，重构百年老校与线上学习方式变革的关联与承继。

【民办学校管理】 2022年，区教体文旅委按照《保护区、姑苏区规范民办义务教育发展实施方案》《关于完善民办学校管理的实施方案》《姑苏区关于政府购买民办义务教育学校学位的实施方案（试行）》等文件要求，进一步规范区域内民办义务教育学校党的建设、教育教学、资金监管等工作，完善对民办学校的相关考核机制，规范学校办学行为。发挥教育集团在办学、管理、师资、教科研等方面的优势，完善公办学校对民办学校的帮扶和管理输出，整体优化区域义务教育资源，进一步优化义务教育结构和布局。

【国际理解教育】 2022年，区教体文旅委加强学校国际交流能力建设，开展校际合作项目，组建区域校群共同体，积极开展国际理解教育活动。指导苏州市沧浪教育集团沧浪实验小学校与美国波特兰Forest Park Elementary School、苏州市彩香教育集团金阊外国语实验学校与澳大利亚维多利亚州Serpell Primary School进行网络书信交流，进一步助力友好学校间深度交流和合作。组织学校参与苏州市外教课堂项目"未来之星"国际友好城市交流与创作大赛，促进学校主动了解世界多元文化，不断提高学生英语学习和交流水平。

【德育品牌活动建设工程】 2022年，区教体文旅委落实立德树人根本任务，全面发展素质教育。挖掘红色教育资源，以学校为阵地，加强爱国主义教育；以迎接党的二十大召开为契机，组织区内各中小学围绕“强国复兴有我”、“四史”教育、赓续红色血脉、传承红色基因等主题，开展一系列教育实践活动。着力党史教育与《道德与法治》教材的有机融合，依托主题化校史和姑苏文化史课程，培养自信、快乐、全面发展的姑苏少年；将抗疫精神主动融入思政教育，激发学生责任担当。持续强化班主任队伍建设，抓实班主任基本功培训和竞赛等活动，16人获得第十七届苏州海外联谊会周氏德育奖励金，2名教师在市中小学校班主任基本功竞赛中分别获得一、二等奖，5所学校获评市中小学家访工作先进学校；规范建立区首批17个德育类及其他名师工作室，发挥领衔人的示范、指导和引领作用，提升骨干教师业务能力；组织区级“家庭教育促进法”学习体会评比和家庭教育故事征集活动，加大“一法一条例”普及广度和深度；“林老师”团队巡讲志愿服务共计43场次，7名“林老师”参与苏州市总校项目；全区共100名教师参加家庭教育指导师的上岗培训，80名教师参加进阶培训，区域家庭教育指导师团队蓄水池持续做大做优。

【心理健康教育】 2022年，区教体文旅委选送教师参加苏州市第十五批中小学心理健康教育上岗证培训并取得证书，持续推进心理健康教育持证教师进阶培训，完成第四批、第九批持证教师上岗证验证工作。健全优化三级心理健康监护网络，完善“一生一档”“一生一策”学生心理成长档案；完成新建学校心理辅导室验收和达标心理辅导室年检工作；开展“心理健康宣传月”专家进校园活动。开展心理健康教育教师心理危机预防和干预培训，帮助教师掌握应对心理危机的技能。学生居家学习期间，每周下发学生心理疏导指南和资源包，心理骨干教师联合班主任队伍定期线上跟进，引导学生保持良好的心理状态。对存在潜在心理问题的学生制定方案、跟踪辅导并借助“绿色通道”及时转介。复课前下发市、区学生心理危机预防和干预工作实施方案，指导各集团、学校有序开展心理疏导工作。

【学生体质健康发展】 2022年，区教体文旅委贯彻落实“保证学生每个学习日（正常天气）有不少于1.5小时校内户外活动时间”工作要求，抓好体育课、课间操、大课间体育活动、体育社团活动，确保学生锻炼的时长与质量。扎实推进“双减”政策落地，增加校园内体育锻炼的时长，丰富校园内体育锻炼的形式和内容，全面提升学生的体质健康水平，促进学生身心和谐健康发展。引入学生体质健康第三方监测服务，强化各项管理措施，有效促进学生体质健康发展。全区一到六年级学生体质健康监测合格率达95%以上，优良率达50%以上。

【体教融合发展】 2022年，区教体文旅委落实青少年体育“5621”计划，围绕“名校建名队”项目和“区队校建，打造强队”项目，持续推动学校体育特色发展。推动体教互融共进，持续开展“世界冠军进校园”特色活动，冠军团由金牌教练袁伟民领衔，包括张军、陈艳青等14位苏州籍世界冠军，活动项目涵盖羽毛球、举重、技巧、击剑、轮滑、排球等。姑苏区10个教育集团相继“牵手”1—2位长期合作的世界冠军，实现全覆盖。各教育集团还开展“世界冠军进家园”特色活动，世界冠军与家长和孩子们展开互动。

【校园足球成绩显著】 2022年，姑苏区开展校园足球联赛，在参赛学校、球员人数、比赛规模、办赛水平上再创新高。2所学校获评全国青少年校园足球特色学校，1所幼儿园获评全国足球特色幼儿园。以区内学校足球队为班底的苏州市代表队获江苏省第二十届运动会青少年部足球（男子12岁组）季军，学校输送至苏州市队的主力队员在江苏省第二十届运动会女子足球青少年部（10—11岁组、12岁组）获得双料冠军；在2022“省长杯”卡尔美江苏省青少年校园足球联赛中获得第五名，2名学生入选小学男子组五年级U11最佳阵容，并获得参加江苏省2022年全国青少年校园足球夏令营系列活动的资格；在2021—2022年度苏州市“市长杯”青少年校园足球联赛总决赛中分别获得小学男子乙组亚军和第四名，小学女子甲组第五名。1名教师获江苏省校园足球教练员技能大赛综合团体一等奖、综合个人二等奖。

【艺术教育多元化】 2022年，区教体文旅委开展艺术特色项目建设，推进文教融合发展，创新艺术活动形式，着力打造最具姑苏特色的原创艺术作品。以区级艺术教育项目基地校为龙头，鼓励和扶持校园艺术特色项目社团化发展，培育浓厚的校园艺术氛围，实现“一校多品”。开展非遗进校园活动，邀请民间艺术大师、非遗传承人等到学校授课，让传统文化浸润孩子们的成长之路。“流光溢彩最江南·苏灯南小传习所”获评全国第七届中小学生艺术展演活动学生艺术实践工作坊一等奖。3名教师被命名成立市首批美育名师工作室，进一步赋能姑苏区中小学校美育工作。开展区小学生十佳艺术团活动，覆盖10个教育集团。3个艺术团获评苏州市中小学生十佳艺术团，2所学校获评苏州市艺术教育特色学校。

【学生科技素养提升】 2022年，区教体文旅委立足教育本源，聚合校内外科教资源，拓展科教融合实施渠道，积极构建未来创新人才培养体系，厚植科学教育根基。在苏州市青少年科技创新大赛、江苏省青少年科技创新大赛、第五届长三角地区科普漫画大赛、2022世界机器人大赛锦标赛机器人设计大赛等重要科创赛事中，姑苏区共获一等奖41个，其中区

苏州市平直教育集团苏灯南小传习所制作的《鲤跃龙门门楼灯彩》　　区教体文旅委　供稿

2022年11月11日，苏州市金阊实验小学校举办“乐创”人工智能科技节嘉年华活动　　区教体文旅委　供稿

少年宫梓义实小联队应邀代表全国VEX赛项参赛选手参加央视新闻“我和机器人做朋友”直播活动；5所小学入选第二批“苏州市青少年数字公民培育计划”项目学校；3个教师工作室获评区首批科技辅导员名师工作室；3所小学获评市“十四五”首批科学教育综合示范校，其中1所小学获评省“十四五”首批科学教育综合示范校。组建64个科普社团，开启16个学校科普活动新途径。首批14名学员顺利通过市级选拔参加2022年江苏省“信息与未来”小学生编程思维展示活动，其中获省一等奖4人、二等奖8人。

【苏州市沧浪实验小学校获评“江苏省文明校园”】
苏州市沧浪实验小学位于姑苏古城东南隅十梓街、

苏州市沧浪教育集团沧浪实验小学校“寸丝寸金”学生艺术实践工作坊　　区教体文旅委　供稿

天赐庄文化片区，是百年老校。学校恪守教育初心，坚持立德树人，以培育和践行社会主义核心价值观为根本，传承、发展、创新百年名校“沧浪文化”的内涵。近3年来，学校以文明校园创建为载体，依托江苏省中小学课程基地与学校文化建设项目、江苏省小学生品格提升工程项目、江苏省首批“四有”好教师重点培育团队建设，大力营造安全文明和谐的育人环境，构建和谐育人生态。2022年学校获评“江苏省文明校园”。

（汤文波　汪敏敏　蒋雪娟　包　涵　王　颖　祁梦婧　曹云颖　丁　夏）

链接：

苏州市沧浪教育集团简介

【概况】 苏州市沧浪教育集团成立于2020年8月，由苏州市沧浪实验小学校、苏州市带城实验小学校、苏州市草桥实验小学校、苏州市昇平实验小学校、苏州市杨枝小学校5所学校组成，其中4所为百年老校。虽5所学校发展历史不同，但相同的地域文化、良好的文化认同，催生了集团共同的办学愿景：办人民满意的教育，给儿童一生满意的童年，让教师过完整和幸福的教育生活。

2022年，集团共有6057名学生，145个班级，344名教师，拥有正高级教师2人、高级教师13人、一级教师271人、江苏省特级教师1人、苏州市名教师2人、苏州市学科带头人和“双十佳”16人、姑苏区学科带头人和“教坛新苗”116人。

集团五校的校本课程体系和而不同，沧小“真趣”课程体系、带城“成美”课程体系、草桥“德志”课程体系、昇平“真雅”课程体系、杨枝

"知行"课程体系均由学科拓展课程群、沧浪文化课程群两大板块组成，各成员校依据不同的校情、师情、学情，个性化构建校本课程。随着集团化办学的深入推进，各成员校课程逐渐实现互通和共享。

集团树立"有爱·立责"的青少年核心道德品质培养目标，以江苏省品格提升工程"沧浪少年自我澄澈的奋斗者行动"为抓手，涵育具有姑苏特质、中国情怀、国际视野和新时代素养的"笃行自胜"的沧浪学子，将集团优质文化融于育人和管理的各环节。

集团以江苏省"四有"好教师项目为依托，努力打造"品行高洁、一清如水"的教师队伍，在教育教学中"一"以贯之儿童立场，追求"清"新、"清"简的教学，形成"上善若水"的教育主张。以理想信念为根本，以道德情操为前提，以扎实学识为基础，以仁爱之心为关键，培养德以载道、教以善化、课至清明、心有大爱的教师。

集团通过核心校的引领辐射，实现价值传递，促进集团各校的管理改进与质量提升，让每所学校都在原有的基础上得到发展。

【苏州市沧浪实验小学校】 始创于清光绪二十八年（1902）的苏州市沧浪实验小学校位于古城东南隅，紧邻着古老美丽的苏州大学，是一所人文气息浓厚的百年老校。学校溯源千年沧浪之文化根基，恪守教育初心，秉承"以德育人，以质立校"的办学方针，凝成"立本致远"的校训，"笃行自胜"的校风，"仁厚从容"的教风，"明德敏思"的学风。

学校始终坚持"质量是生命线，课堂是主阵地"，以江苏省基础教育前瞻性项目、江苏省课程基地与学校文化建设项目、江苏省中小学

苏州市沧浪实验小学校

生品格提升工程、江苏省"四有"好教师重点培育团队等项目推进为契机，以思导行，以研促教，努力打造"真·趣"课堂，形成沧小课堂教学范式。同时，借力"全国名校联盟""全国组块教学联盟""苏派名校联盟"等项目组织，在学习与交流中拓宽教育教学视野，沉淀优秀经验，发挥名校效应。

学校以培养"厚德至纯，乐群博学的沧浪少年"为目标，自20世纪70年代起就涌现出一批名师，他们仁爱宽厚，潜心从教，点燃学生求知的兴趣，唤醒学生对生活的热爱，为学生的终身成长奠基，无数优秀毕业生走出校园，在各领域崭露头角。学校的"自主发展型好教师团队"被确立为江苏省"四有"好教师重点培育团队。

【苏州市带城实验小学校】 苏州市带城实验小学校是姑苏古城葑溪之畔的百年老校，创办于1912年，原址位于十全街带城桥畔，现位于葑门路208号。为响应古城保护建设需要、顺应教育现代化发展要求，2014年易地重建，2016年9月新址正式建成启用。百年带城，历经风雨，为国家培养了一代代兴业英才。评弹界殿

苏州市带城实验小学校　　区教体文旅委　供稿

堂级人物严雪亭，国家一级演员邢晏春、邢晏芝等评弹表演艺术家，全国优秀教师夏福庚，苏州文史专家徐刚毅等，都在百年带城留下了成长的足迹。

春晖一带尽芳草，嘉德十全成锦年。作为姑苏教育版图上的“苏式”学校之一，带城润植于千年姑苏文脉，以“成人之美”为校训，以“春华秋实”为校风，以“敬业乐为”为教风，以“养正善思”为学风，立足历史文化名城的得天独厚，寻找“苏式”学校建设的源头活水，寓学校建设和发展于文化血脉中。带城人致力于建设崇文尚德、特色鲜明的校园文化，打造敬信乐为、气质高雅的教师团队，培育养正善思、充满自信的带城学子，同心共筑百年带城教育梦。

2022年，学校有市学科带头人和“双十佳”4人，姑苏区学科带头人和“教坛新苗”24人。近年来，学校先后获得江苏省中小学智慧校园、江苏省德育先进单位、全国少先队红旗大队、苏州市艺术教育特色学校、苏州市教育后勤工作先进学校、苏州市垃圾分类先进学校等荣誉称号。

【苏州市草桥实验小学校】 苏州市草桥实验小学校位于公园路草桥弄4号，前身是长元吴公立高等小学堂，已有110年的办学历史，创始人王同愈提出的“宣礼、尚德、发悟、肃志”八字是草桥百年办学根基，奠定了学校文化内涵。近年来，学校进一步挖掘校训内涵，契合学校发展需要和时代精神，确定“德志教育”这一新的生长点，对课程设置进行重组，确立厚知识、长人文、展个性的课程理念。

苏州市草桥实验小学校　　区教体文旅委　供稿

百余年时间如白驹过隙，古朴典雅的“红楼名人馆”，焕发生机的百年老树，“宣礼尚德”的百年校训，熠熠生辉的名人先辈都成为草桥办学的闪光点，莘莘学子可谓名人辈出——著名教育家叶圣陶、历史学家顾颉刚、画家颜文樑、版本目录学家顾廷龙、画家吴湖帆、专栏作家郑逸梅、奥运冠军陈艳青、著名作家范小青、书法家费之雄……悠久的办学历史积淀了丰厚的文化底蕴，名人大师的治学精神聚集成学校发展的精神财富。

近年来，学校先后被评为国家级体育传统项目学校、江苏省平安校园、江苏省健康促进学校、苏州市青少年校园足球活动先进单位、苏州市文明单位、苏州市德育先进学校、苏州市语言文字规范化示范学校等。

苏州市昇平实验小学校　　区教体文旅委　供稿

【苏州市昇平实验小学校】 苏州市昇平实验小学校位于东大街222号，始建于清光绪三十二年（1906），初名吴县官立高等小学堂。在100多年的办学历程中，先后有16所学校汇集至此。学校始终秉承创办人蒋炳章先生“力崇正学，乐育后进”的办学理念，严谨治学，培养了中国“青霉素之父”樊庆笙，原国家科委委员、国际合作司司长吴贻康，中国工程院院士陆军等杰出人才。

学校以“求真”为校训，以“立德　立人”为校风，以“立学　立艺”为教风，以“立志立达”为学风，在校园“真·雅”文化引领下，鼓励师生“成长为更好的自己”。

学校建有启德楼、知本楼、行知楼、求真楼、惠泽园、崇雅园、敬贤亭、和风廊，学生在精巧雅致的环境中探索求知、明理达睿。

昇平实小坚持特色办学理念，扎实开展素质教育，开发足球、书法、舞龙特色课程，提升学生综合素养。三大特色课程实现普及与提高相结合，取得可喜的成绩。学校女足队在市、区级足球赛中屡夺桂冠，向省、市足球队输送了多名优秀运动员。学校获得江苏省十二届运动会突出贡献奖，还被评为全国青少年校园足球特色学校、苏州市书法特色学校、苏州市健康单位，挂牌“非遗舞龙灯大师工作室”。

【苏州市杨枝小学校】 苏州市杨枝小学校坐落于姑苏城东杨枝新村62-2幢，创建于1994年。学校占地面积10046平方米，地理位置独特：北依葑门，吴地旧俗入耳；东临园区，时代新风拂面。历史与现代的交融，造就了颇具特色的杨枝风韵。

学校现有18个教学班，693名学生，专任教师39人，其中，高级职称1人、中级职称36人，获评市名教师、市学科带头人1人，区学科带头人15人，区“教坛新苗”1人。

杨枝有爱，育木成林。学校以“诚实做人，踏实做事”为校训，以“追求和谐，享受快乐”为办学理念，开展特色劳动课程、八礼四仪等教育实践活动，以品格的养成和提升为目标，努力培养具有苏式学子气质、个性鲜明、温润如玉的“诺诺娃”。学校坚持依法治教和依法办学，强化学校内部管理机制，提升教师师德师能发展水平，注重师德师风建设，全面实施素质教育。

作为苏州市沧浪教育集团成员校之一，学校与各成员校异质联动，在“真趣”文化圈内实

苏州市杨枝小学校　　区教体文旅委　供稿

现资源共建共享，打造“用爱提升学生品格”的“耘林学堂”。通过集团研修促进、优势互补、资源共享，在融合中走向融通，在互联、互助、互补中实现共同发展。学校先后被评为苏州市体育特色学校、苏州市艺术特色学校、首批苏州市生活垃圾分类工作先进学校、苏州市智慧校园、苏州市民族团结示范学校、姑苏区“四有”好教师区级重点培育团队，并多次在省、市、区各类科技、艺术、体育比赛中取得好成绩。

（苏州市沧浪教育集团）

特殊教育

【概况】 2022年，姑苏区有特殊教育学校1所，占地面积1.1229万平方米，建筑面积0.794万平方米，为江苏省特殊教育现代化示范学校。全年招生15人，专任教师52人，学生与教师之比为2.71∶1。专任教师具有大学专科及以上学历者占100%，具有中级及以上职称者占92.3%。全区共有残疾儿童少年310人，其中，普通小学在读143人，幼儿园在读26人，特教学校在读130人，送教上门11人。全区残疾幼儿学前3年入园率达81.6%，适龄残疾儿童少年义务教育入学率达100%。

【特殊教育普及水平提高】 2022年，区教体文旅委深入探索送教上门，对全区11名失能重度残疾学生开展针对性上门服务，建立个别化康复档案。大力发展融合教育，重视各学段融合教育资源布局和建设工作。至年底，全区经四部门认定的普通学校融合教育资源中心共28个，其中学前9个、小学18个、区级融合教育资源及支持中心1个。

【特殊教育保障机制完善】 2022年，区教体文旅委重视特殊教育经费保障，全面落实随班就读学生8倍生均公用经费标准，继续实施特殊教育教师10%绩效增量、残疾儿童少年免费午餐等政策。健全融合教育7项制度，加强督导、检查和考核机制，将“融合教育资源中心建设”和“随班就读工作质量”等指标纳入全区中小学、幼儿园年度综合考评体系。

【特教师资队伍建设加强】 2022年，区教体文旅委分类分批组织开展特殊教育、融合教育师资培训，继续实施“百人专项师训”计划，组织开展区随班就读教师专业能力提升班，45名普校教师参加培训。深化落实融合教育工作的分类指导和精准帮扶，2名专职教师、10名兼职巡回指导教师定时定点对全区各教育集团和幼儿园进行巡回指导。引入专业康复机构进驻普通校园开展项目合作，开展“影子老师”项目试点，探索多元融合教育支持机制。

【特殊教育专业水平提升】 2022年，区特殊教育学校以高质量为核心，积极推进内涵发展。举办“爱·一起向未来”——苏州市同济儿童匡智中心成立20周年纪念活动；专业能力建设项目立项省教育厅2022年基础教育内涵建设项目；南校区顺利完成分流搬迁；科学建立教育评估工作机制，为全区18名新入学特需学生开展教育评估；推进区域融合教育管理平台建设，“姑苏融合教育云平台”9月起正式上线启用。（区特殊教育学校）

社区教育

【概况】 2022年，姑苏区有社区学院1家、社区教育中心8家、社区市民学校168所、民办非学历教育培训机构60家、老年大学1所，社区教育管理人员5人、专职5人、兼职1342人、志愿者46562人。全区有全国社区教育示范街道8个、省级标准化社区教育中心8家、市级学习型街道8个、省级社区教育市民学校168所。从业人员继续教育年参与率64.8%，居民社区教育活动年参与率73.2%，老年教育普及率29.8%，主要劳动力平均受教育年限13.9年，新增劳动力平均受教育年限14.9年。

【社区教育建设】 2022年，区教体文旅委面向社区居民开展内容丰富、灵活多样的教育培训活动，提供全员、全程、全面的教育服务。全力推动区域社区教育的深度融合，加强合作交流，资源共享、优势互补，持续优化社区教育质态，提亮“致学质享，行吟姑苏”社区教育品牌。逐步建立起适应社区建设和居民学习需求的社区教育管理体制、运行机制和教育培训模式，完善社区教育高质量考核评估项目，结合社区教育的实际工作情况，相应地优化、完善考核项目指标，推进社区教育高质量考核评估工作。成立社区教育“竢实扬华”团队，领衔人赵奕一，团队成员共计15人，本科学历以上者100%，青年教师7人（占47%），跨区域、跨单位参与人员4人（占27%）。

2022年9月16日，“致学质享，行吟姑苏”社区教育沉浸式系列学习活动启动　　区教体文旅委　供稿

2022年11月29日，虎丘街道“花映山塘”养教联动基地立项为2022年度江苏省养教联动基地

区教体文旅委　供稿

【社区教育特色】 2022年，区教体文旅委发挥区域社区教育优势，挖掘培养和收集优秀教育成果和先进经验，以点带面，积极推进大运河游学、老年赋能教育、社区家庭教育项目。双塔街道的“红色摇篮”实景教育课堂、苏锦街道的“声入人心”有声图书馆社区教育特色品牌项目、平江街道的“智慧医养，老有颐康”、金阊街道的“非遗文化视域下的校社联动的项目研究”、白洋湾街道的“社区教育体验基地乡愁记忆馆”等5个项目获评苏州市社区教育特色品牌项目。虎丘街道“花映山塘”养教联动基地立项为2022年度江苏省养教联动基地。

【社区教育成效】 2022年，区教体文旅委引导社区立足实际，强化品牌赋能，深挖古城教育资源，厚植社区教育核心竞争力，培育一批具有江南特质、姑苏品质的社区教育品牌。双塔街道、金阊街道成功通过苏州市示范社区教育中心创建评比；姑苏区社区学院的“携手李良济，助力抗疫情”、苏锦街道“创意集装二十四节气·潮趣手作文化课”、姑苏区指尖秀非遗文化园“听说苏州—运河之韵”获评苏州市社区教育优秀课程。《家庭教育视域下家校社协同育人的实践探索》获评苏州市社区教育优秀论文二等奖；市级课题“社区、学校、家庭深度融合的模型构建研究”顺利结题;“知茶识礼感受传统文化”获评苏州市社区教育教师能力大赛一等奖;“良药济世,‘艾’你一生”获评江苏省“能者为师”社区教育教师技能大赛一等奖。虎丘街道徐文高获评苏州市学习之星、江苏省百姓学习之星。

【校外培训管理】 2022年,区教体文旅委严格落实“双减”政策,开展校外培训机构专项治理工作,大力压减学科类校外培训机构规模,压减率93%。10家义务教育阶段校外培训机构100%执行政府指导价,落实预收费资金监管。对照“双减”要求,采用部门协同联动机制,完善校外教育培训常态化监管机制,增加周末、节假日巡查暗访频次,共出动人员112人次,巡查培训机构56家次,重点巡查疫情防控、办学内容、资金监管等内容,共查处违规培训机构10家,联合关停1家。完成2021年度校外培训机构年检工作,53家机构通过年检,4家暂缓(整改),2家不通过,3家公告注销。

(赵奕一　方　芳　许方红)

2022年6月10日,对校外培训机构开展“双随机、一公开”检查　　区教体文旅委　供稿

校外教育

【概况】 2022年,姑苏区少年宫进一步融通整合,以“科学规划、管理转型、提升品质”为导向,注重“指导+实践”,加强“六中心”建设,即校外教育指导中心、劳动教育实践指导中心、“双红”建设指导中心、科教实践中心、研学实践中心以及文艺活动中心建设,致力于打造全区乃至全市少年儿童提升综合素质能力的有效平台,为推进姑苏区少儿素质教育注入新动力,接待学生各类艺术科技实践活动逾10万人次。

【少先队工作提升】 2022年,区少年宫围绕“喜迎党的二十大”“建区十周年”两大主题开展“红领巾寻访”主题实践活动。通过线上、线下“寻访二十大党代表”“寻访身边的党员先锋”,形成寻访案例40余篇、制作寻访视频10余个。姑苏区少工委联合团区委组织全区少先队辅导员和少先队员积极开展学习市委书记曹路宝回信精神活动,开展“跟着曹书记的脚步寻访古城姑苏”等系列活动,培养更多的保护古城的小卫士、宣传古城的“小喇叭”。召开姑苏区第三次少先队代表大会,总结近5年来少先队工作成果,明确未来5年少先队工作新使命、新任务。加强少先队校外教育,组织省、市、区三级红领巾巡讲团成员走进5个社区的爱心暑托班,开展红领巾小课堂送教活动;定期开展“少先队礼仪教育进校园”活动,助力学校和社区做好“孩子安心、家长放心、社会认可、人民满意”的教育。组织开展好“姑苏区2022年度少先队骨干辅导员研训营培训”系列活动,开展“喜迎二十大,强国复兴有我”主题队课评比活动,提升辅导员专业素养。区少工委、敬文实小承办“强国复兴有我——苏州市少先队建队日主题活动”,录制规范建队入队仪式视频,成为全市各校学习样板。苏州市金阊实验小学校在苏州市少先队献词大赛中获一等奖。80名队员获评江苏省好少年，55名队员获评苏州市好少年。在省"小五年规划"科学建议评比、"我是美丽江苏小主人活动"、"菁菁杯"第六届诵读大赛、市"红读"征文大赛中有56人分获一、二等奖。指导苏州市平江实验学校、苏州市金阊外国语实验学校、苏州市金阊实验小学校、苏州市沧浪实验小学校、苏州市善耕实验小学校等5所学校通过江苏省红十字示范学校复评迎检。

【"双减双增"少儿素质提升工程】 2022年，区少年宫实施"双减双增"少儿素质提升工程，累计举行古城研学40场、开展系列讲座12场，参与学生800人次；引导少先队员在查阅资料、实地寻访的基础上，创作原创绘画、画信作品。"姑苏娃　绘平江"创意插画比赛、"把姑苏寄给TA"主题画信活动、"行走姑苏　诗画山塘"诗画融合创编等活动共收到参赛作品2万余份。区少年宫联合情调苏州创作团队、古吴轩出版社编撰出版少儿读本《漫游平江》和《穿越山塘》两书，用好玩有趣的故事讲述姑苏古城的文化历史和风土人情，全景化呈现姑苏古城街巷的历史变迁、风物沿革。开展首届"绘姑苏"童玩艺术季成果展，以图、文、音、影等多种形式全面呈现开展实效。

【劳动实践教育】 2022年，区少年宫注重家校社协同育人，印发《姑苏区小学生居家劳动指南》《姑苏区小学生〈劳动手册〉促成长实施方案》，鼓励学生动手参与家务劳动，掌握基本的家庭劳动技能。倡导利用假期，亲子携手参加社会公益劳动、寻访身边的劳动模范等，培养学生正确的劳动情感、态度和价值观，让学生感悟劳动的精神实质。对少年宫原布艺馆、魔幻厨房进行升级改造、添置设备，恢复2个场馆的劳动实践功能，增设天台小农园，开辟劳动教育种植实践园地，涵盖培育、种植、养护、收获等内容，把劳动教育真正融入校外课堂。结合"行走姑苏"研学活动，开展"非遗"和"老字号"手工艺传承传技；结合"约课进宫、送课进校"开展布艺、烘焙、种植等实践活动；开展区域性劳动技能大赛，评选"劳动小能手"，在动手劳作、动脑思考中，有目的、有计划、有步骤地提高学生的劳动实践能力。区内19所百年老校在梳理学校历史、现状以及未来发展总体思路的基础上，引导学生运用多种材料，师生合作设计制作学校标志性建筑模型沙盘，展现百年老校的精神内涵以及文化传承。

【科教实践工作】 2022年，区少年宫对2022年度获姑苏区青少年科技创新奖的学生、科技辅导员及团队给予20万元的奖励，进一步激励青少年的科技创新热情。评选表彰姑苏区"十佳最美科技辅导员"。全年通过线上、线下先后组织开展"姑苏区科普摩天轮十二馆通关打卡活动""姑苏区青少年机器人比赛"等5项赛事，承办"苏州市天文图文创作大赛""海峡两岸青年学生机器人擂台线上预赛"等系列科普活动，参与学生近7000人次。在市级创新大赛中33件作品获奖，3件作品进入省决赛并代表江苏省入围全国创新大赛总决赛，近10件作品获市一等奖。在苏州市青少年机器人比赛中共获32项一等奖。筹建"智慧云教室"，组织开展小学生编程思维课程，首批14名学员通过市级选拔参加2022年江苏省"信息与未来"小学生编程思维展示活动。省级重点科技竞赛活动"海峡两岸青年学生机器人擂台赛"小学组决赛落户区少年宫，区少年宫被省科协命名为"海峡两岸青年学生机器人擂台赛"竞赛基地。2022年"姑苏杯"第十四届苏州家庭机器人比赛暨长三角地区家庭机器人邀请赛推进，近800个家庭参加。沧浪新城第一实验小学等3所小学获评苏州市"十四五"第一批科学教育综合示范学校，苏州市劳动路实验小学校获评江苏省"十四五"第一批科学教育综合示范学校。全区建有姑苏区三星级以上科普场馆4个。在16所学校中发展64个科普社团，提供活动经费12.8万元。扶持沧浪新城第一实验小学、阊西幼儿园共同体等学校特色科普课程开发及科普基地建设近20万元。

【研学实践工作】 2022年，区少年宫围绕“古城风韵”“运河之美”“百年老店”“阊门旧事”等9大研学主题课程开展秋季五年级研学活动，来自区内37所小学的8120名学生报名参与。借助“君到苏州”平台推广“红十字生命健康安全体验馆”主题科普研学项目，开展安全防护教育，增强青少年自我保护、关心他人、关爱生命的意识，提升自我保护的能力。“行走姑苏　研习传美”世遗研学之旅活动项目获2022年度“全球世界遗产教育创新案例奖”，同时被评为2022年度苏州市最佳志愿服务项目。开展以“请祖国放心，强国有我！”为主题的姑苏区小学生艺术节“三独比赛”，全区6088名选手参加。首次招募舞蹈团男团，与打击乐团合作创编融合节目，参演苏州少儿春晚。组织艺术团参加各类比赛演出或交流活动，合唱团参加省、市歌咏比赛分别获得一、二等奖。全年开设书画艺术、舞蹈表演、科技、体育、音乐、益智等6大类970个班级，另有编程、素描、书法、科创制造等社团，参与培训学员达10600人次。推进“一宫两地N活动中心”校外教育体系建设，2022年秋季少年宫拓展点、活动中心共计12处，实现区域内10个教育集团全覆盖。

表15-1　姑苏区教育体育和文化旅游委员会下属学校一览（2022）

序号	集团名	总校长	校名	地址	负责人
1	平江教育集团	金一民	平江实验学校	干将东路518号	蒋利军
			平江实验学校分校	三新路58号	柯　晴
			大儒实验小学校	临顿路南石子街10-1号	金一民
			桃坞中心小学校	石幢弄34号	王　勤
2	平直教育集团	张　萍	平直实验小学校	平桥直街99号	董　晨
			姑胥小学校	金塘新村西侧	孙　苹
			盘溪中心小学校	南环西路大龙新村62幢北	卞晓春
			南环实验小学校	南环新村校园街66号	欧阳湘
			渭长小学	渭长新村18幢旁	陈　凯
3	至德教育集团	杨建英	劳动路实验小学校	枣市街1166号	陆　静
			新康小学校	新康花园内	沈　娟
			姑香苑小学校	劳动西路姑香苑内	程　喆
			三元实验小学校	三元二村内	姚　敏
			彩虹小学校	彩虹一村内	程　喆
4	吴门教育集团	刘　玮	沧浪新城第一实验小学校	长吴路66号	张　瑾
			沧浪新城第二实验小学校	吴中西路1000号	施惠芳
			沧浪新城第三实验小学校	友联一村86幢	李　丰
			沧浪新城第四实验小学校	新郭港路 266号	曹　铃
5	沧浪教育集团	汤　岚	沧浪实验小学校	十梓街221号	章春玮
			带城实验小学校	葑门路208号	张丽君
			草桥实验小学校	草桥弄4号	项　军
			昇平实验小学校	东大街222号	白如琳
			杨枝小学校	杨枝新村62幢	张　蕾

续表

序号	集团名	总校长	校名	地址	负责人
6	虎丘教育集团	杜坚民	金阊新城实验小学校	藕前路8号	纪慧芬
			虎丘实验小学校	白洋街666号	许　缨
			阳光城实验小学校	北环西路2089号	杜坚民
			新庄小学校	新庄新村内	金慧琴
7	金阊教育集团	吴　杰	金阊实验小学校	广济路86号	杨明媚
			金筑实验小学校	虎北路786号	蔡晓瑛
			留园中心小学校	新民桥营坊场2号	周利人
			山塘中心小学校	山塘街508号	许　凯
			八一小学校	桐泾北路291号	潘　琼
8	彩香教育集团	朱晓芳	金阊外国语实验学校	桐泾北路10号	金卫国
			彩香实验小学校	菱塘新村33号	杜小敏
			胥江中心小学校	盘门路铁链浜	张晨依
			城西中心小学校	彩香二村109号	曹振元
			三元第三小学校	三元三村258号	孙晓莉
9	善耕教育集团	张苾菁	善耕实验小学校	文里路168号	吴　珏
			梓义实验小学校	平泷路1281号	吴　敏
			勤惜实验小学校	江天路128号	俞　辰
10	敬文教育集团	侍作兵	东中市实验小学校	中街路203号	孙霞芳
			敬文实验小学校	皮市街341号	吴永华
			学士中心小学校	景德路403号	沈志慧
			崇道小学校	东汇路7-9号	徐　丹
11	—	—	特殊教育学校	养育巷海红坊6号（本部）	刘嫣静
				大铁局弄14号（北校区）	
				剪金桥巷38号（南校区）	

表15-2　姑苏区教育体育和文化旅游委员会下属幼儿园一览（2022）

序号	集团名	校名	地址	负责人
1	平江发展共同体	平江中心幼儿园	临顿路菉葭巷32号	薛　勤
		挹秀幼儿园	北环东路挹秀新村内	顾志颖
		大儒实验幼儿园	临顿路南石子街10-1号	温　艳
		平齐实验幼儿园	庭园路平门府东区西北侧约30米	周倩岚
		东环幼儿园	东环一村2幢旁	张　君
		东环第二幼儿园	东环五村40幢旁	苏霞铮
		北塔幼儿园	桃花坞大街38号5幢	陈　蔚
		鼎尚幼儿园	苏站路588号鼎尚花园小区旁	周　骥
2	苏锦发展共同体	平江实验幼儿园	江星路石曲街1号	郁　岚
		七色花实验幼儿园	江天路138号	张　雁
		平江新城幼儿园	江宙路128号	褚　卫
		红苹果实验幼儿园	平泷路61号	战绍文
3	金阊发展共同体	虹桥幼儿园	久福里长鋆村20号	戴杏芳

续表

序号	集团名	校名	地址	负责人
3	金阊发展共同体	曹家巷幼儿园	东中市193号	沈　茜
		曹家巷幼儿园刘家浜分园	景德路石塔横街7-1号	
		阊西实验幼儿园	干将西路1323号	何　晅
		阊西第二实验幼儿园	西环路三元四村内	
		三元新村第二幼儿园	三元二村内	顾莉雅
		彩虹幼儿园	彩虹二村17幢旁	顾　琼
		彩香村幼儿园	彩香一村二区8号	邵　飞
		彩香二村幼儿园	彩香二村138号	顾蓓艳
		彩香一村第二幼儿园	彩香一村四区内	徐　洁
4	吴门桥发展共同体	大龙港幼儿园	大龙港新村内	史　云
		湄长幼儿园	苏苑街52号	
		友联幼儿园	友联一村88号	束　燕
		友联幼儿园胥江府分园	桐泾南路333号胥江府6幢	
		金塘幼儿园	金塘新村韩家桥堍	陆怡蓉
		南环实验幼儿园	南环新村内普悦街99号	华　静
		胥台实验幼儿园	胥涛路128号	陆　蓉
		新康实验幼儿园	桐泾南路199号（新康花园内）	龚燕红
5	沧浪发展共同体	三香中心幼儿园	三香新村18幢西	王　玥
		玉兰第二幼儿园	养蚕里新村102幢	钱建兰
		玉兰幼儿园	玉兰新村38幢	吴　影
		红旗幼儿园	南园新村261号	花月红
		胥江幼儿园	胥江新村28幢旁	吴　薇
6	双塔发展共同体	沧浪实验幼儿园	孔付司巷5号	陈丽芳
		杨枝实验幼儿园	杨枝新村57幢对面	许　蕾
		双塔中心幼儿园	凤凰街129号	刘晓兰
		双塔中心幼儿园钟楼分园	钟楼新村10-1	
		葑门中心幼儿园	里河新村99幢	陆　乐
		苏州大学幼儿园	十梓街1号苏州大学校园内	顾晓红
7	虎丘发展共同体	虎丘中心幼儿园	三花二村100号	徐　静
		观景幼儿园	观景新村内	陈　岷
		留园幼儿园	留园路28号	李　勤
		留园幼儿园航西分园	航西新村14幢	
		新庄幼儿园	新庄新村内	陆晶莹
		清塘幼儿园	清塘新村1幢	周　颖
8	白洋湾发展共同体	金阊新城实验幼儿园	藕前路2号	徐　燕
		虎阜实验幼儿园	白洋街668号	凌　萍
		爱心实验幼儿园	白洋街166号	沈晓敏
		常青实验幼儿园	藕前路999号	张伟文
		虎泉实验幼儿园	跃进路与红菱路交叉口	沈　婷

（陈莉华）

文　化

综　述

【概况】 2022年，姑苏区围绕“做优行政和文商旅中心”工作目标，在传承中保护、在发展中创新，努力发挥古城文化资源优势，通过夯实阵地、优化理念、塑造品牌等方式，为擦亮国家历史文化名城保护区“金字招牌”贡献文化担当。

【文化惠民】 2022年，区教体文旅委指导各街道在线上线下举办“姑苏运河文化节”系列之苏州“腊八节”、“轧神仙”庙会、“吴地端午”民俗文化节、孔子文化节、“石湖串月”、白洋湾山歌节等民俗活动，进一步亮化“姑苏运河文化节”民俗文化品牌。开展“文化三下乡”活动，依托网站、微信公众号、App等线上平台推出吴文化云讲堂、苏式相声云展播、姑苏非遗之窗、“畅读经典　欢度新年”、《荐书如面》等线上文化活动。参与“舞出中国红”2022年苏州市民广场舞大赛、“活力青春”2022年苏州青少年街舞大赛等近20项不同主题的群众文化活动。组织白洋湾山歌艺术团、沧浪文联艺术团等27支基层巡演展演团队开展近60项不同类别的惠民演出。完成122场2022公共文化服务配送工作，开展文艺展演红歌合唱等“喜迎二十大”全民艺术提升系列活动。

【文艺作品获奖】 2022年，原创群文精品群舞《戤壁听书》入围第十九届全国“群星奖”决赛，评弹与

公共文化配送《恐龙的宝藏》　区教体文旅委　供稿

原创舞蹈《戤壁听书》　区教体文旅委　供稿

快板《小儒弄11号》入围第十九届全国“群星奖”复赛。姑苏区评弹剧《人桥》入选全国曲艺展演。围绕运河文化创作的“运河三部曲”第一部群舞《泊》、评弹剧《人桥》2部群文作品获第十五届江苏省“五星工程奖”。

【第五批区级非遗代表性传承人】 2022年，新增42名区级传承人，其中“80后”占新增总数的29%；13人传承的项目为苏州市唯一。至年底，姑苏区有非遗代表性传承人120人、非遗代表性项目100项、非遗项目保护单位90家。

【非遗赋能百年老校二期】 2022年，在沧浪实验小学校、平江实验学校、盘溪中心小学校等9所百年老校成立非遗大师工作室，开展“百年老校千年非遗”项目，逐步实现非遗赋能百年老校的全覆盖。

【“繁华姑苏·美好生活”姑苏非遗宣传周】 2022年6月20日，“繁华姑苏·美好生活”姑苏非遗宣传周活动正式启动，活动持续至6月30日。发布宝藏姑苏2.0非遗寻宝图，启动非遗赋能百年老校二期工程，开展苏式面点非遗技能公开遴选传承人活动，挂牌铜炉文化姑苏非遗传习堂等。

【“繁华姑苏　十年盛景”姑苏非遗特展系列活动】 2022年10月28日，“繁华姑苏　十年盛景”姑苏非遗特展系列活动在姑苏非遗传习堂——苏工琥珀艺术馆举办。此次系列活动以线上线下结合方式进行，分为“繁华姑苏　十年盛景”姑苏非遗精品展、“十年印记　链接你我”大型木版年画艺术创作活动、“繁华姑苏　锦绣吴市”文化沙龙、“繁华姑苏　十年盛景”秋日雅集（吴门琴派古琴音乐会）四大篇章。特展期间，同步开展非遗特展云赏析、文化沙龙直播、古琴秋日雅集直播等多项内容。

【宝藏姑苏2.0非遗寻宝图】 地图涵盖全手绘风格的宝藏姑苏纸质地图及小程序版电子智慧地图，内含名胜古迹、文艺打卡、老字号、苏工苏作等九大类内容。围绕运河文化、非遗空间、老字号、特色景点等姑苏元素推出“赏、品、寻、尝”4条苏式文化体验路线及“姑苏宝藏　非遗之旅”青少年寻宝路线，实现姑苏非遗导览、导航的一站式展示。在2022中国国际旅游交易会上，宝藏姑苏2.0非遗寻宝图备受各界好评。

宝藏姑苏2.0非遗寻宝图　　区教体文旅委　供稿

【非遗文化交流】 2022年，区教体文旅委推动缂丝、苏绣2项技艺参展第五届中国国际进口博览会，灯彩、发绣2部非遗作品入选国家非物质文化遗产馆馆藏，桃花坞木版年画、缂丝2项非遗项目参展第七届中国非物质文化遗产博览会，牙雕、金属凿刻成为与吴中、太仓建成的“市内全域一体化”姑苏非遗“走出去”首批交流项目。编撰推出《姑苏非遗·民俗美食卷》书籍。

【“童心绘城　大美姑苏”活动推出】 2022年，区教体文旅委实施2022姑苏区文化美育工程，构建课内与课外、学科性课程与活动性课程并行的文化育人新模式。创作推出《我10岁了，我2500岁了》大型青少年音诗画朗诵参加保护区、姑苏区“砥砺奋进十年路　扬帆起航新征程”活动。

【群文团队建设】 2022年，区教体文旅委指导街道依托“5G+AR”等技术推出沉浸式虚拟实景舞蹈《泊》。培育苏州市东方艺术团、苏州嘻哈壹笑堂相声社2个群文团队入选省“双千计划优秀群众文化团”培育对象。

【《浮生六记》提档升级】 2022年，区教体文旅委指导推出沧浪亭《浮生六记》园林版5.0，推动昆曲《浮生六记》登录由中宣部对外推广局支持指导、五洲传播中心等联合制作的国际合拍纪录片《舞台上的中国》。11月，在山塘街玉涵堂全新推出玉涵堂厅堂版《浮生六记》，创新性将沉浸式园林演出搬进厅堂，将非遗元素与名人古宅、特色景点、夜游古城等元素有机串联，丰富文化供给，提升苏式生活典范的显示度和美誉度。

【“姑苏夜书房”新型阅读空间项目推出】 2022年，区教体文旅委推出“姑苏夜书房”新型阅读空间项目，打造“姑苏夜读”品牌，成立首批10家“姑苏夜书房”联盟，推出“名城姑苏文化专架”项目。形成以姑苏区图书馆为主阵地，23家社区图书馆，16个与教育机构、企业合作共建的图书流通服务点及“姑苏夜书房”联盟单位共同构成的“1+23+N”阅读服务体系。全年区图书馆累计接待超53.4万人次，超15万人次外借书刊文献，借阅量超43.9万册。 （卓 函）

文化产业

【概况】 2022年，姑苏区获评江苏省文化和旅游消费示范单位、江苏省文化和旅游产业融合示范区，观前街区获评国家级夜间文化和旅游消费集聚区，苏州蓝文化创意产业园获评省文化产业示范园区，右见文化艺术空间、金谷里文化街区、海市山塘3家单位获评2022年度苏州市夜间文化和旅游消费示范项目（艺文空间），“拙政问雅”数字夜游项目入选苏州市十大“AI+文旅”代表性应用场景项目。创

原创舞蹈“运河三部曲”之一——《泊》 区教体文旅委 供稿

博会姑苏馆获评第十一届苏州文博会分会场二等奖。获得省、市扶持资金1600余万元，扶持项目和企业共计56个；65个项目和企业获评区级文旅产业资金扶持1000万元。

【文化品牌活动】 2022年，姑苏区开展一系列品牌活动。承办第五届2022苏州国际设计周，以“新非遗　新美学”为主题，围绕古城更新、非遗创新、文旅融合、生活美学等重点推出“新非遗艺术节”“生活新美学”“Q4发现之旅”3大板块内容，多维度展示、传播苏州独特的创新设计与城市文化；签约12个重点文化产业项目，签约金额超3亿元，持续擦亮苏州“设计之城”新名片。举办第二届繁华姑苏杯文创精英挑战赛大赛，联动90多所高校，共征集近1700件参赛作品。举办第一季“何以入姑苏”文旅消费季活动，以“泊苏”“寻苏”“叙苏”为三大板块，有效提升苏式生活典范美誉度。

【文化产业招商】 2022年，酷浪网络、幻马文化等一批数字创意企业落地姑苏区。华贸文创中心、苏州演艺娱乐创意中心、喜马拉雅有声城市长三角区域总部被评为江苏省2022年“十四五”文化产业重点项目，苏州蓝系列文化产业园被评为江苏省2022年文旅重点项目，桃花坞历史文化片区综合整治保护利用工程、苏州红蚂蚁家居科技文创园危房改造项目、安和锦Park系列产业园、金浦·苏州视界1956数字文化产业园被评为苏州市2022年度重点文化产业项目。省、市重点文旅项目总计投资98亿元，2022年完成投资10.42亿元。

【文化产业载体建设】 2022年底，姑苏区建有38家文化产业园（含5家在建），总面积逾53万平方米。其中国资产业园7家（区属国资3家）、民营产业园31家。总入驻企业约2000家，总营收约44亿元。已建在建园区中，省级重点示范园区2家（姑苏69阁、蓝系列文化产业园）、省级文化产业示范基地1家（沧浪文化街区—文庙古玩）、市级及以上文化产业示范园区（基地）9家。（冯　岚）

体 育

综 述

【概况】 2022年，姑苏区坚持以习近平新时代中国特色社会主义思想为指导，以提升市民身体素养为核心目标，立足实际，科学谋划和推进全民健身工作，努力构建更高水平的全民健身公共服务体系，不断满足人民群众对高品质生活的新期待。区教体文旅委被评为“江苏省群众体育先进单位”。

【场地设施服务能力提升】 2022年，区教体文旅委大力推进体育场地建设和提档升级。组织第三方对辖区内体育场地展开全面普查，并梳理新增录入场地100余片，全区体育场地面积达到128.7万平方米。对全区室外健身设施进行全面清查，并对场地现有状况进行分析和研判，为下一步场地建设提供依据。与区联动中心巡查志愿者队伍签订巡查任务协议，及时督导各供应商、管理单位对存在问题的室外健身设施开展全面维修整治，公布管理主体、管理人员、保修渠道。积极组织各基层单位，多渠道收集居民对全民健身路径设施的需求，全年更新全民健身路径106套，“十分钟休闲健身圈”覆盖面得到进一步增加，居民身边的健身场地得到明显扩展。年内完成平江实验学校分校、劳动路实验小学校、沧浪新城第二实验小学校等体育场地开放改造工作。年底共有11所小学完成对外开放条件改造，为满足居民多元化健身需求、就近健身提供支撑。

【体教融合发展】 2022年，区教体文旅委大力推动体教融合，促进青少年全面发展。指导辖区内37所小学完成田径、足球、篮球、乒乓球及游泳5个体育项目布局。在2022年江苏省第二十届运动会青少年部赛事中，由姑苏区培养输送的269名运动员参加足球、羽毛球、乒乓球等29个大项近300个小项的比赛项目，为苏州市夺得87.5金、49.6银、62.2铜，团体总分2200.1分，奖牌数和团体总分均列苏州各市、区第一，同时，1人获先进个人、2人被记功获嘉奖、5家单位获突出贡献奖。认真筹划制定2022年姑苏区小学生体育竞赛规程及活动计划，根据疫情实际持续推进姑苏区“区长杯”青少年校园足球联赛、姑苏区青少年阳光体育联赛小学生田径运动会、小学生跳绳比赛、踢毽比赛等。

【体育组织培育管理】 2022年，区教体文旅委抓好体育组织的培育管理。指导成立姑苏区钓鱼协会，指导姑苏区体育总会、老年人体育协会、社会体育指导员协会、姑苏区门球协会、姑苏区足球协会等做好法定代表人更换、换届、换证等相关工作。发动体育组织积极参加防疫抗疫志愿服务活动，先后有10多个体育组织300多人次参加各街道抗疫志愿活动。开展一线社会体育指导员培养工作，将全区4000多名社会体育指导员纳入社会体育指导员管理服务平台，组织100多人次参加各类技能培训、再培训。

体育活动

【概况】 2022年，姑苏区把体育赛事活动主动融入“健康中国”“大运河文化带”“长三角区域一体化”等国家战略和区域经济社会建设大格中谋划，按照“大众赛事普及扩大、品牌赛事提质增效”的思路落实体育赛事活动开展，举办中国·苏州体育舞蹈俱乐部精英联赛暨第六届“姑苏杯”体育舞蹈城市公开赛、第三届“姑苏杯”华东地区健美健身邀请赛线上比赛、姑苏区“喜迎二十大 幸福舞起来”广场舞大赛、姑苏区阳光体育联赛跳绳、踢毽比赛等，承办苏州市“市长杯”校园足球联赛男子组比赛、苏州市老年人羽毛球比赛、千人健身气功展示活动等，发动街道、社区基层一线群众及企业员工等参加大众赛事活动，全民健身氛围浓厚。

【姑苏区阳光体育联赛跳绳、踢毽比赛举行】 2022年1月8日，2022年姑苏区阳光体育联赛跳绳、踢毽比赛在苏州市善耕教育集团梓义实验小学校举行。活动由区教体文旅委主办，苏州市善耕教育集团梓义实验小学校承办，来自全区39所小学代表队约600名运动员参赛。彩香教育集团彩香实验小学校获团体总分第一名。

【第六届“姑苏杯”体育舞蹈城市公开赛举行】 2022年8月6日，第六届“姑苏杯”体育舞蹈城市公开赛

2022年8月6日，第六届“姑苏杯”体育舞蹈城市公开赛在苏州市体育中心体育馆举行

区教体文旅委 供稿

在苏州市体育中心体育馆举行。活动由区教体文旅委主办，姑苏区体育舞蹈协会承办，苏州市体育中心协办，得到苏州市体育局、苏州市体育中心等单位的大力支持。此次比赛设有少儿组、成人组、精英组，共有拉丁舞、标准舞、少儿舞等104个项目，吸引150多名不同年龄层次的选手参赛。体育舞蹈公开赛作为姑苏区的一项品牌赛事，在培养体育舞蹈人才、提高体育舞蹈水平、推进体育旅游融合、促进体育产业发展、展示姑苏城市气质等方面做出贡献。

【姑苏区2022年广场健身舞海选大赛举行】 2022年8月11日，姑苏区2022年广场健身舞海选大赛在苏州市市民健身中心二楼篮球馆火热开赛。本次比赛由苏州市体育局、苏州市体育总会主办，区教体文旅委、苏州市广场健身舞运动协会承办。来自8个街道的13支代表队同台竞技，用优美的舞姿跳出健康与幸福。平江新城梦缘舞蹈队获特等奖，代表姑苏区参加苏州市第十二届广场健身舞大赛总决赛。

链接：

江苏省群众体育先进单位事迹简介

近年来，姑苏区教体文旅委坚持以习近平新时代中国特色社会主义思想为指导，以提升市民身体素养为核心目标，努力构建更高水平的全民健身公共服务体系，着力提高群众的获得感和幸福感。

坚持亲民便民，着力解决群众去哪里健身难题。针对古城区特点，立足既有资源，上下联合，一体推动，结合城市升级、老新村改造等工程建设，充分挖掘和利用好“金角银边”，建好各种健身步道、健身路径、小广场、小游园、社区体育健身房等，并积极探索“一地多用”的多功能模式，努力实现健身场地设施的便民化。全区现有全民健身路径356套、1千米以上的健身步道37条、体育场地（含足球、篮球、门球、羽毛球等体育场地）900余处，其中，社区百姓健身房33处、其余各类社区场地150余处，江苏省首家悦银智慧运动健康中心于2021年10月14日在金阊街道彩香二村落地建成并投入使用，引发了广大市民健身运动新热潮，为推动经济社会发展注入了新的活力。在对8所小学顺利完成开放条件改造的基础上，2022年完成3所学校的体育场地（沧浪新城第二实验小学校、劳动路实验小学校、平江实验学校分校）对外开放条件改造。暂时不具备按时开放条件的学校实行体育场馆预约开放，实现体育资源的共享，真正使市民出门几步就有健身场地。

坚持惠民利民，着力推动全民健身活动蓬勃开展。紧盯广大市民的健身和健康需求，开展大众赛事，培育特色赛事，实现体育赛事惠民利民，坚持三级联动，整合资源，扎实推进，把全民健身活动办到群众身边。一是普及扩大大众赛事。积极发动街道、社区基层一线群众及企业员工积极参加乒乓球、羽毛球、篮球、广场舞、健身操、健身气功、健步走、棋牌等大众赛事活动，提升大众赛事参与度，扩大群众喜闻乐见的全民健身活动品牌影响力。二是提质增效品牌赛事。重点围绕品牌赛事提升质量、增强实效，充分挖掘大运河体育旅游资源，探索区域一体化全民健身赛事协同发展新模式，和同属“长三角区域一体化”“大运河文化带”等区域的城市联合打造全民健身赛事活动品牌。如“姑苏杯”城市体育舞蹈精英赛、“姑苏杯”健美健身邀请赛、“姑苏杯”足球赛、运河沿岸城市门球邀请赛、长三角武术邀请赛等。三是做精做强特色赛事。紧跟时代潮流，培育以“地域特色”为亮点的特色赛事，做精做强水上、骑行等一批前沿、时尚、引领消费的体育竞赛项目。围绕将苏州环古城河（大运河）打造成“长三角水上运动会客厅”的目标，努力建设水上运动基地，开展皮划艇、赛艇、龙舟、桨板等系列水上赛事活动。结合护城河健身步道，打造常年活跃的水陆呼应、“时尚洋气”的全民健身项目，让水上运动成为护城河的新名片。

坚持特色共建，推进体教融合落地落实。积极谋划制定姑苏区体教融合实施方案，统筹推进姑苏区体育、教育工作深度融合，促进青少年文化学习和体育锻炼协调发展。成立姑苏区少年儿童业余体育运动学校，迈出体教融合新步伐，办出体教融合新特色，整合资源助力体教融合特色发展。办好青少年足球联赛、田径运动会、冬季三项等赛事，全面提升学生身体素质，促进校园体育发展。

坚持为民强民，着力助推健身服务量质齐升。着眼贯彻落实全民健身国家战略，发展以人民为中心的体育事业，采取市、区、街道三级结合的方式，开展一线社会体育指导员培养工作，加强社会体育指导员在晨晚练站点的配备，组织体质监测，提供一站式体测服务，方便市民，深受好评。积极培育单项组织，带动全民健身活动开展。全区社会体育指导员总数达到4000人，全民健身站点总数达到590个，市民体质测试合格率达到96.5%，体育组织达20多家。切实将科学健身服务送到市民身边，努力做到科学健身不让一个人掉队，着重实现全民健身、整体推进。（吕丽红）

旅 游

综 述

【概况】 2022年，姑苏区落实“城区即景区、旅游即生活”的理念，以“大景区”标准打造姑苏全域旅游文化名片，不断完善旅游基础设施和产品体系，推动历史文化名城焕发新活力，满足人民对美好生活的向往。平江历史街区获评国家级旅游休闲街区，“行走姑苏　研习传美”项目获2022“全球世界遗产教育创新案例奖”之“未来之星奖”。

2022年12月13日，“行走姑苏　研习传美”项目获2022“全球世界遗产教育创新案例奖”之“未来之星奖”

区教体文旅委　供稿

【全域旅游创建】 2022年，姑苏区对照创建验收标准，紧跟全市国家全域旅游示范区创建步伐，在省级全域旅游示范区基础上逐步提升辖区全域旅游功能和品质。平江历史街区获评首批国家级旅游休闲街区。首次对全区17个旅游项目共计发放扶持奖励158.5万元。

【旅游规划编制】 2022年，区教体文旅委围绕姑苏区“一中心、两高地、一典范”总体定位，牵头完成《保护区、姑苏区“十四五”文化和旅游融合发展规划》和《姑苏区全域旅游发展规划》编制，并正式印发实施。

2022年，姑苏区优化提升上塘河水上游

区教体文旅委　供稿

【一年冲刺行动计划】 2022年，区教体文旅委落实推进《保护区、姑苏区水上游开发升级一年冲刺行动计划》，重点优化提升上塘河水上游品质，上塘河水上游自2021年10月15日开通至2022年12月，共接待游客2.18万人次，营收110万元。推动山塘河、平江河现有水上游项目提档升级，协作办好文创商品大赛，打造一批水上游伴手礼精品。

【文旅资源普查调研】 2022年，区教体文旅委对辖区9个主类29个亚类149个基本类型的文化和旅游资源开展普查，完成普查成果报告。专题调研竹辉路—新市路沿线历史文化旅游资源，完成7大类61个资源点的调查建档。

【旅游产品开发】 2022年，区教体文旅委加快水上游线路产品策划打造，新增"探索苏州·水韵船说""古迹·漫游"等2条"水上游+"线路，"古城风韵""运河之美"等9条研学线路。

【旅游宣传推介】 2022年，区教体文旅委编印旅游口袋书及个性化旅游宣传品，完成"IN姑苏"系列丛书、"水韵江南　风雅姑苏"系列文旅宣传邮折等印制和投放，联合编制宝藏姑苏2.0非遗寻宝图。参加2022中国国际旅交会，配合做好第四届运博会开幕式活动，推介姑苏旅游资源。

旅游管理

【文旅市场监管】 2022年，区教体文旅委优化文旅行业行政许可流程，通过与区行政审批局对接，推进"一件事"改革，优化"开办网吧""开办舞厅""申请举办营业性演出"等事项的业务流程、审批环节和材料要求，推进业务整合和数据共享，深化"证照分离""一业一证"改革，落实一次性告知、"两个免于提交"、告知承诺制度。全区新设立文化娱乐场所7家，互联网上网服务营业场所4家，开展内地营业性演出43场。做好非学科培训机构和剧本娱乐场所的许可和备案工作，对辖区内"剧本杀""密室逃脱"等剧本娱乐经营场所进行摸排，会同相关职能部门对辖区内剧本娱乐经营场所的剧本娱乐活动内容管理和有关未成年人保护工作进行指导，督促剧本娱乐经营场所履行安全生产和消防安全责任。推动文旅企业标准化建设，按照有关准则深入推动文旅企业的标准化建设工作，完成冠云楼、会议中心的星级酒店复核工作，协助寒山寺通过A级景区复查工作，指导辖区7家旅行社顺利通过三星级旅行社评定。会同市文化市场综合执法支队、区综合行政执法局、姑苏公安分局以及相关街道建立专题例会制度，分析研判旅游市场整治中出现的新情况和新问题，部署整治重大工作事项。

【旅行社准入门槛把关】 2022年，区教体文旅委根据区政府出台的《关于印发〈姑苏区旅行社（服务网点）注册登记内部审核调查机制指引〉的通知》文件精神，会同相关部门严把旅行社准入门槛，新设旅行社、分社及服务网点共计12家，有效杜绝涉嫌经营非法"一日游"旅行社的成立，取得良好的效果。

【旅游市场整治】 2022年，区教体文旅委根据《关于查处"一日游"旅游市场非法揽客行为的执法指引》，制定《非法"一日游"专项整治实施方案》，开展为期2个月的非法"一日游"专项整治行动，通过专项整治活动，加强旅游市场的管理工作，解决拙政园等景区周边黑车非法拉客、游客购物受骗等问题，切实提高游客体验感。全年区综合行政执法局针对旅游涉嫌违法违规行为立案6起，罚款49.3万元。

（赵　勤　沈文虹）

科学技术

科技工作

【概况】 2022年，姑苏区制定出台《姑苏区高质量发展产业扶持政策实施意见》相关实施细则，增强政策引导性，加大区级政策扶持力度，助推区域科技创新产业高质量发展。全年，共有110家企业申报高新技术企业认定，认定通过公示和备案53家，合计有效高新技术企业数达128家；全年科技型中小企业入库数417家，通过认定省民营科技型企业备案101家，累计达615家。全年新增省级工程技术研究中心1个、市级工程技术研究中心4个。智能交通信息科技获评省重大科技成果转化项目。

【载体建设】 2022年，姑苏区新增国家级众创空间1家、省级众创空间1家、市级众创空间4家。新增区级孵化器4家、区级众创空间5家，1家孵化器获得省级绩效评价A类，2家孵化器获得市级绩效评价扶持，有效规范载体健康发展。

【人才引育】 2022年，姑苏区深入实施科技创新创业人才计划，进一步加大高层次人才扶持力度，加快培育科技人才企业，发挥高端人才的引领带动作用。全年成功申报省双创博士2人、省双创人才1人，6个项目获评两批次市级领军人才，17个项目获评两批次区级领军人才。

【产学研合作】 2022年，姑苏区举办“双招双引”推介会、姑苏区科技创新投资说明会。强化国际国内科技合作，江苏省血液研究所成功申报省科技计划专项资金（创新支撑计划国际科技合作/港澳台科技合作）项目。

（郑　曦）

科学普及

【概况】 2022年，姑苏区科学技术协会（简称“区科协”）坚持“四服务”职责定位，做到科普工作与疫情防控两不误，牵头组织成立心理健康联盟“‘疫’线攻坚”行动支部，与红蚂蚁集团企业科协联合组建红蚂蚁“科苑先锋”志愿服务队，开展“守护小家”上门帮扶春风关爱行动。组织科技工作者参加疫情防控、文明实践等志愿服务活动近700人次。年内建成企业科协10家，吸纳科技工作者会员299人。年内，区科协获评江苏省“全国科普日”优秀单位。

2022年9月15日，姑苏区“2022年全国科普日”活动启动仪式举行　　区科协　供稿

【科普宣传日活动】 2022年9月15日，“喜迎二十大，科普向未来”姑苏区“2022年全国科普日”启动仪式在姑苏区少年宫举行。活动由苏州市科学技术协会指导，姑苏区科学技术协会主办，现场发布“十大重点科技科普活动项目”，姑苏区“十大科技科普共建合作项目”集中签约，“一城百馆　博物姑苏”姑苏区首届“十佳金牌讲解员”大赛颁奖，一批“姑苏十年·最美科技辅导员”受到表彰。

【科普研学】 2022年，区科协以赛促学，投入52万元重点支持承办第四届海峡两岸青年学生机器人擂台争霸赛和“姑苏杯”家庭机器人比赛、姑苏区青少年科技创新大赛三项品牌赛事，支撑未来创新人才培养。坚持社会化协同，推进校内外青少年科学教育资源开发和建设，发挥科技科普场馆“第二课堂”教育主阵地作用，推出“科普摩天轮十二馆”科普研学系列活动，组织6所小学200多名师生分6期走进12家区级科普教育基地。

【企业科协双创】 2022年，区科协发挥企业创新主体作用，推荐麦迪森（江苏）医学研究有限公司、江苏天创科技、蓝沃奇纳米科技、江苏环创、苏州园林设计院等企业科协参与双创活动，携手麦迪

2022年7月8日至8月5日，姑苏区“科普摩天轮十二馆”青少年暑期科普研学打卡活动举行　　区科协　供稿

森医学科协推出“小小科学家”“小小讲解员”养成计划。以“汇智”行动为抓手，实施学会协会强基计划。

【长三角区域科普一体化】 2022年，区科协推进长三角区域科普一体化合作，与上海市科普志愿者协会和黄浦、静安、普陀等区科协联合主办“美丽城市　我的家园”第五届长三角地区科普漫画大赛，姑苏区获青少年组一等奖1个，二、三等奖6个和优秀奖10个。深化科普服务供给侧改革，推进科普进企业、进学校、进社区、进产业园“四进工程”，开展各类科普讲座60余场，受众近2000人次。

【科协学术活动】 2022年，区科协支持各学会举办中国城市环境卫生协会工程管理专业委员会行业发展论坛、首届全国学校心理健康与表达艺术高峰论坛、纳米新材料在建筑设计的应用技术等10场国内行业高端学术论坛活动。组织推荐企业科技工作者参加项目路演、学术论坛、主题沙龙等科技活动逾100人次。

【科普行动计划】 2022年，区科协深入实施基层科普行动计划，成立姑苏区首个科普基地联合会，立项实施市级科普场馆建设类、科普资源开发类、科普活动类项目，苏州海关国门生物安全科普教育基地成功创建省级科普教育基地，麦迪森（江苏）生命科学科普教育基地、苏州生肖邮票博物馆科普教育基地成功创建市级科普教育基地。

【姑苏区科普基地联合会成立】 2022年7月28日，苏州市姑苏区科普基地联合会成立，该联合会首批会员单位有37家，共有红蚂蚁家居文化博物馆、雷允上吴门医派文化传承展示馆、苏大麦迪森生命科普馆、苏州市苏帮菜餐饮文化博物馆等场馆41家。红蚂蚁装饰股份有限公司、苏州雷允上国药连锁总店有限公司、麦迪森（江苏）医学研究有限公司分别为联合会首届理事长、副理事长和秘书长单位。

（宋玉波）

人力资源·社会保障

综　述

【概况】 2022年，苏州国家历史文化名城保护区、姑苏区人力资源和社会保障局（简称“区人社局”）围绕“一中心、两高地、一典范”总体目标，以迎接党的二十大、深入学习宣传贯彻党的二十大精神为主线，坚持“稳字当头、稳中求进、全面向好”的工作定位，按照“疫情要防住、经济要稳住、发展要安全”的重大要求，创新建设“家门口的人社服务站”，统筹推进战疫情、强人才、稳就业、惠民生、促和谐一体化发展，以人社的担当作为擦亮苏州国家历史文化名城保护区金字招牌。2022年3月，区人社局首创“家门口的人社服务站”工作模式，发布“就业登记二维码”；6月，推出“互联网营销人才培育行动”，开展全链式互联网营销人才培育行动；7月，启动2022年姑苏区“百工百艺·匠人匠星”技艺技能状元大赛；8月，成立全市首个中小企业劳动公共服务中心——姑苏区中小企业劳动关系综合指导服务中心；11月，举办苏州市人社公共服务体系建设现场推进会，发布姑苏区“家门口的人社服务站”三年行动计划；全区首家人力资源服务产业园——苏州姑苏人力资源服务产业园试运行。年内，区人社局获苏州市五一劳动奖、苏州市人社窗口单位业务技能练兵比武活动优秀团队奖二等奖，区高层次人才一站式服务中心获评2022年度苏州市“青年文明号”。

2022年11月，姑苏区首家人力资源服务产业园——苏州姑苏人力资源服务产业园试运行　　　区人社局　供稿

【“家门口的人社服务站”建设】 2022年，区人社局创新建设“家门口的人社服务站”，增进公共就业服务均衡性和可及性。融合区政务服务办事大厅、街道便民服务中心和社区便民服务站等资源，构建覆盖全区8个街道、169个社区的178个基础点位。联合产业园商圈、高校、重点企业、银行网点等各类便民惠企载体，打造沧浪街道桂花社区、观前商圈、苏州大学、美地PARK产业园、中国银行苏州姑苏支

行、中国工商银行苏州道前支行6个特色点位。在苏州市人社公共服务体系建设现场推进会正式发布姑苏区“家门口的人社服务站”三年行动计划。

【新获评8项省、市级技能人才荣誉】 2022年，姑苏区新增2家江苏省乡土人才技能大师工作室[李通（美发）、肖伟民（烹饪）]、1家江苏省技能大师工作室[叶丹茗（酒店管理）]，苏州电子信息技师学院（酒店管理）入选江苏省高技能人才专项公共实训基地，新获评2家市级工作室（苏州市尚峰轨交检测技术首席技师工作室、苏州市任剑波无损检测技能大师工作室），建成苏州（姑苏）污水处理技术公共实训基地、苏州（姑苏）无损检测技术公共实训基地2家苏州市高技能人才公共实训基地。

人才发展

【概况】 2022年，区人社局紧扣全区“一中心、两高地、一典范”总体定位和“古城、老城、新城”分区定位，聚焦打造数字创意与高技术服务两大重点产业创新集群，重点推进高层次人才开发引进和高技能人才培育选拔，贯彻落实市委关于“人才服务推广年”相关要求，推进实施创新创业人才服务一年冲刺行动计划，全面提升人才服务水平，为持续擦亮国家历史文化名城保护区金字招牌提供坚实人才基础。

【创新创业人才引育】 2022年，姑苏区举办国际精英创业周品牌活动，参会嘉宾113人，成功落户113个项目。升级完善“云上博览会”姑苏展洽平台，拓展线上对接模式。举办2022年“智汇姑苏”创新创业大赛，以“产业赋能、人才聚力”为导向，发挥“招商引资”与“招才引智”协同效应，建立“双招双引”服务创新创业“四联机制”，面向数字创意和高技术服务两大产业创新集群，设置“双招双引”精英团队赛、产业项目挑战赛、科技人才项目路演赛、海外线上赛，吸引海内外248个创业团队报名参赛。开展紧缺中高端人才猎聘会暨“云选才”线上+线下双向对接会，通过第三方专业人才服务机构海量人才数据库，为企业匹配中高端紧缺人才，52家企业收到14920份人才简历，其中达成就业意向人员152名，成功入职47名。开展“校园苏州日”——走进东南大学、山东大学系列活动，东南大学516人参与167家企业线上面试，山东大学637人参与140家企业线上面试。创新推动文创产业国际职业资格比照认定工作，共有营销与时尚设计师、数字视觉传达设计师、高级时尚与奢侈品国际开发设计师等99个法国文化创意类职业资格与江苏省艺术专业技术资格相应级别比照认定，目录在2022年国际精英创业周姑苏区分会场开幕式上发布，首批成功认定2人。落实高端人才奖励计划、优秀人才贡献、人才乐居工程等各项人才奖补政策，全年发放奖补资金合计2925万元，涉及2523人次。组织开展2022年姑苏区重点产业紧缺人才计划申报，获评人数61人，涉及补贴资金453万元。

【技能人才培育体系完善】 2022年，区人社局开展项目制线上培训，65家企业25379人完成学习并通过考核，申领补贴761.37万元。推进企业技能等级认定工作，新增16家技能等级认定备案企业，组织开展认定38批次，培育技能人才868人。鼓励校企合作，完成4家单位企业新型学徒制备案，计划培养学徒173人；累计拨付企业新型学徒制后续补贴资金455人65.02万元。开展项目制培训，7495人完成培训后申领补贴，拨付资金1596.714万元。鼓励符合条件的企业开展岗前培训，26家企业4861人完成培训，申领补贴145.83万元。组织开展2022年度保护区、姑苏区技能（专技）工作室申报评选

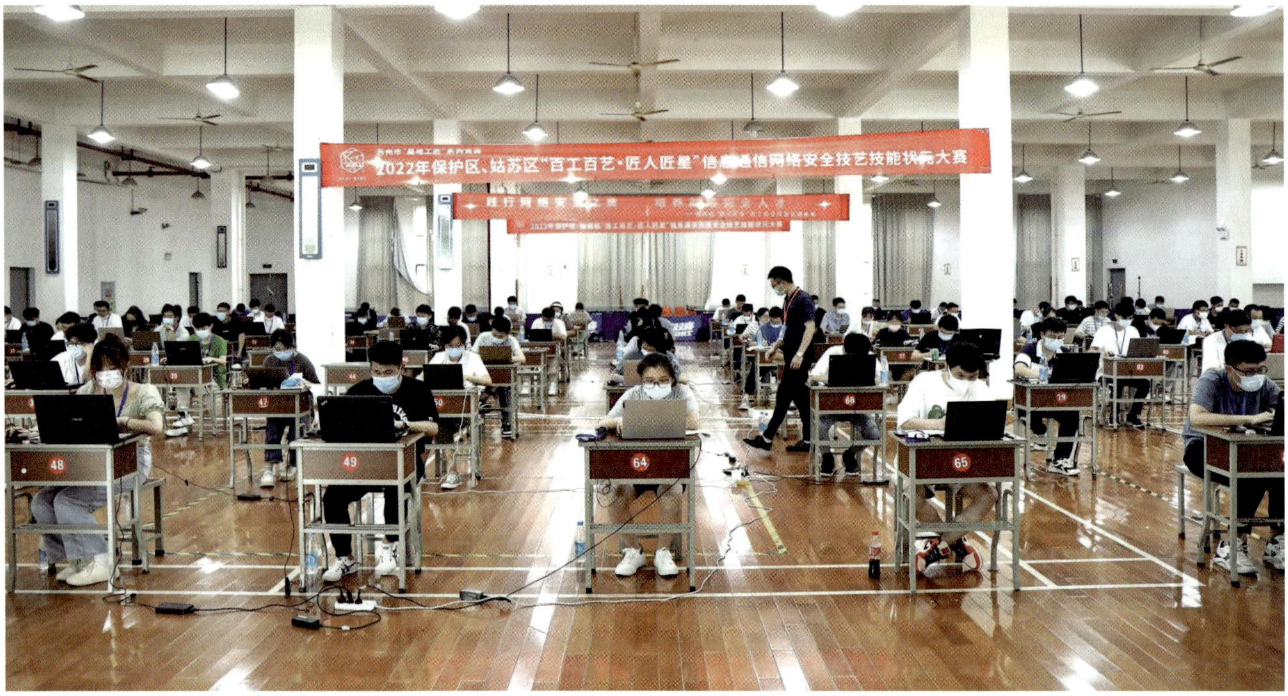

2022年7月16日，保护区、姑苏区“百工百艺·匠人匠星”信息通信网络安全技艺技能状元大赛举办　　区人社局　供稿

工作，经专家组评选，建立15家区技能（专技）工作室，资助金额共计30万元。搭建“百工百艺·匠人匠星”技能竞赛平台，举办信息通信网络安全、动画制作、互联网营销、电子商务、客户服务管理、物业管理、刺绣、育婴、营养配餐、咖啡制作、苏式汤面制作、美容、美发、茶艺、评茶等15个赛项12场技能大赛，选拔培育高技能人才3756人。

【人才服务保障水平提升】 2022年，全区人才总量13.92万人，其中高层次人才1.26万人、高技能人才5.47万人、专业技术人才7.55万人。结合“家门口的人社服务站”工作品牌，通过线上+线下模式，开展“人社（人才）服务直通车”活动12场，服务各类人才27963人次。创新推出“百名人才看姑苏”项目，举办活动7场，吸引103名高层次人才参与。依托花里巷产业园和东升里“右见人才会客厅”，以创新服务集成、信息集聚、资源集中、人才集群“四位一体”，打造综合性平江文创人才街区。开通“职称初定服务直通车”，为1403名人才开展职称初定服务，职称评审通过901人。优化流动人员人事档案服务流程，为3426名人才办结人事档案服务。开展人才落户服务，为1776名人才办结落户手续。打造姑苏区人才公寓，推出人才公寓线上办理小程序，实现全年24小时“不间断在线”办理。疫情防控期间，开通人才落户高效通道，为53名急需落户人才代办相关落户手续。

就业创业

【概况】 2022年，区人社局认真贯彻落实国家、省、市强化就业优先政策的决策部署，结合区情扎实推进“就业惠民·创业富民”实事项目工程。立足形势变化，注重精准施策，坚持援企稳岗保民生多措并举，依托“家门口的人社服务站”，持续深化打造“乐业姑苏”就业服务品牌，全力确保全区就业形势稳定。

【助企纾困政策落实】 2022年，区人社局积极响应落实普惠性失业保险稳岗返还政策，发放稳岗返还资金5134.87万元，涉及企业2.22万家，惠及员工12.07万人。发放一次性留工补助5841.05万元，涉及企业2.48万家，惠及员工11.68万人；为辖区116家企业5132人发放春节留苏补贴256.6万元。出台《姑苏区关于春节期间稳岗惠企有关补贴政策的操作细则》《姑苏区人社抗疫情稳就业企业用工服务复工复产工作专班工作指引》等文件，切实减轻市场主体负担，加强帮扶力度。

【为企服务机制健全】 2022年，区人社局建立走访调研机制，分批走访辖区龙凤金店、苏州市金阊人力资源有限公司、苏州口腔医院等重点企业，送就创业政策上门，同时切实了解企业实际情况，全力为企业解决用工难题。成立用工服务复工复产工作专班，大力推进助企纾困政策落地，对辖区重点规上企业有针对性地实施"一企一策"。根据企业诉求举办"人社服务直通车"、助企纾困人社政策线上解读、创业宣传月等政策解读活动，进一步扩大政策知晓率，宣传主题周3场线上直播活动，共答复就创业政策咨询3000余次。

【企业用工保障】 2022年，区人社局打造"线上+线下+直播带岗"三位一体用工招聘平台，开展114场招聘会，提供64775个就业岗位。举办8期线上直播带岗招聘专场活动，辖区167家企业提供2687个优质岗位，收到投递简历3304份，实现就业338人。健全人力资源服务机制，成立姑苏区人力资源服务行业协会，引导姑苏区诚信人力资源机构服务联盟为企业引进劳动者提供就业服务，苏州市金阊人力资源有限公司、江苏营财安保股份有限公司等10余家人力资源服务机构累计服务企业1364家，与企业对接服务3508次，实际帮助解决缺工275人，达成余缺调剂用工42人。组织辖区重点人力资源机构及重点企业赴连云港、淮安等地举办座谈会、校企合作洽谈会，与走访区(县)人社部门及江苏大学、常州工业职业技术学院等院校签订6份人力资源合作协议。

劳动人事管理

【概况】 2022年，区人社局以完善人事制度管理、保障职工合法权益、维护企业正常经营秩序、构建和发展和谐稳定的劳动关系为目标，促推全区劳动关系和谐稳固、人事制度改革持续深化，全力创建省级和谐劳动关系综合配套改革试点地区。

【事业单位人员管理】 2022年，区人社局以正向激励为导向，深化人事制度改革，推进姑苏区事业单位管理岗位职员等级晋升政策；围绕工作实绩，科学选拔任用股级干部；做好2022年度姑苏区事业单位工作人员年度考核工作。以公平择优为目标，规范开展事业单位人员招聘，坚持疫情防控与招考工作两手抓，高效、圆满完成事业单位公开招聘，录取39人；坚持人力资源优化配置的双向选择，持续推进专业化青年人才定岗特选工作，面向全国"双一流"建设高校和境外世界名校全日制硕士研究生及以上应届毕业生，选聘22人；指导行业主管部门做好教育、卫生事业单位招聘工作，招录教师28人、卫生医疗岗位人员45人。以规范高效为要求，夯实人员日常管理，全面实施事业单位聘用制度，严格岗位设置，规范人员管理；规范全区编外人员使用管理，严格编外人员规模，降低行政成本；规范开展事业单位工资核定、绩效管理、遗属补贴等工资福利审批工作。

【劳动关系预警监测】 2022年，区人社局成立应对疫情影响维护劳动关系稳定工作专班，走访摸排辖区企业622家，梳理化解隐患63处。建立劳动关系条线1+1+1分析研判机制，加强与公安、市监、总工会、地税等部门及行业协会的互联互通，强化劳动关系隐患信息预研预判，提前介入化解劳动关系风险预警信息21条。在蓝·芳华文化创意产业园、美地PARK产业园等园区建立欠水费、欠电费、欠物业费、欠房屋租金等“四欠报告制度”。开展区域内企业欠薪、规模性裁员等劳资隐患的摸排，对存在重大隐患的用人单位及时介入，及时处理，全年摸排679家企业，共排查隐患101处，指导企业全部整改完毕。

【企业规范劳动用工指导】 2022年，区人社局编制《疫情期间劳动用工政策解答》《涉疫劳动关系工作指引》，累计向企业发放3000余册。组织开展“企业复工复产背景下劳动用工合规的法律风险与应对”线上培训活动，470余家企业参与线上培训。健全小微企业人力资源助理派遣服务机制，为565家小微企业提供人力资源助理派遣服务。在美地PARK产业园成立协调劳动关系综合指导服务站，为49家企业提供“一对一”用工指导服务。对受疫情影响较大的企业，引导企业申请综合计算工时工作制审批，降低企业劳动用工成本，全年对88家受疫情影响严重的企业进行审批，涉及劳动者8000余人。在全市率先成立中小企业劳动关系综合指导服务中心，推进中小企业劳动关系公共服务，对31家企业劳动用工进行法治体检，对19家企业提供上门指导服务。成立姑苏区劳动关系和谐企业协会，会员单位49家，为创建和谐劳动关系提供信息宣传、政策培训、纠纷协调、服务指导等服务。成立姑苏区和谐劳动关系律师公益法律服务团，组织开展7场次“送法律指引”“送普法讲座”“送法治体检”“送法律服务”等系列“法企同行”服务活动。成立普法讲师团，重点面向企业开展劳动关系政策法规、和谐创建、能力提升、集体协商系列业务培训，全年组织8场次提升企业劳动用工能力与水平培训，1600余人次参与。建立劳动关系点单服务系统，推行劳动法律法规政策咨询服务、预约上门指导服务和专项业务培训需求服务三大类的劳动关系点单服务，全年受理点单

2022年8月30日，融入式协商·共建和谐劳动关系民生专题协商议事会召开　　区人社局　供稿

服务39人次。开展劳动保障诚信单位、劳动关系和谐企业创建与培育，累计评定劳动保障A级信誉单位330家，劳动关系和谐企业376家。拟定《苏州市姑苏区用人单位劳动保障信用等级评定与管理办法》，并列入2022年度重大行政决策项目。

社会保险

【概况】 2022年，区人社局以“社保基金提升年”为契机，扎实推进助企纾困，稳步开展各项业务。围绕社会保障重点工作，认真落实各项工作部署和要求，强化风险防控，全面推进党建工作和业务深度融合，围绕打造“家门口的人社服务站”特色品牌，以做精苏式生活典范为目标，持续擦亮“乐龄姑苏、社保添福”品牌，不断推进姑苏区社会保障事业高质量发展。

【参保扩面推进】 2022年，区人社局“稳”“保”并重，通过优化流程、简化审批、科室通办等举措，统筹兼顾做好市级下放的基本养老保险职工退休审批、工伤保险待遇支付等8类业务。精准实施全民参保计划，贯彻落实灵活就业人员、新业态就业人员、港澳台居民参加社会保险，加大单工伤保险（非全日制从业人员、多重劳动关系职工、超过法定退休年龄人员、实习生）的推进力度，完善落实城乡居民养老保险和被征地农民社会保障政策。2022年底，全区共有企业职工养老保险参保单位3.6万家，参保职工26.39万人。享受城乡居民养老待遇5495人，领取征地保养金4137人，居民医保参保5.45万人。机关事业单位养老保险参保单位239家，参保人员7454人，退休人员6706人。企业职工养老保险新增7.5万人。

【纾困政策落实】 2022年，区人社局深入落实省人社厅等四部门《关于扩大阶段性缓缴社会保险费政策实施范围等问题的通知》文件精神，全力做好社保缓缴和降费率政策的宣传解释及快办快审工作，在办理渠道上大力推行“网上办”等“不见面”服务方式，方便企业办理；在审核审批上实行告知承诺制，确保助企纾困政策“精准覆盖”“直达快享”。全年有92家参保单位申请困难企业、特困行业和扩围行业的社会保险费缓缴，共计缓缴社保金额为1030.16万元，阶段性降费率政策共计为姑苏区参保单位缴纳失业保险减负7300余万元，工伤保险减负4400余万元，医疗保险减负7000余万元，为姑苏区灵活就业人员缴纳医疗保险减负2000万元。

【“社银联动”服务下沉】 2022年，区人社局贯彻落实人社部打造优质人社服务样板间决策部署，围绕苏州市推进公共服务均等化工作要求，与工商银行、中国银行、农业银行、邮储银行、苏州银行5家银行拓展67个社银合作网点，实现“灵活就业人员参保”“参保证明打印”“社会化管理查询”等10类18项“社银联动”高频服务事项在合作银行网点的办理。

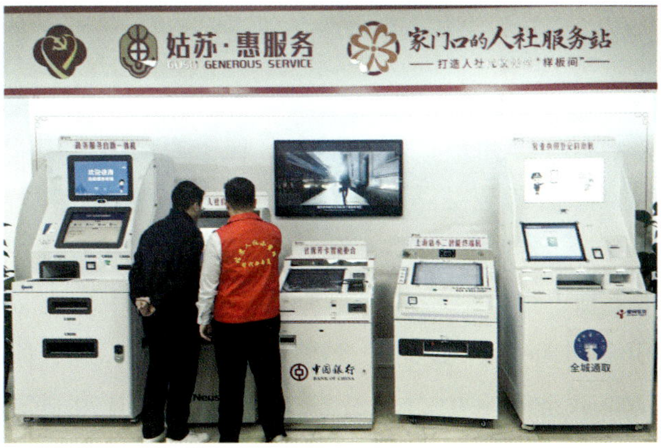

2022年11月，在中国银行苏州姑苏支行推出“社银联动”服务模式　　区人社局　供稿

【社会化管理服务】 2022年，区人社局以做优“乐龄姑苏 社保添福”苏式生活典范为目标，以“智慧乐龄”“健康乐龄”“炫彩乐龄”“乐龄学堂”四大乐龄项目为支柱，以现代化服务理念和精细化治理水平为辖区老年人打造康乐颐养的乐龄家园。开办家门口的“乐龄学堂”，实现“党建+创业+退管”的有机融合；持续开展“大红花·荣归家园”社会化管理迎新活动，增强新退休人员的归属感和幸福感；结合姑苏特色文化，组织开展姑苏区退休人员诗词大赛、书画大赛、古城寻宝等系列退管活动，积极打造退休者“乐龄养老首善城区”。至年底，全区社会化管理人员合计23.64万人，全年组织免费体检14.86万人，发放各类慰问金1018.8万元，受惠人员2.63万余人次。

【社保基金安全】 2022年，区人社局时刻绷紧社保基金安全这根弦不放松，按照预防在先、发现在早、处置在小的原则，严密组织各级下发的疑点数据核查，受理社保缴费基数不足投诉举报。与苏州银行签订社保待遇退回及追回业务协议，进一步提高追缴效率。

（齐　雨）

住房公积金管理

【概况】 苏州市住房公积金管理中心姑苏分中心（简称“公积金姑苏分中心”）成立于2014年10月，位于平泷路251号苏州城市生活广场政务服务中心5楼。公积金姑苏分中心隶属于苏州市住房公积金管理中心，设有一个综合性公积金服务大厅，为市政务服务中心公积金专厅。服务大厅共进驻16家单位，其中有14家商业银行，另有苏州市住房置业担保有限公司、苏州市数字证书认证中心有限公司。

2022年，公积金姑苏分中心全年归集95.61亿元，实际新增缴存单位3587户，实际新增缴存职工36741人，人均缴存水平达2639.37元。发放公积金贷款3126笔18.36亿元；为中低收入购房家庭发放公积金贷款5笔192.9万元，发放高层次人才公积金贷款16笔2253.5万元。提取公积金72.57亿元，其中住房类提取占比达87.83%。租房提取金额1460.07万元。连续第11年开展保障性住房公积金贷款贴息工作，共计受理申请23笔，补贴金额125956.53元，平均每户5476.37元。

【住房公积金归集扩面】 2022年，公积金姑苏分中心强化扩面责任，高效落实政府推动。根据《关于姑苏区进一步加大住房公积金工作支持力度的实施方案》要求，公积金姑苏分中心协调区相关部门及街道层层落实责任、形成工作合力，全力保障公积金工作顺利开展。区公积金工作领导小组印发《关于2022年姑苏区各街道开展住房公积金工作及经费兑付的方案》，让街道进一步落实工作责任、加速工作推进有抓手、有标准。持续进行社保与公积金数据详细比对，确定扩面方向与目标。对社保缴存人数5—9人的公积金未开户单位寄送缴存登记告知书2395份；对3个月以上开户未缴单位寄发个人账户告知书1073份，对重点物业公司、开具缴存证明上市企业和退缴较多企业展开定向政策宣传与业务培训会，专项指导重点企业复工复产。全年共有81家企业申请降比，月减少汇缴额82.7万余元；申请缓缴企业20家，总缓缴金额25.6万余元，有效降低企业运营成本。

【住房公积金保障民生】 2022年，公积金姑苏分中心进一步畅通服务渠道，推动“网上办、窗口办、自助办”三端融合互补，公积金业务自助办理全面纳入“政银合作企业开办一站式服务专窗”。指导企业运用网厅办理降比缓缴、无违规证明开具等业务。

推动数字化转型升级，延展大厅自助服务区功能，新增政务自助一体机，姑苏区“惠”服务自助办理单位开户80笔；办结个人网厅业务1971笔。结合工作实际深入落实政务服务“好差评”机制，开设“办不成事”反映窗口，积极回应职工诉求，疏解便民服务难点堵点，打造“听民意、懂民心”的温暖大厅。积极融入长三角公积金一体化服务，共办结长三角政务服务“一网通办”协查事项35笔、“跨省通办”事项219笔，办结异地转移接续9944笔，实现信息协查、异地转移接续等业务“零跑腿”。持续推进作为区“我为群众办实事”重点项目的退休职工销户提取工作，截至12月底办结17073笔，提取金额超1.09亿元，占全市总数的33.32%。

【住房公积金服务提升】 2022年，公积金姑苏分中心针对因各类原因在贷款受理中无法进行面对面签署借款合同的职工，借鉴商业银行线上信贷经验，联合承办银行等单位，在确保风险可控的前提下探索公积金（组合）贷款“云贷”新模式并作为分中心年度创新创优项目持续实施，有效解决公积金贷款业务异地办理的难题。延伸服务，做优“幸福”文章。举办“数字赋能　智‘惠’服务”暨姑苏区“15分钟政务服务圈”推进会，全区8个街道先后挂牌设立“公积金橙意服务站”并实现专岗人员配备。参与姑苏区“房产超市”“夜经济促消费”“先锋先行·服务惠民”和人才服务推广年等活动，大力宣传灵活就业人员缴存住房公积金制度、加装电梯提取公积金政策等，将租赁委提等业务办理前移至企业与社区。组建青年小分队，将服务阵地从窗口前移至企业、社区等“无形窗口”，解决“急难愁盼”的问题。

【住房公积金风险防控】 2022年，公积金姑苏分中心以公积金审计整改为重点，建立健全“风险预警+自查防控+内审防范”风险防控机制，提高发现问题的及时性、精准性。以风险防范为核心，着重抓好期房楼盘风险跟踪、贷款发放流程监控。协助房产交易中心做好预售资金监管，对存在风险的期房楼盘暂缓放款，细化楼盘备案要求，督促规范放贷。攻坚整改使用App购买存量房提取漏洞，对职工名单进行分类梳理，循序渐进，集中突破，通过电话联系、短信通知、寄送信函约谈等形式，收集问题线索，进行有效处理。（贾　璇　卢晓燕）

社会事务

民政事务

【概况】 2022年，姑苏区扎实推进社会事务工作，着力保基本兜底线，实施扶弱帮困兜底保障工程、社会福利融合发展工程、社会事务提质增效工程"三大工程"建设，优化基本社会服务，不断增进民生福祉。

【慈善工作】 2022年8月29日，姑苏区慈善基金会三届八次理事会召开，审议通过2022年上半年工作情况和下半年工作安排、2022年上半年财务收支情况报告、2022年下半年新增慈善资助计划及经费预算。全面开展慈善捐赠活动。全年发放各类慈善救助金995.31万元，惠及困难群众11.98万人次。深入开展全区"慈善一日捐"活动，共发动397家企业进行募捐，累计募捐610.94万元，完成率101.82%。推动成立社区慈善基金，推动慈善事业参与社区治理、支持社区服务。全区建成1个市级慈善实体和3个慈善空间，积极打造慈善公益组织融合共赢、良性互动的平台。

【慈善救助】 2022年，姑苏区落实慈善救助项目，全年开展健康牛奶护苗计划、姑苏慈善爱心卡、阳光乐龄计划、暑期助学等项目，为全区5.6万户低保、低保边缘家庭的中小学学生提供价值19.71万元的免费牛奶，为全区所有低保、低保边缘等困难家庭发放爱心卡援助金231.68万元，支出14万元为全区300余名低保、低保边缘孤老提供送美食、送健康、送文化等的"六送"服务，为273名低保、低保边缘、一般困难家庭学生发放助学款41.15万元。全年累计支出慈善救助金995.31万元。全年收到来自苏州弘化社慈善基金会、苏州和合文化基金会、苏州市佛教协会、苏州中亿丰科技有限公司等单位和爱心企业捐赠的疫情专项捐款311.96万元，善款全部用于姑苏区疫情防控工作。

2022年9月5日，姑苏区"慈善一日捐"集中募捐仪式举办

徐爱华　摄

【儿童福利】 2022年，姑苏区为487名困境儿童发放基本生活费补贴450万元。成立姑苏区民政综合服务中心，挂“姑苏区未成年人保护中心”牌子，全面加强全区未成年人保护工作。出台《姑苏区困境未成年人社会保护个案服务细则（试行）》，全年各街道开展困境儿童个案服务19人，帮助儿童及家庭缓解困境。姑苏区在苏州市首届儿童主任职业技能大赛中获团体三等奖荣誉。

【困难残疾人补助】 2022年，姑苏区落实残疾人两项补贴（困难残疾人生活补贴、重度残疾人护理补贴）发放工作。全年共为6491名困难残疾人发放两项补贴2427万元，共发放78241人次。

【流浪乞讨救助】 2022年，苏州国家历史文化名城保护区、姑苏区民政和卫生健康局（简称“区民卫局”）创新制度机制，联合公安、城管出台《姑苏区关于健全流浪乞讨人员“三级联动”救助体系的工作意见》，完善落实街面联合巡查机制，织密救助发现网络。全年开展多轮“冬季送温暖”“夏季送清凉”专项救助行动，全面加强疫情防控、极端天气下流浪乞讨人员街面巡查援助工作，接收安置外地返乡流浪人员2人，解决安置落户1人。

【惠民殡葬】 2022年，姑苏区加强部门协作、加大监督检查力度，做好“活人墓”专项整治规范工作。在全市率先推进“身后一件事”一网通办，优化办事流程，提升群众办丧服务便捷度和满意度。积极落实惠民殡葬政策，全年共核发惠民殡葬补贴915.8万余元。

【家庭救助】 2022年，姑苏区共计有低保户2133户2576人，低保边缘重病困难对象374户393人，特困人员138人，低收入598户，共发放各类救助资金7073.5152万元。2022年低保专项治理中，严格按照救助政策进行落实处理，共清退低保67户89人、低保边缘20户22人。推进一户一档一策提档扩容工作，依托区慈善总会、慈善基金会、阳光扶贫等平台为救助对象提供适合家庭实际的精准帮扶措施。

【社区治理与服务】 2022年，姑苏区研究制定《保护区、姑苏区全面推升社区治理和服务能力三年行动计划》，重点实施推进社区规模调优调活、社区服务提质增效、基层队伍增质增能“三大工程”。持续推进社区民主协商建设，遴选10个社区协商民主建设示范项目，项目资金总额161.29万元，不断提升社区治理服务的能力水平。持续夯实基层社区基石，推进锦尚社区、网师巷社区2个社区综合服务中心改造，加强实事项目建设资金保障，逐步完善各项服务功能。持续深化“美好社区”内涵，分析研究近3年美好指数变化趋势。制定实施《保护区、姑苏区数字社区建设方案》，试点推进数字社区建设，项目获2022年度苏州市数字政府优秀案例。

【社区工作者队伍建设】 2022年，姑苏区在疫情防控第一时间调整社区工作重点和网格工作重心，有力保障全区疫情防控大局。出台《关于激励关爱在疫情防控工作中表现突出的社区工作者的工作方案》，选树先进典型，评选“优秀社区工作者”169名、“深耕社工”156名、“疫情防控专项优秀社工”168名。通过提高体检标准、落实应休未休假补贴、提供“社工守护险”、发放困难社工补贴等服务，全方位关心爱护社区工作者。

【社会组织管理】 2022年，全区共有注册登记社会组织530家（其中民办非企业单位432家、社会团体98家），备案社区社会组织1992家；5A等级社会组织3家，4A等级6家，3A等级63家。加强党建引领，建立区级社会组织党委，推动街道社会组织党组织全覆盖。加强社会组织监督管理，开展2021年度年检，年检率达94.04%；组织开展双随机抽查和定期检查21家、专项财务审计1家，持续开展规范行业协会商会收费专项治理。持续开展社会组织发展专项扶持，全年共有17家社会组织在初创补贴、发展激励、能力提升等方面获近20万元资金扶持。深化品牌效应，桂花公益坊获评省级“社会组织党建工作示范点”，金阳光公益坊获评市“社会组织党建工作示范点”，金阊街道、吴门桥街道入选市级“社区社会组织观察点”。

【社会工作】 2022年，成立区级社会工作服务指导中心、街道社会工作站、社区社会工作室的三级架构体系，实现8个街道社会工作站、169个社区社会工作室全覆盖。统筹共计160万元财政补助资金，整合社会组织、社区建设、困境儿童、养老、残疾人等多条线服务经费，进一步保障社工站运营服务，拓展多领域专业社会工作服务。出台姑苏区社工站管理办法、社工站评估办法、社工站督导办法、社工站运营指导手册，进一步强化社工站统一规范管理和考核测评体系。

【婚姻登记】 2022年，姑苏区婚姻登记窗口共办理结婚登记5330对，离婚登记2161对，补领结婚登记740对，补领离婚登记258对，共计8489对。认真做好离婚登记“省内通办”工作。与耦园合作成立园林婚姻登记服务中心，发布婚姻登记办理等7项婚姻服务清单，特聘五大婚姻服务专员。

【区划地名】 2022年，姑苏区深入摸排、解决一批存量“有地无名”问题，完成与吴中区、相城区、工业园区“吴姑线”“相姑线”“园姑线”联检工作。开展地名文化遗产评定工作，评定9个区级地名文化遗产名单，上报的姑苏、平江、金阊、双塔、虎丘入选市级地名文化遗产名单，姑苏、平江、虎丘入选省级地名文化遗产名单。将金阊街道中街路街区打造为全市首批地名文化遗产示范街区。加强地名文化宣传，五卅路、伯乐中学旧址入选第二批省级“红色地名”。

老龄事业

【概况】 2022年底，姑苏区户籍人口中，60周岁以上老年人24.17万人，占全区户籍总人口的32.18%。80周岁以上老年人4.47万人，占全区户籍老年人口的18.49%；100周岁以上老年人229人。

【居家养老】 2022年，姑苏区以“虚拟养老院”为依托，进一步深化居家养老服务内涵，不断推动居家养老服务标准化发展，全年政府购买居家养老服务22884户33821人。探索建设“家庭养老夜间照护床位”，为260户老年人提供夜间照护服务。实施适老化改造项目，为辖区1391户老年人家庭进行适老化改造。

【社区养老】 2022年，姑苏区继续推行社区养老服务设施建设，全市首家“养老+托育+卫生”三位一体便民服务综合体——姑苏区悦龄健康综合服务中心正式开业，新增日间照料中心16个。2020年以来累计完成新建、改扩建20个综合为老服务中心，“3+X”社区助餐服务体系建成。聚焦老年人社区关怀，开展失智老年人筛查和家庭照护能力培训工作，累计专业筛查1542人次。开展老年人运用智能技术专项普及培训4154人次，助力“银发族”跨越数字鸿沟。持续进行老年友好型社区创建工作，双塔街道大公园社区获评全国示范性老年友好型社区。

【机构养老】 2022年，姑苏区继续深化“放管服”改革，落实养老机构备案制度，完成苏州凯健友谊养老院以及3家既有养老机构的设置备案。持续开展养老院服务质量提升专项行动，推进《养老机构服务安全基本规范》强制性达标工作，推进既有建筑安全大排查大整治，对辖区养老机构进行全覆盖的现场安全检查。推动养老机构服务分层，国投宝原老年公寓、福相护理院等2家新建养老机构完成硬件建设，全面推进区域性养老服务中心建设，白洋湾区域性养老服务中心开始施工建设。开展养老机构等级评定，成立等级评定委员会，委托第三方评定机构并组织专家对12家养老机构现场评定。对养老机构实施纾困关爱，为民营养老机构发放一次性纾困补贴373.75万元。

【敬老月活动】 为庆祝第35个老年节，2022年9月29日，区政府和市民政局联合举办"喜迎二十大 颐养好生活"苏州市九九重阳节系列活动。活动现场，姑苏区发布《幸福养老在姑苏》口袋书和"15分钟养老服务圈"热力图，揭牌"邻里'医'家——社区医养床位"项目，启动姑苏区"银龄安享工程"，与多家金融机构签订"养老+金融"合作协议。9—10月"敬老月"期间，区老龄办部署各涉老单位、各街道结合工作特色，精心组织，周密安排，共开展相关活动98场。 （王 玲）

退役军人事务

【概况】 2022年，姑苏区有苏州军分区、武警苏州支队、姑苏区人武部、中国人民解放军联勤保障部队第904医院苏州医疗区等12家驻区部队。有退役军人2.2万余人，各类优抚对象近2300人。全区已建成1个区级服务中心、8个街道服务站、169个社区服务站，形成横向到边、纵向到底、覆盖全域的三级联动服务保障体系。

【双拥工作】 2022年，姑苏区推进军民深度融合发展。春节前夕召开姑苏区"2022年双拥迎春座谈会"，八一建军节前夕走访慰问驻区部队，共向苏州

2022年11月，姑苏区退役军人服务保障工作培训班举办

区退役军人事务局 供稿

军分区、武警苏州支队等12家驻区部队赠送慰问品价值约104万元，受到部队官兵的一致好评，进一步巩固和发展良好的军政军民关系。秉持贴近部队实际、满足官兵需求的原则，开展"服务云上汇 在线耀军辉"情系官兵进军营系列活动。疫情防控期间，姑苏军民共同抗击疫情，区双拥办积极发挥地方与部队的纽带作用，协调区防疫指挥部、相关街道，为驻苏部队增设核酸采样点，为部队官兵做好核酸检测工作。在了解到驰援外省的联勤保障部队第904医院苏州医疗区返苏隔离的需求后，协调有关部门做好隔离酒店申请、核酸标本采集、生活物资供应等服务。在八一建军节当日获评全省双拥模范区荣誉称号，实现该项荣誉的"八连冠"。

【优抚工作】 2022年，姑苏区有各类优抚对象近2300人，其中重点优抚对象298人、在职残疾军人291人、60周岁以上农村籍退役士兵62人、60周岁以上部分烈士子女3人、企业退休"两参"人员797人、在职三属262人、"7+1类"优抚对象遗属20人、军属492人、苏工苏警苏民41人。贯彻落实《退役军人、其他优抚对象优待证管理办法(试行)》，成立优待证申领领导小组，下设专班、4个工作组，制定实施方案、召开动员大会暨业务培训，强化上下合力、有序推进，全区优待证共完成个人申请

18128人，制证14152张，建档立卡17179人。全年发放国家抚恤补助1599.71万元、优待奖励补助446.15万元、其他优抚类补助1134.77万元、现役军人死亡一次性抚恤金478.99万元，共计3659.62万元。按月发放国家定期抚恤补助、遗属生活补助及五项减免，按照CPI指数发放物价补贴。为纪念第九个中华人民共和国烈士纪念日，组织开展一场区级纪念缅怀活动，开展三级联动宣传慰问活动，深切缅怀革命先烈的丰功伟绩，热情讴歌革命先驱的崇高精神，传承发扬革命先烈的优良传统。依托区退役军人（居家乐）服务站，累计为全区1589户优抚对象家庭提供居家上门服务42935次，服务总时长89179.7小时，提供“八一”慰问、生日问候、防疫问候等人文关怀服务3194次。

【安置政策落实】 2022年，姑苏区保质保量落实军转安置工作。宣传优秀军转干部事迹，并做好军转安置政策宣传，鼓励各单位在有人员需求时优先接收军转干部。选送军转干部参加2021年度转业军官岗前培训、进高校第二阶段培训，帮助军转干部调整知识结构、提升专业能力。做好自主择业军转干部服务工作。受疫情影响，积极引导自主择业干部进行线上年审，全年完成61名自主择业军转干部年审；做好退役金调整确认、医保追加、医药费报销等工作。在春节和“八一”期间，发放各类慰问金额共计21.1万元，涉及246人次。

【退役军人就业创业】 2022年，苏州国家历史文化名城保护区、姑苏区退役军人事务局（简称“区退役军人事务局”）深入开展优秀“戎耀之家”建设活动，推荐上报江苏营财安保股份有限公司为江苏省优秀“戎耀之家”，指导做好省厅组织的创建活动互评迎检相关工作。策划并推动“心心向戎——退役军人就业‘桥’计划”项目落地。根据多年退役军人专场招聘会后退役军人上岗实际，以及近年来疫情、全球金融环境等因素对就业市场的影响，构建“两库一桥”，即退役军人人才库、用人单位需求库和以区退役军人事务局为中心为就业供需双方搭建的一个平台，打造全区退役军人就业新项目。协助做好苏州市第二届退役军人创业创新大赛暨江苏省第二届退役军人创业创新大赛苏州市初赛、苏州市决赛、江苏省决赛工作，推荐的企业中科晶锐（苏州）科技有限公司和苏州兵尚科技信息有限公司在苏州市初赛获二等奖，其中中科晶锐（苏州）科技有限公司在苏州市决赛中获得金奖、在江苏省决赛中取得第三名的优异成绩。举办江苏省第四届百城联动退役军人专场招聘会暨2022年保护区、姑苏区退役士兵返乡欢迎会。联合姑苏团区委、区青年商会，结合“心心向戎——退役军人就业‘桥’计划”前期调研数据，精心筛选参加单位及岗位，为退役士兵及军属提供用人单位83家，共提供职位239个，岗位1165个。招聘会现场发展50家单位作为长期会员单位，吸收近百名退役军人进入项目人才库。

【退役军人权益维护】 2022年，区退役军人事务局做好疫情防控期间走访慰问和困难帮扶工作，配合市退役军人事务局做好2022“疫路暖心，情系老兵”困难退役军人关爱帮扶行动，为姑苏区困难退役军人送去慰问品。做好信访接待工作，全年共接收并处理国家、省、市各类信访件9件，便民中心工单153件，“13712”电话信访21件；退役军人服务中心共接待来访139批143人次。（刘　路）

卫生健康

医政管理

【概况】 2022年，姑苏区在册医疗机构312家，其中，疾控中心1家，妇保所1家，社区卫生服务机构36家，门诊部、健康体检中心27家，诊所180家，护理院（站）5家，内设医疗机构62家。全区执业登记医疗机构12家，中医诊所备案5家。全年注销医疗机构8家。组织对258家医疗机构年度校验，责令整改单位28家。

【星级评审工作】 2022年，区民卫局根据《苏州市姑苏区医疗机构星级管理实施办法》，组织对37家医疗机构进行年度星级评审。共评出三星级单位7家，二星级单位26家，一星级单位2家，不予评级单位2家。

2022年8月18日，姑苏区庆祝第五个医师节活动举办
薛蕾　摄

【中医药工作】 2022年，区民卫局实施“中医馆（阁）”提档升级改造及等级建设评价工作。新建和泰社区卫生服务中心中医馆，改建娄江社区卫生服务中心中医馆，推动社区卫生服务机构中医科能力建设提档升级。建成中医阁4家（四季晶华社区卫生服务站中医阁、白塔社区卫生服务站中医阁、里河社区卫生服务站中医阁和虎阜社区卫生服务站中医阁），实现中医阁占比达43%。建成五级中医馆2家（娄江中心、平江新城中心）、四级中医馆2家（润达中心、白洋湾中心）。推进中医药服务进社区、进家庭、进校园、进企业、进养老机构，让中医药服务惠及更多群众。授予雷允上、李良济等5家单位“姑苏区中医药文化宣传教育阵地”。

公共卫生

【疾病防控】 2022年，姑苏区无甲类传染病报告，传染病乙类10种2082例，发病率223.71/10万，丙类5种1512例，发病率162.46/10万（人口数按924084），同比2021年，发病数乙类增加6.28%、丙类增加19.06%。报告死亡5例，死亡数较上年（8例）减少37.5％，死亡率为0.54/10万，比上年（0.87/10万）减少37.95%。防控流感、手足口、感染性腹泻、水痘等聚集性疫情124起，水痘暴发疫情0起。适龄儿童免疫规划疫苗接种12.88万针次。全区建立居民健康档案909568份，建档率98.42%，累计管理高血压96125例、糖尿病31972例、冠心病4939例、脑卒中5401例、肿瘤9011例，指导管理职业人群高血压100例、慢病自我管理小组50个。实施儿童口腔健康幸福“护芽计划”（实事项目：儿童口腔健康幸福工程），辖区46所学校7047名儿童参加筛查，区属学校适龄儿童口腔健康教育覆盖率达100%，适宜实施窝沟封闭术儿童的封闭率达100%。实施青少年近视防控“光明计划”，组织5所示范点学校一年级学生开展眼部专科检测，完成筛查2328人次，建立视力档案并开展随访。实施艾滋病人精细化服药“关艾计划”，与苏州市第五人民医院完成项目签约，艾滋病人管理服务进一步完善。推进“健康苏州531”系列行动计划，推进扩大免费免疫项目。初三学生含麻疫苗实种6793针次，接种率82.77%；65—84岁户籍老年人接种新冠疫苗3950针次；适龄儿童水痘疫苗接种第一剂4882针次，接种率96.98%，第二剂7573剂次，接种率93.64%。正式启用智能化疫苗冷库，首次将AI智能应用于疫苗储运，实现疫苗管理由传统工作模式转变为智能化工作模式，进一步保障疫苗储运安全。完成姑苏区疾控中心实验室资质复评审工作，在原有通过计量认证的检测项目183项基础上，将实验室项目扩至244项。

【精神卫生】 2022年，姑苏区常住人口严重精神障碍患者报告患病率5.07‰，患者管理率96.76%，服药率95.56%，面访率96.63%。依托苏州市精神卫生中心开通24小时心理援助服务热线和新冠疫情防控线上App心理疏导服务平台，提供心理热线援助、心理危机干预线上咨询服务。与苏州市广济医院、苏州大学附属儿童医院等专业医疗机构密切合作，开展重点人群心理健康服务项目。实施校园心理健康“心航计划”，开展心理危机干预培训及师生心理健康宣传进校园活动，辖区44所小学校师生接受心理健康教育比例达100%，学校心理健康工作人员心理健康培训比例达100%，形成较为完善的专科医疗机构转诊绿色通道。全年累计提供师生心理健康服务236人次，为27名师生提供心理健康个案援助。组织开展大众精神卫生知识宣传活动60场次，受益5713人次；患者家属护理教育97场次，受益4265人次。

【妇幼保健】 2022年，姑苏区扎实开展母婴阳光工程，做实出生缺陷综合防治：优化婚前医学检查和孕前优生健康检查服务水平，全年共为2154对新婚夫妇进行婚前医学检查，婚检率达到95.31%，完成孕前优生检查805对；规范开展产前筛查和产前诊断，全年辖区住院分娩产妇共计4804例，活产数4849人，早孕建册4697人，早孕建册率为96.87%，孕产妇产前筛查率为98.48%，艾滋病、梅毒和乙肝检测率均为100%；实施先天性心脏病和29种遗传代谢性疾病以及听力障碍筛查，共完成0—3岁儿童先天性心脏病筛查27508例。提升儿童保健服务内涵，辖区0—6岁儿童健康管理44411人，健康管理率99.24%；开展托幼机构“六一”健康体检工作，完成25356名托幼机构儿童的定期健康检查，为25378名儿童进行视功能检查，建立儿童视力健康电子档案；落实托育、托幼机构的卫生保健管理，完成辖区内3家新开设托幼机构招生前卫生评价、18家托幼机构卫生保健合格评审工作以及4家托育机构招生前卫生评价工作。提升3岁以下婴幼儿照护服务，新建6家市普惠托育服务机构，其中1家为省普惠托育机构、省社区托育示范点及市示范托育机构。规范母婴保健技术执业行为，对辖区9家医疗机构（12个执业点）开展母婴保健技术服务校验，为辖区23名母婴保健技术服务人员核发“母婴保健技术合格证”。对辖区持有“母婴保健技术合格证”的590名医护人员进行定期考核。优化“两癌”筛查等政府实事项目，调整实施TCT+HPV联合筛查方式，提高宫颈癌早诊率，全年完成“两癌”检查22284人，筛查出宫颈癌6例、乳腺癌15例。落实国家基本公共卫生服务项目，全年免费提供避孕药具41764人次，开展避孕宣教活动91场，覆盖5015人次。

【爱国卫生】 2022年，姑苏区新建省健康社区6个，苏州市健康社区8个、健康单位6个，区健康家庭200个；新建白洋湾街道领秀金品社区健康小游园1个。结合疫情防控和省级健康区建设深入开展爱国卫生运动，组织健康教育讲座688场，健康宣传活动715场；组织专业技术人员技术培训987人次。开展病媒生物防制知识宣传教育330次，整治重点场所1312处，清除四害孳生地3343处；委托第三方开展外环境蚊蝇孳生控制和消杀服务，投放防蚊贴59200个、捕蝇笼4000个，投放太阳能灭蚊灯1200个。开展控烟宣传活动179场，控烟监督执法2229家，处罚46家，罚款2.9万元。

【疫情防控】 2022年，区民卫局坚持“人民至上、生命至上”，主动扛起疫情防控“主力军”职责，奋勇冲锋在疫情第一线，全年全区本土新冠阳性病例323例，其中确诊病例43例、无症状感染者280例，均按照规范开展流行病学调查，全区疫情防控沉稳有力。重点人群、重点环节管控规范有力。做好密切接触者、次密排查与管理，共集中隔离医学观察43371人次；完成密切接触者、入境、中高风险地区来苏人员、医务人员、应检尽检重点人群、进出口货物相关工作人员核酸检测5187348人次，检测农贸市场及集中监管仓食品及环境、医疗机构环境等风险点样品47290份。提高新冠疫情应急处突能力。开展大规模核酸检测应急演练，对辖区医务人员、教师、学生、居民群众开展健康宣教，制定各类疫情防控应急预案、储备应急队伍，落实国家传染性疾病及辖区内食品风险等监测预警和直报工作，辖区各重点领域、重点人群传染病防控知识和技能有效提升。完成4万管新冠核酸检测基地实验室建设，区核酸检测能力得到大幅提升。PCR实验室全年共检测新冠核酸样品433451份。新冠疫苗接种工作高效推进。共组织5期新冠疫苗接种新上岗人员专项培训班，覆盖辖区各社区卫生服务中心和医疗机构，429名医务人员新取得新冠疫苗预防接种上岗资格，有效保障接种工作平稳开展。指导各社区接种单位建设新冠疫苗接种延伸点42个、流动接种车5辆，开展督导百余人次，使辖区居民在家门口就能方便接种到新冠疫苗，提升服务可及性、便利性，累计接种新冠疫苗40.05万针次。协调、联系送诊病人832人次、急危重症病人167人次，协调街道各类就医咨询614人次，所有救治请求均得到及时回应及处置；开展阳性病例信息报告、病例转运、出院病人转运等工作；落实隔离点规范使用中药汤剂参与疫情防控工作，累计配送中药汤剂72万余包。

【监督执法】 2022年，区民卫局派出监督人员14482人次，监督单位10006户次，组织开展医疗乱象专项治理行动、医疗机构传染病防治分类综合评价、医疗美容专项、中医诊所专项、职业卫生重点企业专项执法专项、职业和放射卫生技术服务机构专项、节日消毒产品监督巡查和抽检、春秋季学校卫生专项、生活饮用水监督抽检、计划生育和母婴保健技术服务专项、游泳场馆卫生专项等6大条线共

26个专项检查。高标准、高质量完成237件“双随机”抽检任务，积极参与公安、市监、文教、住建等部门联合执法任务6件。严厉惩治违法行为，对37起卫生健康违法行为进行立案处罚，罚没款32.09万元。重拳出击整治非法行医，全区共取缔非法行医5户次，对15户次有不良执业行为的医疗机构共记55分，对有不良执业行为的医务人员15人次共记57分。落实新冠疫情常态化防控，出动卫生监督人员10135人次，累计督导服务各类单位11278户次，其中医疗机构3720户次、公共场所3373户次、交通环节162户次、其他单位4023户次（含隔离点31户次、采样点3020户次），提出整改意见3602条。深入推进医疗美容机构医师人脸识别在线监管系统，姑苏区14家医疗美容机构完成人脸生物识别信息采集，数智化赋能医美监管提质增效。秉持“服务于民”的理念，实施公共场所、放射诊疗许可649件。

【卫生应急】 2022年，姑苏区优化卫生应急组织体系，完善各类应急预案，充实卫生应急物资，熟练运用卫生应急视频会商平台，规范全区传染病疫情报告和管理制度。11月18日，开展“平安姑苏—2022”民卫系统综合应急实战演练。演练共分5个阶段进行，分别为新冠疫情应急处置、火灾处置与救援、建筑物垮塌应急处置与救援、危化品管理及特种设备使用应急处置、误服药物引起过敏反应的现场处置。通过全过程的综合演练，进一步健全信息化支撑的应急指挥体系，及时掌握突发情况，确保指挥准确有力，检验提高预案流程及实效性。（王　玲）

卫生信息

【概况】 2022年，姑苏区实有床位数14541张，其中，医院14357张，占床位总数的98.73%。全区卫生机构人员总数26203人，其中卫生技术人员20928人、其他技术人员1238人、仅从事管理的人员1228人、工勤技能人员2809人。卫生技术人员中，执业（助理）医师7694人、注册护士9947人、药师（士）965人、技师（士）1253人、卫生监督员130人、其他卫生技术人员939人。全区医疗卫生机构诊疗人次1653.3万人次，其中医院诊疗1307.5万人次、基层医疗卫生服务机构诊疗332.3万人次、专业公共卫生机构诊疗13.5万人次；全区入院总人数51.1万人，辖区医疗机构门诊病人人均医疗费476.3元，其中药费155.3元、检查费63.1元、治疗费66.0元，住院病人人均医疗费18611.2元，其中药费5027.2元、检查费1374.9元、治疗费1720.1元、手术费1245.9元。

【卫生健康行业网络安全】 2022年6月，区民卫局开展全区卫生健康行业网络安全检查，对公立社区卫生服务机构、民营医院等41家医疗机构进行网络安全检查，包括各单位网段内的联网设备漏洞扫描、自建互联网资产漏洞扫描和人工渗透测试，通报问题并督促整改。定期组织全员培训和信息从业人员网络安全培训，制定并开展网络与信息安全应急演练。对区域健康信息平台和基层社区健康医疗综合业务系统进行三级等保测评。

计划生育

【计生管理服务】 2022年，姑苏区稳妥实施三孩生育政策，提升人口监测和家庭发展管理服务质量，进一步完善计划生育家庭奖励扶助制度，加强联系人制度落实。全区共办理生育登记4640例，其中一孩生育登记2974例、二孩生育登记1427

例、三孩生育登记239例；户籍人口生育登记2754例，流动人口生育登记1886例；网约生育登记1177例。

【计生家庭奖励扶助】 2022年，姑苏区加大对计划生育家庭扶助关怀力度：为5097人发放农村计划生育奖励金680.384万元，为3087人发放计划生育特别扶助金4028.376万元，为218户计划生育困难家庭发放公益金50.5万元，为1533名计划生育特殊困难家庭成员购买家庭健康保险。登记持“独生子女父母光荣证”企业退休（到龄）一次性奖励人员4910人，协助市级发放一次性奖励金4378人，开展无业人员独生子女父母奖励金发放657人，共计1.971万元。

表22-1 姑苏区人口与计划生育情况统计（2022）

单位：人

单位	期初人口数	期末人口数	出生总数	死亡总数	女性初婚		
					总数	19周岁及以下	23周岁及以上
姑苏区	744790	790709	3179	6488	3896	0	3396
白洋湾街道	45214	46138	484	274	361	0	327
平江街道	111613	114408	387	1408	292	0	250
金阊街道	135677	128018	459	1157	349	0	327
沧浪街道	86808	87119	248	745	149	0	131
双塔街道	91239	91474	354	859	275	0	250
虎丘街道	78550	102825	269	906	141	0	128
苏锦街道	57632	59686	283	330	162	0	154
吴门桥街道	138057	161041	695	809	2167	0	1829

单位	育龄妇女人数	已婚育龄妇女人数	现家庭只有一个孩数	有效领证人数	往年出生补报		
					总数	其中女性数	其中计划外
姑苏区	205336	133081	77546	10562	495	234	1
白洋湾街道	16459	12939	6257	528	257	121	1
平江街道	28032	16509	8718	1232	41	23	0
金阊街道	34491	18978	12154	1322	48	24	0
沧浪街道	18273	10958	6767	1663	12	10	0
双塔街道	24750	14056	9383	1082	6	5	0
虎丘街道	25199	17509	9578	857	5	1	0
苏锦街道	14012	10948	6198	580	39	19	0
吴门桥街道	44120	31184	18491	3298	87	31	0

（王　玲）

街　道

拙政园历史文化片区·平江街道

【概况】 拙政园历史文化片区（平江街道）地处古城中心，东起东环路，西至埃河沿、河沿下塘、河西巷河，南接干将路，北以沪宁高速公路为界与相城区接壤，区域面积8.68平方千米，下辖23个社区，户籍人口11.03万人。街道设置职能机构9个，下属事业单位2家，市级政府派出机构1个，另有国资公司1家。

街道辖区园林集中，资源丰富，历史文化气息浓郁，拥有9处全国重点文物保护单位、9处省文物保护单位、36处市文物保护单位、100处市控制保护建筑，博物馆15个，非遗项目6大类38个，是极具代表性的典范集中展示地。汇聚平江路、观前街、拙政园、狮子林、耦园、苏州博物馆、北寺塔等文化旅游资源，美罗商城、人民商场、第一百货等商业载体，平江中学、景范中学、市立医院东区、苏州市口腔医院观前街院区等优质教育、医疗资源，得月楼、松鹤楼等代表性苏帮菜传承单位，以及稻香村、采芝斋、叶受和、陆稿荐等百年老店。2022年，平江历史街区获评国家级旅游休闲街区，观前街区获评国家级夜间文化和旅游消费集聚区，平江街道获全省人大系统先进集体等国家、省级及市级荣誉12项。

【经济建设】 2022年，拙政园历史文化片区（平江街道）完成一般公共预算收入8.32亿元。苏州陆海控股有限公司、西屋电气（苏州）有限公司、苏州剧聚文化科技有限公司等35个重点项目落地，首家万豪AC酒店落户平江街道，苏州国品投资管理有限公司、苏州国发融资租赁有限公司、苏州飞凯投资管理有限公司等投资机构落户老宅，累计纳税超1.3亿元。加快载体资源盘活，邮政大厦签约落地，六六视觉厂房盘活，促成鱼跃医疗、金螳螂2家上市企业牵手合作，苏州苏糖名酒销售有限公司成功签约陈宅，大儒巷丁宅“苏SHOW”项目正式启动。第十四届“平江晒书节”、第八届“冬至大如年”举办，观前街区高分通过省高品位步行街验收。“首店经济”蓬勃发展，传统商贸、老字号启动网上购买，推进数字人民币运用集聚区建设，开通商户3464家，交易额超过1亿元。成立平江街道商会，吸纳会员企业76家。

【城市建设】 2022年，拙政园历史文化片区（平江街道）开展违法建设专项治理，拆除违建6.7万平方米。实施“净美街巷”民生实事工程，打造大儒巷、胡厢使巷、北寺塔、皮市街4个净美街区。推进古城保护，平江片区重点功能区项目稳步实施，收储古建老宅和传统民居27座，约1.7万平方米。完成过云楼—怡园片区调查摸底，约230户350人，总占地面积约3万平方米。加大征收搬迁力度，完成85户居民住宅、13家企业搬迁，清零3个项目。

【社会建设】 2022年，拙政园历史文化片区（平江街道）打造助老、助残、助困、助学、助医、助孤“民生六助”工程，落实低保、特困、残疾、优抚等群体救助政策，开展特殊困难群体救助帮扶专项排查整治行动，发放各类救助资金1643.6万元，北园综合为老服务中心投入使用，“数字社区”项目试点开展，历史街区社区入选全国民主法治示范社区。采集各类就业岗位4245个，支持442名自主创业者成功创业，观前商圈“家门口的人社服务站”全新升级。全年开展各类安全检查2200余次，持续办好“社情民意联系日”活动，处办问题建议643条，推动9009路社区巴士等一批惠民项目落地。

【党的建设】 2022年，拙政园历史文化片区（平江街道）构建“一纵三横、多维共治”的组织体系，落实“基层党建提质增效年”行动，完成28个提质增效项目。升级街道党群服务中心，建成4个“邻里红韵”、115个“小巷红韵”微阵地、35个新业态新就业群体特色服务驿站。实施“雁阵工程”，“头雁”“领雁”结构更加优化，翁明浩获评2022年“全国优秀城乡社区工作者”。抓好党的二十大精神的学习宣传贯彻，制定3个阶段33项工作任务，深入各行业、各系统、各领域开展集中宣讲23场。创新“平江@才”人才管家品牌，对接人才项目106项，落户人才项目2个、数字创意产业项目5个，打造全市首个集文化创意、苏式生活典范于一体的“全要素”文创人才街区“平江SOHO文创人才街区”。

【疫情防控】 2022年，拙政园历史文化片区（平江街道）完善“街道—工作组—社区—点位长”四级指挥体系，健全集中办公、工作例会、备勤值守、夜巡夜查、闭环管理等制度，保持指挥体系时刻激活、高效运转。在永林二区等13个封管控区（含2个参照管控区、2个提级管理区）、数个疫点派驻工作力量，发动各类志愿者逾2万人次，快速有力处置“2·14”“3·14”“外来求职人员关联”“10·10”等多轮疫情，做好近3万人的稳控保供和特殊群体服务保障工作。落实第九版方案、“二十条”以及“新十条”优化措施，辖区60岁以上人群首针疫苗接种32168针次。

（梁　斌）

阊门历史文化片区·金阊街道

【概况】 阊门历史文化片区（金阊街道）东邻观前商圈，西接京杭大运河，南达里双河，北至护城河，区域面积8.85平方千米，常住人口19.67万人，其中户籍人口13.16万人。街道设置职能机构9个，下辖29个社区，2个村级集体经济平台，2家物业公司。

街道位于姑苏区核心地带，是苏州市委、市政府所在地。辖区内人文、商业资源丰富，既有苏大附二院、电信公司、移动公司、热工研究院、体育中心等20多家机关企事业单位，也有鳞次栉比的江南风格居民建筑群，“小桥流水”式街巷230多条，古桥梁、古驳岸、古城墙、古牌坊、古井、古砖雕门楼260多处，寒山寺、枫桥胜迹、环秀山庄等名胜景区亦坐落于辖区之内，其中环秀山庄和艺圃被联合国列入“世界文化遗产名录”，为金阊交织出一幅传统古城风貌和现代城市功能互补交融的“双面绣”。街道民俗底蕴丰富，作为“轧神仙”活动的主要实施区域，街道自承办该活动以来，累计吸引650余万人次（其中2022年线上参与人数135万人次）；拥有国家、省、市、区级非物质文化遗产22个，苏式花灯制作大师汪筱文、二胡乐器制作大师封明君获评国家级非遗传承人。

【经济建设】 2022年，阊门历史文化片区（金阊街道）完成一般公共预算收入7.04亿元。重点项目共9个，总投资额166.19亿元。加强街道招商中心建设，通过线上线下各种形式，共对接招商项目105个，落户53个。落实领导挂钩服务企业机制，帮助企业争取各类扶持资金近2000万元。抓好载体提质增效和闲置载体盘活，累计盘活闲置载体面积达8.69万平方米。以热工研究院为引导，重点打造辐射中广核科技大厦等沿线楼宇和产业园的西环路科技产业带。做强石路地区综合管理服务中心，推进华贸中心项目建设，推动国展中心二期、新华饭店等项目。研究制定街道招商引才方案，组建街道引才队伍，与苏州市众创空间协会、苏州市工业经济联合会、智禾秬创科技、西安交大等确立战略合作，拓宽引才渠道。全年组织两批次姑苏领军人才申报3人；两批次区级领军人才申报17人，其中3人获评；区级紧缺人才申报22人，其中7人获评；姑苏人才乐居申报498人，通过445人。

【城市建设】 2022年，阊门历史文化片区（金阊街道）配合区古保委开展信息平台二期建设工作与“古城细胞解剖工程”，推进尤先甲故居、仓桥浜邓宅等古建老宅的协议搬迁工作，为三茅观巷沈宅等52处建筑安装多功能探测器等智能化动态监测服务设备。开展古城街巷秩序整治与环境风貌提升行动，吴趋坊、学士街等重点区域环境品质提升。苏大附二院科教综合楼及周围地块综合改造工程全面完成，桃花坞项目龙兴桥14号及周边区域、龙兴里区域、彩香一村农贸市场地块项目、仓桥浜邓宅项目、尤先甲故居二期等6项征收项目完成既定目标任务，实现交地约1万平方米。配合区绿化工程指挥部等部门，推进干将路、三香路、桐泾路等主干道绿化和景观提升工程，完成创元公园、东沁园等6个口袋公园打造建设。推进彩香一村三区、笑园小区、采香花园等3个老旧小区改造项目，惠及单元楼128幢，居民3227户。“拆违治乱”专项行动持续推进，16项三级督办挂牌拆违案件提前完成，完成6条示范路和4个区级无违建示范区的创建。对沿河污水直排点、油烟设备改造等进行整治，共整治26个污水直排点，拆除沿河违章24处，区域河道水质显著改善。对彩香大气国控点周边环境开展整治，实施24小时全天候督查检查，加强渣土车管理、建筑工地和拆迁工地的扬尘污染管控，完成对彩香路停车场、桐泾路北许巷41号地块高压喷淋和国控点周边的集中烟道安装工作，助力全区完成年度$PM_{2.5}$指标不超过28微克/立方米的目标任务。

2022年3月4日，金阊街道召开彩香国控站点空气质量提升推进会　　金阊街道　供稿

【社会建设】 2022年，阊门历史文化片区（金阊街道）做好困难人群、独居老人的居家服务，2404名80岁以上独居老人全部建档立卡。开展“社情民意联系日”等活动，全年共解决各类民生问题502项。推进街道养老服务体系建设和“一刻钟便民生活圈”建设，完成桃花坞综合为老服务中心项目建设，三元一村便民生活圈获评苏州市“一刻钟便民生活圈”称号。推进消防安全专项治理行动、重点行业领域百日攻坚等专项行动，12处三级挂牌项目

2022年6月14日，全国妇联副主席吴海鹰（左四）调研金阊街道中街路社区　　金阊街道　供稿

在规定期限内全部摘牌，金门小商品市场楼梯间堵塞消防通道等遗留难点问题得到解决，实现安全生产全年零事故。常态化开展矛盾纠纷大排查大化解专项行动，持续开展打击整治养老诈骗、电信网络诈骗等平安建设领域的宣传防范与打击整治。

【党的建设】 2022年，阊门历史文化片区（金阊街道）强化基层组织建设，推进群众文化工作与基层群团工作，开展正风肃纪。推动基层党建书记项目落细落实，创新打造石路商圈“海棠直播间”，完善“新新向党·齐心同行”服务品牌，构建“5分钟海棠服务圈”。选派1名同志上挂太湖生态岛建设专班，下派11名同志到社区挂职锻炼，2名同志参加“三个一线”工程实践锻炼，选派4名“95后”年轻干部到社区“第一书记”、文明典范城市网格片创建工作负责人等岗位。全年对6起违纪违法问题立案审查调查，对2名干部开展“7+1”帮教，创作排演群口快板《小巷寻廉记》等廉洁文化作品。

【疫情防控】 2022年，阊门历史文化片区（金阊街道）完善机制，全面提升疫情防控能力。妥善处置虹桥小区、彩香一村三区等突发疫情。加强重点人员管控，做好入境、中高风险地区、高风险岗位等重点人员的摸排、统计等工作，严格落实各项管控措施。推动疫苗接种工作，制定处室（部门）和挂钩社区疫苗接种“首问责任制”，设置“固定点位+流动车”，打造星辉“最美接种点”，方便居民就近接种。合理设置便民采样点、区域核酸采样点，提高核酸检测便民性，实现辖区全覆盖，并通过人员培训、完善物资储备、监督检查等方式，提升检测规范性，确保采样质量。配合社区卫生服务中心做好室外发热门诊的打造工作，专人驻点服务运转。

2022年5月25日，金阊街道召开新冠疫苗接种专题会议
金阊街道　供稿

【“轧神仙”民俗文化活动】 2022年，阊门历史文化片区（金阊街道）举办“云上闹猛轧神仙·福满姑苏绽新韵”活动，实现祈福文化、跨界联名主题文创等元素相互融合，有效推动民俗活动创造性转化、创新性发展。活动期间，共吸引线上参与人数135万人次，创历年参与人数新高。微型评弹剧《人桥》获第十五届江苏省群众文艺的政府最高奖“五星工程奖”。（方　芳）

盘门历史文化片区·沧浪街道

【概况】 盘门历史文化片区（沧浪街道）地处古城西南，东起竹辉桥，西至桐泾南路，南沿环古城风貌

带及巴里河南岸线，北至干将路，城市特征、古城特点突出。区域面积6.17平方千米，下辖21个社区，常住人口8.1万人，户籍人口7.7万人。辖区内有文保单位和控保建筑49处、古井200余口、古街巷23条。辖区内有企事业单位14360家、个体工商户14368家。

【经济建设】 2022年，盘门历史文化片区（沧浪街道）完成一般公共预算收入5.275亿元。南门水产市场搬迁取得重大进展，金地广场、泰华商城改造、南门兴业坊等项目即将竣工。M+金狮"校园里"完成改造并正式开园，谷·胥江社成为江苏省首个安全生产产业园。完成胥江PARK、5166产业园、恒润大厦等载体二次改造。成功落地苏州创新投资集团有限公司、江苏图博地理信息科技有限公司、苏州汖创半导体合伙企业（有限合伙）等优质招商项目，推动新建商业项目首店招商，龙湖胥江天街引进苏州首店6家、姑苏区首店13家。金地广场与10多个苏州首进国际潮奢品牌签订意向。加大引才育才力度，年内，有效申报国家级创新人才1名，成功获评市、区领军创业人才3名，申报姑苏宣传文化人才1名、文化领军人才7名，落地人才企业15家。优化营商服务，申请扶持项目194项，发放各类产业扶持资金7284.43万元。

【城市建设】 2022年，盘门历史文化片区（沧浪街道）持续加快古城活态保护更新步伐。聚焦32号街坊保护更新项目，启动东弘产业园、市政设施管理处等地块的征收搬迁，东弘产业园完成清租。老宅招商取得进展，苏州创新投资集团有限公司下属8个子基金全部正式落地，秦宅、范宅、畅园吸引百易晟生态（苏州）有限公司、苏州汇川技术有限公司、苏州资产管理有限公司等优质项目入驻。实现劳动东路北地块（里双河北地块）项目清零，6月新开剪金桥巷等5个区域协议搬迁项目，推动整体搬迁率超50%。开展拆违治乱，打造南门商圈"无违建示范区"、32号街坊"无违建街区"，推进富郎中巷、德寿坊和侍其巷等27条"净美"和"典范"街巷创建。创新建立"早巡+夜查"工作机制，联动公安、城管、市监和社区力量，对重点场所和区域进行综合巡查，常态化开展"今日大扫除"行动，累计清理城市垃圾上千吨，打造文明示范楼道1265个。

【社会建设】 2022年，盘门历史文化片区（沧浪街道）持续增强民生服务保障水平，推进基层社会治理体系和治理能力提升。常态开展"社情民意联系日"活动，全年累计收集办理社情民意557件，筹措资金50.86万元，开展39个"民生小事"微更新、微改造项目。开展"村村到、户户进、人人访"活动，共976人参与，走访居民3990户。正式启用西大街综合为老服务中心，开启"养老+退役军人"新模式，成为姑苏区首家"家门口的'光荣院'"。推进特殊困难群体救助帮扶和妇女儿童权益保障相关工作，全年累计摸排特殊困难对象865人。推进疫情防控、安全生产和文明创建等工作，整改问题300余处。加大安全整治力度，对辖区自建房屋开展全面排查，完成7个城中村106户排查摸底，上门处置安全隐患29处。

2022年8月1日，西大街综合为老服务中心正式启用

沧浪街道　供稿

【党的建设】 2022年，盘门历史文化片区（沧浪街道）推动党建与经济社会发展同频共振、融合共赢。全面推进党建引领基层治理“根系工程”，实施“海棠花开 红动沧浪”书记项目，创新实施党组织为民服务项目“四个一”机制，提炼社区党建“一社一品”品牌，打造6处“邻里红韵”、192处“小巷红韵”微阵地。落户苏州大学东吴智库调研基地，连续3年获评“全省基层党员冬训工作示范街道”。构建街道党群服务中心—社区党群服务中心—“海棠红韵”微阵地三级党群服务体系，打造“古城保护，活力海棠”党建共建联盟，实施“跨域联动型”党建联盟，与常熟虞山街道在党建共建、互学互促等5大方向27个子项目上开展结对共建。实施“头雁领航”社区书记激活计划，将防疫一线作为党员干部的“练兵场”，指导社区党支部换届，选好基层支部带头人，促进社区党组织队伍梯次培养，5名社区书记获评姑苏区2022年度“领雁”社区书记。

【疫情防控】 2022年，盘门历史文化片区（沧浪街道）创新建立“1344”工作法，形成AB两套指挥梯队，24小时不间断指挥疫情防控工作。完成区域核酸检测，以最快速度实现对东方苑小区、劳动路460号、劳动路289号精准封控，落实胥江路136号参照管控。针对突发疫情，第一时间精准锁定阳性病例，及时阻断传播链条。制定《沧浪街道新冠疫苗接种作战图》，推进60周岁以上老年人新冠疫苗首针接种工作，全年完成22941人。

【文化特色】 2022年，盘门历史文化片区（沧浪街道）以精品文艺作品诉说古城故事，深挖辖区旅游资源，助推优秀文艺作品和文化项目积极“走出去”“引进来”。《戤壁听书》作为江苏省唯一原创舞蹈作品，进入全国第十九届“群星奖”决赛；舞蹈《泊》以舞蹈作为运河故事独特的表现形式，获第十五届江苏省“五星工程奖”；短篇评话《忆·万年桥上》入选2022年度姑苏区文艺精品创作扶持项目。整合运河沿线各类资源，打造“风雅颂”大运河旅游线路，拍摄系列宣传片，做精“诗路画语 运河C游学”线路，设计“水上游+”旅游商品，深入挖掘辖区水文化资源，设计研发一批运河沧浪段特色的文创商品，并推动商品设计落地运营。

【第十八届苏州端午民俗文化节】 2022年，盘门历史文化片区（沧浪街道）围绕“云赏端阳 ‘粽’情江南”主题，在线上开展第十八届苏州端午民俗文化节。本届端午民俗文化节由“一款数字艺术品”“一场虚拟实景秀”“一本精选诗集”等篇章组成，率先推出国内首款吴地端午民俗数字藏品，将吴地端午民俗文化与数字经济结合。邀请中国新闻漫画研究会副秘书长、中国科普作家协会会员、苏州漫画学会会长陶开俭，结合吴地端午历史及伍子胥、古运河、盘门等辖区元素，创作吴地端午主题画作。将吴地端午故事录制成音频，借助区块链技术结合端午主题，在端午当天线上限时、限量发布数字藏品。

（王 鹰）

葑门历史文化片区·双塔街道

【概况】 葑门历史文化片区（双塔街道）东起东环路，与苏州工业园区接壤；西以人民路为界；南抵南环东路；北至干将东路。区域面积7.95平方千米，户籍人口91.64万人。街道综合设置9个职能部门，有为民服务中心和综合行政执法大队2个事业单位，下辖21个社区、2个股份制村集体、6个联合工作站。

辖区历史底蕴深厚，是春秋时期吴都子城所在地，有沧浪亭、网师园2处世界历史文化遗产，中共苏州独立支部旧址等各级文保单位和控保建筑76

处，苏州市体育局、苏州市教育局、苏州市园林绿化管理局、苏州市文广旅局等45个行政机关，苏州大学、苏州中学、振华中学、沧浪实验小学、民治路幼儿园等20所大中小幼院校，苏大附一院、解放军100医院2家综合性医院，锦帆、横街2个卫生服务中心以及苏州图书馆、颜文樑纪念馆等10余家文化单位。古城外区域以老新村、城中村、安置小区为主，曾经是苏州水陆市集交汇地，现今保存着极具市井风味的葑门横街。2022年，获第一批全省民族团结进步示范区示范单位、江苏省巾帼建功先进集体等省、市级荣誉，大公园社区获2022年全国示范性老年友好型社区。

【经济建设】 2022年，葑门历史文化片区（双塔街道）完成一般公共预算收入9.74亿元，其中文化产业规上企业36家，增加值6.17亿元。竹辉环宇荟、金普顿竹辉酒店成功开业，沧浪亭环水文化创意集聚区建设稳步推进，顾廷龙故居活化利用成效显著，与苏州中学上海校友会举办“沪苏同城招商推介会”，策划“漫步十全，悦享古城”系列活动，全面打响“十全夜经济”街道品牌。全年成功申报姑苏区领军人才项目3个、市领军人才项目2个，全年共申请拨付各类人才、企业扶持资金2042万元，减免租金近900万元。

【城市建设】 2022年，葑门历史文化片区（双塔街道）牵头制定《五卅路片区一年行动计划》并如期完成，辖区5年以上征收项目全部清零，相门前后庄新开项目完成率55%，天赐庄片区提质升级一期项目（钟楼新村）、五卅路皇废基、双福里、信孚里以及盛家带顾宅项目加速推进。全面梳理辖区76处文保单位和控保建筑，常态化开展“守护子城遗产”不可移动文物巡查，构建辖区4416处既有建筑底册，建立健全房屋安全隐患清单。南林苑、南园花苑等老旧小区改造以及城市微更新项目顺利收尾，辖区313个小区完成外墙整治约20万平方米，飞线整治约19万米，楼道整治1305个。推进大公园周边环境提升，建成大公园“席地而坐”示范区，整治杨枝大拱门周边环境秩序顽疾，有效利用十全街花箱改善道板停车乱象，全年拆违超过450余处，面积达到10.33万平方米。加快辖区垃圾分类点位建设及改造提升，创建四星级小区1处，建设省级达标小区5处，全年完成街巷亭房建设验收92处。定慧寺、子城、网师沧浪亭3个片区获“十佳净美典范街区”，体育场路、官太尉河入选“2022年十条典范街巷”，皇废基等23条街巷获评“2022年区净美街巷”。深化城警联动“三纵三横”机制，开展“文明城市大讲堂”培训活动。有机融合工作职能，将网格联动分中心划归城管处管理，实现城市管理与社会治理“双网合一”。

【社会建设】 2022年，葑门历史文化片区（双塔街道）开展12期“社情民意联系日”活动，累计解决群众诉求751件，打造大公园片区“幸福子城”一刻钟便民生活圈。聚焦“一老一幼”，建成宏葑、网师巷2个日间照料中心，定慧寺巷、网师巷2个社区综合服务中心，完成适老化改造179户。为2836名妇女开展“两癌”筛查，保障妇女群体身体健康。梳理街道513名在册精神障碍人员名单，建立健全926名特殊困难群体“一人一册”工作档案，全年累计发放各类救助补贴340余万元，提供新增就业岗位超3700个。

【党的建设】 2022年，葑门历史文化片区（双塔街道）紧扣街道书记项目、社区党组织为民服务项目、民生小事3类项目，推进“海棠红韵”微阵地建设，打造“全新全驿·飞鸽栖心站”等42个群众身边的实用型小巷红韵微阵地以及“一带一路”产业园等3个特色“邻里红韵”党群服务驿站，打好基层党建“组合拳”。聚焦新业态新就业群体、海棠先锋、共建单位3个群体，探索成立全区首个直播行业党支部。开展“双找双融”活动，组建“轻舟送暖”“城市飞鸽”等新业态新就业群体行动支部，挖掘推广外卖小哥吴孝平先进典型案例，凝聚基层治理党群合力。实施社区党组织书记“雁阵工程”、党员干部队伍“活水工程”、基层干部队伍“深耕工程”3项系统工程，优化干部选拔机制，激发街道、社区干部干事创业热情。

【疫情防控】 2022年，葑门历史文化片区（双塔街道）严格落实“2·14”以来各时期疫情防控工作要求，妥善处置各类疫情，高标准建设五卅路体育场核酸检测点。开展疫苗接种工作，协调公交公司在全区首推“流动接种车”疫苗接种服务，创新“小手拉大手”校园宣传活动，提升60周岁以上老年人疫苗接种覆盖率。聚焦常态化疫情防控要求，建立健全辖区空巢独居老人、孕产妇、透析病人等重点人群“一人一册”、每日关心关爱机制，发放血氧仪等防疫物资，常态化配备应急转运车辆，满足居民紧急就医需求。

（史贞珍）

山塘历史文化片区·虎丘街道

【概况】 山塘历史文化片区（虎丘街道）位于姑苏城区西北隅，东起护城河、西塘河，西临京杭大运河、苏虞张连接线，南依上塘河，北至京沪高速公路，区域面积12.42平方千米，户籍人口7.22万人，下辖19个社区。

辖区文脉丰厚、风景优美、名胜众多，有国家级景区留园、虎丘、山塘街，省级文保单位西园寺、五人墓、玉涵堂等5处，市级文保单位叶天士故居等15处；有苏州灯彩、国画颜料制作技艺、苏派盆景造型技艺和苏州桃花坞木版年画4个国家级非遗项目，有姑苏区腊八民俗文化节、虎丘“三花”文化推广活动等特色文化活动。全年获江苏省打好污染防治攻坚战先进集体、书香残疾人之家、第十三届北京青年相声节相声作品比赛优秀组织奖、江苏省优秀群文团队（嘻哈壹笑堂相声社）、省级基地立项（“花映山塘”养教联动基地）、全国最美志愿服务社区、“人民满意窗口”建设质量提升工程先进单位、苏州最美幸福河湖（山塘河）、苏州市“美丽街区”、2022年度党建引领物业管理服务工作市级示范点等32个市级以上集体荣誉。

【经济建设】 2022年，山塘历史文化片区（虎丘街道）完成一般公共预算收入1.62亿元。商品房累计销售11.7万平方米。落实领导班子联系服务机制，累计走访企业200余次，解决问题百余个。创新“山塘快线直通车”“山塘茶馆联谊会”“周到服务周周到”等品牌，协助70家企业获批扶持资金1000余万元。协助苏叶绿化、慕华健康等税源企业成功“雁归”虎丘，新狮人力资源、东进网络技术等重点项目顺利落地，爱宝康养、智慧农业等科技人才项目相继引入。全年累计盘活闲置载体2.7万平方米，获评区领军人才2名，新增企业970家。

【城市建设】 2022年，山塘历史文化片区（虎丘街道）完成虎丘综改征收搬迁住宅17户、非住宅3户，完成最后1幢成套房交房。海涌山路、金鸡墩路、花神浜街等10余条主次干道开通。对辖区文保单位和控保建筑开展“全覆盖”检查，打造“江南织造府”，实施雕花楼文化提升工程，启动叶天士故居保护性修缮和数字化“重建”项目。开展既有建筑排查工作，针对90处疑似隐患房屋，建立一房一档，持续跟踪整治；完成房屋装饰装修备案162户，房屋结构改造行政许可材料审查111户。办结15项三级挂牌隐患整治，各类事故起数压缩至32件次；累计完成安全巡查工单18564件，查处违规

"三合一"场所24处，及时消除隐患7166处。发挥仁安社区反诈基地作用，组建"银发"宣传队，推进养老诈骗打击整治。打造放心市场，高标准检查辖区331户餐饮单位、480家食品流通经营单位、3家农贸市场、45家单位食堂、2家养老机构食堂。推进进口冷链食品市场检查排查，开展化妆品、保健品专项整治，强化特种设备安全监管。轧钢厂大气国控点$PM_{2.5}$绝对值、改善率保持全市领先，山塘河获评2022年度苏州最美幸福河湖，完成青山绿水浜、方家浜水质提升；完成倪家苑北区围墙解危、江枫园北门围墙解危处理等工作，开展玻纤路新村、留茗花园综合改造，惠及居民589户；实施清塘新村、长盛花园、万里小区交通安防改造，增加机动车位200个。长效落实"早巡夜查""红黑榜"等措施，累计清理卫生死角1500余处、无主垃圾814吨，拆除违建305处8万余平方米；粉刷仁安新村、北浩弄68号、倪家桥、观景新村等小区楼道230余个；建成1500平方米新庄首末站口袋公园。开展街巷专项美化，28条"净美街巷"全部通过现场验收，累计在卫生死角设置小型花坛等"微景观"13处。建成垃圾亭房6个、垃圾分类党群服务网点15个，更新垃圾桶和垃圾亭的标识1500余个，更换垃圾桶340余个，在西园路建成街道首个垃圾分类主题小游园。

【社会事业】 2022年，山塘历史文化片区（虎丘街道）重点打造"一刻钟便民生活圈"，新增西园路工行新庄网点24小时自助服务区，设立政务服务"惠解忧"窗口，缩短业务办理时间。全年共举办12期"社情民意联系日"活动，共计接待居民379人，收集并解决问题370条；建成街道联动分中心，处理各类工单事项13783件、应急事项736件，社区网格自办工单量8.82万件。全年新增就业岗位3658个，引领大学生创业20人，支持自主创业280人，开发公益性岗位9个，发放公益性岗位补贴150余万元。协办大运河文化旅游博览会开幕式，组织"喜迎二十大　文明润万家"主题实践活动50余次。举办腊八民俗文化节、书香伴·全民阅读节等特色文化品牌活动，打造"桥门洞里话山塘"水上游观览线，戚春兰等10人被列入第五批姑苏区非物质文化遗产代表性项目代表性传承人。

2022年12月30日，"大运河姑苏民俗文化旅游节·腊八民俗文化节"暨"过年'腊'年货市集"开福门仪式在山塘街玉涵堂启幕　　虎丘街道　供稿

【党的建设】 2022年，山塘历史文化片区（虎丘街道）打造151个"小巷红韵"微阵地和服务窗口，组建"海棠守护""青年爱虎"等数十支行动队伍，开展300余次古城更新一线行动。整合虎阜、阳光城、山塘等5个枢纽点，开展系列活动70余场，惠及居民3000余人次。突出"海棠先锋"主题，形成100余个合作团队，举办共建活动300余次。建立"海棠民情哨"服务体系，服务新就业群体200余人次。建立"七里红棠"暖"新"驿站，支持成立非公企业党组织，延伸服务触角。加强干部梯队建设，推荐4名社区带头人，打造社区"雁阵工程"。开通干部成长"快车道"，以"我为虎丘献一计""我为姑苏下一个10年做什么"等为主题，干部认领并主动参与基层问题治理38个。健全"海棠推荐官"队伍，推动396名"海棠先锋"参与基层治理。严格落实意识形态工作责任制，强化理论中心组学习，深入

开展党史学习教育，将学习贯彻习近平总书记系列重要讲话和指示批示精神作为街道党工委会议的“必修课”“主修课”。运用三项机制，办理风险报备2例、澄清正名2例、容错纠错案例1件。运用第一种形态谈话8人，查处违纪违法案件9件9人。处理廉勤监督平台问题闭环数313条，小微权力“监督一点通”平台问题闭环数33条，群众满意度达95%以上。加强党员干部履职监督，督办各类工作148项；开展廉洁文化活动40余场。

【疫情防控】 2022年，山塘历史文化片区（虎丘街道）常态化开展核酸检测，组织开展全员和区域核酸检测，开展常态化便民采样117次。完成金创商务大厦、木耳场、新庄南区等多次封管控保障任务。推进疫苗接种，60—79周岁首针接种累计20676人，80周岁以上首针接种累计3753人。（顾雪琴）

平江新城·苏锦街道

【概况】 平江新城（苏锦街道）南至护城河，紧依古城；东至元和塘，比邻苏州工业园区；北接相城区；西至虎丘湿地。区域面积10.28平方千米，常住人口8.8万人，其中户籍人口5.5万人，下辖13个社区及7个股份经济合作社。

辖区集交通枢纽、商务商贸、生态居住三大功能于一体。2022年获全国“四好”商会、党建引领物业管理服务工作省级示范点、“红色物业”省级示范点、市城镇燃气管理工作先进单位、市“扫黄打非”进基层优秀站点、市全民阅读先进单位等荣誉。

【经济建设】 2022年，平江新城（苏锦街道）完成一般公共预算收入7.35亿元，其中房地产完成3.01亿元、非房地产完成4.34亿元。新增企业1158家，其中新增规模型企业190家。2家企业（宁水科技、木白科技）获评市级领军人才，1家企业（博睿志诚）获评区级领军人才。成功引入新城花园物业、金硕源人力资源产业园、网易新闻苏州站、华恒展览、大潘直播等40余个优质项目与企业。协助楼宇、产业园对外招商，导入优质产业项目，累计完成闲置载体盘活14.58万平方米。举办姑苏创新创业精英团队大赛平江新城分赛、数字文化企业集中签约、“房车欢乐购　体彩健康行”夜经济促消费等多场主题活动，宣传新城宜居宜业环境，激发创新活力。

【城市建设】 2022年，平江新城（苏锦街道）持续打好城市焕新组合拳。保障区住建委完成平海路绿廊绿化景观提升，实施四合苑居民小区综合改造提升工程；协调沪宁高速公路以北区域主次干道建成并开放交通，打通与相城区道路交通互通互联；深化河长制工作，全年开展巡河2200余次，清理各类河道垃圾10余吨，铲除河岸耕种2100余平方米。围绕“净美街巷”计划，重点打造春分街和平海路等典范街巷，巩固石曲街、河曲街等7条美化街巷。

【社会建设】 2022年，平江新城（苏锦街道）着力办好居民百姓关心事。锦尚社区综合服务中心项目12月底投入使用。与上海复星集团合作，2800平方米的综合为老服务中心为老年群体提供“医食住学娱”一体化服务；老年大学苏锦教学点落地，为老年人“活到老、学到老”提供平台。社区教育获批“苏州市社区教育示范中心”。依托“逢四说事”民主协商议事机制，结合“社情民意联系日”，处理居民反馈的相关问题300余个。关心关爱社工群体，通过“良才美锦”社区工作者增能方案和“苏锦有你”社工关爱计划，成立社工学院，分类设置“全科社工”业务能力培训班等四大主体班次，发布“爱心加仓”“身心舒缓”“感恩有你”三大主题社工关爱服务。

【党的建设】 2022年，平江新城（苏锦街道）全面筑牢基层党建压舱石。以城市生活广场为中心，以平门塘水系为主轴，串联91个“海棠红韵”阵地。开展“红动万家灯火 点亮城市生活”2022年度基层党建书记项目系列活动，发布“红火平门塘”党建生态圈。凝聚顺丰快递、美团外卖、曹操专车等企业新就业群体，建立“红小鸽”流动党支部；打造花锦汇邻“红色共享加油站”等5个“红小鸽”专属阵地；发布“融‘新’共治·小鸽聚力”共建结对服务清单，提供服务，鼓励新就业群体投身基层治理。制订“履行全面从严治党责任清单”，推动两个责任落地生根；开展“清风行动”，围绕疫情防控等重点领域监督检查，持续强化作风建设；准确运用“四种形态”，将靶向施治与高压震慑有机结合，努力形成风清气正的政治生态。

【疫情防控】 2022年，平江新城（苏锦街道）严格执行疫情防控方案的要求，坚持早发现、快处置、防外溢，科学精准、从严从紧落实疫情防控处置各项措施。4月，受火车站周边疫情影响，苏城大道以南、外城河（北）以北、元和塘以西、西塘河以东划定为管控区，四合苑、国发大厦等列为封控区，街道及时调整组织架构，有力保障群众需求。全年持续做好常态化防控，组织便民核酸采样。成立疫苗接种专班，加强对60岁以上老人接种疫苗的宣传发动，全年共接种60—79周岁首针13111人，80周岁以上首针1407人。

【“房车欢乐购 体彩健康行”2022年夜经济促消费活动启幕】 2022年8月19日，围绕“夜市、夜娱、夜食、夜秀、夜购”5个部分，“房车欢乐购 体彩健康行”2022年夜经济促消费活动在平江天地商业

2022年8月19日，平江新城“房车欢乐购 体彩健康行”2022年夜经济促消费活动在平江天地商业中心（阳光荟）启幕 苏锦街道 供稿

中心（阳光荟）启幕，现场平江观棠新盘发布。平江新城（苏锦街道）和区经科局携手区域优质品牌商家企业共同筹备成立“灯火平门塘”夜经济联盟，苏州体彩“我的两块 动出精彩”体彩公益健身节启动仪式举办。（王美红）

沧浪新城·吴门桥街道

【概况】 沧浪新城（吴门桥街道）位于姑苏区南部，与高新区、吴中区接壤，南端以新郭为界，紧临石湖；北至里双河；西起京杭大运河；东接迎春路。区域面积12.19平方千米，户籍人口16.37万人。街道办事处地址为长吴路188号，下辖29个社区和6个农村经济股份合作社。

辖区人文底蕴积淀深厚，有越城遗址、唐寅墓、横塘驿站等10处省、市级文保单位和控保建筑，有缂丝、苏派鸟笼制作技艺、剪（刻）纸等9项世界级、省级、区级非遗项目及5位非遗代表性传承人。交通网络四通八达，地铁2号、3号、4号线形成“一横两纵”格局，西环高架、南环高架交会于此，有人

民路、桐泾路等多条城市主要干道。公共服务配套日臻完备，有苏州市中医医院、社区卫生服务中心、各类诊所等55家医疗卫生机构，以及5所中学、12所小学和15所幼儿园。居民生活舒适便利，有汇邻中心、世茂广场2个商业综合体，大润发、沃尔玛等3家大型超市，友联、新康、盘溪等9个农贸市场。2022年，街道及下辖社区获得集体、个人省级荣誉3项，市级荣誉21项。

【经济建设】 2022年，沧浪新城（吴门桥街道）完成全口径税收9.86亿元，一般公共预算收入6.56亿元。其中，房地产业完成4.13亿元，非房地产业完成2.43亿元。招商引资成果丰硕。聚焦“项目为王、税源经济”，近3年新增企业实现税收8000万元，累计招引优质企业、项目90个，泰亚传媒、美那集团等税源型企业，幻马文化、光印网络等数字文化行业创新企业顺利引进，太泽科技、炭生科技等人才项目成功落地。载体活化高效落实。以产业园（楼宇）“闲置盘活+效益提升”为主要目标，持续推进12个产业园、14个楼宇闲置去化，累计盘活8.12万平方米，至12月底入驻各类市场主体近2550家。打造“不夜苏纶场”夜经济品牌，并获评苏州市首批品牌夜市。产业焕新迸发活力。抢抓数字文化、科技产业发展机遇，持续推进人民路沿线、西环路周边产业带调优集聚，辖区有文化类企业1800余家、科技信息类企业近1300家，蓝文化创意产业园获评省级文化产业示范园区，幺玖幺等4家单位获评省级众创空间，小棉袄、元澄科技、博宇鑫等3家企业上市稳步推进，睿智检测穆晓彤博士获评省双创人才。村级资产稳步运营。6个股份合作社总资产11.39亿元，完成总收入6046万元，其中经营性收入5243万元。

【城市建设】 2022年，沧浪新城（吴门桥街道）聚焦重点项目，扎实推进重点征收搬迁任务。6月，万丰里地块综合改造项目正式启动，涉征土地面积约12.14万平方米、房屋建筑面积约14万平方米，该项目以货币补偿为主要方式，是全市首个主推货币补偿的大体量征收项目。将闲置多年的盘溪幼儿园改建为项目专班办公场地；完成入户调查分组分片、队伍组建、资料准备、培训布置等工作，统筹组织8个小组176人参与入户调查工作。启动企业项目组（25户）征收搬迁工作，完成居民项目组分片、劳务单位委托工作，启动成套房现场测绘工作。开展评估公司入户选择工作，划分13个片区28个工作组，街道班子成员分片挂钩，各社区、劳务单位、公证处工作人员混合编组，整体推进。制定致居民的第一封信、宣传手册、咨询联系卡，结合入户评估公司选择发放至地块居民。11月重点为完成入户评估、每户补偿测算；12月重点为带方案入户征询居民意见，充分做好居民项目组启动的准备工作。抓准“窗口期”，紧盯炒米浜、杨家浜桥等项目清零进度。完成所有剩余户征收补偿决定办理，全面推进解放西路片区清零，努力实现新突破、展示新形象。

【社会建设】 2022年，沧浪新城（吴门桥街道）精准发力兜住民生底线，养老服务精准定位。不断完善“嵌入式”养老服务模式，做强“吴门颐养+”养老品牌，悦龄健康综合服务中心打造姑苏区首家集“养老+托育+卫生”一站式健康综合体。双桥综合为老服务中心于2022年底试运营，两中心与南环综合为老服务中心形成三角辐射，并以“综合体+日照+助餐点”三级养老服务网络覆盖辖区4.5万老年人，打造“15分钟养老服务圈”。民生服务救助托底。街道纳入民政保障范围的低保469户，低保边缘、残疾人、困境儿童、计生特服对象等困难群体3469人。全年对登记在册的低保、困境儿童、残疾人等特殊群体发放各类生活补贴、慰问金和慰问物资价值3000余万元，做到“应保尽保、应扶尽扶”，全力保障困难群众基本生活，兜牢民生底线。

实施福星小区一期、二期综合整治工程和友新新村综合改造等老新村环境综合提升项目，改善老旧小区的居住环境。完成金塘、姑香、新康等农贸市场升级改造，以更科学的功能分区、更便捷的智能服务、更整洁的购买环境，提升辖区居民的生活质量。以“群众没有不满意”为工作目标，开展好“社情民意联系日”活动，全年共接待居民681人次，收集问题和建议771条，解决704条，处办率100%，办结率91%。办好“民生小事”，用“小切口”撬动“大民生”。立项通过民生小事项目38个，涉及金额58.15万元并首创制作“民生小事项目”宣传展示牌。推动“我为群众办实事”实践活动长效常态，从细处着手，解决文明城市问题368个，精心打造鼎盛花园样板小区，用“绣花功夫”绣出居民满意的画卷。“一刻钟便民生活圈”建设。因地制宜增加便民服务设施，协调落实“社区巴士”开进家门口、盘门路保兴里出口增设减速带，拓展增设社区图书借阅自助服务柜，修复新增新康花园运动场设施、湄长新村户外台阶扶手，让群众切实体会到“家门口的幸福”。

2022年11月4日，市人大常委会主任李亚平一行调研新康菜场　　吴门桥街道　供稿

【党的建设】 2022年，沧浪新城（吴门桥街道）坚持围绕“活力吴门”党建品牌，从组织扩面、服务拓深、阵地提质上深入谋划，党组织始终成为基层各项事业的坚强领导核心。全面从严治党，完善制度强化自身建设。坚持党的全面领导，做好理论学习，班子成员带头讲好党课，组织开展中心组理论学习14次。加强完善民主集中制建设，重新制定《党工委议事决策规则》《“三重一大”事项议事规则实施细则》，规范议事流程，建立起靠制度管人、用制度管事的长效工作机制。党风廉政建设驰而不息。落实“一岗双责”，紧抓重点节日节点“清风行动”督查，深挖细查隐身变异的“四风”问题。坚持用好澄清正名、容错纠错、风险报备三项机制，已办理澄清正名2件、风险报备1件。在区纪委的指导下，立案6起、诫勉谈话2人、批评教育9人、通报问责2起，办理各类来信来访12件。提升“领头雁”队伍综合能力，开展社区书记月度例会、部门负责同志专题例会，形成高效率、扁平化的工作体系，推动各项工作落地落实落细。持续加强干部培养，推荐提拔科级干部7名（其中1名社区书记提拔为事业副科）、职级晋升6名，推荐3名社区书记享受事业九级待遇，选拔7名股级干部，选拔5名社区书记、2名工作站站长和5名社区副书记。干部调整频次、力度、人数均创历年之最。聚焦“璀璨新城　活力吴门”品牌，党组织成为各项事业的坚强领导核心。发挥街道“大党委”机制优势，构建“市—区—街道—社区”共建共治体系，强化机关干部下沉保障、“两新”组织属地保障、社会力量志愿保障，组建“防疫突击队”，形成“命运共同体”、产生“天辰花园”“海棠速递”“齐心吴门”等品牌行动支部。瞄准“新”方向，关注新就业群体微成长。推动海棠根系向新兴领域延伸，切实把党的组织和工作覆盖到经济社会发展最活跃的细胞。在一丝厂内顺丰速运网点打造的“齐心驿站”，是全区首个建在快递网点上的先锋阵地，也是全市首批10家“示范暖蜂驿站”之一。做强“桥见海棠”红韵微阵地品牌。打造5处“邻里红韵”、145处“小巷红韵”微阵地，以城市会客厅、吴门茶馆、解忧站、便民服务站等功能型微阵地强化党建引领效能。

【疫情防控】 2022年，沧浪新城（吴门桥街道）疫情防控指挥部坚持以人民为中心，深入贯彻区委、区政府疫情防控工作的要求，全面落实“外防输入，内防反弹”的疫情防控总体策略，切实践行“人民至上、生命至上”的理念，奋力书写同心战“疫”的合格答卷。筑牢基础防控体系。街道按照区统一计划和安排，坚持早发现、早处置的工作原则，根据辖区人口密度、小区分布、疫情控制程度，有序开放核酸采样点位，全力保障全员核酸检测工作的开展。全面开展联防联控，立足严管控，做好密接、次密接、入境等各类人员的转运和闭环管理，全年转运及居家管控密接、次密接、入境人员5600余人次。督促社区做好各类管控对象告知书签订、按频次核酸采样和温馨提示张贴。解决居家人员就医问题，闭环送医70余人次。有效构建防疫屏障。为有效构建60周岁以上老年人疫苗接种的防疫屏障，全体工作人员加班加点，深入居民群众开展宣传发动工作，有力推动60周岁以上老人的疫苗接种工作，累计接种2.9万余人。

（韩佳润）

金阊新城·白洋湾街道

【概况】 金阊新城（白洋湾街道）位于姑苏区西北部，东至虎丘湿地公园与相城区、苏锦街道相邻，南起金湾街、北环一线，西接京杭大运河，北至黄花泾河。区域面积18.5平方千米，常住人口9.4万人，其中户籍人口4.5万人。下辖14个社区、9个股份合作社。

辖区产业布局清晰，苏州传化公路港、安博苏州金阊物流中心等众多物流企业集聚，功能互补、错位发展。机电五金城、钱万里桥小商品市场等传统专业市场集中在苏城大道沿线。基础及配套设施日臻完善，建有苏州第十中学金阊新城分校、苏州市叶圣陶中学、金筑实验小学等13所学校和复悦城、兴启坊等4个商业综合体。生态资源丰富，拥有虎丘湿地公园、白洋湾生态公园、金阊新城文体中心和体育公园。交通网络发达，汇集公路、水路、铁路等交通设施，沪宁高速、沪宁铁路、京杭大运河和建设中的轨道交通6号、8号线等交通干线纵贯辖区。省级非物质文化遗产吴歌（白洋湾山歌）在大运河文化哺育下，有着明显的水乡地域特征，是流传于江南水乡的一种民间音乐。

【经济建设】 2022年，金阊新城（白洋湾街道）完成一般公共预算收入2.81亿元。引进并培育小米生态链企业顺造科技、央企下属企业江苏秋洋智慧科技等优质企业69家，实现新增注册企业720家，新增注册资本28.39亿元。首块M0用地联东U谷·姑苏数字科技产业园正式开工，已签约意向入驻企业21家，新建元A地块正式开工，B、C、D地块成功出让。姑苏云谷去化率达到70%。新增长三角数字经济双创中心等市级众创空间2家，申报区级及以上科技领军人才项目18个，获评市领军人才项目2个、区领军人才项目2个。

【城市建设】 2022年，金阊新城（白洋湾街道）推动城市功能迭代更新。路南工业园征收搬迁项目启动推进，全年完成7家企业签约，释放土地约600亩。开展违法建设治理攻坚行动，全年累计拆除违建143处13.65万平方米，建成无违建示范区4处、无违建示范路6条。启动苏州汽车客运西站及周边区域整治提升项目，完成13块空闲地块覆绿透绿工作，完成1200米河道环境整治和61.3万平方米绿化景观优化提升，关停13家“散乱污”企业。苏城大道实现双向贯通，虎泉实验幼儿园建成投用。加强安全生产监管，累计检查企业4123家次，发现隐患1654处，整改隐患1649处。开展老旧电梯安全评估项目，提高老旧电梯安全监管的准确性。在传化公路港推行特种设备企业使用“云平台”，实现特种设备从安装、报检缴费到注册登记全程“不见面”。

【社会建设】 2022年，金阊新城（白洋湾街道）持续保障和改善民生。建成和泰社区卫生服务中心，填补辖区南部区域医疗服务体系空白。街道区域性养老服务中心完成建设，宝祥日间照料中心建成投用，藕巷日间照料中心完成升级，实现14个社区助餐点全覆盖。搭建供需对接平台，新增就业岗位2535个，支持成功自主创业280人。新增企业养老保险参保749人，居民养老保险参保272人，发放尊老金6万余人次。围绕街道级7个“一件事”主题事项，提供套餐式服务，办件量录入超1000件，创新打造姑苏云谷“家门口的人社服务站”。举办第四届白洋湾山歌文化节，和苏州大学音乐学院深化合作，创作《山歌唱醉白洋湾》等系列文艺精品，《打夯歌》登上第二十届苏州市民间艺术节开幕式。开展“书香新城运河传声”“我们的节日”“强国复兴有我”系列活动。创建全省首批全区首个援法议事工作范例“金言小筑”。

【党的建设】 2022年，金阊新城（白洋湾街道）持续推进高质量党建引领基层治理现代化“根系工

2022年10月31日，金阊新城（白洋湾街道）举行姑苏区货车司机党群服务中心暨“新湾·红运驿家”启用仪式

白洋湾街道　供稿

程”。成立“新湾·‘疫’路同行”、金成家园“友邻先锋”、“新湾骑行抗疫先锋队”等疫情防控行动支部，发动1300余名街道在职党员深入一线。探索保障房小区治理能级路径，新建18个共治党组织，358名“海棠先锋”培训上岗，推进落实13个社区党组织攻坚书记项目。“居民小区+商圈+楼宇+街道”四位一体的“新湾红韵”服务阵地矩阵完成打造，“新湾·红运驿家”等4个“邻里红韵”党群服务驿站、107个“小巷红韵”微阵地建成落地。创新推出“暖新10条”，成立全市首个货车司机流动党员党支部，打造全区首个聚焦新业态新就业群体服务、学习、成长的货车司机党群服务中心。

【疫情防控】 2022年，金阊新城（白洋湾街道）坚持“外防输入、内防反弹”总策略，最大程度保护人民生命安全和身体健康，最大限度减少疫情对经济社会发展的影响。全面落实部门、社区挂钩联系机制，优化应急处置流程，快速有力处置多轮疫情，有效阻断辖区疫情扩散。在街道党群服务中心和传化公路港设置便民检测点，保障应检尽检人员、货车司机及健康监测人员核酸检测需求。为方舱医院、核酸检测基地和货车接驳点等市、区防疫功能场所运行提供保障。积极引导辖区居民接种新冠疫苗。

【“一路山歌”第四届白洋湾山歌文化节举办】 2022年11月25日，金阊新城（白洋湾街道）举办“一路山歌”第四届白洋湾山歌文化节，在白洋湾公园、虎丘湿地公园等地设点，举办市集、展览、打卡等一系列活动。走进姑苏区货车司机党群服务中心暨“新湾·红运驿家”、姑苏云谷等特色空间，打造“山歌嘹亮”移动打卡点位，扫二维码即可听取《唱美江南》《山歌唱醉白洋湾》《四季山歌》《打夯歌》等山歌。14个社区开展“白洋湾山歌大家唱”，录制“社区品牌山歌”小视频，并通过线上平台进行分享。

（王　林）

荣誉和人物

国家级旅游休闲街区

【苏州市姑苏区平江历史街区】 2022年1月29日，国家文化和旅游部公示首批国家级旅游休闲街区名单，苏州市姑苏区平江历史街区入选。该街区位于苏州古城东北隅，面积约116.5万平方米，是苏州古城迄今保存最典型、最完整的历史文化保护区，先后获“亚太文化遗产保护荣誉奖”“首批中国历史文化名街”等荣誉，现存的整体布局与宋代《平江图》基本一致，保持着“水陆并行、河街相邻”双棋盘格局以及“小桥流水、粉墙黛瓦”的江南水城风貌，聚集了极为丰富的历史遗存和人文景观。

主要事迹：近年来，姑苏区以资产载体利用为抓手，以文化资源挖掘为重点，致力于平江历史街区资产管理和文旅运营业务板块，打造运河十景之“平江古巷”最美体验区。精心布局产业业态，维护统一文化主题形象，进行统一招商，先后约145家客商成功落户平江路。苏州特色小吃、特色文创店、茶楼、民间工艺工作室等在充分展现姑苏地域传统文化的同时，以精品化、主题化特色形成品牌凝聚力，与街区内市井生活相对照，营造出清晰的文化传承脉络，使平江历史街区呈现出传统与时尚和谐，怀旧情怀与舒适享受并举，浪漫休闲与文化探访交融的独特的、雅致的环境气质。如今，以文化休闲业态为主导的平江路已经形成“苏州传统慢生活的体验区、时尚慢生活的实践区、一座没有场馆的江南传统城市建筑博物馆、苏州古城的记忆”的品牌概念，并通过多形式多渠道的宣传推介，在全国范围内形成一定的品牌号召力和影响力。（李雅欣）

全国工人先锋号

【苏州传化公路港物流有限公司物业管理组】 2022年4月28日，苏州传化公路港物流有限公司物业管理组获评全国工人先锋号。该公司物业管理组于2019年获评江苏省工人先锋号，2018年获评传化集团五星级职工小家，2016年获评苏州市工人先锋号，2015年获评苏州传化公路港物流有限公司优秀新型职工小家等。

主要事迹：苏州传化公路港物流有限公司物业管理组主要负责公司的物业维修、节能降耗、水电等方面的管理服务工作，一直以来秉承“客户至上、优质服务、节能降耗”的意识及争创一流的团队目标，不断在强化自身素质、提高专业技能等方面下功夫，积极开展员工技能比赛、技术练兵等活动，认真做好后勤保障工作，出色完成公司交给的各项工作任务。每周不定期进行一次专业培训，学习国家电网电力安全工作规程、苏州市变配电通用规程、基地水电管理方案等，还包括消防泵房应急培训，使每位员工都熟练掌握。每月不定期进行一次各工种之间的技术比武，包括对客户的服务质量比拼、现场操作的比试、水电工基础知识的竞赛等，并以每月评出服务之星等各种形式进行评比。（李　鑫）

国家级夜间文化和旅游消费集聚区

【苏州市观前街区】 2022年8月，苏州市观前街区获评国家级夜间文化和旅游消费集聚区。

主要事迹：观前地区综合管理办公室立足街区实际，持续在街区建设、营运、管理等方面加大工作力度，大力促进观前商圈夜间文旅消费建设。树立“互联网+”思维，加强同知名电商平台的合作，搭建“线上线下一体化销售体系”，推动美罗、人民商场等实体零售迭代升级。全面开展观前商圈闲置载体资源的排摸，加大对人民路沿线黄金大厦、观前

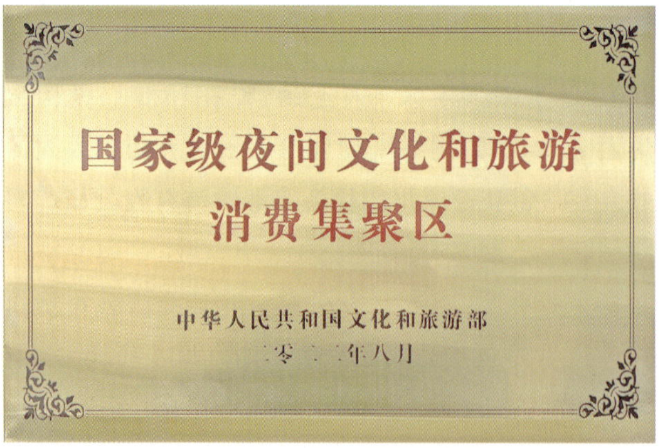

2022年8月，苏州市观前街区获评国家级夜间文化和旅游消费集聚区　　观管办　供稿

主街供电公司资产、新华书店仓库等载体的招商推介，积极同产权方沟通，探索多种合作方式，盘活闲置载体资源，释放发展空间。以特色活动持续聚集人气，积极组织开展美食节、置物节、畅玩嘉年华、才艺海选、豫园观前市集等活动，客流量持续攀高。2021年5月1日，单日最高人流量44.1万人次，创下2001年观前街重新开街以来的历史新高。观前街区老字号企业众多，围绕“老字号再出发”主题，通过在新艺广场播放老字号企业宣传片等方式，推动老字号企业创新试点先行。（曲文韬）

全国示范性老年友好型社区

【双塔街道大公园社区】 2022年10月，双塔街道大公园社区被国家卫生健康委、全国老龄办授予全国示范性老年友好型社区。该社区地处苏州古城，辖区面积0.3平方千米，辖区内教育、文化资源丰富，市级机关、优质学校、规模企业众多，是历史悠久、文化底蕴深厚、人文气息浓郁的城市社区。辖区户籍人口2652人，60周岁以上老人1074人，老年人口占比达29.5%，高于全市25%的水平，高中及以上文化水平老人占到老年人口的70%。

主要事迹：针对社区的区域人文特点，大公园社区于2020年初开始打造集社区服务、为老服务于一体的综合中心，中心建筑面积超2500平方米，涵盖社区党群服务中心、网格化联动工作站、联合工作站、社区卫生服务站等多个服务窗口，为社区老人提供助洁、助急、助餐、助娱、助学、助医、助养、助居、助浴等九大特色服务，可同时满足19名社区老人短期嵌入式入住需求，为千余名社区老人居家养老提供有力保障，中心于2021年4月底建成并正式启用。自中心启动以来，共提供服务5000人次，社区老人接受文化场馆服务人均200次，持续3年为40余户家庭老人提

供适老化改造。按照“家门口”“一站式”的建设理念，中心设有幸福食堂、身边医院、喘息床位、活动乐园、服务驿站、社区学苑和文化天地等7大功能区，充分发挥社区养老的“枢纽”作用，实现设施在“家门口”嵌入、服务在“家门口”做实、资源在“家门口”集聚，织密“15分钟幸福养老服务圈”。（王　玲）

全国公安政治工作成绩突出集体

【苏州市公安局姑苏分局政治处】 2022年6月，苏州市公安局姑苏分局政治处被中华人民共和国公安部授予全国公安政治工作成绩突出集体称号。该处主要承担全区公安思想政治和队伍建设工作，先后荣立集体二等功1次、集体三等功2次，获集体嘉奖3次，获全省公安机关民警的“好娘家”、全市公安机关先进基层党组织、东西合作素质强警行动成绩突出集体等称号，连续7年获评全市公安思想政治工作综合考评先进集体。

主要事迹：苏州市公安局姑苏分局政治处始终坚持以习近平新时代中国特色社会主义思想为指导，不断从政治高度、政治标准谋划、推进和考量政治工作，探索升级新时代思政工作和队伍建设思路；以“有魂、有力、有为”精神为引领，全力打造姑苏公安“硬核”警队，切实做到更主动服务全局、更接地气服务全警，为姑苏公安高质量发展提供坚实的支撑和保证。（钟　华）

全国节约型机关

【苏州市姑苏区（苏州国家历史文化名城保护区）税务局】 2022年10月25日，区税务局被国家机关事务管理局、中共中央直属机关事务管理局、国家发展和改革委员会、中华人民共和国财政部授予全国节约型机关。

主要事迹：为全面贯彻落实党中央、国务院关于碳达峰、碳中和的重大战略决策，苏州市税务局按照《国家发展改革委关于印发〈绿色生活创建行动总体方案〉的通知》和《关于印发〈节约型机关创建行动方案〉的通知》要求，精心组织、系统谋划，在市税务局党委的坚强领导下，区税务局扎实推进节约型机关创建各项工作，践行习近平生态文明思想，建立健全节约型机关常态化、长效化机制，推动绿色低碳转型，为实现碳达峰碳中和、建设生态文明和美丽中国贡献税务力量。（黄司璇）

全国五好家庭

【叶美琴家庭】 2022年5月，叶美琴家庭获评第十三届全国五好家庭。

主要事迹：叶美琴家庭是一个平凡的家庭，是一个爱党爱国、厚植家国情怀，具有革命传统红色基因的大家庭。叶美琴是一位军嫂，为支持丈夫的国防事业，她一个人抚养孩子、孝敬公婆。叶美琴家有11位军人：她的大伯公叶义是位老红军，曾是工农红军挺进师师长粟裕的联络员，曾担任松阳县玉岩游击队队长，中华人民共和国成立后被追认为烈士。叶美琴的父亲参加过抗美援朝，转业后一直在当地政府从事基层革命工作，任劳任怨，为国为民，曾担任交塘公社书记、玉岩区副区长等职务。叶美琴的母亲是一名老党员，曾多次被评为优秀人民代表、优秀共产党员。叶美琴的大哥参军去了济南空军某部，在部队服役20余年。其外甥是徐州空军某部的教导员，外甥女是一名空军。其侄子是大连海军舰艇学院毕业的博士生。叶美琴的丈夫王重民，有2个妹夫，分别在安徽和淮安的部队。王重民毕业于南京炮兵指挥学院，在部队服役18年，在部队军、师、团组织的军事比武中多次夺得第一名，所在连队连续3年被表彰为先进连队，个人多次被评为优秀共产党员、优秀基层干部、优秀机关干部。王重民参加了1998年的抗洪抢险，完成艰巨的任务后战士们都力荐他荣立三等功，他把这个名额让给了战士。叶美琴作为军嫂，勇敢地挑起了家庭的重担，做丈夫坚强的后盾，她随军后分别被师、团两级表彰为“好军嫂”。有一次小产后大出血，她姐姐赶过来把她送到医院时，血色素只剩下3.7克，医生说再迟一点就有生命危险了，她清醒后姐姐说要通知王重民，她拒绝了。她得知婆婆最大的心愿是去峨眉山，就带着公公婆婆去成都旅游；母亲想去参观嘉兴南湖党的第一次代表大会会址的红船，她就在建党97周年纪念日为母亲实现了愿望。她的儿子从小在部队大院长大，刚毅正气，疫情发生后，随着叶美琴一同到小区做志愿者，献血、送点心等。2022年，王重民和儿子又第一时间来到抗疫第一线。（顾静洁）

全国公安机关爱民模范、全国优秀共青团干部

【王君】 王君，男，1989年5月出生，中共党员，2011年8月参加公安工作，现任苏州市公安局姑苏分局观前派出所副所长。2022年，先后获全国公安机关爱民模范、全国优秀共青团干部等称号。

主要事迹：身披藏蓝，青春无悔。工作10多年来，王君始终扎根公安基层一线，牢记“对党忠诚、服务人民、执法公正、纪律严明”总要求，冲锋在打击犯罪的主战场、维稳护安的第一线、服务群众的最前沿，用实际行动彰显一名公安青年的使命担当。他迎难而上，即使被患有艾滋病的涉毒人员咬伤流血，需服用艾滋阻断药半年，也从未退缩、冲锋在前；他知重负重，带领全所大幅提升案件办理效能，牵头侦破全市首起青少年吸食“上头”电子烟涉毒案件；他一心为民，通过一封跨越1200千米的挂号信，帮助失散14年的父子获团圆。作为一名团干部，他切实用赤诚践行着“听党话、跟党走”的青春誓言，用汗水捍卫着警察荣誉，用行动守护着社会和谐稳定。（钟　华）

全国公安机关成绩突出青年民警

【季骥】 季骥，男，1989年6月出生，2012年8月参加公安工作，现任苏州市公安局姑苏分局观前派出所巡逻防控队队长。近年来先后获得全国公安机关成绩突出青年民警、全省优秀人民警察等荣誉。2022年5月，被公安部、共青团中央授予全国公安机关成绩突出青年民警称号。

主要事迹：20多年前，一名英勇的刑警因公牺牲，如今他的儿子季骥已经成长为一名优秀的人民警察，在苏州古城交通特别繁忙的路口，一站就是10年。作为先烈之后，他血液里流淌着对公平正义的追求和对藏蓝色的深切情怀，从师范专业毕业后便毅然从警，不断努力提升业务水平，在全省交警条线大比武中取得道路执勤执法大比武开始以来第一个满分，并获得综合科目第二名；他敢于动真碰硬，坚持违法必究、有违必纠，却没有过一起有效投诉；他始终怀着“一切为了人民”的初心，善创善为、兢兢业业，在交警岗位上和日常生活中做着热心事、暖心事，还因为经常开展网上、线下交通安全宣传，被称为“网红交警”。（钟　华）

附　录

文　献

区委常委会（党工委）工作报告

——2022年12月12日在区委三届四次全体会议暨党工委（扩大）会议上

苏州市委常委、苏州国家历史文化名城保护区党工委书记、姑苏区委书记　方文浜

今年以来，面对严峻复杂的疫情防控形势和外部发展环境，区委常委会（党工委）坚持以习近平新时代中国特色社会主义思想为指导，以迎接党的二十大、学习宣传贯彻党的二十大精神为主线，坚决贯彻习近平总书记系列重要讲话指示精神，全面落实“疫情要防住、经济要稳住、发展要安全”的重大要求，按照省第十四次党代会、市第十三次党代会精神和省委、市委工作部署，完整、准确、全面贯彻新发展理念，加快服务构建新发展格局，着力推动高质量发展，大力弘扬“主动担当、奋勇争先、高效务实”的精神内核，圆满完成一年冲刺行动计划各项任务，推动姑苏改革发展稳定和党的建设各项工作取得来之不易的成绩，展现出姑苏区、保护区成立十周年的崭新面貌和昂扬干劲。区委常委会（党工委）重点抓了以下工作：

一、坚定拥护“两个确立”、坚决做到“两个维护”，将迎接党的二十大、学习宣传贯彻二十大精神主线贯穿始终

区委常委会（党工委）认为，迎接党的二十大、学习宣传贯彻二十大精神是今年的鲜明工作主线。必须深刻领悟“两个确立”的决定性意义，坚定不移维护习近平总书记党中央的核心、全党的核心地位，进一步学懂弄通做实习近平新时代中国特色社会主义思想，扎实做好各方面工作，全力保持平稳健康的经济环境、国泰民安的社会环境、风清气正的政治环境。

我们始终牢记“国之大者”，胸怀“两个大局”，严格执行“第一议题”学习制度，区委常委会（党工委）讨论决定事项前首先学习传达习近平总书记最新重要讲话指示精神，特别是总书记关于加强历史文化遗产保护的重要论述。创新开展“习近平新时代中国特色社会主义思想指引下的姑苏实践”系列课题研究，引导全区上下更加全面学习、研究、领会新思想的丰富内涵。坚决听从党中央号令、服从党中央指挥，全面落实省委、市委“指哪打哪”要求，以实际行动迎接党的二十大胜利召开。

我们充分发挥区委常委会（党工委）示范带动作用、区委理论学习中心组领学促学作用，推动各级党委（党组）深入学习《习近平谈治国理政》（第一、第二、第三、第四卷）、《习近平经济思想学习纲要》、习近平总书记在两次省部级主要领导干部专题研讨班上的重要讲话精神等。策划“喜迎二十大奋进十周年”等系列活动，《新闻联播》《人民日报》等国家级媒体报道百余篇次，营造了喜迎二十大的浓厚氛围。

我们把学习宣传贯彻党的二十大精神作为当前和今后一个时期的首要政治任务。10月16日，我们在疫情防控“一级响应”状态下，在指挥部收听收看党的二十大开幕会直播，认真聆听习近平总书记做的报告。10月17日即召开区委常委会会议、党工委会议和党政联席会，学习体悟党的二十大报告，区委常委（党工委委员）、副区长结合分管工作交流心得。党的二十大胜利闭幕后，我们多次召开区委理论中心组专题学习会，组织收看学习贯彻党的二十大精神中央、省委、市委宣讲团报告会，邀请二十大代表分享聆听二十大报告的感受，区委常委（党工委委员）、副区长逐字逐句研读、原原本本学习。召开区委常委会会议、党工委会议和党政联席会重点部署，制定印发关于认真学习宣传贯彻党的二十大精神的通知，本次全会还将审议通过决定，进一步做出系统安排。组建区委宣讲团深入企业、机关、校园、社区等，61名宣讲团成员共开展宣讲174场。结合“社情民意联系日”活动，组织全区领导干部、人大代表、政协委员到169个社区开展基层互动宣讲。精心设计系列主题党日、基层党组织“三会一课”，开展党员干部专题培训。区委常委（党工委委员）、副区长带头开展18项重点课题调研，对标对表习近平总书记和党中央最新要求不断丰富提升思路举措，推动学习贯彻走深走实。

10月26日，苏州国家历史文化名城保护区高质量发展动员大会召开，市委书记曹路宝出席并讲话，结合党的二十大精神，特别是“两个结合”和“六个必须坚持”等新观点新论断，对历史文化名城保护工作提出更高要求。吴庆文市长主持会议并做工作部署。我们深入贯彻党的二十大精神，全面落实高质量发展动员大会要求，将长期任务和短期目标相结合，制定完善全区9个三年系列行动计划（2023—2025年）。学习市委常委会专题调研县（市、区）工作制度，创新实施区委常委会（党工委）专题调研各街道工作，用1个月时间实地调研8个街道，议定街道提请事项共22个，获市委主要领导批示肯定。认真指导全区各部门、各街道谋划本单位的三年行动计划，推动全区上下在深学细悟中明确发展方向、强化特色优势、激发奋进力量。

二、坚持“三个坚定不移”不动摇，科学精准抓好疫情防控

区委常委会（党工委）认为，抓好疫情防控是做好一切工作的前提，必须坚定不移坚持人民至上、生命至上，坚定不移落实“外防输入、内防反弹”总策略，坚定不移贯彻“动态清零”总方针，按照“听中央号令、靠人民群众、抓主要矛盾、下明确指令”的工作要求，科学精准扎实做好疫情防控工作，快速有力处置“2·14”“3·14”“外来求职人员关联”“10·10”等多轮疫情，守护好人民群众的生命安全和身体健康，有力守护苏州城区安全，为全市、全省和长三角抗疫大局做出重要贡献。

我们坚决贯彻习近平总书记关于疫情防控的重要指示精神，在省委、市委的坚强领导和市指挥部的统筹调度、兄弟板块的大力支持下，连夜做好永林新村二区、火车站周边等近10万人的稳控保供和特殊群体服务保障工作，经受住空前考验，获得上级领导的充分肯定和人民群众的广泛点赞。对照“四个有没有”和“三个怎么办”，完善区、街两级指挥部扁平化结构和闭环管理，保持指挥体系时刻激活、高效运转。区委常委（党工委委员）、副区长分赴各街道协调督促，严格落实“同责同查”工作机制，全面发动区人大、政协、国资等方方面面力量，累计发动党员干部17.8万人次下沉一线，在管控区、隔离点等组建92个专项服务行动支部。“追阳28步”、机关下沉干部“7类10岗”、个性化保供等经验做法获市委主要领导肯定。

我们不折不扣落实第九版方案和二十条优化措施，压紧压实“四方责任”，落实“五早”要求，牢牢守住苏州火车站、新区高速出入口等关键节点，切实守牢“外防输入”第一道关口。立足早发现，高标准完成40个姑苏驿站便民核酸采样点、区疾控中心4万管核酸检测基地建设，“15分钟核酸采样圈”建成，着力提高核酸检测质量、效率和覆盖率。立足快处置，公安、疾控等部门协同作战，配足配强流调追阳队伍，不断优化流调溯源、转运隔离等各环节、全流程，集中力量、以快制快，新发疫情均在1个潜伏期左右实现社会面清零。立足强预案，做好应对大规模疫情的充分准备，高效务实做好隔离点、物资储备、服务保障等各方面建设，不断提升在极端情况下的实战能力。立足打疫苗，始终把居民群众尤其是60岁以上人群首针疫苗接种作为工作重点，努力提高全区疫苗接种率。

11月以来，面对疫情形势变化，我们深入学习贯彻习近平总书记重要指示精神，始终坚持以人民为中心、以人为本，严格落实“新十条”不断优化疫情防控政策措施，有效遏制疫情扩散蔓延。分级分类诊疗、疫苗接种、医疗资源储备、重点人员健康服务等工作有序推进。统筹疫情舆情社情，保持经济社会正常运行，社会大局安全稳定。

三、坚持改革统领全局，努力贡献面向世界、面向未来的古城保护苏州方案

区委常委会（党工委）认为，要把苏州古城放在中华文明上下五千年、中华民族伟大复兴进程中定位，贡献面向世界、面向未来的古城保护苏州方案，提供展现中国文化自信的苏州样本。

我们紧紧围绕苏州获批国家历史文化名城40周年和姑苏区、保护区成立十周年，在市委、市政府的高度重视和关心支持下，进一步加大改革创新力度，相关贯彻落实方案、工作报告和会议纪要获市委主要领导批示“很好”肯定共12次，古城保护更新发展迎来崭新局面。2月9日，苏州国家历史文化名城保护专家咨询会召开，杨保军、阮仪三等17名国内外知名专家学者充分肯定古城保护40年来的工作，明确下一个40年乃至更长时期的苏州历史文化名城保护工作方向，即面向世界、面向未来贡献古城保护的苏州方案。4月29日，市委常委会专题调研板块工作第一站就到姑苏区、保护区，苏州国家历史文化名城保护工作领导小组和办公室正式成立，财政、城建规划、土地收储、教育医疗等体制机制进一步优化完善。6月18日，苏州名城保护集团揭牌挂牌，19.2平方千米历史城区内资产加快归集。8月22日，市委主要领导调研街道（镇）工作第一站就到金阊新城，要求以高度的责任感、紧迫感抓好新城开发建设，形成“保护更新老城、开发建设新城、新城反哺老城”的工作格局。10月26日，在首个苏州国家历史文化名城保护纪念日，我们举办“砥砺奋进十年路　扬帆起航新征程”活动，名城保护示范等55个项目现场签约，CIM+“数字孪生古城”阶段性成果现场展示，保护区、姑苏区成立十周年成效展正式启幕，在全社会进一步营造敬畏历史、呵护古城、热爱苏州的良好氛围。

我们全面加强历史文化名城保护工作，领导小组办公室按照“提出议题、制定方案、推进落实”的工作模式，已召开13次会议，研究推动122项议题，虎丘地区整体规划方案高标准统筹，保护专项评估工作和古城容量研究成果基本形成，古城绿色交通体系不断优化，会馆、小微型古建筑等保护利用系统加强。古城保护更新项目服务专班组建，苏州名城保护集团与国开行的战略合作不断深化，208亿元融资方案有力执行。钱伯煊故居、孝友堂张宅、唐寅祠等一批文物建筑保护修缮，“古城细胞解剖工程”深入实施，古城墙保护实施意见正式出台，《苏州国家历史文化名城保护区古桥资源绿皮书》《苏州国家历史文化名城保护区古建老宅活化利用蓝皮书（第二期）》对外发布。32号街坊江苏按察使署旧址资产移交，五卅路子城、过云楼怡园片区项目方案持续优化，桃花坞片区19亩土地挂牌上市，虎丘综改、平江片区重点功能区等项目稳步实施。直管公房有序下放，67处文控保建筑、近2000户前期调查完成，“一宅一策”开展保护修缮。

我们紧紧扭住重点领域和关键环节谋划推进改革，国有企业布局优化和结构调整加快，区属国企完成战略重组、实现错位发展，主责主业更加聚焦。市级职权下放有序承接，古城保护更新发展相关职能体系健全完善。区城市更新中心（区土地储备中心）正式成立，辖区65个单元城市更新体检全覆盖，城市更新试点范围扩大至历史城区全域，区城市更新行动获省政府督查激励表彰，属全区首次。探索老菜场更新的“市集模式”和吸引社会力量参与城市更新，被纳入住建部实施城市更新行动可复制经验做法清单（第一批）。加压推进征收搬迁，研究试点货币化安置政策，万丰里项目入户调查基本完成，钟楼新村、城湾村前期准备工作加快，里双河北地块等13个项目实现清零。苏城大道、永方路等一批断头路成功打通。

四、坚持稳中求进工作总基调，推动经济高质量发展

区委常委会（党工委）认为，发展是解决一切问题的总钥匙，必须坚持发展是硬道理，毫不动摇地推动经济发展，把耽搁的时间抢回来，把落后的进度赶上去，为苏州扛起全省经济“压舱石”重任做出更大贡献。前三季度实现地区生产总值639.1亿元，比上年增长0.9%（排名全市第9）；1—11月，完成一般公共预算收入59亿元，比上年下降8.2%，同口径下降3.1%（排名全市第8）；1—10月，全社会固定资产投资171.3亿元，比上年下降7%（排名全市第10）；社会消费品零售总额800.2亿元，比上年下降0.8%（排名全市第6），增幅排名在全市实现争先进位，回稳向好态势持续巩固。

我们进一步加强党对经济工作的全面领导，多次召开经济发展和招商服务工作领导小组会议。坚持“项目为王”，克服疫情反复的不利影响，全力推进重点项目建设，联东U谷·姑苏数字科技产业园培土动工，苏大附一院二期主体完工，金阊新城A、B地块及燃气大厦南侧部分地块成功出让，苏化厂北侧地块加速推进。坚持税源经济导向，中建国际、苏创投集团、苏文投集团、国科质检等一批龙头企业落户，累计招引落地项目408个，新增企业6733家，新增企业完成全口径税收（非房地产）7亿元，其中古建老宅项目税收1.8亿元。中张家巷29号、秦宅等8个古建老宅活化利用，胥江PARK等12个产业园提档升级，全口径税收5000万元以上载体预计达22个，32.4万平方米闲置载体盘活利用。

我们重点打造数字创意和高技术服务两大产业创新集群，有效高新技术企业突破百家大关（106家），科技型中小企业入库数360家。国际精英创业周姑苏区分会场开幕式暨保护区、姑苏区双招双引推介会成功举办，“雁归姑苏”项目现场签约，古城保护与发展基金首批合作项目发布，产业创新集群专家智库积极建设。4家企业获评省“专精特新”中小企业，取得历史性突破。苏州智能交通信息科技获评省重大科技成果转化项目，实现建区以来“零”的突破。热工研究院获中国专利银奖，拉瓦锡谷众创社获评国家级众创空间。电子信息技师学院创成省区块链产业人才培训基地，盛派网络科技成果入选“科创中国”开源创新榜单，为全省唯一。

我们着力扩内需、促消费，做优做强商贸中心。在全市率先恢复餐饮堂食、商场营业，竹辉金普顿酒店、竹辉环宇荟、海市山塘盛大开业，举办“欢购在古城　繁华姑苏Yeah”等各类消费促进活动。大力发展数字金融，全国首笔数字人民币线下购物无理由退货完成。食品安全持续向好，5家特色文化餐饮获评省级“名特优”小作坊。“不夜苏纶场”获全市首批品牌夜市称号，观前商业步行街获评首批全省示范步行街，观前商圈获评国家级夜间文化和旅游消费集聚区。

我们积极主动落实长三角一体化国家战略，第二届长三角主要城市中心城区高质量发展联盟大会顺利举办，“长三角商务楼宇一体化评价体系”等一批创新成果形成。大力推进市内全域一体化发展，与苏州工业园区、相城区、苏州高新区、常熟市、吴江区、吴中区等6个板块先后达成战略合作。

我们召开区委人才工作会议，平江文创人才街区建设全力推进，“智联高校”系列招才引智活动成功举办，1338套人才公寓投用，人才管家团和顾问团成立。在全市率先发布文创产业国际职业资格比照认定目录，畅通国际人才在国内职称晋升通道，“人到苏州必有为　才聚姑苏更舒心”服务品牌有力打响。

我们着力打造一流营商环境，在全市率先开通24小时助企纾困政策服务热线，创新推出“金融应急包”，率先兑现民营服务业载体租金减免补助资金，累计发放各类纾困资金3.3亿元。深入开展企业大走访，分领域、分类召开企业家座谈会，餐饮行业助企纾困相关举措被央视报道。“一网通用”“一网通办”“一网统管”协同发展，“15分钟政务服务圈”加快构建。

五、坚持绿水青山就是金山银山，精细化提升城市颜值

区委常委会（党工委）认为，姑苏是世人看苏州、读苏州、品苏州的重要窗口，也是江南水乡的一张靓丽名片。必须自觉践行习近平生态文明思想，统筹生态保护、污染治理、城市建管，以“绣花”功夫扮靓城市客厅。

我们坚持精准治污、科学治污、依法治污，持续深入打好蓝天、碧水、净土保卫战。举一反三抓好中央环保督察问题整改，12项交办信访问题全部整改落实。跨界河湖联防联治常态化推动，实现长效管理与清理整治并重。1—11月，全区$PM_{2.5}$平均浓度26.7微克/立方米，优良天数比率为81%，全区省考断面水质优Ⅲ比例和重点关联断面水质达标率均为100%，重污染天气、城市黑臭水体基本消除。全区土壤环境质量总体稳定，地块土壤状况调查达标率和污染地块安全利用率均为100%。

我们系统开展绿化景观提升专项行动，双亭园等10个口袋公园建成开放，辖区84个约320万平方米空闲地块覆绿及零星地块见缝插绿完成，实现“推窗见绿、出门进园”。虎丘路、临顿路、竹辉路—新市路等综合改造项目研究启动，东环、西环高架沿线公共空间加快提升，100条街巷架空线整治入地滚动实施。《姑苏区城市家具建设指引》制定出台，新庄农贸市场等10座公厕翻改建和百花洲等“第五空间”建设完成。东汇公园换乘停车场竣工验收，新增各类停车泊位1.6万个。

六、坚持以人为本，用心用情用力保障和改善民生

区委常委会（党工委）认为，民生是最大的政治。必须把群众的“表情包”作为工作的“风向标”，推动发展成果更多更公平惠及全体人民，努力追求人民群众“没有不满意”。

我们将“社情民意联系日”活动作为密切党群干群关系的桥梁纽带，在基层一线收集、解决群众的“不满意”。1—11月，线下、线上共举办11期，累计接待群众5243名，收集问题诉求2766条、意见建议2720条，已处置答复5000余件，民生小事专项经费用足用好，9009路社区巴士等一批惠民项目落地，最大程度实现群众诉求“上午提、下午办”。

我们坚持就业是最基本的民生，新增就业岗位6.4万个，其中大学生就业岗位1.3万个，创业带动就业5608人，社保扩面新增7万人。“一村二楼宇”项目扎实推进，推动村集体收入、资产稳步增长。全面落实低保、特困、残疾、优抚等群体救助政策，保障困难群众基本生活。失业金申领、就业登记、尊老卡申请等10个“一件事”重点推出，全市首家园林婚姻登记服务中心在耦园成立。全面推进数字姑苏建设，社会综合治理“一标多实”数据应用平台建成，数字社区建设成为全市智慧社区典型样本，获2022世界智慧城市大奖中国区“安平大奖”。

我们加快构建优质均衡的公共服务体系，将87.6%的一般公共预算收入投入民生领域。全面落实党政机关过紧日子、过苦日子，减少机关大院绿化，推行电子公文流转，持续优化财政支出结构，全年压减一般性支出超1.9亿元。采香花园等12个老旧小区改造实施，惠及居民1万余户。南环等4家农贸市场改造提升。敬文实验小学校等3所百年老校提档升级，虎泉实验等3所幼儿园和大儒实验小学校新校址建成启用。全民健身活动深入开展。区人民医院积极筹备推进，6家社区卫生服务机构新改扩建。全市首家“养老+托育+卫生”一站式便民服务综合体建成，8家日间照料中心完成建设，综合为老服务中心实现全覆盖，双塔街道大公园社区获评2022年全国示范性老年友好型社区。创新打造“家门口的人社服务站”工作品牌并在全省推广，探索人社公共服务均等化“姑苏路径”。

七、高效统筹发展和安全，牢牢守住安全稳定底线

区委常委会（党工委）认为，今年是党的二十大召开之年，维护安全稳定责重如山，必须增强“时时放心不下、常常半夜惊醒”的责任感，强化底线思维，精准“排雷拆弹”，实现高质量发展和高水平安全的良性互动。

我们坚定维护政治和意识形态安全，严格落实意识形态工作责任制，巩固高校和网络两大阵地，统筹开展“清朗2022”等专项行动，强化网络舆情监测与引导，深入开展宗教活动场所等专项排查整治，坚决防范其他领域风险向政治领域传导。

我们以二十大维稳安保工作为牵引，深入开展“防风险、守底线、建清单、除隐患”专项行动和“信访突出问题攻坚化解年”行动，建立健全社会稳定风险合成处置机制，社会大局持续稳定，实现无越级上访、维持“零京访”。社会矛盾纠纷调处化解中心建成，“精网微格”工程扎实推进，市域社会治理现代化水平不断提升。强化学校、医院周边交通分流引导，严格查处各类交通违法行为，全区交通亡人事故数、死亡人数比上年分别下降33.3%和35.1%。平安姑苏建设不断深化，实现政治敏感案事件、规模群体性事件、重大刑事治安案事件和重大公共安全事故等“六个零发生”。

我们统筹抓好安全生产工作，不断提升本质安全水平。“月月亮剑”、“331”夜查等八大攻坚行动创新开展，“三管三必须”要求落实到位，建筑施工、既有建筑、消防安全、城镇燃气、危化品、大型商业场所等重点领域隐患排查、分类处置实现全覆盖。“一隐患一方案”严格落实，三级政府挂牌督办项目全部整改销号，实现全区安全生产事故“零发生”。“一楼一策”保交楼有力实施，沧浪城等烂尾楼相关法拍工作稳步推进，根治农民工欠薪工作提前谋划，有效化解房地产领域涉稳隐患。

八、切实做好宣传思想文化工作，全面打响“江南文化”品牌

区委常委会（党工委）认为，宣传思想文化工作要突出主线，做大做强主流舆论，进一步唱响主旋律、壮大正能量，更好担当起举旗帜、聚民心、育新人、兴文化、展形象使命任务。

我们积极践行社会主义核心价值观，不断深化公民思想道德建设，加强新时代思想政治工作。“理悦姑苏”理论宣讲品牌做亮做强，获评2021年度全省基层党员冬训工作示范区。建立每日点调会制度，全力以赴推进全国文明典范城市创建工作，顺利通过“国测”“省测”迎检任务，目前位列全市城区第3，助力苏州“首创必成”。“靓丽姑苏”行动压茬推进，拆除违法建设65.1万平方米，累计创成无违建治理示范区50个、无违建治理示范路80条。路面管控力度持续升级，150条“净美街巷”成功打造，700余个居民小区微更新启动，61台增梯项目实施，空中飞线全面梳理，市容环境整体提升。新时代文明实践中心5个分中心授牌成立，观景社区获评2021年度全国最美志愿服务社区。

我们放大历史文化资源丰富的独特优势，坚持以文塑旅、以旅彰文，推动文旅融合发展。《戳壁听书》首登国家“群星奖”舞台，评弹剧《人桥》、舞蹈《泊》获省“五星工程奖”。《浮生六记》园林版5.0开演，《家在古城》等文艺精品力作频出，《姑苏繁华图》特种邮票首发。大型平江图砖雕亮相古城，城建博物馆正式开馆。非遗传承工作走在全市前列，一批非遗技艺产品参展进博会，苏州国际设计周圆满举办，“江南文化”影响力进一步扩大。获评首批省级文化和旅游产业融合发展示范区、省级文化和旅游消费示范单位，平江历史街区入选首批国家级旅游休闲街区。

九、加强社会主义民主法治建设，凝聚新征程团结奋斗力量

区委常委会（党工委）认为，党政军民学，东南西北中，党是领导一切的。必须坚持党的领导、人民当家作主与依法治国有机统一，汇聚团结奋斗的强大力量。

我们加强和改进党对人大工作的领导，《关于践行全过程人民民主　开展好姑苏区“社情民意联系日”活动的决议》创新推出。积极配合市人大做出设立“苏州国家历史文化名城保护纪念日”的决定。支持人大依法行使职权，政府全面工作评议首次开展。深入践行全过程人民民主，全市首批8家全过程人民民主基层实践基地和践行全过程人民民主苏州样板“民生·民声”工作站授牌，平江街道人大工委获评全省人大系统先进集体。

我们加强对政协工作的领导，支持政协认真履行政治协商、民主监督、参政议政职能，市政协1号提案《关于加快苏州国家历史文化名城保护更新的建议》积极办理。在持续巩固拓展“有事好商量”协商议事、“姑苏共话”圆桌协商活动成果的基础上，创新推出“委员热点议事厅”议政平台、“阅动姑苏”委员读书、“融入式协商”等特色工作品牌，有关古城保护协商报告获全国政协副主席刘奇葆批示。

我们着力完善大统战工作格局，召开区委统战工作会议、区宗教工作会议等，不断促进政党关系、民族关系、宗教关系、阶层关系、海内外同胞关系和谐。17处宗教活动场所有序承接，“烧头香”“接财神”“古尔邦节”等重要宗教活动任务顺利完成。深化“石榴籽工程”，双塔街道获评第一批全省民族团结进步示范区。区工商联连续6年被认定为全国“五好”县级工商联。加强党对工会、共青团、妇联等人民团体的统一领导，庆祝共青团成立100周年，残联换届工作圆满完成。召开区武装工作会议、区委常委议军会和区国防动员委员会会议，“心心向戎”退役军人工作品牌持续深化，实现省双拥模范区“八连冠”。

我们深入推进法治姑苏建设，综合执法改革纵深推进，依法行政水平不断提高。古城与大运河融合式特色化保护相关探索被写入最高人民法院工作报告。发挥公益诉讼作用，推动小微型古建筑保护的检察情况反映获市委主要领导批示。大力发扬新时代"枫桥经验"，律师中立评估等多元解纷机制不断深化，"八五"普法扎实推进，平江街道历史街区社区入选全国民主法治示范社区。

十、纵深推进全面从严治党，巩固风清气正的政治生态

区委常委会（党工委）认为，勇于自我革命，从严管党治党，是我们党最鲜明的品格，也是我们党最大的优势。必须深入推进新时代党的建设新的伟大工程，为推进现代化建设提供坚强政治保证。

我们始终将政治建设摆在首位，坚定不移用习近平新时代中国特色社会主义思想武装头脑、指导实践、推动工作，不断提高政治判断力、政治领悟力、政治执行力。研究出台区委常委会（党工委）关于坚决维护党中央权威和集中统一领导的规定。坚持和加强党的全面领导，专题听取区人大常委会、区政府、区政协、区法院、区检察院党组工作汇报，召开区委深改委、国安委、网信委、审计委、依法治区委等议事协调机构会议。

我们按照党中央和省委、市委统一部署，圆满完成人大、政府、政协换届，领导班子和干部队伍进一步调优配强。干部能力建设"一号工程"深入实施，区领导和部门主要负责人"上讲台"实现全覆盖。培养选拔优秀年轻干部行动计划等系列文件出台，100名机关年轻干部下沉社区锻炼，新录用公务员三年培养工程创新实施。区委常委会研究干部工作15次，涉及干部350名，平级重用9名，提拔89名，职级晋升130名，推动120余名区管干部岗位交流。修订完善"市考"争先进位工作成效奖惩办法，全区高质量发展综合考核体系持续优化，干事担事导向更加鲜明。

我们不断夯实基层党组织战斗堡垒，高质量党建引领基层治理现代化"根系工程"全面推进，"千朵海棠·花开姑苏"党建服务体系不断健全，37个"邻里红韵"党群服务驿站、1062个"小巷红韵"微阵地建成，"家门口"党群服务阵地矩阵初具规模。加强新业态新就业群体党建工作，3个行业党委、10个新业态党组织正式建立。社区党组织书记"雁阵工程"全面实施，4名"头雁"社区书记提拔为事业副科，22名"领雁"社区书记享受事业单位管理9级岗位指定待遇，2名正科职干部担任社区书记。

我们强化党风廉政建设，研究制定区委（党工委）关于贯彻落实《中共中央政治局贯彻落实中央八项规定实施细则》的实施办法。三届区委第二轮、第三轮巡察工作完成，持续放大巡察成果效用。强化审计管理作用，内部管理领导干部经济责任审计办法等文件出台，审计工作体系更加完善。实施容错纠错6起、澄清正名14起、风险报备14起，查处诬告陷害1起。持续开展"清风行动"专项督查，查处违反中央八项规定精神问题8起9人，查处群众身边不正之风和腐败问题3起4人，通报曝光典型问题10起11人。运用"四种形态"批评教育帮助和处理173人次，立案110件110人，挽回经济损失1052.5万元。

区委常委会（党工委）全面加强自身建设，为全区各级党组织和广大党员干部当好表率、做出示范。区委常委会（党工委）各位同志带头坚定信念、坚守忠诚，胸怀"两个大局"、牢记"国之大者"，确保党中央和省委、市委决策部署在姑苏得到最有力最有效的落实；带头情系民生、改进作风，推动基层联系点等制度落地见效，密切联系群众，自觉接受监督；带头发扬民主、增进团结，坚持民主集中制，严格规范党内政治生活，严格执行"三会一课"、重大事项请示报告等制度，做到思想上同心、目标上同向、行动上同步；带头廉洁自律、永葆本色，切实履行"一岗双责"，坚决扛起全面从严治党政治责任。

以上报告的是区委常委会（党工委）一年来的主要工作。关于抓党建工作的情况，会议专门印发书面报告，请予以一并审议。回顾过去一年，奋斗过程充满艰辛，取得成绩令人鼓舞，这根本在于习近平总书记掌舵领航，根本在于习近平新时代中国特色社会主义思想科学指引，是全区各级党组织和广大党员干部群众团结奋斗的结果。回顾过去一年，我们共同经历了非常之时、非常之难，并以非常之志行非常之策，履行了非常之责，成就了非常之功，这让我们更加坚定信心决心，在以习近平同志为核心的党中央坚强领导下，奋进新征程，再创新辉煌！

政府工作报告

——2023年1月3日在区三届人大二次会议上

代区长　陈　羔

各位代表：

现在，我代表姑苏区人民政府，向大会报告工作，请予审议，并请区政协各位委员和其他列席人员提出意见。

一、2022年工作回顾

刚刚过去的2022年，是不平凡的一年，也是姑苏区发展历程中具有重要意义的一年。面对外部环境变化和新冠疫情冲击，我们坚持以习近平新时代中国特色社会主义思想为指导，坚决贯彻落实习近平总书记"疫情要防住、经济要稳住、发展要安全"重要指示精神，在保持战略定力中牢牢守住"稳"的底线。这一年里，我们不仅共同见证了党的二十大胜利召开，深刻感悟新时代十年的伟大变革，也相继亲历了一系列令人难忘的重要时刻。

——我们顶住了多轮疫情冲击的巨大考验，一起走过同心抗疫的特殊时期。去年年初以来，我们按照中央和省、市部署要求，先后稳妥有效处置了多轮疫情，服务保障群众就医送药生活等基本民生需求，收获了姑苏群众的普遍理解和认可。我们因时因势动态优化防控策略和服务措施，提高管理、服务、保障和反应能力，持续筑牢人群免疫屏障，首创发热诊疗站，社会经济生活加速回归正常运行轨道。

——我们优化了古城保护更新的体制机制，加快形成多元参与的整体合力。去年4月，市委常委会暨专题调研姑苏区工作会议召开，由市委、市政府主要领导担任组长的苏州国家历史文化名城保护工作领导小组和办公室正式成立，财政体制、城建规划、土地收储等市、区两级职能进一步理顺，相关工作机制高效运转。6月，苏州名城保护集团正式挂牌，历史城区保护更新国资平台持续做大，古城保护整体合力不断增强。

——我们迎来了保护区、姑苏区成立十周年，阔步迈向中国式现代化的新征程。在党的二十大胜利闭幕之际，苏州国家历史文化名城保护区高质量发展动员大会成功召开，为今后一段时期保护区、姑苏区发展明确了新任务、锚定了新目标。"苏州国家历史文化名城保护纪念日"正式设立，在全社会凝聚起了热爱古城、尊重历史的浓厚氛围。保护区、姑苏区成立十周年主题活动成功举办，《保护区、姑苏区三年系列行动计划（2023—2025年）》对外发布，55个示范项目完成签约，全区干部群众干事创业热情更加高涨。

各位代表，这些大事要事，是党委、政府和姑苏人民同心同德、同向同行的历史见证，为我们奋进前行增添了底气、增强了信心、增进了动力。一年来，在市委、市政府和区委的坚强领导下，在广大干部群众的共同努力下，区政府按照市委十三届二次全会和区委三届二次全会确定的各项目标任务，在常态化做好疫情防控基础上，统筹做好古城保护、民生改善、产业发展、城市建管等工作，经济社会各项事业攻坚克难、承压前行，取得一系列来之不易的成绩。

（一）古城保护更新纵深推进。整体机制更加健全。《保护区、姑苏区历史文化名城保护"十四五"规划》编制完成，《苏州历史城区城市更新试点工作实施方案》《保护区、姑苏区古城墙保护实施意见（试行）》制定出台。区城市更新中心（土地储备中心）、文物保护管理中心组建成立。苏州国家历史文化名城保护专家咨询会成功举办，《苏州国家历史文化名城保护区古建老宅活化利用蓝皮书（第二期）》《苏州国家历史文化名城保护区古桥资源绿皮书》对外发布。项目推进更加有力。"古城细胞解剖工程"深入实施，"数字孪生古城"基本成型，平江历史街区全面完成历史文化遗存信息展示工程，5个街坊传统民居信息完成全要素普查，8处文物建筑完成三维建模数字化保护，苏周到"数字古城"栏目正式上线。32号街坊、桃花坞等重点工程稳步推进，五卅路子城片区、过云楼—怡园片区总体规划方案初步完成，唐寅故居遗址、文昌阁对外开放。区城市更新行动获省政府督查激励表彰。文旅融合更加深化。全域旅游发展规划编制完成。城建博物馆正式开馆，紫芝园复刻落成，大型平江图砖雕亮相古城，海市山塘开业运营，第五届苏州国际设计周成功举办。"双12苏州购物节"正式启幕，"君到姑苏见・苏州好物集"精彩亮相，"吴优数购"全国首笔数字人民币线下购物无理由退货顺利落地。姑苏区获评省文旅融合示范区、省文旅消费示范单位，平江历史街区获评国家级旅游休闲街区，观前商业步行街获评省示范步行街，观前商圈获评国家级夜间文旅消费集聚区。报告文学《家在古城》出版问世，《姑苏繁华图》特种邮票正式发行，《戤壁听书》首登国家"群星奖"舞台。

（二）经济运行态势企稳向好。经济大盘进一步稳住。顶住超预期因素带来的经济下行压力，经济运行呈现"平稳开局、承压回落、有效恢复、持续向好"态势，各项主要经济指标稳中见韧、加速回暖。预计实现地区生产总值910亿元、一般公共预算收入61.8亿元、全社会固定资产投资210亿元、社会消费品零售总额968亿元。落实国家、省、市惠企纾困政策，发布40条区级纾困措施，累计发放各类助企纾困资金3.3亿元，创新推出"金融应急包"纾解中小微企业融资难题。发展质效进一步提升。深度融入长三角一体化、市域一体化发展，成功举办C9联盟第二次联盟大会，与苏州6个兄弟板块签署战略合作协议。苏创投、苏文投等6个新成立市属国企以及国科质检等一批龙头企业落地落户，新增注册资本亿元以上企业37家、市级总部企业5家。金普顿酒店、竹辉环宇荟盛大开业，M+金狮"校园里"等12个载体成功打造，中张家巷29号、秦宅等8个古建老宅活化利用，全口径税收5000万元以上载体达到22个，闲置载体盘活率超90%。区属国资完成战略重组实现错位、有序、系统发展。创新动能进一步增强。聚焦数字经济时代产业创新集群发展，实施"百强千企"培育等"六大行动"。联东U谷・姑苏数字科技产业园正式开工，金阊新城地块及燃气大厦部分地块顺利挂牌，积极布局数字经济、文化创意、科技创新产业空间。新认定高新技术企业53家，科技型中小企业总量突破400家，4家企业入选省"专精特新"中小企业。省重大科技成果转化项目实现"零"的突破，省双创、姑苏领军等创新创业人才入选人数创历年新高，热工研究院获中国专利银奖，拉瓦锡谷获评国家级众创空间。

（三）城市人居环境持续优化。有机更新步伐逐步加快。城市体检全域推开，完成古城内外65个体检单元数据收集。苏锦一村四合苑等12个老旧小区改造有序实施，717个居民小区、零星楼宇完成环境微更新，既有多层住宅加装电梯稳步推进。16

个征收搬迁项目完成清零。苏城大道等一批“断头路”成功打通。市容秩序整治成效显著。全国文明典范城市创建持续发力。拆违治乱行动拆违2988处65.8万平方米，打造50个无违建示范区、80条无违建示范路。环卫保洁质量逐步提高，累计打造300条“净美街巷”、10个“净美街区”，环古城河健身步道按景区标准扎口管理。停车资源深度挖潜，新增泊位1.6万个，开放共享停车场11处。美丽姑苏建设扎实推进。按时序进度完成中央、省第二轮生态环保督察反馈问题整改，逐项对账销号。$PM_{2.5}$平均浓度为27.9微克/立方米，空气质量优良天数比例为81.9%。开展河道高质量管护，新增18条幸福河湖，省考断面水质优Ⅲ比例保持100%，29条区管重点河道、13个重点关联断面水质全面达标。积极开展“公园城市”建设，绿馨园等10个口袋公园打造完成，地块覆绿、见缝插绿面积超300万平方米。

（四）公共服务体系日趋完善。减负稳岗扩就业卓有成效。全市首创“家门口的人社服务站”工作模式，开展全链式就业帮扶，全年新增就业岗位6.5万个，其中大学生就业岗位1.3万个，零就业家庭实现动态清零。累计发放失业保险稳岗返还补贴5117.8万元，惠及企业2.2万家、员工12万人。社保扩面新增7.2万人，社会救助、社会福利、慈善事业等各类兜底民生服务向好向实。各项社会事业稳步推进。20项民生实事全部兑现。大儒实验小学及胥台、平齐、虎泉3所实验幼儿园正式启用，6所新校建设和3所百年老校改造项目如期完工。6家社区卫生服务机构新建、改扩建工作全面完成，40家“为民药事服务站”设置到位。8个街道综合为老服务中心和16个日间照料中心建设完成，全市首家“养老+托育+卫生”一站式便民服务综合体建成投用，“虚拟养老”服务实现80周岁以上老年人全覆盖，大公园社区获评全国示范性老年友好型社区。姑苏区实现省双拥模范区“八连冠”。公共服务便利化水平不断提升。加快打造“一刻钟便民生活圈”。新康等4个农贸市场改造、扩建项目完工。数字社区建设试点推进，新建群众“家门口”共享服务空间6个。推出“姑苏夜书房”10家，更新、新建全民健身路径93套，推动学校体育场地等各类设施向公众开放，文体服务半径进一步延伸。

（五）安全稳定局面更加巩固。安全生产形势持续好转。安全生产专项整治三年行动深入开展，102项政府挂牌督办隐患全部按期整改消除，全区既有建筑、自建房隐患排查全部完成，文控保建筑、直管公房智能安防建设逐步推开。全区实现生产安全零事故。社会治安秩序保持平稳。坚决落实防范政治安全风险各项举措，圆满完成党的二十大和各类敏感节点安保维稳工作。重点街区、商圈见警率有效提升，违法犯罪警情比上年下降10.8%。交通违法专项治理持续推进，交通事故总量比上年下降14.3%，亡人事故数、死亡人数比上年分别下降31.6%和33.3%。基层矛盾纠纷有效化解。持续开展“社情民意联系日”活动，接待群众超5000人，处理答复诉求建议5200余件，着力解决群众“急难愁盼”。扎实开展重复信访专项治理，一批信访积案妥善化解。社会矛盾纠纷调处化解中心建成投用，矛盾纠纷“一站式接收、一揽子调处、一链条解决”机制更加完善，矛盾调处成功率近100%。

过去的一年，我们全面贯彻新时代党的建设总要求，坚定拥护“两个确立”，坚决做到“两个维护”，坚持把党的领导贯穿于政府工作各领域、全过程，以党的建设为引领，推动政府各项工作落地落实、作风效能向好向优。依法治区建设推向纵深。“三重一大”决策制度严格落实，重大行政决策法定程序严格执行，行政程序更加规范。全年承办市“两会”建议提案57件，办理区人大建议174件、区政协提案320件，代表委员满意率100%。街道标准化公共法律服务实体平台建设实现全覆盖，法治惠民质效进一步提升。“放管服”改革持续深化。

江苏省政务服务“一张网”加快融入，长三角“一网通办”深入推进，推出“政务服务一体化·政银惠通同城办”项目，跨区域、跨部门、跨层级联办格局加快构建，全区依申请类权力事项96%以上实现“不见面”办理，承诺事项57%可即来即办。数字政府建设扎实推进。信息化基础设施集约化能力显著提升，政务信息资源有效归集，数字政府建设成果连续两年入围世界智慧城市大奖，“惠姑苏”品牌影响力日益彰显。政治生态进一步优化。深入贯彻落实中央八项规定及其实施细则精神，持续纠治“四风”，整治形式主义、官僚主义突出问题。狠抓重点领域反腐败工作，细化完善审计制度，监督广度深度进一步拓展。坚持政府过“紧日子”，更好节用裕民，民生发展类支出占一般公共预算支出的86.2%。严格财政支出管理，加大存量资金盘活力度，全年压减一般性支出近2亿元。此外，民族、宗教、对台、侨务等各项工作都取得新的进展。

各位代表，回望过去的一年，我们在应对风险挑战中主动担当，在努力爬坡过坎中克难奋进，成绩实属来之不易。成绩背后，是姑苏全区人民的理解支持、凝心聚力，是姑苏广大企业的迎难而上、自强不息，是姑苏一线同志们的日夜奋战、默默坚守。大家用实际行动诠释了有一种信念叫坚持，有一种信心叫力量，有一种期待叫明天。在此，我代表区政府向全区人民，向辛勤工作在各条战线的同志们、朋友们，向广大坚守一线的社区工作者、志愿者，向含辛茹苦、斗志昂扬白衣执甲的勇士们，向区人大代表、政协委员，离退休老领导、老同志，各民主党派、工商联、无党派、人民团体和社会各界人士，驻区解放军和武警官兵以及所有参与、支持和关心保护区、姑苏区发展的各界朋友，表示最衷心的感谢，致以最崇高的敬意！

各位代表，思危方能居安，知忧才能克难。我们清醒认识到，前进道路上还面临不少问题和挑战。古城保护方面，系统保护、整体保护工作的力度和效用有待提升，打造示范引领的“江南文化”核心仍需发力。产业发展方面，支撑重大项目的要素和服务保障不够充分，“新城反哺古城”的良性格局还需加强，经济增长内生动力仍需提振。群众期盼方面，部分中小微企业、个体工商户生产经营面临困难，城市环境品质、公共服务有待提质增效，生态环境稳中向好的基础仍需巩固。政府自身方面，干部创新意识、斗争意识亟待进一步增强，政府施政水平提升要求更加迫切，作风效能建设仍需久久为功。对此，我们将直面矛盾、正视问题，以更大的决心和更实的举措认真解决，推动经济社会发展行稳致远。

二、2023年主要任务

党的二十大擘画了以中国式现代化推进中华民族伟大复兴的宏伟蓝图，发出了为全面建设社会主义现代化国家、全面推进中华民族伟大复兴而团结奋斗的伟大号召。省委要求苏州在推进中国式现代化江苏新实践中敢为先锋、勇立潮头。市委要求保护区、姑苏区面向世界贡献古城保护的苏州方案。区委三届四次全会对深入贯彻党的二十大精神，在新征程上全面推进中国式现代化姑苏新实践做出全面部署。我们要以高度的政治责任感和历史使命感贯彻落实上级要求，坚定捍卫“两个确立”、坚决做到“两个维护”、时刻牢记“三个务必”，在清醒认识“时”与“势”中坚定信心，在辩证看待“危”与“机”中守正创新，在统筹把握“稳”与“进”中担当作为，着力形成“干部敢为、地方敢闯、企业敢干、群众敢首创”的生动局面，积极打造更富文化魅力、更具创新动能、更有温度质感、更加智慧韧性的人民城市，加快让中国式现代化在姑苏大地展现出可观可感的现实图景，让现代化建设成果更多更公平惠及广大人民群众。

今年是全面贯彻落实党的二十大精神的开局之年，也是姑苏区新的十年征程起步之年，我们将以习近平新时代中国特色社会主义思想为指导，全面贯彻落实党的二十大精神和习近平总书记对江苏工作重要指示要求，坚持稳字当头、稳中求进，完整、准确、全面贯彻新发展理念，加快服务构建新发展格局，着力推动高质量发展，更好统筹疫情防控和经济社会发展，更好统筹发展和安全，全面深化改革开放，大力提振市场信心，有效防范化解重大风险，持续保障和改善民生，推动经济运行率先整体好转，实现质的有效提升和量的合理增长，持续擦亮国家历史文化名城保护区金字招牌，以古城全面振兴带动全域高质量发展，为全面推进中国式现代化姑苏新实践开好局、起好步。

今年经济社会发展主要预期目标是：地区生产总值增长5%左右，一般公共预算收入增长5.5%左右，全社会固定资产投资实现180亿元，社会消费品零售总额增长6%以上，居民人均可支配收入与经济增长基本同步。

新的一年，我们将坚持着眼全局、统筹兼顾、突出重点、把握关键，抓好以下五个方面工作：

（一）突出系统整体保护，探索古城振兴新路径

始终树牢“大苏州”理念，坚持全域保护观，不断丰富思路举措，创新创优方法路径，以传承复兴的理念、审慎保护的态度，着力提升古城保护利用的系统性、整体性、协调性，打造历史文化名城保护的典范样本，持续提升“江南文化”影响力。一是做好古城保护更新整体谋划。将古城保护融入“水乡基底、四角山水”自然系统中谋划，高水平开展重点片区、历史地段保护方案设计，完成环苏大文创生态圈、过云楼—怡园片区城市更新规划，启动古城主要出入口及城市家具整体提升。发挥苏州名城保护集团主体带动作用，深入探索古城保护更新项目投建运一体化路径，加快与国开行融资对接，引导更多社会资本参与古城保护。制定历史城区传统民居建设指引及相关政策。二是做好关键片区点位项目建设。立足“早完成、快见效”推进虎丘综改、桃花坞、渔家村等重点工程，完成虎丘老街、渔家村考古博物馆项目建设，启动唐寅故居文化区招商运营。推动五卅路子城片区解放上海战役指挥部旧址陈列馆开馆、章太炎故居对外开放。完成32号街坊江苏按察使署旧址保护修缮，将剪金桥巷打造成特色苏式街巷。启动过云楼—怡园片区任宅等古建老宅腾迁，研究苏州博物馆过云楼分馆功能定位。滚动推进67处文控保建筑和14处会馆保护修缮。实施“古城细胞解剖工程”，开展18个街坊建筑基础信息采集，为统筹实施历史风貌保护、文控保建筑活化利用奠定坚实基础。三是做好文商旅融合发展文章。按照“城区即景区、旅游即生活”要求，促进古城文化元素与消费场景融合，推动文商旅产业实现规模化、集群化、特色化发展。集成串联古城、古街、古宅、名园等资源要素，开发“水上游”“夜间游”“街巷游”等一批特色文旅产品，持续升级“浮生六记”“拙政问雅”等一批交互性、体验感较强的文旅融合品牌。完成华贸中心、仁恒仓街、金地广场、胥江龙湖等龙头商业载体建设，探索商业促进区发展模式，重点招引首店品牌型、新零售新消费型、线上平台型项目，确保年内落地商贸新消费项目不少于50个，推动商业重回古城。用好畅园等优质古建老宅、名人故居，推出一批精品酒店，引导民宿规范健康发展，满足游客多样化、个性化住宿需求。打造更多新兴潮流休闲街区，以市场为主体开拓夜间文旅消费场景，精心办好“双12苏州购物节”等促消费活动，引导老字号、苏工苏作壮大定制、体验、智能、时尚等新型消费模式，持续挖掘释放消费潜能，助推文商旅市场全面复苏回暖。四是做好文化保护传承和交流互鉴。深度参与《苏州全书》编纂工程，做好虎丘区域考古勘探，开展苏州古城起源与发展实证研究，梳理吴地文明源起、形成、发展的历史脉络。将大运河文化带建设与轧神仙、吴地端午、石湖串月等传统民俗活动有机串联，挖掘和提炼大运河文化内涵。深耕本土文化资源，开展视听文艺作品创作工程，推出一批体现“江南文

化”、苏式生活的原创文艺精品。深化新时代文明实践中心建设，开展“沪苏合作”主题宣传，加强“江南文化”对外传播合作，讲好“姑苏故事”。

（二）突出资源有效配置，培育产业发展新动能

深入践行新发展理念，立足自身资源禀赋，抢抓长三角一体化、市域一体化机遇，按照“产业在沿江转型、创新在城区集聚”的市域发展格局谋划产业功能定位，深化都市型经济研究，推进布局整体优化、资源集约利用、产业迭代升级，推动经济实现质的有效提升和量的合理增长。一是深化产业创新集群建设。抢占数字经济新赛道、主赛道，以数字技术赋能创意文化产业、创意时尚商业、创意体验旅游、创意设计服务等产业发展，着力培育专业中介、生命健康、检验检测、信息应用、智慧物流等现代服务业，加快打造数字创意和高技术服务两大产业创新集群，推动数字经济与实体经济、先进制造与高端服务深度融合，力争年内新增数字创意、高技术服务产业项目140个以上。强化科技研发在企业创新发展中的主导作用，推动创新链产业链资金链人才链深度融合，力争在“专精特新”企业培育、企业技术中心建设等方面实现新突破。二是加快载体资源盘活利用。推进老旧厂房等存量资源改造提升，建成红蚂蚁家居科技文化创意产业园等特色载体，探索以“楼宇+数字+总部”模式加强垂直空间综合开发，新增全口径税收5000万元以上载体不少于4家，力争全区亿元载体数量达到8个。加快人民路沿线载体提质增效，统筹地上地下空间，推动向文旅、商务、办公、科研等功能转化。积极对接新建元、苏高新等国资集团，推动胥江创意湾、金阊新城周边等地块开发建设和项目导入。三是提升招商育才工作质效。突出税源经济导向，坚持“常态化走出去、精准化引进来”，开展重点城市驻点招商，力争引培总部经济项目8个以上、文商旅产业重点项目60个以上，储备引领带动性项目不少于200个。优化完善人才引育体系，深入推进青年发展型城市建设，持续打响“人到苏州必有为　才聚姑苏更舒心”品牌，强化以赛引才、以企引才，引进落户各类优秀人才不少于1000人，对接落地数字创意和高技术服务领域人才项目不少于100个，培育领军人才项目不少于20个。四是持续优化营商环境。切实落实“两个毫不动摇”，强化政策扶持体系，完善企业挂钩联系制度，积极主动为企业保驾护航、降本减负、排忧解难。发挥苏创投、古保基金平台引领优势，强化上市后备企业梯队建设，助推存量企业做大做强。大力弘扬姑苏企业家精神，营造尊重企业家价值、鼓励企业家创新、更好发挥企业家作用的社会氛围。聚焦小微企业和个体工商户，细化落实稳增长、保主体各项措施，推动纾困政策精准滴灌、直达快享，提振市场主体发展信心。

（三）突出精细建设管理，彰显环境品质新面貌

以“工匠精神”高标准推进城市更新，以“绣花功夫”精细化抓好城市管理，着力推动城市结构优化、功能完善和品质提升，优化人居环境，塑造宜居、韧性、绿色城市良好形象，助力苏州创建全国文明典范城市。一是持续发力改善人居品质。推进永林新村二区、三香花园等47个老旧小区环境改善提升工程，统筹做好环境提升、配套完善、综合治理等工作。加快万丰里地块和钟楼新村改造进度，加强谈埂上等项目扫尾攻坚。建立社区规划师制度，探索社会公众参与社区更新工作路径。试点探索“物业城市”管理运营模式，将无物业管理小区、零星楼宇纳入一体化管理体系。二是推进市容环境专项治理。深化拆违治乱集中攻坚，力争拆除存量违建20万平方米，创成一批无违建小区。针对违章停车、占道经营、杂物堆放等问题开展“U型空间”精细管理专项整治，聚焦背街小巷薄弱环节、卫生死角开展深度清理，启动内环沿线22条次干道立面出新、广告整治等工作，切实消除一批市容顽疾，确保城市“窗口”地区和古城街巷环境品质全面有效提升。三是优化城市空间和功能布局。优化调整交通组织，

贯通中高田路等“断头路”，构建“畅行”“慢行”交通体系，改善群众出行体验。深挖停车泊位资源，新增停车泊位不少于1万个，开放共享停车场不少于20处。加快推进东环路、竹辉路、临顿路等重点路段沿线品质提升，实施内环高架桥下空间风貌整治。打造望塔园等10个口袋公园，改造提升城市公共绿地12万平方米，打开更多围合空间供群众休憩。启动彩香一村农贸市场、富强疏导点建设和南门市场迁建。四是推动生态环境稳定向好。持续抓好中央、省生态环保督察反馈问题整改，确保全部问题整改销号。全面落实“河长制”“林长制”，持续深入打好污染防治攻坚战，争创省级生态文明示范区。

（四）突出均衡可及优质，推动民生福祉新提升

把群众“没有不满意”作为工作目标，坚持尽力而为、量力而行，聚焦高水平实现“民生七有”，扎实推进民心工程、办好民生实事，全面增强公共服务均衡性、可及性，以“答卷意识”解决群众关心关切的“急难愁盼”，更好地满足人民对美好生活的向往。一是办好人民满意教育。以争创省级义务教育优质均衡发展区为抓手，深化集团化办学，健全“双减”长效机制，推动义务教育高水平发展。启用5所新校、新园，加快百年老校提档升级，启动特殊教育学校、教师发展中心建设，推进教育资源均衡布局。二是实施健康姑苏行动。完善公共卫生服务体系，新建3个社区卫生服务中心，加强重大疫情防控救治体系和应急能力建设。提升基层中医药服务能力，推动吴门医派传承、创新和发展。加强特殊群体重大慢性病健康管理，争创国家级慢性病综合防控示范区。落实全民健身计划，积极布点健康中心、健身路径等设施，推动健身场地开放共享，增强居民健康体质。三是优化养老托育服务。完善“居家社区机构相协调、医养康养相融合”的养老服务体系，建成并启用白洋湾街道区域性养老服务中心，全年完成适老化改造家庭不少于1300户，新增养老机构床位不少于150张，开展“社区+物业+养老”服务模式试点不少于8个。四是拓宽就业创业渠道。坚持援企、减负、稳岗、扩就业并举，健全就业促进机制，确保全年新增就业岗位5.2万个，创业带动就业5000人。深化“家门口的人社服务站”建设，开展就业专项帮扶、职业技能提升等行动，精准施策抓好高校毕业生等重点群体就业创业。扎实推进“不欠薪”城市建设，争创省级和谐劳动关系综合配套改革试验区。五是完善社会保障体系。深入实施全民参保计划，探索养老保险向新业态从业人群延伸覆盖，全年新增参保不少于6.5万人。落实社会救助、抚恤优待、大病保险等托底政策，做好重要民生商品保供稳价，确保困难群众基本生活得到有效保障和改善。聚焦残疾人、困境儿童、孤寡老人等特殊群体，丰富慈善公益服务项目，实现社区慈善基金全覆盖。

（五）突出多元协同共治，构建和谐稳定新局面

坚持和完善共建共治共享的社会治理制度，发展壮大群防群治力量，强化底线思维、红线意识，切实巩固社会长期稳定的根基，保障人民安居乐业、社会安定有序。一是精准筑牢安全防线。巩固提升安全生产专项整治三年行动成果，固化长效管理机制，推动本质安全水平进一步提升。抓好危险化学品、建筑施工、城镇燃气、既有建筑、消防等重点行业领域安全监管，新建2个小型消防站，有效压降安全生产和火灾事故，坚决防范和遏制重特大安全事故发生。强化社会治安整体防控，精准打击群众反映强烈的各类违法犯罪活动，有效提升群众安全感。持续擦亮“食安姑苏”品牌，建立健全食品安全分层分级包保责任机制。二是有效化解矛盾纠纷。坚持和发展新时代“枫桥经验”，确保枫桥式社区（村）达标率不低于80%。完善社会矛盾纠纷多元预防化解机制，做优做强“一站式”综合服务中心。推行开门接访、带案下访，深入实施信访积案和矛盾问题排查化解专项行动。持续开展好“社情民意联系日”活动，完善集中梳理、归口办理、限时处理工

作流程，确保群众所想听得见、群众所呼应得快、群众所需办得实。三是积极创新基层治理。试点建设一批社区公共服务综合体，大力发展社区商业，配全做优便民维修点等服务业态，积极打造“一刻钟便民生活圈”，打通惠民利民“最后一公里”。优化调整社区规模，扎实开展“数字社区”“精网微格”建设，提升基层治理效能。规范宗教管理，促进民族团结。巩固发展军地、军民和谐关系，创新社会化拥军形式，让军人成为全社会尊崇的职业。

一分部署，九分落实。面对新形势、新任务、新要求，我们将坚持把党的领导贯穿始终，以自我革命精神加强政府自身建设，全面推进政府治理体系和治理能力现代化，努力打造人民满意的政府，以更加奋发有为的精神状态开拓进取、砥砺前行。

一是擦亮绝对忠诚的政治底色。坚持以习近平新时代中国特色社会主义思想武装头脑、指导实践、推动工作，坚定捍卫“两个确立”，增强“四个意识”、坚定“四个自信”、做到“两个维护”，自觉把思想和行动统一到党的二十大精神上来，把力量凝聚到实现党的二十大确定的各项任务上来，不折不扣贯彻落实中央、省、市决策部署和区委工作要求，确保各项事业始终沿着正确方向前进。牢固树立正确政绩观，更加自觉地站在群众立场上想问题做决策办事情，坚持让人民群众和广大企业成为发展的过程参与者、结果评判者、最大受益者。

二是打造公平正义的法治环境。积极弘扬社会主义法治精神，把法治思维和法治方式贯穿到政府工作各领域全过程。严格执行重大行政决策程序，坚持民主集中制。健全完善行政处罚裁量基准，让行政执法既有力度又有温度。深入实施“八五普法”，健全公共法律服务中心综合性平台功能，深化民主法治示范社区创建工作，提升法治惠民实效。认真执行区人大及其常委会决议和决定，依法接受区人大及其常委会监督，自觉接受人民政协民主监督，主动接受社会和舆论监督，用心用情用力做好人大代表议案建议、政协委员提案办理工作。

三是优化精简高效的政务生态。持续深化“放管服”改革，健全完善个人事项全领域、企业经营全周期政务服务体系，实现更多政务服务事项“就近办、网上办、掌上办、免证办”，推进高频事项跨区通办、异地通办，让群众和企业少跑腿、更省心。优化工程建设项目审批流程，探索低风险项目“拿地即开工”模式。加快推进政府数字化转型，建成启用区城运平台二期项目，提升“一网统管”基础支撑、指挥调度能力，推动网格事项办理标准化、精细化、可视化，实现问题“第一时间发现，最快速度解决”。

四是弘扬勤廉务实的优良作风。坚决贯彻中央八项规定精神，驰而不息纠治“四风”，力戒形式主义、官僚主义，以更大力度转文风、转会风。厉行勤俭节约，反对铺张浪费，牢固树立过“紧日子”思想，确保一般性支出压降不低于20%，把资金更多用于社会发展和民生改善。持续推进政府系统党风廉政建设和反腐败工作，紧盯重点领域、重大项目、重要岗位，完善权力配置和运行制约机制，加强审计监督和风险管控，坚决查处损害群众利益的腐败问题。倡导“用双脚丈量姑苏”的工作作风，坚持清单化部署、项目化推进、责任化落实，树立“凡事有交代、件件有着落、事事有回音”的靠谱姑苏形象，用政府的“辛苦指数”换取事业的“发展指数”和群众的“幸福指数”。

各位代表，同志们！新愿景引领新征程，新作为铸就新辉煌。让我们更加紧密团结在以习近平同志为核心的党中央周围，以习近平新时代中国特色社会主义思想为指引，全面贯彻党的二十大精神，持续弘扬“主动担当、奋勇争先、高效务实”精气神，在中共姑苏区委的坚强领导下，紧紧依靠全区人民，坚定信心、勇毅前行，凝心聚力全面推进中国式现代化姑苏新实践！

组织机构及负责人名录

（截至2022.12.31）

中国共产党苏州国家历史文化名城保护区工作委员会、中国共产党苏州市姑苏区委员会

书　　记　方文浜
副 书 记　陈　羔　谢　强
常　　委　华建男　张　玮　陆文明　王　瑜
　　　　　李　忠　雷　波　曹永华　杨国栋

苏州市姑苏区人民代表大会常务委员会

主任、党组书记　郦小萍
党组副书记　徐文祥　薛　宏　徐　翔
副 主 任　徐文祥　薛　宏　王伟民　沙亚萍
党组成员　王伟民　周马林

苏州国家历史文化名城保护区管委会、苏州市姑苏区人民政府

代区长、主任、党组书记　陈　羔
党组副书记　陆文明
副 区 长　陆文明　葛　昕　贺宇晨　杨　跃
　　　　　陈宇操　周　强　李继业
　　　　　俞　锋（挂职）
党组成员　华建男　雷　波　杨国栋　贺宇晨
　　　　　杨　跃　陈宇操　周　强　李继业
　　　　　俞　锋（挂职）
副 主 任　陆文明　葛　昕　贺宇晨　杨　跃
　　　　　陈宇操　周　强　李继业

中国人民政治协商会议江苏省苏州市姑苏区委员会

主席、党组书记　蔡炳锋
党组副书记　王　瑜
副 主 席　朱依东　陈　浩　荣曙文　唐丽艳
　　　　　徐寄洪
党组成员　陈　浩　荣曙文　郑　云　蒋献忠

保护区纪工委，姑苏区纪委、监察委员会

书记、主任　张　玮
副书记、副主任　许建荣　黄　翊
纪委常委、纪工委委员　陆　续　张丽娜
　　　　　　　　　　　樊志明　徐　彬
监察委员会委员　陆　续　张丽娜　赵　栋
　　　　　　　　蔡哲斌
办公室主任　许　新
办公室副主任　韩广睿
纪检监察干部管理监督室主任　熊　融
党风政风监督室主任　朱莺华
党风政风监督室副主任　戈　奕　严玉能
信访室主任　缪　华
第一审查调查室副主任　李畅运
第二审查调查室主任　夏　明
第二审查调查室副主任　柯　键
第三审查调查室主任　洪铭权
第三审查调查室副主任　李文丹
第四审查调查室主任　王石飞
第四审查调查室副主任　刘　涛
第五监督检查室副主任　顾筑家　石　磊
第六监督检查室（区监委第一派出监察员办公室）
　主任　张一星
第六监督检查室（区监委第一派出监察员办公室）
　副主任　沈　阳
第七监督检查室（区监委第二派出监察员办公室）
　主任　杨恒弟
第七监督检查室（区监委第二派出监察员办公室）
　副主任　何建建

案件监督管理室主任　陈丽君
案件监督管理室副主任　李　峰
监督审查技术室主任　吴　庆
监督审查技术室副主任　戴　辉
案件审理室主任　黄艳虹
第一派驻纪检监察组组长　张　玮
第一派驻纪检监察组副组长　李克克
第二派驻纪检监察组组长　陆建华
第二派驻纪检监察组副组长　赵　玲
第三派驻纪检监察组组长　戴书甫
第三派驻纪检监察组副组长　雷保蕊
第四派驻纪检监察组副组长　章燕飞
第五派驻纪检监察组组长　尹　云
第五派驻纪检监察组副组长　葛　芹
第六派驻纪检监察组组长　邵一兵
第六派驻纪检监察组副组长　王广莲
第七派驻纪检监察组组长　姚文婷
第七派驻纪检监察组副组长　叶　雯

保护区、姑苏区人民法院

院长、党组书记　杨晓春
党组副书记　徐　侃
副 院 长　徐　侃　徐海根　曹黎丰
　　　　　刘　玮（挂职）
党组成员　顾　军　曹黎丰　吴作新　黄晓虹

保护区、姑苏区人民检察院

检察长、党组书记　陈晓君
党组副书记　赵建华
副检察长　赵建华　施　健　陈　杰
党组成员　顾　晔　陈　杰　陈　玺

姑苏区人武部

上校部长　曹永华

保护区党工委、姑苏区委工作机构及直属单位

保护区、姑苏区党政办公室

主任、党组书记　杨国栋
副 主 任　叶映红　沈　彦　汤永新
　　　　　陈　希（挂职）　顾蓓蓓（挂职）
党组成员　叶映红　沈　彦　汤永新
　　　　　陈　希（挂职）　顾蓓蓓（挂职）
　　　　　张　玮
信访局局长　叶映红
信访局副局长　黄埔樵（挂职）
综合一处（政策研究处）处长　金　琪
综合一处（政策研究处）副处长　沈建华　李慧慧
综合二处副处长　张一丹
综合三处副处长　吴晓红　唐　伟
综合四处处长　孙　霞
综合五处（改革处）副处长　张雨琛
督查与信息处处长　王文怡
督查与信息处副处长　黄家骏　叶　芊　刘德富
秘书处（政策法规处）处长　许　婷
秘书处（政策法规处）副处长　沈蕾音　陆亚莹
　　　　　卞慧亚
行政处处长　周　良
对外交流处处长　顾蓓蓓
对外交流处副处长　石佳恺　程　勇
机关事务处处长　夏祯铨
机关事务处副处长　袁洪滨　金　晶
机要保密处（国家安全处）处长　杨　奕
机要保密处（国家安全处）副处长　翁伟星
　　　　　刘智明
信访处处长　黄埔樵
信访处副处长　张　平　谢　帆
大数据管理处处长　吕　俊
大数据管理处副处长　薛　岚
档案处处长　张红兰

档案处副处长　郭志坚
姑苏区机关事务管理中心主任　成园园
姑苏区人民来访接待中心主任　徐　炎

保护区党工委、姑苏区委组织部
部　　长　王　瑜
副 部 长　李　顺　周跃洲（兼）　黄　波
　　　　　王　静　胡　玺
老干部局局长　王　静
办公室主任　曹　黎
党员教育管理处处长　刘　佳
干部处处长　高绪海
公务员管理处处长　周　敏
综合考核处处长　周　旺
人才工作处处长　顾敏莎
机关工委处处长　张绍松
老干部工作处处长　贺　蒙
姑苏区党员电化教育中心主任　蔡春鑫

保护区党工委、姑苏区委宣传部
部　　长　李　忠
副 部 长　胡　群　徐　词　周　娴
精神文明建设指导委员会办公室主任　周　娴
互联网信息办公室专职副主任　左　昀
　　　　　束晓舒（挂职）
办公室主任　倪　黎
新闻宣传处处长　杨竹一
互联网信息处处长　吴芃芃

保护区党工委、姑苏区委统一战线工作部
部　　长　王　瑜
副 部 长　黄　河　潘　文（兼）　刘　勇　杜　琴
台湾工作办公室主任　黄　河
侨务办公室主任　黄　河
民族宗教事务局局长　刘　勇
办公室主任　钱　蓓
业务处（侨台事务处）处长　李　琴
民族宗教事务处处长　杨雄林

保护区党工委、姑苏区委政法委员会
书　　记　谢　强
副 书 记　孙建雄　赵　莉　谢叶虎　袁　伟
办公室主任　戴　辉
执法监督处处长　金　强
综合治理工作处处长　李　希
维稳指导处（反邪教协调处）处长　赵善浩

保护区党工委、姑苏区委机构编制委员会办公室
主　　任　周跃洲
副 主 任　杨　雪　万立涛
行政机构编制处处长　杨　佶
事业机构编制处处长　何亚伟
姑苏区机构编制效能管理中心（事业单位信用管理中心）副主任　孙　寅

姑苏区委巡察工作办公室
主　　任　黄　翊
副 主 任　王佳芸　邓　辉
综合协调处处长　毛姗姗

姑苏区委巡察组
巡察组组长　张霁虹　刘朝晖　顾一梅
巡察组副组长　钱文杰　彭绍磊　王存新　徐　文
　　　　　潘道鸿
副科职巡察专员　刘炎勇

姑苏区委党校
校　　长　王　瑜
常务副校长　王沁诚
副 校 长　王　未

姑苏区档案馆

馆　　长　张红兰

副 馆 长　吴育波

姑苏区人大常委会机关

办公室（研究室）

主　　任　周马林

副 主 任　顾斌斌

人事代表联络工作委员会

主　　任　季晓云

副 主 任　朱守春

监察和司法工作委员会

主　　任　顾东怀

财政经济工作委员会

主　　任　濮　兵

城建环保工作委员会

主　　任　吴纪明

副 主 任　丛　玮

教科文卫工作委员会

主　　任　黄新国

副 主 任　宓惠宏

外事民宗侨台工作委员会

主　　任　周子川

代表议案建议工作委员会

主　　任　林晓冬

保护区管委会、姑苏区人民政府工作机构及直属单位

保护区、姑苏区古城保护委员会

主　　任　朱依东

副主任、党组副书记　黄依群

办公室主任　张海州

办公室副主任　李　斌

规划保护处处长　王永法

规划保护处副处长　赵临风

项目管理处处长　梁瀚千

项目管理处副处长　张金林

综合协调处处长　薛　衡

综合协调处副处长　吴　霞

姑苏区自然资源规划研究中心主任　陈双燕

保护区、姑苏区城市管理委员会

主任、党组书记　范洪根

副 主 任　范剑军　徐燕英　黄保华　何　强

党组成员　范剑军　徐燕英　黄保华　何　强

综合行政执法局局长　范洪根

办公室主任　韩晓庆

办公室副主任　惠启蒙　顾景炎

组织人事处处长　李萌萌

组织人事处副处长　范　昕

市容管理处处长　汪　明

市容管理处副处长　吴毅军

市政管理处处长　孙　超

环境卫生管理处处长　陈　进

环境卫生管理处副处长　姚荣来

执法管理处（政策法规处、大数据管理处）处长　沈晓鸣

执法管理处（政策法规处、大数据管理处）副处长　薛永辉　夏　天

监督考核处（安全生产监督管理处）处长　刘　锋

监督考核处（安全生产监督管理处）副处长
缪　颖
火车站地区协调处处长　张　弘
火车站地区协调处副处长　赵永忠　李晓明
姑苏区城市管理行政执法直属大队大队长　吴　平
姑苏区城市管理行政执法直属大队副大队长
朱　颖　朱大昌
姑苏区城市管理行政执法机动督查大队大队长
吕巧明
姑苏区城市管理行政执法机动督查大队副大队长
陆晓东　黄　斌
苏州火车站地区城市管理行政执法大队大队长
孙　浩
姑苏区环境卫生管理所所长　陈　进
姑苏区环境卫生管理所副所长　周　怡　张　虹
周　益
姑苏区道路停车和地下管线管理站站长　孙念平
姑苏区道路停车和地下管线管理站副站长　刘根男

保护区、姑苏区住房和建设委员会

主任、党组书记　姜　伟
副 主 任　颜维强　陆启鑫
党组成员　颜维强　陆启鑫　陆建华
办公室（大数据管理处）主任　陈文伟
办公室（大数据管理处）副主任　陈育樑
组织人事处（财务管理处）处长　胥　健
组织人事处（财务管理处）副处长　丁海涛
法制处处长　吴　挺
法制处副处长　李玉强
消防设计审验处（燃气管理办公室）处长　郭晓宇
消防设计审验处（燃气管理办公室）副处长
成介明
住房保障处（既有建筑管理处）处长　刘　伟
房地产监管处（物业管理处）处长　黄潇虹
公房管理处处长　丁支农
公房管理处副处长　任　榴
公用事业处处长　胡水松
公用事业处副处长　李　俊
城市更新处处长　张红莲
安全生产监督管理处（建筑业管理处）副处长
蒋　飞
征收与补偿管理处处长　吴佳兵
征收与补偿管理处副处长　陈　阚
绿化处副处长　许　侃
水务处（节约用水办公室、河长制改革处）副处长
赵志刚
人防处（震灾防御处）处长　李静蓉
人防处（震灾防御处）副处长　郑永忠
姑苏区房屋征收与补偿办公室主任　吴佳兵
姑苏区房屋征收与补偿办公室副主任
孙明霞　许正卫　周　伟
姑苏区房屋征收与补偿中心主任　陈　阚
苏州市直属房屋所所长　顾旭东
苏州市直属房屋所副所长　范　芊　唐　瑛
姑苏区建设工程质量安全监督站站长　张　俭
姑苏区建设工程质量安全监督站副站长
朱　郁　顾　钧　周　星
姑苏区建设管理中心主任　项卫东
姑苏区建设管理中心副主任　陆　潼　倪　荣
夏　虹
姑苏区住房保障和物业管理中心主任　黄潇虹
姑苏区住房保障和物业管理中心副主任
陈　枫　杨新星
苏州市市政设施管理处处长　陈建华
苏州市市政设施管理处副处长　钱　宇　蒋亚东
张益民　徐原根
苏州市市政设施管理处总工程师　蒋亚东
姑苏区绿化管理站副站长　滕芳芳　邓文娴
王　军

保护区、姑苏区教育体育和文化旅游委员会

主任、党组书记　明　岚
副 主 任　裴　泓　谢　芳　唐丽艳　孙俊麒
党组成员　裴　泓　谢　芳　孙俊麒　钟　鸣
　　莫佳娴
区委、党工委教育工委书记　明　岚
区委、党工委教育工委委员　裴　泓　谢　芳
　　孙俊麒　钟　鸣
　　莫佳娴
区人民政府教育督导室主任　明　岚
办公室主任　莫佳娴
办公室副主任　董徐行
组织人事处处长　钟　鸣
组织人事处副处长　王　鹿
发展规划与财务处（安全生产监督管理处）处长
　　周春芳
发展规划与财务处（安全生产监督管理处）副处长
　　史　鑫
义务教育处处长　唐丽艳
义务教育处副处长　范　畴
学前教育与社会教育处处长　张　磊
学前教育与社会教育处副处长　王卫东
教育督导处副处长　吴建红
体育处处长　高伟芳
文化事业处（非物质文化遗产处）处长　徐珊珊
文化事业处（非物质文化遗产处）副处长
　　陈　娟　夏永庆
文化与旅游管理处副处长　杨占武
旅游开发处处长　赵　勤
旅游开发处副处长　沈文虹
产业发展处副处长　朱　磊
姑苏区文化馆馆长　施　政
姑苏区文化馆副馆长　周　巍　束晓舒
姑苏区图书馆馆长　陈佳晶

保护区、姑苏区发展和改革局

局长、党组书记　王正茂
党组副书记　沈婷艳
副 局 长　王　琰　陈　希　袁　敏　王玠桦
党组成员　王　琰　陈　希　袁　敏　王玠桦
金融工作办公室主任　王玠桦
综合规划处（政策研究室、经济体制改革处）处长
　　崔胜杰
固定资产投资处（项目管理处）处长　方时励
社会发展处（信用建设处）处长　王爱明
资源节约与环境保护处（安全生产监督管理处）
　处长　徐　昱
服务业发展处处长　金　健
金融工作处处长　舒锦峰
农村工作处（粮食与物资储备处、对口协作处）
　处长　韩文生

保护区、姑苏区经济和科技局

局长、党组书记　葛宇东
副 局 长　郁华强　刘　君　王小荣　顾建明
　　高　峰
党组成员　郁华强　王小荣　顾建明　高　峰
办公室（安全生产监督管理处）主任　丁　宇
商务处处长　杨　扬
科技处处长　朱广洋
工业和信息化处（大数据管理处）处长　李旭东
企业服务处处长　张　璐
综合管理处处长　吴敬明
姑苏区招商服务中心主任　周勇俊
姑苏区招商服务中心副主任　周　韬　郎华南
　　邓　梅

保护区、姑苏区民政和卫生健康局

局长、党组书记　夏寒寒

副 局 长　宁咏梅　费　颖　朱纯玉　王　佶
王钧卿　许　佳
党组成员　宁咏梅　费　颖　朱纯玉　王　佶
王钧卿
办公室主任　胡月领
组织人事处处长　宋　琪
社会治理与社会组织处处长　虞　帆
社会事务处处长　徐爱华
社会卫生与医政处（中医处）处长　高瑜璋
监督与法制处（职业健康监管处）处长　别　别
大数据管理处（信息化处）处长　沈明亚
老龄服务处处长　项峻彦
应急保障处（安全生产监督管理处）处长　倪延群
姑苏区卫生监督所所长　李曼芸
姑苏区卫生监督所副所长　仲伟波　顾勤明
姑苏区疾病预防控制中心主任　周伟华
姑苏区疾病预防控制中心副主任　肖知明　詹斌秉

保护区、姑苏区司法局

局长、党组书记　黄　慧
副 局 长　杨宏明　黄洪平　黄为一　刘　皓
周　晶　刘　杰
党组成员　杨宏明　黄洪平　刘　皓　周　晶
刘　杰
办公室（信息处、安全生产监督管理处）主任
陈　诚
依法治区工作处处长　钱文忠
社区矫正安置帮教处处长　黄志农
法治宣传教育处处长　许　为
基层工作处处长　言　昆
律师公证管理处处长　赵　琴
法律援助中心主任　李　刚

保护区、姑苏区财政局［国有（集体）资产监督管理办公室］

局长、党组书记　颜　晓
副 局 长　王　俊　张钰林　胡　洁　金晓奕
党组成员　王　俊　胡　洁　金晓奕
国有（集体）资产监督管理办公室主任　颜　晓
国有（集体）资产监督管理办公室副主任　金晓奕
办公室主任　袁建峰
综合预算处（护税协税办公室）处长　朱　勇
国库处处长　马　芸
政府采购监管处处长　董　利
教科文行社保处处长　章　明
经建企业处处长　焦新元
绩效管理监督处处长　徐建华
资产管理处处长　朱晋苏
国资发展处处长　朱江婷
姑苏区国库支付中心主任　朱　勇
姑苏区国库支付中心副主任　童　璟　唐晓霞
张华健
姑苏区财政稽查大队大队长　张　军
姑苏区财政投资项目评审中心主任　余　静

保护区、姑苏区人力资源和社会保障局

局长、党组书记　许　顺
副局长、党组成员　杨桂荣　邓仕海　朱　丹
薛　梅
办公室主任　申心怡
人才开发与职业能力建设处处长　王　斌
社会保险处处长　孙　豪
劳动关系协调处（安全生产监督管理处）处长
陈小武
事业单位人事管理处处长　赵书勤
姑苏区社会保险基金管理中心主任　孙　豪
姑苏区社会保险基金管理中心副主任
周沛隽　周　峰　高　斌

姑苏区人力资源管理服务中心主任　侯　峰
姑苏区人力资源管理服务中心副主任
　　鲍祎军　夏艳洁
姑苏区劳动保障监察大队大队长　刘峥嵘
姑苏区劳动保障监察大队副大队长　李　晨
姑苏区劳动人事争议仲裁院院长　夏　斌

保护区、姑苏区审计局

局长、党组书记　王　豉
副 局 长　金一帆　沈　斌　徐颖霞
党组成员　金一帆　沈　斌
办公室主任　王　力
财政金融审计处处长　平　华
行政事业与资源环境审计处处长　葛恒余
法规综合处（企业审计处）处长　柏苏洋

保护区、姑苏区市场监督管理局

局长、党组书记　侯丽萍
副 局 长　张　刚　王丹东　刘志明　何建邦
　　金　岚　肖丽芳
党组成员　张　刚　王丹东　刘志明　何建邦
　　金　岚　肖丽芳　许文吉
办公室主任　劳马荣
人事教育处处长　鱼　涛
法制处处长　王　平
食品安全综合协调处处长　张　懿
食品安全监管处处长　高　瑜
药品医疗器械监管处（保健食品化妆品监管处）
　处长　李维嘉
市场主体监管处（商标广告监管处、安全生产监督管理处）处长　秦旭东
市场合同监管处（网络商品交易监督管理处）处长
　　韦　萍
质量管理与监督处处长　王友俊
标准计量处处长　盛　驹
特种设备安全监察处（安全生产监督管理处）处长
　　陈为扬
消费者权益保护处（投诉举报中心）处长　万　红
知识产权处处长　刘书军
价格监督检查处处长　黄昌友
市场监管执法大队大队长　金金荣
火车站分局局长　许文吉
火车站分局副局长　郑　巍　周柯宏　陈　薇
　　白金龙
沧浪分局局长　袁宝明
留园分局局长、虎丘分局局长　赵海峰
苏锦分局局长　于丽丽
吴门桥分局局长、友新分局局长　赵文进
白洋湾分局局长　刘　丰
姑苏区市场监督稽查大队大队长　孟卓琳
姑苏区市场监督稽查大队副大队长　王　舟
　　韩海棣

保护区、姑苏区行政审批局

局长、党组书记　翟晓萍
副局长、党组成员　万泰喜　陈　祥　黄雪峰
办公室（督查处、安全生产监督管理处）主任
　　刘晓骊
综合审批一处处长　刘　莹
综合审批二处处长　时珏伟
审批制度改革处（政策法规处）处长　丁雄伟
政务服务指导处（信息化处）处长　陈　豫

保护区、姑苏区退役军人事务局

局长、党组书记　阙建良
副 局 长　赵德刚　张　艳　朱明华
　　丁海祥（兼）
党组成员　赵德刚　朱明华　丁海祥（兼）
办公室主任　韩庆康
双拥优抚处处长　徐骏杰

安置与就业培训处（权益保障处）处长　李建群

保护区、姑苏区应急管理局
局长、党委书记　华建文
副局长、党委委员　赵　斌　张万银　张劲松
　　张雪风　杨春红
安委办专职副主任　浦　杰
安委办综合协调处（安全生产综合监管处）处长
　　王劲松
巡查督查处处长　张香宇
安全生产基础处处长　方　可
危险化学品管理处处长　潘　欣
姑苏区安全生产监察大队副大队长
　　倪汝钦　袁　璞

保护区、姑苏区统计局
局长、党组书记　沈婷艳
副局长、党组成员　宋　娟　汪　浩
统计处处长　壮　辉
姑苏区综合调查队队长　丁　萍
姑苏区综合调查队副队长　赵建树　程有龙

苏州市观前地区综合管理办公室
主　　任　游　奕
副 主 任　邵　勇

姑苏区社会综合治理联动中心
主任、党组书记　周　亮
副 主 任　田言笑　孟　彦　李　希（兼）
　　宋清华（兼）　陆军军
党组成员　田言笑　孟　彦

姑苏区政协机关

办公室（研究室）
主　　任　郑　云
副 主 任　魏海斌　陈莉洁

提案委员会
主　　任　商克凡

经济科技委员会
主　　任　戴　亚
副 主 任　陈　威

社会事业委员会
主　　任　朱　琰

古城保护委员会（城乡建设委员会）
主　　任　张日金

文化文史委员会
主　　任　张　瞀

联络委员会
主　　任　薛　芳
副 主 任　余赫香

人民团体

姑苏区总工会
主席、党组书记　杜金生
副主席、党组成员　李富康　王梦丹

共青团姑苏区委员会
书　　记　金　琪
副 书 记　饶　珠　周宇琦

姑苏区妇女联合会

主席、党组书记　王　洁

副主席、党组成员　罗佳怡　姚颖泉

姑苏区残疾人联合会

理事长、党组书记　金　云

副理事长、党组成员　王重民　陈竹君

姑苏区科学技术协会

主席、党组书记　张　杰

副主席、党组成员　沙　菲　朱广洋（兼）

姑苏区文学艺术界联合会

主席、党组书记　张卫新

副 主 席　周国红

党组成员　周国红　左　昀（兼）

姑苏区归国华侨联合会

主席、党组书记　李　静

副 主 席　朱襄昆

党组成员　朱襄昆　杜　琴（兼）

姑苏区工商业联合会

主席、党组书记　潘　文

副 主 席　孔颖琛

党组成员　孔颖琛　杜　琴（兼）

姑苏区红十字会

会　　长　陈宇操

常务副会长、党组书记　孙步霖

副 会 长　石　标　朱纯玉（兼）

党组成员　石　标　高瑜璋（兼）

街　道

平江新城（苏锦街道）

新城（街道）党工委书记　何　强

新城（街道）党工委副书记　方　芳

鲍　方（公安）

街道办事处主任　方　芳

管委会副主任　方　芳　王意钢　陈　澜　侍柱著

叶　涵

新城党工委委员　王意钢　陈　澜　黄利平

陈旭松　侍柱著　张文渊

叶　涵

街道党工委委员　王意钢　陈　澜　黄利平

陈旭松　侍柱著　张文渊

叶　涵　王晓刚　刘宝荣

街道党工委政法书记　鲍　方（公安）

街道党工委宣传委员　王晓刚

街道党工委组织委员、统战委员　刘宝荣

新城（街道）纪工委书记　黄利平

新城（街道）纪工委副书记　易榆杰

街道人大工委主任　陈旭松

党政办公室（宣传办公室、城市集成指挥中心）

主任　王晓刚

组织人事局（党建工作办公室）局长　刘宝荣

财务和资产管理局局长　张　燕

建设局局长　杨森达

社会事业局局长　陈敏娜

社会治理局局长　卢　刚

城市管理局（综合行政执法局、应急管理局）局长

杨　峰

平江新城为民服务中心（退役军人服务站）主任

杨森达

平江新城为民服务中心（退役军人服务站）副主任

陈敏娜　刘　燕　蒲继民　吴　乾

平江新城综合行政执法大队大队长　张文渊

平江新城综合行政执法大队副大队长
杨 峰 于丽丽 李晓龙

沧浪新城(吴门桥街道)

新城(街道)党工委书记 祝 郡
新城(街道)党工委副书记 单 巍 娄子琛 万 新(公安)
街道办事处主任 单 巍
管委会副主任 单 巍 刘 伟 陈国佐 陈先冬 翁欢欢
新城党工委委员 吴同祥 刘 伟 陈国佐 顾卫明 陈先冬 翁欢欢
街道党工委委员 吴同祥 刘 伟 陈国佐 顾卫明 陈先冬 翁欢欢 丁艳玲
街道党工委政法书记 万 新(公安)
街道党工委宣传委员 翁欢欢
街道党工委组织委员、统战委员 丁艳玲
新城(街道)纪工委书记 吴同祥
新城(街道)纪工委副书记 王 立
街道人大工委主任 顾卫明
街道政协工委主任 娄子琛
党政办公室(宣传办公室、城市集成指挥中心)主任 翁欢欢
组织人事局(党建工作办公室)局长 丁艳玲
财务和资产管理局局长 季善爱
经济发展服务局局长 邢 晰
建设局局长 臧新军
社会事业局局长 吴晓峰
社会治理局局长 彭晓红
城市管理局(综合行政执法局、应急管理局)局长 朱忠元
沧浪新城为民服务中心(退役军人服务站)副主任 朱 雯 李 萍
沧浪新城综合行政执法大队大队长 王 奕
沧浪新城综合行政执法大队副大队长
李 勇 赵文进 王 磊

金阊新城(白洋湾街道)

新城(街道)党工委书记 邱 炜
新城(街道)党工委副书记 杜 蔚 陈建花
街道办事处主任 杜 蔚
管委会副主任 杜 蔚 陈建花 曹文明 胡金华 潘恬甜 张一然
新城党工委委员 吴立新 胡金华 钱晓云 潘恬甜 张一然 赵善浩
街道党工委委员 吴立新 胡金华 钱晓云 潘恬甜 张一然 赵善浩 孙义发 陈家乐
街道党工委政法书记 赵善浩
街道党工委宣传委员 孙义发
街道党工委组织委员、统战委员 陈家乐
新城(街道)纪工委书记 吴立新
新城(街道)纪工委副书记 衣学成
街道人大工委主任 钱晓云
街道政协工委主任 陈建花
党政办公室(宣传办公室、城市集成指挥中心)主任 孙义发
组织人事局(党建工作办公室)局长 陈家乐
财务和资产管理局局长 范友根
建设局局长 戴 悦
社会治理局局长 李宝华
城市管理局(综合行政执法局、应急管理局)局长 王永军
金阊新城为民服务中心(退役军人服务站)副主任 费金华 范晓英 朱晓峰 张越琦
金阊新城综合行政执法大队大队长 胡金华
金阊新城综合行政执法大队副大队长
陆冠宏 丁建涛 刘 丰 芦修远

拙政园历史文化片区管理办公室（平江街道）

片区办主任、党委书记，街道党工委书记　袁硕旻
街道办事处主任　潘家栋
片区办（街道）党（工）委副书记　潘家栋　朱留军　赵　彦（公安）
片区办副主任　潘家栋　朱留军　王寅钰　闫明光　王志斌
片区办党委委员　胡红卫　何国兵　游　奕　王寅钰　王志斌
街道党工委委员　胡红卫　何国兵　游　奕　王寅钰　王志斌　刘　磊　肖　琛
街道党工委政法书记　赵　彦（公安）
街道党工委宣传委员　刘　磊
街道党工委组织委员、统战委员　肖　琛
片区办（街道）纪（工）委书记　何国兵
片区办（街道）纪（工）委副书记　李可染
街道人大工委主任　胡红卫
街道政协工委主任　朱留军
综合处（宣传处、城市集成指挥中心）处长　刘　磊
组织人事处（党建工作办公室）处长　肖　琛
财务和资产管理处处长　张瑞栋
经济发展服务处处长　卞玮佳
城市保护建设处处长　王成勇
社会事业处处长　季小会
社会治理处处长　田鑫军
城市管理处（综合行政执法局、应急管理局）处长　冯靖凯
拙政园历史文化片区为民服务中心（退役军人服务站）主任　许　玲
拙政园历史文化片区为民服务中心（退役军人服务站）副主任　张英缨　徐宸基　张　欣　翁明浩
拙政园历史文化片区综合行政执法大队大队长　龚佑军
拙政园历史文化片区综合行政执法大队副大队长　陈小男　王　舟　缪　健

阊门历史文化片区管理办公室（金阊街道）

片区办主任、党委书记，街道党工委书记　朱　敏
街道办事处主任　周　泳
片区办（街道）党（工）委副书记　周　泳　曹　叶　钱海平（公安）
片区办副主任　周　泳　曹　叶　吴　刚　包晓华
片区办党委委员　吴　刚　包晓华　姚建华　贺慧芸　陈若馨（挂职）
街道党工委委员　吴　刚　包晓华　姚建华　贺慧芸　马尚群　陈若馨
街道党工委政法书记　钱海平（公安）
街道党工委宣传委员　马尚群
街道党工委组织委员、统战委员　陈若馨
片区办（街道）纪（工）委书记　贺慧芸
片区办（街道）纪（工）委副书记　尹晓丹
街道人大工委主任　姚建华
街道政协工委主任　王广成
综合处（宣传处、城市集成指挥中心）处长　马尚群
组织人事处（党建工作办公室）处长　陈若馨
财务和资产管理处处长　倪　亮
经济发展服务处处长　孟　鑫
城市保护建设处处长　高钰敏
城市管理处（综合行政执法局、应急管理局）处长　许　文
阊门历史文化片区为民服务中心（退役军人服务站）主任　包晓华
阊门历史文化片区为民服务中心（退役军人服务站）副主任　管莉军　钱亚敏　郐张峰　金丽君
阊门历史文化片区综合行政执法大队副大队长　李　锋　庞玉峰　张鸣泽

盘门历史文化片区管理办公室（沧浪街道）

片区办主任、党委书记，街道党工委书记　张　卫

街道办事处主任　章云丽

片区办（街道）党（工）委副书记　章云丽　吴震中（公安）

片区办副主任　章云丽　赵　戈　周立帆　施　丹

片区办党委委员　曹永良　赵　戈　俞　晓　周立帆

街道党工委委员　曹永良　赵　戈　俞　晓　周立帆　崔少婧　陈雨峰　龚霄鹏

街道党工委政法书记　吴震中（公安）

街道党工委宣传委员　崔少婧

街道党工委组织委员、统战委员　陈雨峰

片区办（街道）纪（工）委书记　俞　晓

片区办（街道）纪（工）委副书记　周进修

街道人大工委主任　曹永良

综合处（宣传处、城市集成指挥中心）处长　崔少婧

组织人事处（党建工作办公室）处长　陈雨峰

财务和资产管理处处长　周　佳

经济发展服务处处长　孙黎锋

社会事业处处长　龚霄鹏

社会治理处处长　马立新

城市管理处（综合行政执法局、应急管理局）处长　杜青山

盘门历史文化片区为民服务中心（退役军人服务站）副主任　罗瑾华

盘门历史文化片区综合行政执法大队大队长　赵　戈

盘门历史文化片区综合行政执法大队副大队长　吴增强　姚少杰　袁宝明　张高森

葑门历史文化片区管理办公室（双塔街道）

片区办主任、党委书记，街道党工委书记　倪　俊

街道办事处主任　孙强生

片区办（街道）党（工）委副书记　孙强生　朱亚琴　苏爱军（公安）

片区办副主任　孙强生　朱亚琴　费国方　杜　云　李　涛

片区办党委委员　费国方　汤志学　杜　云　马　正　李　涛

街道党工委委员　费国方　汤志学　杜　云　马　正　李　涛　叶华艳　袁　方

街道党工委政法书记　苏爱军（公安）

街道党工委宣传委员　叶华艳

街道党工委组织委员、统战委员　袁　方

片区办（街道）纪（工）委书记　汤志学

片区办（街道）纪（工）委副书记　滕嵘嵘

街道人大工委主任　马　正

街道政协工委主任　朱亚琴

综合处（宣传处、城市集成指挥中心）处长　叶华艳

组织人事处（党建工作办公室）处长　袁　方

财务和资产管理处处长　杜瑾秋

社会事业处处长　戴惠杰

社会治理处处长　谢　涵

城市保护建设处处长　史　皓

城市管理处（综合行政执法局、应急管理局）处长　董　超

葑门历史文化片区为民服务中心（退役军人服务站）主任　杜　云

葑门历史文化片区为民服务中心（退役军人服务站）副主任　苏家蓉　曹　磊　顾苏逸　陈　怡

葑门历史文化片区综合行政执法大队大队长　费国方

葑门历史文化片区综合行政执法大队副大队长　董　超　蔡钧晖　余　润　韩海棣

山塘历史文化片区管理办公室(虎丘街道)

片区办主任、党委书记,街道党工委书记　高　立
片区办(街道)党(工)委副书记　陈　青　孙大权　杨成栋(公安)
片区办副主任　陈　青　孙大权　方　卉　陈付霜　吴　涛
片区办党委委员　喻立志　夏玮杰　陈付霜　吴　涛
街道党工委委员　喻立志　夏玮杰　陈付霜　吴　涛　金裕民　陆　卿　李凌敏
街道党工委政法书记　杨成栋(公安)
街道党工委宣传委员　金裕民
街道党工委组织委员、统战委员　陆　卿
片区(街道)纪(工)委书记　夏玮杰
片区(街道)纪(工)委副书记　马　骋
街道人大工委主任　喻立志
街道政协工委主任　孙大权
综合处(宣传处、城市集成指挥中心)处长　金裕民
组织人事处(党建工作办公室)处长　陆　卿
财务和资产管理处处长　朱文婷
经济发展服务处处长　孙福元
城市保护建设处处长　李凌敏
社会事业处处长　高兆娟
社会治理处处长　钱晓伟
城市管理处(综合行政执法局、应急管理局)处长　潘伟俊
山塘历史文化片区为民服务中心(退役军人服务站)主任　陆建明
山塘历史文化片区为民服务中心(退役军人服务站)副主任　周　洁　顾伟林　陆小娟　乔　怡
山塘历史文化片区综合行政执法大队大队长　陆　涛
山塘历史文化片区综合行政执法大队副大队长　潘伟俊　刘茂海　赵海峰　张　弢

(高绪海)

媒体报道

古韵今风醉苏州

上有天堂，下有苏杭。儿时起，就对苏州和杭州有了向往。参加工作后，两次去过浙江杭州。而去苏州，却是去年初夏的事情。

苏州古称姑苏，典型的江南水乡，是江苏的一个地级城市，素有“东方水城”之称。城内水巷纵横，小桥跨水而过，好一幅立体的江南画卷。白居易在苏州任刺史时，曾写下“绿浪东西南北水，红栏三百九十桥”的诗句，对千年姑苏描摹得惟妙惟肖。

在古往今来的历史演变中，温婉内敛的苏州孕育了独特的地域文化和民俗风情，是首批国家历史文化名城。其中，古典园林和大运河苏州段，被联合国教科文组织列为世界文化遗产。

苏州“土特产”是状元

《论语·雍也》记载，孔子曾说：智者乐水，仁者乐山。作为东方水城的苏州，古往今来智者频出。

史料显示，自隋朝到清朝光绪三十一年（1905），科举制度在我国实行了一千三百余年。其间进行科举考试788次，产生数百万举人和进士，但有据可查的状元仅671名，苏州就有60名之多，约占全国百分之十。苏州“土特产”是状元，成了当地广为传颂的佳话。

去苏州状元博物馆的时候，是个晴朗的日子。

博物馆坐落在姑苏区平江路钮家巷，是一座全面介绍苏州状元群体、展示状元文物及研究状元文化的博物馆。馆内“金榜题名”“钦赐状元及第”“状元府第”等牌匾比比皆是。写在牌匾上的介绍文字表明，此处原为清朝乾隆年间苏州状元潘世恩的府邸，2011年改建为“苏州状元博物馆”，2014年11月正式对外开放。馆内陈列的近五百件珍贵文物中，既有叔侄状元翁同龢、翁曾源的物品，还有祖孙状元彭定求、彭启丰的遗物。“苏州状元甲天下”的盛况，在此一览无余。

苏州自古人杰地灵。明朝江南四大才子唐寅（字伯虎）、祝枝山、文徵明、徐祯卿均为苏州人士。尤其是画虎画虾力透纸背、呼之欲出的唐伯虎，民间至今仍有“点秋香”的故事，跟随远古的传说。

古典园林蕴含“隐逸文化”

早在东晋，陶渊明就留下“不为五斗米折腰”“采菊东篱下，悠然见南山”等名句，被视为中国文人不事权贵、不屈人格的典范。

文人智者云集的苏州，以陶渊明为榜样者也大有人在。各朝各代的隐士和告老还乡的先贤们，纷纷购置田地、大兴土木，圈地为府。一座座美观精致的花园式府邸先后拔地而起。《苏州园林志》记载，城内现存大小园林60余座，构成当今闻名于世的苏州园林群。

在星罗棋布的园林中，拙政园、留园、狮子林和沧浪亭并称“苏州四大园林”。基于对园林的兴致，我对四大园林逐一造访。园内精美的房舍与秀丽的景色相映成趣，漫步在奇石丛生、古木参天、亭台水榭、曲径通幽的环境里，一种乐而忘忧、怡然自得的美感油然而生，洋溢心间。

拙政园是苏州现存的最大古典园林，原为唐代苏州籍诗人陆龟蒙的住宅。明朝正德年间，历尽宦海沉浮的王献臣辞官回乡，买下地盘改建宅园。借西晋美男文学家潘安《闲居赋》中“此亦拙者之为政也”之意，起名“拙政园”自我解嘲。

实质意义上说，苏州古典园林乃历朝历代士大夫失意后的精神寄托和告老还乡的官员安度晚年之处，蕴含着悠久深厚的隐逸文化。正是这种独特文化现象，催生了苏州园林这一世界文化遗产。

钟声诗韵寒山寺

最早悉知寒山寺，是在初中《语文》课本上。张继的《枫桥夜泊》，是老师规定的必背课文。“姑苏城外寒山寺，夜半钟声到客船”，曾勾起我对人间天堂苏州的无限遐想。

寒山寺位于姑苏城外枫桥古镇，寺庙并没有想象中那般雄伟高大。如刘禹锡在《陋室铭》中所写：“山不在高，有仙则名。”寒山寺因诗而名。

寺院内最引人瞩目的，当数诗碑和佛钟。因唐代诗人张继那首代代相传的《枫桥夜泊》，无数古今名士到了寒山寺就纷纷留下自己手书《枫桥夜泊》的墨迹。革命先烈李大钊、当代国学大师季羡林，均在寺院中留有碑刻和墨宝。华夏诗碑堪称中华第一诗碑，碑高15.9米，正面镌刻着清末著名学者俞樾所书《枫桥夜泊》，背面是乾隆皇帝手抄的一卷《般若波罗蜜多心经》。

寒山寺的镇寺之宝是重108吨、高8.58米的大佛钟。2008年底，经上海大世界基尼斯总部验证，被确定为世界上最大的黄铜佛钟。

当地友人介绍，寒山寺平日并不敲钟，张继听到的钟声，是在佛教极度兴盛的唐代。那个年代寺庙里佛事频繁，暮鼓晨钟常常敲响。而今，寒山寺只在每年元旦前夜撞响大钟，频率为八秒钟一次，一共108声，最后一声正好是午夜十二点整。元旦听钟声，成了苏州习俗。

一处水都两座城

走进苏州，才发现是一处水都两座城：一座老城，一座新城。两者界线分明，被一条护城河一分为二。

老城里水巷交错，房舍间石桥相连。城区内少有高楼大厦和现代化建筑，多是白墙青瓦，古色古香。观前街是老城区最热闹的地方，街道两旁牌匾林立，各种店铺目不暇接。徜徉在老城区，仿佛进入时光隧道，回到从前的慢时光。

与老城区相比，苏州新城区则洋气十足。现代化的工业园区高楼大厦鳞次栉比，湛蓝色的玻璃幕墙比比皆是。每到夜色降临，新城区便霓虹闪烁、灯火辉煌，宽敞的马路上车流不息，处处透露出时尚与现代气息。

宛如法国巴黎，把老城区严严实实地保护起来，开发与建设都在新城区进行。

抑扬顿挫的吴侬软语是苏州方言。走在街上，清新柔美的声音不时入耳，让人觉得软糯温婉也是苏州的一种特色。

宜居宜业是苏州留给我的最深印象。到新城区创业，回老城区休闲，劳逸结合，事半功倍。

在日新月异的城市建设中，苏州保护原有老城，另建新城的发展模式，在不毁坏历史遗迹的同时，避免了拆迁引发的社会矛盾，值得城市规划者学习与借鉴。

（摘自2022年1月28日新华社客户端）

社会治理新模式绘就姑苏幸福底色

近年来，姑苏区围绕苏州争创全国市域社会治理现代化示范城市目标任务，全面融入全市市域社会治理现代化工作大局，以推进社会治理体系基本健全、社会治理能力快速提升、社会治理风险有效化解、社会生态全面优化为重点，加快走出一条彰显时代特征、符合姑苏特色的社会治理创新之路。

社情民意联系日 解决群众身边“急难愁盼”

去年9月以来，为进一步畅通基层民主协商渠道，激活居民自治动能，努力实现“群众没有不满意”，姑苏区深入实施“社情民意联系日”项目，将每月的第二个星期日定为“社情民意联系日”，全区党员干部、人大代表、政协委员深入8个街道169个社区，主动听取群众诉求和意见建议，实现“网格事、网格议、网格治”，进一步为百姓办实事、解难事。

因中心城区架空线整治和入地工程建设需要，莫邪路（相门桥匝道至娄门桥匝道段）自5月30日起实施半封闭施工，原有3条公交线路临时调整走向，周边部分居民公交出行受到一定影响。在6月12日保护区、姑苏区第10期“社情民意联系日”活动中，新湘苑社区居民提出改善公交出行的相关诉求，保护区党工委书记、姑苏区委书记方文浜承诺将以最佳解决方案回应群众关切。

活动结束后，姑苏区城管委、平江街道办事处立即牵头市架空线指挥部、市交通执法支队、苏州公交集团、苏州场站公司、姑苏交警大队、姑苏区停车管线站、新湘苑社区、设计单位等，实地踏勘、群策群力，用半个月时间，新开一条临时社区公交微循环线路并保障安全畅通运行，切实解决新湘苑社区周边居民出行“最后一米”问题。

截至目前，姑苏区已举办10期“社情民意联系日”活动，接待居民群众8195名，收集问题诉求5940件，听取意见建议2976件，累计解决或答复8200余件，党群关系持续紧密，居民幸福感和满意度不断提升。

“微网格”治理 改善基层社会“微循环”

近年来，姑苏区结合实际情况，全面做精做细“微网格”治理单元，加快推进市域社会治理现代化。

每天早晨，二郎巷社区“微网管家”方芳准时到岗后，都会来到她所负责的片区查看，楼道、居民住宅旁边有无垃圾，特殊人群和困难户有啥新的需求，出租房里有无安全隐患等，她都记录下来，并形成10组工单分类上报。文明城市创建、动态防疫有啥新要求，也需要她动员居民积极参与收集。遇到邻里之间发生矛盾纠纷，方芳又当起“老娘舅”，四处奔波，直到把问题解决。

姑苏区双塔街道联动分中心沈阳昇介绍，目前，像方芳这样遍布基层的“微网管家”，双塔街道共有470多名。在实际工作中，姑苏区细化网格单元，构建“街道—社区—网格—微网格—户”工作体系，建立健全“微网格”信息收集、问题发现、任务分办、协同处置、结果反馈工作机制，深入推进“格群共治”，畅通居民群众诉求渠道，提升网格化社会治理在居民群众中的知晓率、参与率和支持度。

社区工作千头万绪，“微网格”内的服务管理也进一步细化：当好风险隐患排查员，充分利用人熟、地熟、情况熟的优势，及时发现上报苗头性、倾向性问题和各类安全隐患；当好矛盾纠纷调解员，在常态化走访过程中，了解居民生活情况，一旦发现矛盾纠纷及时化解，努力把小矛盾化解在网格，维护社会治安稳定；当好诉求处办监督员，跟踪居民诉求办理进度，通过电话回访、现场核查等形式，推动问题有效解决，切实提高群众满意度。

今年上半年，受疫情影响，平江街道永林小区曾被列为管控区域。疫情过后，“微网格”高速运转、上门入户，发出社区更新调查问卷563份，收集居民意见建议21条，涉及小区建筑整治、活动场地、绿化景观、安全设施、社区服务、围墙修缮等方面问题，为区有关部门“4大基础提升、1个服务创新”（市政交通提升、建筑提升、环境美化提升、安防提升和服务创新）解决思路提供第一手翔实的资料和决策依据。

“微网格”重点打通“上情下达”和“下情上传”两条通道，形成信息流动生态圈。“有了这个有力抓手，我们就可以随时了解居民群众的动态需求，有啥难事、棘手事就能迎刃而解，助力网格化服务管理工作向纵深推进，做精做亮苏式生活典范。”姑苏区委政法委综合治理工作处处长、区社会综合治理联动中心副主任李希介绍。

创新社会治理机制　深入推进平安姑苏建设

近年来，姑苏区依托社会治理机制创新，深入推进平安姑苏建设，形成了一批可复制、可推广的社会治理经验做法，为全市创新基层警务工作贡献姑苏力量。

翠锦苑小区是苏锦街道的征收搬迁安置小区，出租率高，人员结构相对复杂，管理难度相对较大。2021年，姑苏公安分局和街道以综治和平安建设重点项目开展为契机，选取翠锦苑作为试点，推进“慧眼安居”项目，安装智能人脸识别道闸、智能烟感报警器、高空抛物抓拍智能摄像头、电梯电瓶车上楼报警器，实现小区数据自动采集、自动更新、高效获取，提高小区整体治安水平。

为做好辖区出租型公寓房和私房出租长效管理，2020年，姑苏公安、沧浪街道在摸清“人、房、业”等底数的基础上，积极探索“三色管理”和“警格+网格”等警社联动模式，走出更为高效、精准的社会治理创新之路。针对房屋性质、使用状态等，姑苏公安等部门按三色分类标识，直观标明房屋管理现状，实行分类管理。

为进一步壮大反诈宣传队伍、营造全民反诈的社会氛围，今年5月，姑苏公安邀请中国电信苏州分公司员工到安防体验馆参观。观前派出所副所长丁源介绍，反诈宣传在安防体验馆占比达四成，展区内设有展板、电子屏，展示播放诈骗案例，更有手机模拟、答题互动等沉浸式反诈体验。

近年来，姑苏区全面构建平安姑苏建设协调机制，常态化开展扫黑除恶斗争，精耕细作姑苏动态巡防体系，建成苏州市区首家“刑事速裁、未成年人保护、法治宣教”三位一体的“一站式”办案中心；开展电信网络诈骗、养老诈骗打击整治和妇女儿童权益保障专项行动，全区平安稳定形势持续向好；整合矛盾纠纷调处服务中心、人民来访接待中心、行政复议中心等平台机构，建立“三调联动+司法确认”多元解纷工作机制，双塔街道人民调解委员会获评全国模范人民调解委员会。

姑苏区委政法委副书记孙建雄表示，姑苏区将持续探索和开创市域社会治理现代化新路径，在党建引领社会治理、护航高质量发展、防范化解风险、完善制度机制、夯实基层基础、科技信息化支撑、社会治理法治化、群众满意认可等八个方面，不断提升治理体系和治理能力现代化水平，加快建设基础更牢、水平更高、群众更满意的“平安姑苏”“法治姑苏”。（摘自2022年7月8日《苏州日报》）

用诗意文化赋能“美好城市”

近年来，很多城市特别是经济比较发达的城市，提出了城市发展要注重幸福指数提升的理念，建设“美好城市”已然成为当代城市发展的价值取向。但应该看到，人们感知城市的“幸福”“美好”并非一个空洞的概念，与“经济指数”也并不完全具有强正关联性，而是关涉着城市个体、家庭对于生活的切实感受，以及人们评价美好、幸福的态度。

确立“美好城市”理念，实际上正是在倡导“以人为本”的城市价值观，重新缝合城市与人的关系，把“生活”看作是一个城市的经典表情。“城市让生活更美好”，这种“美好城市”感受一方面来自城市建设的硬件内容，如丰裕的物质生活、完备的社会保障、雅适的居住条件、便捷的交通设施、优美的街道环境、完善的医疗保健、优良的教育条件和稳定的社会治安等，另一方面还来自“软件”设施与人文环境的营造和烘托，包括浓郁的人情味、美观的城市建筑、诗意的生活情调、高度的身份认同、丰富的文化娱乐、温馨的情感陪护以及和谐相容的个体幸福感等。城市与人的价值关系是：人创造文化，文化让城市更美好。因而，“美好城市”除了物质文化的保障之外，还应该在精神文化的层面上去认识探求。

首先，在空间维度上找回城市人情之美。审美是城市文化生活需求的重要组成部分，但无疑也以多种形式存在。

格调雅致、整洁亮丽的城市固然能够引起人们美的共鸣，而看似杂乱交错的小巷，市井味十足的街坊，这些为中国人谙熟的城市街巷中所蕴含的人情味，本也是中国城市审美的重要内容。无论是园林古宅内传出的低吟浅唱，还是小街小巷中回响的评弹小调，它们都能勾起人们对于一个城市的温暖记忆和依恋。著名学者段义孚曾经把这种中国独有的城市审美体验表述为“恋地情结”，将其喻为人类与物质环境的情感联结。无疑，城市中勾连着人情物事的“乡愁”是恋地情结的重要标识，这种“情结”是城市个体对其所生活的外在环境全部感官情感的内化。

具有人情味的城市，也应该是一座充满舒适感、能充分满足市民情感需求的城市。城市人情味的彰显，意味着在城市空间的营造中要能创造出使人留下深刻记忆的空间。在一座人情味充沛的城市中，生活于此的居民可以通过城市空间和物态表征，自然而然产生某种“梦里老家”的意象情境，从而形成一种“家”的想象共同体。因而，以人情为美的城市美学理念，意味着不能孤立地将城市理解为一种功能化存在空间，或是仅供人“看”的景观空间，而必须将其理解为能为市民所感知到日常生活与审美意义兼具的融合空间。

一座城市应该能勾起人们对于城市的亲切记忆，使人产生心有所归之感。无论是城市区划，还是公共空间的营造，似更应该展现人与街景、生活与景观的相融一体。以苏州小巷为例，它或曲或直，若隐若现，小巷深处所带来的空间体验是颇为独特的。比如，巷子中邻里人家飘来的饭菜香味，能勾起人的“嗅觉”，会加深生活的亲切感；而小巷中传来的叫卖声，书场传来的琵琶弦子声，或夜半中叩响的门环声，则更增加了小巷的清幽，以及心理上时间的流动感。所以苏州小巷是跟人的情感联系在一起的，它有生活气息和四季转换的韵味；同时，小巷、红雨伞、带着丁香味的少女，几相交织，更成为苏州小巷经典的审美意象了。

其次，在时间维度上赋予城市诗意之美。秉持以“美在生活”的城市美学理念，还应该充分重视城市“传统”的情感唤醒功能，赋予城市“原地点”的悠悠古韵和诗意之美。古老街巷的“原地点”是空间的，更是时间的，因为它保存着历史、记忆的文化根脉，以及人与这座城市的关联感。大到遗址老街，小到古树地名，其实都有着很强的意象性和可读性，会成为个体连接城市记忆的节点符号，而这种“物我交融”则能升腾起审美的诗意。

2004年苏州在古城外启动的沧浪新城建设，所有新建的沧浪新景都较好地秉承了“原地点”本来拥有的古良渚文化、运河文化的基因，远浦帆影、沧浪古韵、风篁清听、画桥烟雨、梅埠香雪，这一个个清代徐扬在《姑苏繁华图》中工笔描绘的“原地点”，很好地融入了沧浪新城中。这些熟悉的文化意象也使搬入新城的居民迅速产生了“老苏州”的亲切感，心灵由此找到着落，从而激发起“家在苏州”

的美好情感。

赋予城市诗意之美不应该抛弃一个城市的历史物态符号，而是要使其重获新生，表达同一座城市空间内生活的人们的审美需求，唤醒不同时空人们对于某种美好情感的共鸣。平江路“诗意化”提升就是个成功的案例。平江路位于苏州古城东北隅，距今已有2500多年的历史，是苏州现存最典型、最完整的古城历史文化保护区。平江路至今保持着“水陆平行，河街相邻”的双棋盘城市格局，保留了小桥、流水、人家，以及幽深古巷的江南水城特色。在进行平江路保护改造时，当地通过诗意化的街巷氛围营造，留住了古旧民情风貌，游客透过古朴典雅的白墙黛瓦、木栅花窗和藤萝蔓草，可领略当年的富庶繁华，也可感受眼前的古韵今风。平江路历史文化街巷保护工程获得2005年联合国亚太文化遗产保护荣誉奖，这是苏州古城历史街区保护的一个典范，其中的“诗意化”策略值得被重视并加以推广。

再次，在生活层面上珍视城市情调之美。在日常用语中，对某种与一定生活方式相联系的情感体验，称为“情调”。城市生活的情调，包含着人情、诗意与幸福感等文化要素，又常常体现于城市中的一些日常生活细节。比如，女子在河边捹衣洗菜，老人在河岸上喝茶、聊天、看报，这些情景、细节既构成了城市百姓的风俗画卷，也同样是城市情调的一部分。

有情调的城市，总是把审美巧思体现在人们生活的“贴心”感受之中，并往往通过特定细节展现出来。祖籍苏州的华裔建筑大师贝聿铭，对苏州情调就有自己独到的见解。在为苏州博物馆设计新馆时，他致信吴良镛院士：“苏州古城人文历史悠久，而苏州博物馆新馆地处古城之中，将是展现苏州人文历史的重要公共建筑。如何使建筑与周边之古城风貌协调？如何将二十一世纪的建筑与两千五百年的文明结合？这些都是我考虑最多的问题，这不仅事关苏州，且对中国建筑发展有现实意义。”贝聿铭还特别阐述了苏州博物馆新馆的“细节”问题，认为苏州人的生活很讲究，对事物都有考究；苏州的石桥、长廊、小巷、厅堂，样样精心安排，各显其美。“为苏州设计这座博物馆，比我在其他国家设计那些建筑要难得多，这是最大的挑战，也可能就是我最后一次挑战。”他承诺“连窗扣门袢都要亲自设计”。如今，苏州博物馆已成为古城苏州的现代建筑经典，它和苏州园林一样精致，黑顶、白墙相搭配，树木、流水倒影相烘托，如一幅精美的山水画卷。可见，“情调”“细节”代表了一个城市的文化品位，它唤起的是人们对“诗意栖居”的永恒追求。

（摘自2022年8月21日《光明日报》）

姑苏：聚力向世界贡献古城保护苏州方案

《苏州国家历史文化名城保护条例》《苏州市古城墙保护条例》等法规出台施行，苏州国家历史文化名城保护纪念日获批设立，入选全国首批城市更新试点名单，被授予“国家古城旅游示范区”称号，中张家巷河成为新中国成立以来古城内第一条恢复的河道……近段时间，苏州国家历史文化名城保护区、姑苏区成立十周年“十件大事”评选活动热烈开展，由大众选出的一件件“大事记”，成为苏州古城保护十年实践的生动展示。

古城是苏州最为独特、不可替代的资源，是苏州最具代表性的文化遗产。自1982年获批国家历史文化名城以来，苏州按照整体保护、严格保护的基本原则，较为完好地保存了古城的格局、肌理和风貌。特别是2012年10月苏州国家历史文化名城保护区正式成立以来，对古城进行统一规划管理，进一步健全历史文化名城保护制度，加快构建起统一的保护体系，更好地保护了优秀历史文化遗存，苏州古城保护工作翻开了新的篇章。

"一张蓝图绘到底、一茬接着一茬干，以珍爱之心、尊崇之心、敬畏之心善待历史遗存，延续城市文脉，让现代文明与历史传统相得益彰，让千年古城焕发新的青春。"苏州市委常委、苏州国家历史文化名城保护区党工委书记、姑苏区委书记方文浜表示，积极保护古城是时代的要求，更是姑苏人肩负的重任。保护区、姑苏区将全面总结过去十年古城保护发展的成果和经验，并以此为新起点，开启第二个崭新十年，以更大决心、更大力度推进古城保护更新发展，持续擦亮国家历史文化名城保护区"金字招牌"，面向未来、面向世界贡献古城保护的苏州方案。

保护优先，矢志不渝赓续江南千年文脉

上月底，保护区、姑苏区"古城细胞解剖工程"先行先试项目完成签约，即将全面启动。该工程把传统民居等建筑物、构筑物看作构成古城结构的"基本细胞"，对古城街坊保护对象和历史遗存开展全要素、全覆盖深度普查。去年启动的首批探索性项目，完成了32号等9个街坊、三茅观巷沈宅等8处文保单位信息采集，项目成果实现数字化应用。本次项目选取怡园历史文化街区等重点区域的18个街坊作为实施区域，相比之前增加了人文历史信息挖掘和其他既有建筑信息排查两项工作内容。

"古城细胞解剖工程"是保护区、姑苏区坚持保护优先、全面保护的基础性工程。作为全国首批24座历史文化名城之一、全球首个"世界遗产典范城市"，苏州古城历时2500多年城址未变，至今保持着"水陆并行、河街相邻"的"双棋盘"格局，小桥流水、粉墙黛瓦、古迹名园的独特风貌无可复制，也留下了大量珍贵的历史文化遗存。在19.2平方千米的历史城区范围内，就拥有各类非遗代表性项目106项、文保单位184处，文物单体数量和密度居全国前列。

多年来，保护区、姑苏区在摸清"家底"的基础上，依法保护、整体保护、活态保护古城，积极探索形成古城保护的"姑苏经验"——

坚持规划引领、依法保护。前不久，《保护区、姑苏区古城墙保护实施意见（试行）》正式出台，用33条细则完善城墙管理制度。这些年，保护区、姑苏区相继出台《苏州国家历史文化名城保护条例》《苏州市古城墙保护条例》等法规及相关配套技术指导，编制5个历史街区和54个街坊控规，古城保护规划和法规体系得以不断健全完善。

坚持顶层设计、整体保护。今年6月18日，苏州名城保护集团揭牌挂牌，聚焦19.2平方千米历史城区，加快古城资产归集和闲置地块盘活。这些年，保护区、姑苏区探索推进古建保护修缮和活化利用有机结合，相继发布《苏州国家历史文化名城保护区古建老宅活化利用白皮书》《苏州国家历史文化名城保护区古建老宅活化利用蓝皮书》，吸引了众多社会力量出资出力，一批古建老宅焕发新生。

坚持以人为本、活态保护。目前，姑苏区环古城河健身步道管理处挂牌运营，环古城河内圈15.5千米的健身步道两侧区域纳入统一管理范围。古城承载着百姓生活，古城保护就是保障和改善民生。这些年，保护区、姑苏区在推动古城保护工作过程中，始终关注人在古城中的获得感、幸福感，持续改善原住民生活环境，有机融入现代生活气息，加快完善游客全域旅游基础配套，让生活和工作在古城的人们感受更大变化、得到更多实惠。

编制"历史文化保护传承三年行动计划""古城保护提升项目三年行动计划"，以世界眼光、国际标准进一步做好古城总体策划，加强小微型古建筑、古树、古桥、古井等制度性保护措施，以古运河为脉、山塘上塘为轴，串联好散落的历史遗存……

迈入新发展阶段，保护区、姑苏区以更高标准推动历史文化名城保护，让整个古城成为一座博物馆、一个开放式景区。

有机更新，独特资源优势转化为发展优势

9月19日，保护区、姑苏区与中海发展召开工作对接会，深入探讨竹辉路—新市路沿线资产归集、街巷更新、业态提升、地块运营等合作事项。一个月前，中海发展在姑苏的第一个项目苏州金普顿竹辉酒店开门迎客。项目分为金普顿酒店和竹辉环宇荟商业街区两大部分，凭借传统与现代结合的园林式设计和高端集聚的多元业态，一举成为古城新晋潮流打卡地。

古城在保护中发展，在发展中保护。曾经，为了守护不可替代的历史文化资源，苏州古城大范围"退二进三"，不少优质企业因空间受限而外迁。如今，保护区、姑苏区抓住苏州列为全国首批城市更新试点契机，统筹城市改造开发和历史文化遗产保护利用，让古城"十年如一日"悉心呵护的古建老宅等，释放出独一无二的创新创业新空间，切实把古城独特资源优势转化为发展优势。

姑苏区32号街坊内的曹沧洲祠，建于清末民初，此前因年久失修一直没能开发利用。两年前，姑苏区以32号街坊为试点，探索成片保护更新路径，对曹沧洲祠进行保护修缮，并根据其历史文化属性招引本土中医药企业入驻。经过前期洽谈和比选，中华老字号雷允上与老宅"牵手"结缘。雷允上进驻后，将中医"前店后坊"传统格局重现，并增设非遗体验项目、制药技艺传承基地，闲置老宅变身兼具展览展示、文化传承、人才培养等功能的全新空间。

近两年，姑苏区一个个古老空间"敞开大门"，成为古城招商引资的"金字招牌"。今年举办的第十四届苏州国际精英创业周姑苏区分会场活动上，百易晟、汇川技术等7处古建老宅活化招商项目现场交接宅邸"金钥匙"。地处姑苏区平江街道菉葭巷54、56号和悬桥巷59号的潘宅是苏州市控制保护建筑。眼下，苏州平江历史街区保护整治有限责任公司与张家港市金城投资发展有限公司、南京宁颐实业有限责任公司正携手以潘宅为主要载体，打造极具古城特色风韵的姑苏·金城颐和精品酒店。

省级重大项目来了。作为北京华贸中心的"升级版"，苏州华贸中心一举选中古城核心地。眼下，苏州华贸中心国际化公寓已落成，丽思卡尔顿酒店、万豪行政公寓、园林式商业街区等将于明年整体投入运营，致力于为古城打造世界级的时尚中心、商务中心、文化艺术中心。由文徵明和仇英两位明代画师联手设计的紫芝园，曾是苏州文人雅士的风雅梦境，后毁于一场大火。苏州华贸中心项目在原址不远处复刻落成紫芝园，受到社会各界关注与青睐。

新城也发展起来了。姑苏区金阊新城朱家湾街和虎池路交叉口，苏州市首块M0用地项目——联东U谷数字科技产业园火热建设中，已签下秋洋智慧、伟泰克等一批入驻企业。平江新城的拉瓦锡谷众创社通过科技部火炬中心公示，获评国家级众创空间。沧浪新城以文创产业园为抓手，推动一批工业遗存"老瓶装新酒"，打造多处特色产业园，累计引进动漫、文创、体育等企业近500家。

设置载体准入门槛，最大限度地为古建老宅匹配优质企业；编制"载体建设三年行动计划"，打造安和锦、蓝园、国资M+等品牌矩阵，完成12个产业园楼宇提档升级；推进人才公寓落地，探索设立人才会客厅、院士小院等，建设平江SOHO文化创意高品质人才社区……眼下，保护区、姑苏区以更大力度推动经济高质量发展，切实将古城文化软实力转化为经济硬支撑，古城焕发出更大生机与活力。

以人为本，共建共享"苏式生活典范"

15家综合为老服务中心、66家日间照料中心，提供助餐、助医、助浴等家门口一站式养老服务；19家居家养老服务站点，提供"菜单式"上门服务……9月29日，保护区、姑苏区发布的《幸福养老在姑苏》口袋书、"15分钟养老服务圈"热力图，全面梳理汇总区内居家养老服务站、社区养老服务设施、养老机构等资源，成为古城“老”朋友的“养老地图”“幸福指南”，也成为保护区、姑苏区十年砥砺构筑“15分钟养老服务圈”的成果展示。

古城不仅承载着苏州历史文化的脉络根基，更是居民、游客的生活地、目的地。保护区、姑苏区紧盯民生需求，抓重点、补短板、强弱项，注重城市结构优化、功能完善和品质提升，想方设法让古城更健康、更安全、更宜居，让古城人拥有更多幸福感和满意度，让高品质的“苏式生活”成为古城最亮丽底色。

优化人居环境，展现舒心空间。这些年来，保护区、姑苏区紧盯环境提升与优化，压茬推进背街小巷整治、违法建筑拆除、户外广告规范等专项行动，扮靓苏州城市“会客厅”；积极提升公共空间品质，“画龙点睛”式植入最具苏式内涵的景观小品，“情景交融”式建设口袋公园、道路绿化和景观提升工程，“全域全线”式整治生态环境。持续塑造体现高颜值、洋溢文化味的“城市表情”，让保护区、姑苏区更有温度、更富韵味。

深化文旅融合，彰显人文底色。保护区、姑苏区坚持“城区即景区、旅游即生活”思路，对照国家5A级景区标准，推进古城全域旅游建设，系统恢复历史河道水网，更好展现“水陆并行、河街相邻”的古城风貌，中张家巷河成功在原址流淌。满足群众精神文化需求，保护区、姑苏区立足自身历史文化底蕴，成立苏州文化保护传承与创新研究中心，推出“姑苏·大家说”系列讲座，《戤壁听书》入围国家“群星奖”决赛，《浮生六记》园林版5.0开演，让主客拥有更多文化获得感。

心系社情民意，办好为民实事。保护区、姑苏区自去年开始探索“社情民意联系日”长效机制，每月的第二个星期日，包括姑苏区四套班子主要领导在内的机关党员干部、人大代表、政协委员等下沉全区169个社区“现场办公”，在“最后一米”问需于民、问计于民、问政于民。至此，保护区、姑苏区已通过线上、线下的形式连续举办14期，累计接待群众9578名，收集问题诉求6349件，听取意见建议3914件，从家门口的晾衣架到老旧小区改造建议、古城公共交通运行，9200多件老百姓烦心事、关心事被化解解决，尽显为民情怀。

过去十年，保护区、姑苏区弘扬“主动担当、奋勇争先、高效务实”精神，持续推动古城保护更新开辟新局面，经济社会发展释放新动能，城市建设管理焕发新面貌，增进民生福祉彰显新作为。崭新十年，保护区、姑苏区从精心谋划“2023—2025三年系列行动计划”切入，努力让苏州古城成为世界一流的历史文化名城、“江南文化”的强大内核、“诗与当下”兼具的人间天堂，真正成为“居者自豪、来者依恋、闻者向往”的魅力名城。

（摘自2022年10月12日《新华日报》）

以文化自信自强执笔未来　描绘新时代“姑苏繁华图”

2500多年岁月流淌，打磨出苏州对古城的深厚感情和保护发展的弥坚决心；十年青春跳动，孕育出年轻姑苏“后生可畏”、一往无前的勇毅笃行。

苏州国家历史文化名城保护区、姑苏区成立十周年之际，姑苏区委宣传部牵头，广泛征集成立十周年“十件大事”候选事件，收集到130件代表性事件，从中综合遴选形成35件候选事件。紧接着召开“十件大事”评审座谈会，从35件候选事件中选出20件候选事件。广泛征求民意，开启“十件大事”

线上投票通道，组织发动大众参与投票，最终选出保护区、姑苏区成立十周年“十件大事”。

这是一次广泛而热烈的评选活动，苏州市、姑苏区相关条线部门、街道板块，社会各界专家学者，广大群众，这些保护区、姑苏区十年发展的见证者、参与者、推动者，拿出百分之百的热情参与推选、评选，上下一心共襄盛事。这是一次精准又系统的成果展示，从130件代表性事件到“十件大事”，涉及古城保护、经济运行、城市面貌、民生福祉、社会大局等方方面面，汇聚成十年成就精彩锦集。这是一次面向未来的号角催征，一件件具有重大意义、重大影响的大事件，激发热爱姑苏、建设姑苏的热情和自信，展现新时代姑苏人的新风采、新风貌、新形象，以文化自信自强执笔未来。

站在“新十年”起点上，保护区、姑苏区将深入贯彻落实党的二十大精神，特别是按照“发展面向现代化、面向世界、面向未来的，民族的科学的大众的社会主义文化”的要求，真正做优行政和文商旅中心，做强教育医疗高地、科技创意高地，做精苏式生活典范，生动展现新时代“姑苏繁华图”。

保护　一张蓝图绘到底

苏州古城，闻名中外，其中最为人津津乐道的，是历时2500多年城址未变，“水陆并行、河街相邻”的双棋盘格局保持至今，成就了如今这般世所罕见、无可复制的小桥流水、粉墙黛瓦、古迹名园的独特风貌。究其奥秘，“一张蓝图绘到底”的保护理念功不可没。

这一点，从保护区、姑苏区成立十周年“十件大事”评选结果也得到了充分印证。

“一张蓝图绘到底”必须统一行动。头件大事“全国首个也是目前唯一的国家历史文化名城保护区正式成立”来了。在这一事件中，涉及苏州古城的沧浪区、平江区、金阊区，合并成立姑苏区，同时加挂全国唯一的“国家历史文化名城保护区”牌，苏州古城自此迈入统一规划管理的崭新阶段。

保护区、姑苏区成立后，更好践行“一张蓝图绘到底”保护理念，推动古城保护工作取得一系列历史性突破，其中有两件代表性事件轰动一时、影响至今，这次也上榜了“十件大事”。

一件是2018年3月1日，《苏州国家历史文化名城保护条例》《苏州市古城墙保护条例》等法规出台施行，这是苏州历史上首部古城保护领域法规，翻开了苏州古城规范化、法治化保护的新篇章。

一件是中张家巷河的“重生”。这是新中国成立以来古城内第一条恢复的河道，堪称“十年磨一剑”的浩大工程，串联水系的同时，再现苏州古城依托于水的公共空间和家庭生活空间。而它更大的价值在于，展现了苏州人“全面保护古城风貌”的决心与恒心。

“一张蓝图绘到底”还需保持耐力。今年4月，苏州市委常委会专题研究保护区、姑苏区工作，成立由市委、市政府主要领导担任组长的苏州国家历史文化名城保护工作领导小组和办公室，为古城保护架构起更加完备的组织体系。苏州古城保护就是这般一步一步脚踏实地迈上更高台阶，赢得社会各界肯定，上榜“十件大事”。

更新　老空间里享生活

保护区、姑苏区成立的这十年，正是党的十八大以来进入新时代伟大变革的十年；也是保护区、姑苏区贯彻落实习近平新时代中国特色社会主义思想，特别是习近平总书记关于历史文化保护传承的重要论述，在新征程接续奋斗的非凡十年。

这十年，苏州古城发生的变化，生活在其中的姑苏老百姓、慕名来体验苏式生活的游客，最能感同身受，最有话语权。苏州的古城保护，是整体的保护、活态的保护，始终关注人在古城的体验感、获得感、幸福感，在“保护为先、保护第一”的前提下，通过一系列有机更新，让千年老空间焕发出新生机、新活力。

153个老旧小区改造、91.5个城中村整治搬迁，

10万户居民受惠；改厕工程让2万户古城居民彻底告别“马桶”；新增、改造绿地500万平方米，建成69个“口袋公园”；打造300条“净美街巷”、整治301条架空线，停车泊位数量翻番；建成15家综合为老服务中心、71家社区日间照料中心……

生活改善，民心所向。去年11月，苏州成为全国首批城市更新试点城市，《保护区、姑苏区城市更新指引》《苏州历史城区城市更新试点工作实施方案》等相继出台实施，享受并期待新一轮古城更新行动的“大众评审团”将其推选上“十件大事”。

在推进有机更新的过程中，保护区、姑苏区运用好保护与更新的辩证思维，积极探索推动优秀传统文化的创造性转化、创新性发展，打造了双塔市集、竹辉环宇荟商业街区等一批古城新晋打卡胜地，潘宅、曹沧洲祠等一批古建老宅焕发新生，千年古城吸引力持续提升。

城区即景区，旅游即生活。对于古城而言，有机更新与全域旅游工作一脉相承，两者相辅相成、相互成就。伴随着有机更新、全域旅游系统推进，古城居民“开门见景、推窗见绿”，古城游客“一步一景、移步异景”，一座“居者自豪、来者依恋、闻者向往”的魅力名城越来越清晰地展现眼前。由此，“国家古城旅游示范区”金字招牌持续擦亮，成为公认的大事件。

发展　千年古城正青春

对于2500多岁的苏州古城而言，保护区、姑苏区仅是一名初长成的少年，但这名少年意气风发、勇毅前行。在今年2月9日召开的苏州国家历史文化名城保护专家咨询会上，苏州市委常委、保护区党工委书记、姑苏区委书记方文浜表示，一届党委政府任期5年，只是苏州古城2500年的千分之二，唯有“一张蓝图绘到底”、一茬接着一茬干，让千年古城焕发新的青春。

值得注意的是，在这次评选出的“十件大事”中，有多件是最新部署、刚刚开局的大事件，被社会各界看好、寄予厚望。居前列的是“苏州市第十三次党代会描绘保护区、姑苏区‘一中心、两高地、一典范’的发展新蓝图”。

去年9月，苏州市第十三次党代会明确了保护区、姑苏区“做优行政和文商旅中心，做强教育医疗高地、科技创意高地，做精苏式生活典范，持续擦亮国家历史文化名城保护区金字招牌”的总体定位，指明保护区、姑苏区今后五年发展方向。次月，保护区、姑苏区召开誓师大会，举全区之力部署开展一年冲刺系列行动。

在保护中发展，在发展中保护。成立十年来，保护区、姑苏区立足客观实际，不回避矛盾、困难，通过直面问题、破题解难，为高质量发展持续积蓄动能、优势。去年9月开始推行的“社情民意联系日”制度就是其中之一。每月第二个星期日，保护区、姑苏区干部、党员等下沉社区“现场办公”，累计化解解决9200多件老百姓烦心事、关心事，备受肯定。

古城独特资源优势转化为发展优势，亟需更高能级的平台统筹推动。今年6月18日，苏州名城保护集团揭牌成立，按照策划、投资、建设、运营一体化的模式，成为历史城区保护更新工作的主要平台。

对历史最好的致敬，就是书写新的历史。今年8月25日，苏州市十七届人大常委会第三次会议举行第二次全体会议，十年前平江、沧浪、金阊三区合并，同时揭牌成立苏州国家历史文化名城保护区的时间——10月26日，设立“苏州国家历史文化名城保护纪念日”。“主动担当、奋勇争先、高效务实”的姑苏人以此为重大事件，加速奔跑，奋勇前进，谋划古城新一轮保护、更新、发展，聚力创造“新十年”的大事件，让发展的苏州古城在历史长河中历久弥新、永远年轻。

（摘自2022年10月26日《新华日报》）

苏州姑苏区：街巷环境提升　居民幸福升级

恬静舒适的邻里生活小径——丁香巷，赏北寺塔古韵的最佳打卡点——塔影弄，集人文底蕴和市井风情于一体的街巷里弄——定慧寺巷……今年以来，姑苏区城管委大力开展“社情民意联系日”活动，统筹“两小”工程项目与“净姑苏创文明”、拆违治乱、“净美街巷”等专项行动，深挖城市文脉，通过“净化、美化、文化”三步走，许多街巷市容环境焕然一新，“蝶变”成为城市治理的新亮点、文脉传承的新载体、和谐宜居的新家园。

以整治行动为抓手，序化街巷市容底色

为营造更加干净整洁的街巷环境，今年姑苏区结合文明典范城市创建行动，动员全区上下全面开展“净姑苏创文明”全面大扫除行动。行动集中力量对全区所有背街小巷的公共区域卫生死角进行集中清理，努力实现无积存垃圾、无明显油污痕迹、无乱涂乱贴等目标。同时，姑苏环卫部门还加大保洁人员投入，提升保洁标准及频率，每月安排专人对街巷环卫保洁状况进行全覆盖考核，推动提升街巷日常保洁质量水平。行动开展以来，累计已经动员6.87万人次，清理各类积存垃圾近7877吨，清理乱涂乱贴4.6万多处。

针对街巷内违章搭建等问题，姑苏区城管委也以拆违治乱专项行动为抓手，全面推进街巷违建治理。通过拉网式排摸梳理街巷存量违建形成清单底册，逐户上门沟通，拆违事项平稳推进，同时以创建无违建示范区、示范路为引领，带动全区街巷拆违治乱提质增效，大力解决影响街巷风貌和群众关心的违建问题。据了解，今年姑苏区已累计拆除违法建设2988处65.8万平方米。

以重点工程为带动，美化街巷整体风貌

扫出底色是第一步，美化环境则是第二步。街巷商铺门头风格不一、空调外机设置杂乱等问题，在很大程度上损坏了街巷的美观，是背街小巷的通病。针对街巷立面杂乱等问题，今年姑苏区城管委开展了“两小”美化提优工程，一方面修旧如旧，对墙面保留旧墙质感，尽量呵护街巷肌理、保留古巷味道；一方面翻新墙面破损、规整空调外机，统一商户门头招牌，对街巷立面进行全面整治。

观前街片区的颜家巷身处古城闹市，巷内汇聚了许多商店小铺，近期通过“两小”工程，街巷颜值刷出了新高度。整治前，商户为了扩大商品展示面积，纷纷破墙开门，将沿街的整面墙改成透明玻璃墙，严重影响古巷整体环境。城管委立足街巷风貌，封门恢复原状，并统一采用木门木窗，形成与城市风貌相适应的苏式风格，同时加大巷内杂乱线缆梳理，通过捆扎、固定、清理等，使所有线路规整到位，古巷亮出美丽天际线。

据姑苏区城管委介绍，今年通过“两小”工程，已经完成了83条街巷“两小”整治工作。

以群众需求为导向，唤醒街巷市井活力

苏州古城的主体和根脉就在街巷，这里不仅有文物古建流淌出的人文风情，更聚集着民居民宅升腾起的烟火气。在街巷治理中，姑苏区城管委始终把居民需求作为工作的着力点和落脚点，通过整治切实增进群众的获得感和幸福感。

天库前，是古城西部一条普通街巷，紧邻苏州园林艺圃，内有诸多古建，如武安会馆、火神庙等。城管委在刷新立面、翻修屋檐、修复门窗的同时，注重百姓的生活需求，贴心地在街巷一些重要节点设计安装了苏式廊架，遮风挡雨的同时彰显街巷特色。此外，该工程还重点利用52号门前属地街道拆违腾退的空间，新建一座半廊轩。该轩设飞檐翘角、古典挂落，苏式韵味浓厚，兼具供居民休憩娱乐与优化街巷环境双重功能。如今约上三五老友，在亭中打牌、下棋、喝茶，已经成了附近居民的日常。

街巷人烟稠密，停车问题一直困扰着周边居民，城管委通过因地制宜增设停车泊位的方式，有效解决街巷百姓停车需求。据了解，今年姑苏区城管委通过老旧小区改造、背街小巷整治、地下空间开发、主次干道增划等方式，累计新增各类停车泊位共计1.6万个，努力缓解古城停车难问题。

“背街小巷不仅维系着老百姓的日常出行和民生幸福，同时还于细微处展示着城市形象。把好事办实，把实事办好，把小事办精致，办到群众心坎上，明年我们还会落实更多对于背街小巷的治理工作，真正做到‘我为群众办实事’。”姑苏区城管委相关工作人员在接受采访时如是说。

（摘自2022年12月29日新华社客户端）

统计资料

表25-1　姑苏区主要经济指标（2022）

指标	计量单位	累计完成	增幅（±）
一、地区生产总值	亿元	912.50	1.1%
#服务业增加值	亿元	856.98	1.9%
服务业增加值占比		93.9%	0.7%
二、一般公共预算收入	亿元	61.84	-8.3%
#税收收入	亿元	53.52	-9.7%
一般公共预算支出	亿元	88.32	13.2%
三、规模以上工业总产值	亿元	61.98	1.7%
四、社会消费品零售总额	亿元	970.65	-0.8%
#限额以上	亿元	402.12	-3.5%
五、全社会固定资产投资额	亿元	210.18	-15.1%
#房地产投资额	亿元	110.23	-22.8%

表25-2　姑苏区一般公共预算收入（2022）

指标	累计完成（亿元）	增幅（±）
一般公共预算收入	61.84	-8.3%
1.按街道分		
平江街道	8.32	4.6%
金阊街道	7.04	-22.2%
沧浪街道	5.28	-10.9%
双塔街道	9.74	-1.3%
虎丘街道	1.61	-49.9%
苏锦街道	7.35	-26.4%
吴门桥街道	6.56	3.0%
白洋湾街道	2.81	-9.5%
街道小计	48.72	-12.2%
2.按税种分		
税收收入	53.52	-9.7%
增值税	21.74	-14.8%
企业所得税（40%部分）	7.59	-13.3%
个人所得税（40%部分）	7.69	13.2%
城市维护建设税	3.05	-19.5%
房产税	3.15	-21.6%
印花税	0.83	-2.3%
城镇土地使用税	0.42	-10.8%
土地增值税	8.78	0.2%

续表

指标	累计完成（亿元）	增幅（±）
耕地占用税	0.08	-17.8%
环境保护税	0.21	11.5%
其他税收收入	-0.02	—
非税收入	8.31	1.5%

表25-3　姑苏区工业统计（2022）

指标	累计完成（亿元）	增幅（±）
规模以上工业总产值	61.98	1.7%
1.按街道分		
平江街道	—	—
金阊街道	2.04	30.3%
沧浪街道	0.63	-18.4%
双塔街道	6.19	1.0%
虎丘街道	—	—
苏锦街道	—	—
吴门桥街道	39.98	2.2%
白洋湾街道	13.14	-1.7%
2.按行业分		
制造业	15.60	-4.6%
电力、热力、燃气及水生产和供应业	46.38	4.0%

表25-4　姑苏区贸易统计（2022）

指标	累计完成（亿元）	增幅（±）
1.社会消费品零售总额	970.65	-0.8%
限额以上企业合计	402.12	-3.5%
（1）按街道分		
平江街道	81.18	-5.6%
金阊街道	29.79	-10.4%
沧浪街道	15.75	-11.3%
双塔街道	246.16	6.4%
虎丘街道	1.23	-32.0%
苏锦街道	5.65	5.7%
吴门桥街道	20.17	-0.9%
白洋湾街道	2.18	-15.8%
（2）按行业分		
批发业	13.28	-19.3%
零售业	358.28	-2.8%
餐饮业	27.94	-2.5%
住宿业	2.62	-22.5%

续表

指标	累计完成（亿元）	增幅（±）
2.限额以上批发零售业商品销售额	1362.62	-5.2%
3.限额以上住宿餐饮业营业额	34.69	-4.4%

表25-5　姑苏区投资、房地产统计（2022）

指标	累计完成	增幅（±）
全社会固定资产投资（亿元）	210.18	-15.1%
#房地产开发投资（亿元）	110.23	-22.8%
1.按街道分（亿元）		
平江街道	14.33	30.3%
金阊街道	26.59	21.1%
沧浪街道	26.40	68.2%
双塔街道	15.08	-37.5%
虎丘街道	18.17	50.9%
苏锦街道	75.29	-11.2%
吴门桥街道	14.14	-24.5%
白洋湾街道	20.16	-5.4%
2.房地产开发及销售面积（万平方米）		
房屋施工面积	376.90	-16.0%
#住宅	217.73	-14.3%
房屋新开工面积	39.14	-54.2%
房屋竣工面积	20.18	-49.4%
#住宅	14.04	-58.6%
商品房销售面积	93.19	12.2%
#住宅	83.55	14.6%

（张云芳）

说 明

一、本索引采用内容分析法编制，按索引款目首字的汉语拼音字母（同音字按声调）顺序排列，同音同调按第二字母的音序排列，依次类推。

二、索引款目后的数字表示内容所在的页码，数字后的a、b分别表示该页码的左、右栏。

三、大事记、统计资料、附录等未作索引。

D

E

F

G

H

J

Q

R

S

T

W

X

Y

Z